AF416948

MANUAL DE DERECHO ADMINISTRATIVO ESPECIAL

GUSTAVO BRICEÑO VIVAS

MANUAL DE DERECHO ADMINISTRATIVO ESPECIAL

COLECCIÓN ESTUDIOS JURÍDICOS
N° 101

Editorial Jurídica Venezolana
Caracas, 2014

© Gustavo Briceño Vivas
gbricenovivas@gmail.com
ISBN 978-980-365-255-5
Depósito Legal lf54020143401286

Editorial Jurídica Venezolana
Sabana Grande, Av. Francisco Solano, Edif. Torre Oasis, Local 4, P.B.
Apartado Postal 17.598, Caracas 1015-A, Venezuela
Teléfonos: 0212-762.2553/762.3842 - Fax:0212- 763.5239
E-mail fejv@cantv.net
http://www.editorialjuridicavenezolana.com.ve

Diagramación, composición y montaje
por: Mirna Pinto de Naranjo, en letra Book Antigua 11,
Interlineado 12, mancha 20x13

PRÓLOGO

UN SENCILLO PÓRTICO PARA UNA OBRA
QUE MERECE PALABRAS GRANDES

Hay responsabilidades que deparan compromisos, pero que se convierten en honores, por la innata gentileza de personas que desbordan generosidad más allá que la que proviene de la cotidianidad y cercanía que da una laboriosidad compartida por los mismos principios, ideales y las acciones conjuntas. Heme aquí convertido en prologuista de una Obra de la cual tuve la responsabilidad de servir de jurado para su evaluación como trabajo de ascenso de su autor a profesor agregado en su escalafón académico en la Universidad Católica Andrés Bello, de la cual yo he sido alumno, egresado y profesor. Esa mutación de jurado a prologuista, una vez rendido el correspondiente veredicto sobre la excelencia de su Obra, es fruto de esa hermandad que me dispensa desde hace tiempo, Gustavo Briceño Vivas, por un afecto que arranca desde el terruño que unió sus abuelos y padres con los míos y que se acrecentó al conocernos en funciones jurisdiccionales. La coincidencia de ese encuentro marcó una indeleble, casi desproporcionada, consecuencia hacia mi persona de Gustavo Briceño Vivas, que ha encontrado en mi familia una receptividad como pocas pueden darse. Fue esa generosidad, propia de seres de alto espíritu e inmensa bondad, la que ha hecho que ahora me despoje de mi traje de jurado y me coloque el de prologuista. El primero, si bien exigía rigurosidad, el segundo me impone moderación para no incurrir en el exceso de convertir lo que debe ser un prologo en un ensayo sobre el ensayo o en otro libro dentro de un libro. Digo con moderación, porque la sola lectura del índice general del contenido del Manual de Derecho Administrativo Especial de Gustavo Briceño Vivas, por su excelencia, claridad, desarrollo y precisión científica, merece un estudio completo de su Obra, que no es el caso de su prólogo, cuya función es solo de servir de entrada o de pórtico a su estructura y sistemática.

Briceño Vivas, modestamente denomina Manual a un verdadero texto de Derecho Administrativo, que por el estudio que hace de las instituciones administrativas califica de Especial y no General. Sin embargo, en verdad por el desarrollo de las partes experimentales, como lo son la actividad, las obligaciones y estructuras administrativas, y la funcionalidad de los poderes de la administración, y la parte práctica de su actividad, como lo es la contractual y de exigibilidad de la responsabilidad por el ejercicio de esa funcionalidad y practicidad, me atrevo a denominar su excelente Obra de "Curso de Derecho Administrativo Especial". Y es que si nos detenemos en la justificación que el autor nos da de este Libro, de la exigencia de una buena pedagogía de dotar a los estudiantes de no solo del conocimiento de las instituciones administrativas sino también de sus valores y su incidencia práctica, llegamos a concluir que ciertamente su contenido completa el estudio de la parte vivencial del derecho formal administrativo que permite a los estudiantes tener un conocimiento completo de esta disciplina. Ciertamente que no se trata de un simple esquema de trabajo como con sencillez, cónsono con su carácter, Briceño Vivas califica su Obra, sino, por el contrario, de un verdadero estudio de la rama del derecho administrativo en su parte especial. Es decir, un Curso, porque es un tratado sobre esta asignatura. Pero, claro, a los fines pedagógicos, que es su principal cometido, como lo explica su autor. Pero, ello no solo teóricamente sino en base también a su experiencia de ejercitante del derecho administrativo, en la cual sus dotes de abogado honesto, laborioso y responsable se han puesto de manifiesto. Y su conocimiento fruto de sus estudios de especialización, conferencista y de auxiliar de justicia. Campos estos donde sigue desempeñándose como un verdadero jurista. Su visión de administrativista consciente de que el derecho administrativo es dinámico y cambiante, según la valoración de sus operadores, y que por ello es objeto de múltiples y variables interpretaciones, le ha hecho ver que es necesario resaltar que por más que pueda ser objeto de hasta manipulaciones interesadas, su función inmanente, desde sus origines históricos, en la relación Estado-ciudadano, es la de equilibrar las potestades de la administración y los derechos de los administrados y la de darle legitimidad, para evitar la arbitrariedad en la intervención administrativa en la actividad política, social y económica y la de prever la exigibilidad de la responsabilidad del Estado por las alteraciones que su desmedido poder pueda causar a los ciudadanos.

A mi parecer la Primera Parte de la Obra que por generosidad de su autor prologo, en lo cual evitaré excederme, puesto que, como advertí, solo debo en ese cometido presentar al autor o explicar sus propósitos, es el inicio del estudio de las instituciones esenciales del derecho administrativo, que son las que le dan existencia y de las cuales depende en verdad su construcción científica. Es por eso que el autor se esmera en describir la actividad administrativa, tomando partido por separarla de la contractual, al denominarla, desde el inicio, de unilateral, de modo que se pueda entender porque también existe actividad administrativa, bilateral, plurilateral e interinstitucional. Por ese carácter unilateral, es decir, autoritario, el autor se detiene y recapitula sobre las nociones del principio de la legalidad que desde la noción de acto administrativo es inescindible en el concepto mismo de derecho administrativo. Cuestión que adquiere relevancia por la ejecutividad y ejecutoriedad de este acto, en donde su legitimidad depende del respeto estricto del aquél principio no solo en su creación sino esencialmente en su ejecución. Es decir, que debido proceso y actividad administrativa unilateral es un binomio indestructible extraído de la noción de sublegalidad del propio acto administrativo, principalmente en materias como limitaciones administrativas, ablaciones de derechos, autorizaciones y aprobaciones, expropiaciones, confiscaciones, certificaciones, y en la extensa gama de la actividad unilateral de la administración, cuya noción como conducta reglada y excepcionalmente discrecional, es la regla general de la actuación no arbitraria de la administración. Por ello, junto a ese distingo, Briceño Vivas introduce en la noción de actividad administrativa la de obligación administrativa, que precisamente es la frontera entre la legitimidad y la ilegitimidad de esta actividad.

Lo referente a las potestades de la administración, y dentro de ellas la de la ejecución forzosa de los actos de la administración, que no pocas veces es el desagüe del dique de la administración, al sentirse libre de las ataduras del debido proceso, y por ende, arma peligrosa en manos arbitrarias, es objeto de preocupación por el autor cuya Obra prologamos. Con buen sentido el autor a esa parte agrega, que para mí es novedad tratarla junto con la actividad administrativa unilateral, lo atinente a la participación ciudadana en ejercicio de las funciones administrativas, al dedicar un estudio sustancial a esta participación, de poco gusto de la administración pública, y sobre todo al resaltar la noción de la administración como un servicio ciudadano más que una manifestación del poder. Vale la pena señalar, a propósito de las consideraciones que el autor hace sobre la Ley Orgánica de la Administración Pública respecto de la participación de la comunidad en los asuntos públicos, que la misma, a pesar de la proclamación de democracia participativa y protagónica que frecuentemente se hace del modelo político venezolano, es "un avis raris" en nuestra supuesta democracia formal.

Las estructuras administrativas las estudia Briceño Vivas, en la segunda parte de su Obra, desde el punto de vista de la organización administrativa del Estado, poniendo énfasis en el fenómeno de la desconcentración y descentralización administrativa a través de figuras del derecho público y de las cada vez más crecientes de figuras propias del derecho privado que permiten distinguir una privatización en la actividad administrativa, y que por representar una "despublicitación", puesto que no tiene que ver con lo político, hace necesario un mayor control sobre su gestión. Esta pluralidad de la personalidad del Estado ha sido una vía para el despilfarro y el descontrol de la administración pública. Se ocupa el autor del estudio de las figuras de la desconcentración y descentralización administrativas, precisando los perfiles de los institutos autónomos, de los servicios autónomos sin personalidad jurídica, de las empresas, de las fundaciones y asociaciones del Estado. Algunas de ellas con delegaciones o sin delegaciones de autoridad, y a las cuales, por estar dentro de la organización general del Estado, se les califica de entes estatales, con la complejidad que tal tratamiento implica no solo para la propia administración, sino también para los tribunales y los ciudadanos. Todo ello incide también en lo jurisdiccional en donde se ha extremado el fuero contencioso administrativo para poder incluir dentro de su control la actividad privada de la administración y para arrastrar a dicho fuero a los particulares involucrados en esas relaciones de derecho privado, que presenta problemas interpretativos que sin una apropiada jurisprudencia respecto de la igualdad procesal y sobre la restricción de los privilegios propios de los entes públicos, termina convirtiendo este fuero en una emboscada judicial para los particulares que de buena fe se vincularon como partes con la administración privada del Estado. Esa descentralización -a mi juicio desformalización del Estado- ha llevado una macrocefalia judicial al concentrar en el contencioso administrativo toda la actividad privada del Estado, particularmente en el Tribunal Supremo de Justica, en donde su competencia material y de la cuantía arrastra cuanta demanda de derecho privado se intente contra la administración.

En su tercera parte, el Curso de Derecho Administrativo Especial de Briceño Vivas, es un detallado estudio del tema inacabado de los contratos administrativos, que con acierto el autor engloba en la noción de actividad administrativa bilateral, que partiendo de su vinculación originalmente al servicio público, se desprendió de la teoría general de los contratos y se ha mantenido como institución propia del derecho administrativo. Lo cierto es que la doctrina transforma el acuerdo de voluntades de la administración y de los particulares en contrato administrativo, porque sirve de instrumento para satisfacer intereses públicos, lo cual le vale de manifestación para derogar en esos acuerdos reglas fundamentales del derecho, como la de que los contratos son ley entre las partes, o la de la necesidad de la intervención judicial para la resolución de los contratos o la del acuerdo entre las partes para su modificación, a través de clausulas que por su sola denominación de exorbitantes, nos dan la idea de algo excepcional o extraordinario, pero que en la práctica la administración, y hasta la jurisprudencia, consideran como normales u ordinarias, hasta el punto de que, para algunos, su sola existencia basta para calificar a un acuerdo de derecho privado de la administración de contrato administrativo. Circunstancia esta que lleva a concluir en la necesidad de una ley de contratos de la administración, en la cual lo exorbitante de los contratos de la administración tenga su regulación estricta para casos específicos y donde se establezca la responsabilidad de la administración por su ejercicio desbordado que signifique abuso o desviación de poder. Ello es necesario para la vigencia del principio de la seguridad jurídica que es base del sistema económico constitucional, según el artículo 299 de la Constitución.

Buena parte de su Obra dedica el autor, en este tercer acápite, al examen de los elementos distintivos de los contratos administrativos, después de reseñar las discusiones sobre su noción, desde la inclusión en ella de todo contrato de la administración hasta de la de su restricción solo a los que manifiesten esos elementos distintivos. Que si bien sirven para calificar un contrato de derecho administrativo, sin embargo, por la amplitud de la competencia del contencioso administrativo que comprende toda contratación administrativa, tal distinción queda para el ámbito pedagógico. No obstante, con la precisión del docente Briceño Vivas, examina la noción de persona pública para la definición de un contrato administrativo, donde la calidad de su personería jurídica como tal persona es fundamental, razón por la cual se hace referencia la Ley de Contrataciones Públicas, que llega hasta el extremo de considerar como tales a organismos extra-estatales, de base comunitaria, como los consejos comunales, por el solo hecho de manejar fondos públicos. E, incluso, a calificar de personas públicas a personas jurídicas privadas a las cuales se les delegue una atribución legal, o que hubieren sido creadas, como tales personas, por un texto legal. Por supuesto, que Briceño Vivas, conforme a la sistemática del derecho administrativo de base jurisprudencial, dentro de los elementos distintivos de los contratos administrativos, dedica un extenso desarrollo al tema del servicio público como objeto del contrato administrativo, haciendo gala de su erudición doctrinaria y bibliográfica, dado que no solo sirvió para identificar a este contrato sino incluso para colorear la noción misma de derecho administrativo. Tal servicio público, cuando para su prestación se necesitó el acuerdo con los privados, desdibujó la naturaleza privada de este acuerdo y la tiño de pública. El autor nos lleva a la utilización de los criterios orgánico y material empleados para justificar esa mutación de lo privado en lo público. Además de la obligada referencia a la doctrina y jurisprudencia francesa, el autor destaca el aporte de la jurisprudencia pionera nacional y de la doctrina patria en la consolidación de la noción de contrato administrativo.

Lo relativo a las clausulas exorbitantes ocupa un desarrollo importante en la tercera parte del Libro de Briceño Vivas, de las cuales destaca que no son concertadas sino impuestas, por la sola razón de que el objeto del contrato es un servicio público, detrás del cual se encuentra un interés público que proteger. El tema está en la extensión y alcance de esa noción de interés público hasta el punto de que la celebración de un contrato administrativo no termine siendo una carga más que compensación para el particular. Asimismo, ¿en los contratos interinstitucionales, tienen o no la misma eficacia tales clausulas cuando las partes son ambas personas de derecho público y su objeto para las dos son la prestación de un servicio público? Por supuesto que para ello los convenios preparatorios o precontratos o sus términos de referencias o los pliegos de condiciones, asumen la función de ser el régimen contractual aplicable, y supletoriamente las disposiciones del derecho común. Lo cierto es que la aplicación de estas clausulas exorbitantes son terreno cenagoso en materia de interpretación de modificaciones unilaterales de los contratos, de dirección y de control y sanción, y sobre todo de su ejecución, hasta el punto que pueden convertirse en licencias para el abuso del poder y cauce para las vías de hecho. Frente a ellas el límite a la discrecionalidad administrativa, el debido proceso y la prohibición del abuso de derecho, son garantías de su no arbitrariedad, pero sin una jurisdicción contenciosa administrativa que de efectividad a esas garantías, estos privilegios contractuales son verdaderas armas largas contra la legitimidad administrativa. Sobre todo cuando, por ejemplo, la

14

rescisión de los contratos se contempla como pena o sanción, en cuya aplicación de los principios del derecho administrativo sancionatorio del derecho a la defensa y del trámite debido y del límite de la penalidad, resultan imprescindibles para que tal resolución no se convierte en una zona franca para la discrecionalidad de la administración para no cumplir con sus obligaciones.

La Parte Cuarta del Curso de Derecho Administrativo Especial de Briceño Vivas es toda una monografía sobre el tema de la responsabilidad del Estado, cuyo origen se remonta al nacimiento de nuestra República y que ha sido un principio consecuente de nuestras constituciones, aunque poco entendida, o mejor dicho, mal entendida, por la jurisprudencia que es más celosa de la no responsabilidad de la República que de su responsabilidad, hasta el punto de que no solo es prácticamente imposible que se le reconozca judicialmente sino también que se ejecute. Para el entendimiento de este tema el autor repasa apropiadamente la evolución que tuvo en Francia y en otros países, y la dificultad que ha tenido en nuestro país jurisprudencialmente y lo exiguo de su regulación legal. Pone énfasis el autor en deslindar el régimen de responsabilidad civil de la responsabilidad administrativa. La primera, fundamentalmente subjetiva y culposa. Y la segunda, objetiva y presuntiva. En una el dolo o la culpa son determinantes para concluir en la responsabilidad. Mientras que en la otra la falta o negligencia del servicio o el daño no permitido, son suficientes para la imputabilidad a la administración, por la acción u omisión de sus funcionarios o por la insuficiencia, deficiencia o la prestación de un servicio público, No se queda Briceño Vivas en el aspecto teórico del régimen de los elementos o supuestos de la responsabilidad del Estado, sino que comprende también los medios de reclamo de defensa de los particulares para exigir esa responsabilidad, tanto en vía administrativa como en vía judicial.

La confianza depositada en mi por Gustavo Briceño Vivas en pedirme el prólogo de su Curso de Derecho Administrativo Especial, no me permite abusar de ese cometido, extendiendo aún más su presentación dado lo basto su contenido y lo ilustrativo que resulta su introducción, -confieso que rehíce dos veces por lo extenso este prólogo-, por lo que solo ahora me corresponde presentar a su autor como el científico del derecho, el analista de los hechos sociales y políticos y el Quijote de la defensa de los derechos humanos. Esto último es su faro de inspiración, la llama inextinguible de su entusiasmo de continuar su vida útil en la defensa de la dignidad de las personas a través de la acción protectora de sus derechos fundamentales, como Presidente del Capítulo Venezolano del Instituto Latinoamericano del Ombudsman, y como docente en esta materia en las Universidades nacionales y como conferencista en eventos y organismos internacionales. Briceño Vivas es de aquéllos venezolanos que forman parte de la columna vertebral de nuestro gentilicio, que su humildad de sabio, ha impedido que se le rindan los justos homenajes que se merece por su vida digna y consecuente en pro de los ideales del derecho, la justicia y los derechos humanos, que son la sangre que irriga su corazón inmenso como la Patria que lo vio nacer. En verdad que por su personalidad y por lo meritorio de la Obra, que por la gentileza y amistad que me ha brindado Gustavo Briceño Vivas, presento a la comunidad jurídica, mis palabras resultan pocas para lo grande que significan su autor y su contenido. Pero, más que la opacidad de este pórtico del Curso de Derecho Administrativo Especial brillara con fuerza y mayor luminosidad, el legítimo orgullo con que alumnos, colegas, profesores y juristas harán referencia de él, para satisfacción de su Universidad, de su querida Familia y para el mismo Gustavo Briceño Vivas, porque con esas justas y legitimas referencias sobre su trabajo ha hecho honor a su legado familiar de trabajo, moralidad, responsabilidad y ciencia, que como compromiso le dejaron sus padres. Solo me queda agradecer el honor por haber sido el portero de un edificio de gran estructura intelectual como lo es el Curso de Derecho Administrativo Especial, de ese ser más que especial, como lo es Gustavo Briceño Vivas.

Román J. Duque Corredor
Caracas, Prados del Este, abril 2012

INTRODUCCIÓN

La presentación de un curso en la Universidad, requiere fundamentalmente de un esquema de trabajo que incida no solo en valores doctrinables y prácticos, sino que del mismo modo los conocimientos sean impartidos respondiendo a las necesidades de un programa determinado y necesidades intelectuales de sus destinatarios. Los alumnos son, en estas circunstancias, el objetivo fundamental de un determinado trabajo provisto tanto de conocimientos en su versión teórica como práctica.

El objetivo trazado en el presente libro es ese, es decir, mostrar a sus destinatarios un esquema de trabajo y el desarrollo del mismo durante el año de su carrera como estudiante. El esquema ideado en el presente responde con ello y desde luego, a un programa formal de trabajo a desarrollarse basado en la experiencia, en la práctica y en el conocimiento que constituye la base fundamental de su desarrollo.

En efecto, impartir un conocimiento en la materia de Derecho Administrativo, conlleva a un esfuerzo de cambio constante durante la enseñanza que se materializa en la práctica, determinado por la naturaleza de un Derecho que es infinito en su conocimiento y cambiante por su naturaleza.

En este sentido, el Derecho Administrativo es una ciencia dinámica y sorpresiva, por cuanto sus postulados se transforman en la medida que el Estado -en el ejercicio de la función administrativa muy concretamente- se adapta a las necesidades sociales, esto es, es un Derecho esencialmente dependiente y sometido a ideas y factores que en muchas oportunidades le son ajenas para su configuración. De allí, la sorpresividad en su desarrollo, lo cambiante de su expresión, y la naturaleza variada de su función. Del mismo modo, tiene dos fuerzas que lo atan, en primer lugar, las normas jurídicas, por no decir, el Derecho positivo que le impone una actuación para realizarse, es la ley, pues, es como un elemento estático, quien le indica su órbita o espacio de actuación y acción. De allí, el estudio muy detallado del Principio de la Legalidad como institución fundamental de este Derecho tan importante, y cuyo destinatario esencial y no casuístico es el Estado, quien debe adaptarse a sus formales postulados. La otra fuerza es el ciudadano con todos sus derechos, es el elemento dinámico, quien le manifiesta sus deseos y fundamentalmente la necesidad de su satisfacción inmediata y personal.

Un Estado será bueno o malo en la medida en que actúa en beneficio de sus ciudadanos, de allí un elemento cardinal que incumbe al Derecho Administrativo y que responde a intereses ajurídicos o meta jurídicos. ¿Cómo hacemos para articular semejante idea? ¿De qué manera es posible construir un sistema jurídico capaz de entrelazar una idea de poder con un sistema de leyes que lo permita y lo aliente?

En fin, el Derecho Administrativo es eso, el estudio de un conflicto, de una controversia que se plantea en la relación poder-ciudadano y que tiene sus bases, no sólo en aspectos legales y constitucionales, sino en sus parámetros ideológicos, para lo cual constituyen un conglomerado de situaciones y variedades que lo caracterizan y le confieren forma y estructura particular.

Es el resultado de un esfuerzo doctrinario y hasta jurisprudencial en organizar instituciones y crearlas con el fin específico de conformar un Derecho que ha tenido y ha tendido a ser y manifestarse como una doctrina de cabida universal en presencia prácticamente en todos los ordenamientos jurídicos del mundo, aun en aquellos países donde el Estado se comporta como un particular más en las relaciones humanas. Imaginemos en aquellos donde el Estado se presenta ante la sociedad como un contingente esencial que capta y abarca en su totalidad la entera imagen de la sociedad, ¿Qué hay de la vida de un ciudadano frente a una Administración que todo lo hace y todo lo dirige? Esta es la razón de su controversia por cuanto unos utilizan el Derecho Administrativo como fuente del uso de sus poderes, y los otros, lo utilizan como origen y base de sus derechos e intereses.

El Derecho Administrativo es desde entonces, un equilibrio esencial que priva sobre la preponderancia de los unos sobre los otros, es decir, del poder sobre los ciudadanos o de los ciudadanos sobre el poder, de allí que en las sociedades donde existe un sistema de equilibrio entre el Estado y el ciudadano, seguramente el Derecho Administrativo se manifiesta en toda su extensión y veracidad. Instituciones como la responsabilidad del Estado, como los procedimientos administrativos o los contratos de la Administración o el acto administrativo y sus características, ejemplifican con toda exactitud e influencia el intento de moldear un Derecho tan apasionante como el que estudiamos y dedicamos en el presente trabajo.

El Derecho Administrativo es desde luego, el estudio de un determinado comportamiento social, pero llevado al análisis de una conducta jurídica a ser gerenciada por el poder a través del Estado; es el análisis de cómo se desarrollan y que efectos producen unas atribuciones y competencias conferidas al Estado para ver y determinar su acción cuando se vincula de manera directa con el ciudadano y sus consecuencias. El Derecho Administrativo es pues, analizar, verificar, constatar un comportamiento difícil de concretar porque influyen en su configuración dos polos opuestos como lo es el poder por un lado y el derecho por el otro. La oponibilidad de lo uno sobre lo otro va a depender de un concepto, por cierto al margen de nuestras apreciaciones, como lo es la política y la dinámica social como situaciones que influyen de una u otra manera en el Derecho que aquí estudiamos.

Ahora bien, ¿Cuáles instituciones son esenciales para entender un Derecho especial y significativo a la altura actual de nuestro conocimiento, tomando en consideración un sistema político de Gobierno que atenta con su conducta el sistema democrático por no señalar el estado de derecho? La pregunta es harto complicada, dada las implicaciones políticas de su respuesta, lo cual supone, con entera propiedad, alejarse de una forma significativa de las raíces y del substratum del Derecho Administrativo formal. El Derecho Administrativo de por si es contaminado de materia no propiamente Jurídica, para lo cual dificulta con extrema severidad su mirada y su lectura, lo cual responde a la persona que lo interpreta incluyendo, no solo sus investigadores y estudiosos, sino inclusive los jueces, nada más y nada menos aquellos a quienes les corresponde definir y determinar sus orígenes y sus instituciones.

Las definiciones y nociones de este Derecho ejemplifican la diversidad de sus características y de sus planteamientos. En todo caso, la existencia de un número casi infinito de definiciones y nociones, explica por sí solo nuestra apreciación, cual es la dificultad de conceder una noción que abarque toda la conciencia de su concepto y toda la totalidad de su cocimiento.

Existe desde sus orígenes el criterio de la función lo cual lo identifica claramente como una actividad muy vinculada al Gobierno como expresión de ordenador y de mando, es una definición dependiente de la Revolución Francesa, tanto por sus orígenes como por sus consecuencias, donde se manifiesta con todo su esplendor la fuerza de la ley al servicio de los derechos de los ciudadanos.

El servicio público es una renovadora participación de los teóricos del Derecho Administrativo francés al identificar el servicio público como elemento identificador del Derecho Administrativo; la distinción entre actos de autoridad y actos de gestión; el Derecho Administrativo bajo la perspectiva del poder ya entendido como una usual prerrogativa y clave de su esencia a decir de Luciano Parejo Alfonso; el Derecho Administrativo como aquella actividad del Estado que tiene como consecuencia hacer cumplir los fines del mismo; las razones de Kelsen para convertir la teoría pura del derecho y vincularla muy positivamente con el Derecho Administrativo en su noción formal; la vinculación con la relación estatutaria y legal; y muchas definiciones y nociones modernas, otras, que acaparan la atención de las escuelas modernas con sus aplausos y detractores y cuando se relaciona el Derecho Administrativo ya como un derecho que puede o debe vincularse con la expresión de derechos humanos muy acostumbrada a ser utilizada por las constituciones modernas detalladas muy normativamente por ejemplo, en la Constitución Española de 1978 y la de Venezuela de 1999.

Ahora, para nuestro momento, este Derecho especial y a la vez tan cambiante, debemos acostumbrarnos a la idea de solventar sus dificultades a través del esfuerzo de ir moldeando lo que pasa en la actualidad con las doctrinas del Derecho en sí mismo, en otras palabras, compaginar y verificar los cambios y manifestaciones que ocurren a diario como, decretos nuevos, leyes que se derogan por otras, reglamentos que cambian, leyes que son anuladas por tribunales, actos de autoridad que resuelven conflictos solo con el uso del poder discrecional, leyes orgánicas y especiales que se dictan para favorecer interés ideológicos y no de nación, etc., más cuando desde el "poder" se utiliza a la ley no con el propósito de satisfacer intereses colectivos o generales sino intereses individuales o personales, lo cual dificulta la comprensión del Derecho Administrativo y todo lo que su noción implica para el ordenamiento jurídico y para la sociedad. ¿Cómo explicar la sumisión que el Estado debe tener con la ley para satisfacer los intereses de la colectividad? ¿Cómo explicar aquella frase de Burdeau en su obra el Estado, de purificar y espiritualizar el poder para ennoblecer la obediencia?

Ciertamente, para el curso que dictamos cuatro son las partes esenciales que de una u otra manera materializan nuestra idea de mostrar un Derecho Administrativo especial, y que si lo comprendemos y lo enseñamos en su justa y objetiva dimensión nos alcanza a captar un Derecho que corresponde y concede una plaza importante del ordenamiento jurídico general.

El Derecho Administrativo, y por ser administrativo, esto es vinculado a la Administración Pública, representa un dato de capital importancia, lo cual adquiere un sentido claro de manifestación estatal. Bajo esta óptica, el Derecho Administrativo que intentamos mostrar a lo largo del curso, corresponde a una relación entre dos entes suficientemente diferenciados. De un lado, la Administración del Estado con todos sus poderes y todas sus atribuciones y que aquí la denominaos con claro objetivo: Administración Pública. Por otra parte, el ciudadano, acompañado de derechos e intereses y que la tradicional doctrina del Derecho Administrativo denomina "administrado". Administrado es pues eso, un sujeto especial sometido a la voluntad del Estado, muy especialmente en el ejercicio de la función administrativa, y que del mismo modo, de cómo se subordina éste, adquiere derechos e intereses que puede reclamar al propio Estado su ejecución y su satisfacción personal. Se demuestra con la anterior idea que, no solo existe una relación administrativa entre dos entes, bien diferenciados, sino del mismo modo, una interrelación de reciprocidad, por cuanto así como la Administración se obliga a unas determinadas obligaciones de hacer, de no hacer y de dar, como lo es la prestación del servicio público, el administrado se obliga a una conducta personal indicada en la ley, que debe cumplir para que vea satisfecha sus pretensiones y sus intereses, traducida pues en derechos subjetivos.

Con estos fines, y adaptándonos al programa de la materia, indicamos una primera parte descriptiva de la Actividad Administrativa Unilateral (Parte I) , esto es, ya no solo nos detenemos en la noción del acto administrativo o de la noción de Administración Pública o del principio de legalidad, o de la explicación pormenorizada de los diferentes actos provenientes de los poderes públicos, como en cursos anteriores, sino de la incidencia de ellos en la esfera jurídica de los administrados, sus características y principalmente sus consecuencias. Por ejemplo, una incidencia fundamental como lo es, la actuación forzosa de los actos administrativos, en especial las incidencias favorables o las desfavorables, la noción de lo que constituye un título ejecutivo, con la ayuda de la doctrina española muy prolija en estas consideraciones. Las prestaciones forzosas, las limitaciones administrativas de derechos, las potestades ablatorias, las expropiaciones, las confiscaciones, las autorizaciones, las aprobaciones, las certificaciones etc., las incidencias de las denominadas por la doctrina de mero interés, son parte de un primer desarrollo en el contexto de la clase, que nos indica con entera propiedad el alcance de esta primera parte de la materia que dictamos a lo largo del curso. Previo a ello, destacamos el estudio de las obligaciones jurídico administrativa para lo cual invocamos un capítulo especial, dando a entender que las obligaciones administrativas ocupan una plaza y un lugar esencial dentro del contexto general del Derecho Administrativo.

Tema de fundamental importancia lo constituye la consideración sobre las potestades administrativas y su ejecución, la noción y sus características más sobresalientes, para resumir como consecuencia directa el estudio detallado de la ejecución forzosa, sus consecuencias y las vías de hecho, cuya anormalidad Jurídica puede ser reclamada en vía judicial de conformidad con la novísima ley de la Jurisdicción Contencioso Administrativa. Al final de esta primera parte, hacemos un estudio de la Ley Orgánica de la Administración Pública, que ahora se denomina Decreto con Rango, Valor y Fuerza de Ley Orgánica de la Administración Pública de fecha 31 de julio de 2008, *Gaceta Oficial* N° 5.890 Extraordinario, con la finalidad de estudiar un tema importante dentro del Derecho Administrativo actual referido a la participación de los ciudadanos en los asuntos públicos.

La segunda parte (Parte II) lo referimos al estudio de las estructuras administrativas, donde se ubican sus atribuciones y competencias más importantes. Allí, y previamente nos detenemos en comprender el Estado Democrático y Social de Derecho y de Justicia que consagra nuestra Constitución en su artículo 2, haciendo referencia especial al Estado Federal y su organización más importante, con el entrelazo tema de los derechos humanos como cuestión preeminente. La base de la organización administrativa venezolana se encuentra fundamentalmente en el texto constitucional, luego su estudio a estos efectos se hace imprescindible, el análisis de las competencias de los órganos que se denominan órganos sin personalidad Jurídica pero con autonomía funcional como el Ministerio Público, la Contraloría General, la Defensoría del Pueblo, que conforman el denominado poder ciudadano consagrado en la Constitución de la República Bolivariana de Venezuela (Artículo 273). Y, por supuesto, las atribuciones y las competencias de toda una organización administrativa denominada Administración descentralizada.

Acotación que hacemos en el sentido de que con la Ley de Administración Pública se introduce dentro del contexto general del Derecho Administrativo organizativo a las empresas del Estado, empresas públicas, asociaciones civiles y fundaciones como parte de la Administración Pública lo cual cambia la noción inicial y doctrinaria de considerarlas como persona de Derecho Privado, ahora son personas públicas, a pesar de que varias de ellas continúan sin la facultad de dictar actos de autoridad. Los colegios profesionales, las federaciones, y estudio especial de los institutos públicos como los institutos autónomos son objeto de atención especial en nuestro estudio a través del año. Estudio que compaginamos muy acompañados de su fuente principal como lo es la Ley Orgánica de la Administración Pública.

La tercera parte (parte III) del programa lo dedicamos al estudio de la actividad administrativa bilateral como son los contratos administrativos. En efecto, el contrato administrativo es una institución fundamental del Derecho Administrativo por cuanto es una forma de satisfacer los intereses públicos a través de la figura del acuerdo de voluntades. En esta institución se perfecciona la voluntad concertada del Estado con los ciudadanos, que son ellos mismos, a quienes les corresponde la satisfacción de los servicios públicos. Para ello indicamos, la noción de los contratos administrativos, sus características fundamentales, el objeto de los contratos, las prerrogativas de la Administración Pública como condición fundamental para determinar su concepto, los derechos de los contratantes y contratistas de la Administración, las teorías clásicas del hecho del príncipe y la teoría de la imprevisión. La responsabilidad contractual de la administración con sus detalles de principio de la buena fe, y su régimen contencioso. Hemos puesto especial atención a las condiciones y circunstancias derivadas de la novísima Ley de Contrataciones Públicas al amparo del nuevo Decreto N° 5.929 con Rango, Valor y Fuerza de Ley de Contrataciones Públicas de 19 de mayo de 2009.

Tema de importancia capital lo constituye el sistema de la responsabilidad del Estado en Venezuela como parte esencial del programa (Parte IV). Desde sus orígenes, la responsabilidad del Estado en nuestro país ha sido expuesta a lo largo de los textos constitucionales desde la Constitución de 1830 hasta la de 1999, destacándose la Constitución de 1961 la que determina de manera precisa con su artículo 47 al expresar que: *"En ningún caso podrán pretender los venezolanos y los extranjeros que la República, los Estados y los Municipios le*

*indemnicen por daños, perjuicios o expropiaciones que no hayan sido cau-
sado por autoridades legítimas en el ejercicio de la función pública"* y la
actual Constitución de 1999, determina que el Estado es responsable
y responderá patrimonialmente por los daños que sufran los particulares en cualquiera de sus bienes y derechos, siempre que la lesión
sea imputable al funcionamiento de la Administración Pública (Artículo 140). No existe duda pues de que en el ordenamiento jurídico
venezolano la responsabilidad del Estado se encuentra consagrada
constitucionalmente y su forma de reparación ante los tribunales al
deducirlo del artículo normativo 259 de nuestra Constitución Nacional. En esta parte hacemos una consideración acerca del origen de
la responsabilidad si es jurisprudencial como en Francia o constitucional como en los países anglosajones, dando a entender que de
acuerdo a nuestra apreciación, el origen de la responsabilidad en
Venezuela es mixta entendiendo para ello, la influencia de las constituciones escritas así como de criterios jurisprudenciales.

Los supuestos de la responsabilidad del Estado en Venezuela
han tendido a ser tratados de manera civilista por la doctrina y por
la jurisprudencia, dada la gran influencia que ha tenido el Código
Civil venezolano a todo lo largo del ordenamiento jurídico, durante
muchos años, llevando a un mimetismo exagerado de los supuestos
de la responsabilidad civil extracontractual y transponerla a la responsabilidad administrativa. ¿Por qué estas situación? Ya lo dijo el
maestro Brewer en una de sus mejores obras "Las instituciones
fundamentales del Derecho Administrativo y la Jurisprudencia venezolana".

Hoy en día, ya podemos diferenciar la existencia de una responsabilidad del Estado distinta y autónoma con sus reglas propias
y un sistema jurídico independiente del tradicional establecido en el
Código Civil en la parte de las obligaciones. Ya en Venezuela, ensa-
yamos una responsabilidad como aquella prevista en L'Arrêt Blanco, para lo cual la responsabilidad que pueda corresponder al Estado por los daños causado a los particulares por el hecho de las personas que emplea en el servicio público, no puede regirse por los
principios establecidos en el Código Civil para las relaciones de particular a particular, que esa responsabilidad no es general ni absoluta y que ella tiene sus reglas especiales que varían según las necesidades del servicio y la necesidad de conciliar los derechos del Estado con los derechos privados. La reparación es desde luego consecuencia inmediata de considerar al Estado responsable, pero para
ello, existe toda una estructura jurídica y formal que permite la re-

paración de conformidad con criterios doctrinarios que diferencian las responsabilidades contractuales de las extracontractuales. El procedimiento de su reclamo en vía administrativa y en vía judicial es puesto de manifiesto en el presenté trabajo.

Desde los inicios en mis estudios en Derecho en mi alma mater (Universidad Central de Venezuela) sentí una inclinación hacia el área del Derecho Público, estudios que fueron reforzados en mi estadía en Francia, en la Universidad de Economía de Derecho y Ciencias Sociales de Paris II.

La Universidad Católica Andrés Bello en especial su Escuela de Derecho ha sido para mí una de las experiencias más importante de mi vida como profesional del Derecho. En ella he dedicado todo un especial interés en servir y enseñar al estudiante de la materia de Derecho Administrativo, por cuanto entre otras razones he tenido una inclinación especial por comprender y analizar este Derecho tan apasionante y tan característico que ha dado muchos comentarios plausibles y contradictorios, tanto en el mundo de la academia como en el campo de la actividad jurisdiccional. Toda una actividad académica ocurrida en un espacio de más de 25 años es demasiado lo que se adquiere para cosas buenas como para cosas malas.

Es una etapa de la vida que enseña y fortifica el ambiente interno de cada uno, en la elaboración íntima y que se relaciona con la vida personal. El que imparte clases y señala que sólo se sitúa en la actividad estrictamente académica para mi miente. Al contrario, la actividad de dar clases en cualquier centro de educación, no solo es una actividad de enseñanza-academia formal claro está, sino que refleja una actividad personal e íntima del docente y del alumno. Siempre he dicho y hasta constatado que salvo casos muy excepcionales, no existen alumnos indiferentes: todos son interesados. ¿Qué profesor no se refleja en sus alumnos? ¿Qué profesor no solo se materializa en los alumnos para dar clases sino que muchas de las veces es el mismo profesor que se relaciona así mismo? Uno ve en el alumno un personaje contradictorio, por cuanto se observa a un ser humano que pretendes ayudar para que adquiera un conocimiento que le confiere vida y sabiduría. Te da alegría hacerlo, te sientes sobrevaluado, te sientes padre y sujeto corrector y tutor de una actividad intelectual. Sin embargo, puede ocurrir lo contrario, eres sujeto pasivo de una actividad, eres como un niño, vigilado, supervisado, subordinado, sometido a un esquema indicado por un estatuto y por una clase, y lo que es más esencial al transponerte al alumno se convierte por consecuencia la actividad académica en una relación interpersonal de dar y recibir afecto por un lado y conocimiento por el otro. El profesor califica un conocimiento y el alumno hace igual con el profesor, sobre todo, esto último es esencial, por cuanto la calificación que el alumno hace del profesor es estrictamente personal y menos académica, por ello, el profesor es malo o es bueno, o es antipático o simpático, o te cae bien o no. Ambos son examinados, no me queda la menor duda en hacer esta apreciación. De allí, la escogencia que hace el profesor de un alumno que se destaca en su conocimiento de la materia, su brillantes para la exposición, su inteligencia para abordar el problema, su capacidad de análisis y la apreciación que tenga cuando expone un fenómeno jurídico, pero además, la preferencia se vincula, no solo de una escogencia académica sino igualmente de una preferencia y una transferencia personal.

La relación del docente con su alumno, en lo que se refiere a una clase de Derecho Administrativo, diríamos que se vincula con la noción que siempre hemos conversado y analizado sobre lo que atañe al Derecho Administrativo como ciencia, su noción es contradictoria, pero comprensible, recíproca pero obligacional y autoritaria, formal pero relajada por parte de una de ella, en fin es con "autorictas" en lo que se refiere a determinados y específicos aspectos y subordinada en lo que se refiere a otros. La relación en Derecho Administrativo implica la sumisión del poder hacia la libertad, del mando hacia la obediencia, del ejercicio de la atribución frente a la subordinación del ciudadano. ¿No es en la práctica una dinastía que se impone entre un profesor con su alumno? ¿Entre aquel que se impone en un aula de clase frente a un ciudadano que tiene el derecho de aprender y conocer determinados aspectos del Derecho?

Razones existen y en cantidad suficiente para demostrar la importancia de esta materia y el deseo de mostrarla a los alumnos durante el desarrollo de un curso año por año, que situar al alumno y al profesor en una situación de expectativa y de curiosidad, para ambas partes, por cuanto ¿Qué mas curiosidad la de un profesor de conocer la opinión que de él tienen los alumnos?

A mi parecer, variados estudios se realizan durante el transcurrir de un año académico. El estudio de la materia que es esencial, tanto para el profesor como para el alumno, y el estudio de la clase estudiantil, el joven que está sentado frente a ti, que insinúa una comunicación personal que se establece entre ambos protagonistas, lo cual, se demuestra la importancia del profesor dictando y enseñando la materia, y la del alumno que la recibe y la capta. Los mejores cursos –que los hay de todo tipos- son aquellos, no sólo donde existen alumnos que demuestran criterios excelentes en sus intervenciones, sino en aquellos cursos donde el profesor mantiene una actitud abierta y una comunicación constante.

En fin, y la verdad es que este libro es producto de las clases impartidas durante años, ha sido un esfuerzo de retratar una conducta, más específicamente, una actuación impregnada de situaciones académicas y personales durante un lapso de más de veinte años. Los primeros años de docencia fueron de temor, de incertidumbre, de nerviosismo, de preparar la clase hasta los días feriados por el miedo de no dar buenas muestras de conocimiento, de tener las manos frías antes de montarse en el escalón alto del salón para ser exhibido, pero con los años, esa situación va lentamente cambiando, por cuanto sientes madurez en tus conocimientos y en la edad, y seguridad en tu expresión oral, tanto en lo corporal como en lo que dices. Ya eres un profesor definido con experiencia, se es más adulto y maduro, te haces más padre que hijo, te quitas el reloj como muestra de que el tiempo no te importa tanto, y tu relación con el alumno se hace más diáfana y más comprensible. Eres un profesor en todo el sentido de la expresión.

Este libro se dedica primera y especialmente a los alumnos que he tenido durante más de veinticinco años en la Escuela de Derecho de la Universidad Católica Andrés Bello. Te todos aquellos que lo fueron, de los que son y de los que serán; de muchos profesores a quienes les conté mis inquietudes como profesor y como persona, son demasiados a quienes debiera dedicar el presente, Román Duque Corredor; Luis Henrique Farías Mata; Enrique Pérez Olivares; Allan R. Brewer-Carias; el Padre Olaso; Carlos Ayala Corao; Cecilia Sosa; Ricardo Combellas; Enrique Iribarren Monteverde; Tulio Álvarez; Valentín Arenas; María Helena Fernández; Pedro Miguel Reyes, entre otros, pero muy especialmente a mis ex alumnos; Duilio David Matheus Rodríguez, quien es el actual profesor, brillante asistente de la cátedra que impartimos en la Escuela, a Jesús Manuel Mariotto Ortiz, a Joaquín David Bracho Dos Santos, y a otros jóvenes administrativistas, ya profesionales, quienes han compartido conmigo realidades, cuentos y fantasías, estudios y trabajos, inquietudes y alegrías.

En auténtica y real verdad, han sido ellos coautores de este trabajo, realmente no fui el único en pensar lo que debía escribir ni en escribir solo lo que había pensado, paradójicamente, la fantasía con la realidad, me ha ayudado con demasía como factor de búsqueda y movimiento académico, en fin, la experiencia ha suplido mis faltas, pero del mismo modo, las carencias me han ayudado a acertar y definir situaciones concretas. Hoy siento, de manera indefinida, la necesidad de rencontrar situaciones dirigidas a enfrentamientos de futuro, indudablemente esta etapa de mi vida profesional que siempre la percibo con mi vida personal, realza significativamente un espíritu de hidalguía y de crecimiento. Ante esta situación diré presente como me dicen por cierto, mis alumnos en la Universidad.

Siempre me ha interesado terminar páginas introductorias con frases que no sean mías propiamente dichas. Son situaciones que se alejan de uno, es como cuando un ser humano se detiene en el tiempo, y espera el anuncio o la asunción de alguien o de algo que venga en su auxilio, son actos poéticos o de versos, que se extienden de una manera real y significativa y que influyen de manera tranquila y sosegada. Te tranquilizan tu espíritu. Escojo unas frases muy poéticas.

"Podría haber llorado pero reí en el salón donde todos bailaban.
Podría haber reído pero lloré frente al altar.
Risas y llantos se alternan en un mezclote de insinceridad y apariencia.
Terminé quedándome hierático como una esfinge".

Fernando Batoni, Voces del Camino

PRIMERA PARTE

LA ACTIVIDAD ADMINISTRATIVA UNILATERAL

Un Estado moderno se caracteriza fundamentalmente por la inclusión de una Administración poderosa y armonizada que abarque en su pleno sentido las necesidades para los cuales está reflejada su actuación. En este sentido, la Administración Pública que fue creada a raíz de los sucesos de 1789 en Francia, y todo lo que vino después ha sido el ejemplo del nacimiento de una organización destinada a favorecer las inquietudes sociales. Es pues, la Administración Pública, el objeto principal de nuestro estudio en ésta primera parte del curso que impartimos durante años en la Universidad Católica Andrés Bello.

Bien conocemos que para la realización y la materialización de la actividad del Estado, la Administración Pública se refleja como el instrumento fundamental de la obra del Estado, por esta razón, la Administración posee una manera particular y peculiar de expresarse frente al ciudadano. La actividad Administrativa y la vinculación que de ella se deriva constituyen el Capitulo I de este trabajo. Así, el desarrollo de las obligaciones administrativas con sus elementos que la caracterizan, como la persona que actúa en nombre de la Administración (República) y las particularidades de esa relación son motivo de preocupación en el Capítulo II. Particular atención tomamos con las formas en que la Administración incide en la esfera jurídica de los administrados, con las diferentes graduaciones de incidencias, tomando muy en consideración la doctrina española, muy rica por cierto en este aspecto tan interesante y particular de la actividad administrativa, reflejada en el Capítulo III. Las potestades administrativas constituyen un estudio interesante, dentro del campo de la actividad administrativa, por cuanto dibujan de manera íntima la expresión del poder como ejemplo y expresión de cómo y porqué la autoridad se manifiesta en contra o en favor del ciudadano Capítulo IV, y de manera adicional hacemos un estudio de la ley base de la actuación administrativa del Estado en Venezuela como lo es la Ley Orgánica de la Administración Pública en su última versión y la participación de las comunidades organizadas en la función administrativa del Estado.

CAPÍTULO I

LA ACTIVIDAD ADMINISTRATIVA Y LA OBLIGACIÓN JURÍDICO ADMINISTRATIVA

I. LA ADMINISTRACIÓN PÚBLICA, EL PRINCIPIO DE LA LEGALIDAD, EL DERECHO ADMINISTRATIVO Y EL EJERCICIO DE LA FUNCIÓN ADMINISTRATIVA

La Administración Pública es el ente prestador fundamental de los servicios públicos en un Estado moderno. En tal sentido, la prestación efectuada aparece así circunscrita por intermedio de un poder dedicado a esa actividad, y por otro lado, el sometimiento en la prestación de un marco de sujeción formal, lo cual surge la ley como la limitación esencial en la prestación del servicio público. Es decir, bajo una perspectiva completa, la Administración del Estado, se sitúa en una convergencia de poderes atribuidos por un determinado ordenamiento, para satisfacer necesidades colectivas, no obstante, la atribución de poderes concedidos constituyen a su vez, límites precisos en la configuración de dichos poderes.

El Principio de la Legalidad constituye entonces, una orden de configuración por medio del cual la Administración Pública actúa a través de sus poderes y facultades sometidos al marco de las normas jurídicas. Normas jurídicas constituidas por todas aquellas que manifiesten una situación genérica y abstracta, constitución; tratados internacionales; leyes orgánicas; leyes ordinarias; reglamentos y hasta las propias decisiones administrativas. Un bloque de legalidad formal se impone entonces, a todo lo largo y ancho de la estructura administrativa y funcional del Estado.

Así pues, cuando hacemos referencia a la noción de Administración Pública nos imaginamos un inmenso poder constituido por las tres funciones del Estado, la judicial, la ejecutiva y la legislativa. En estas frases se materializa ciertamente la función del Estado, cuando pretende satisfacer intereses y derechos colectivos o individuales. La Administración moderna es pues, un "poder", que tiene sus raíces históricas, en los finales y hasta comienzos de la Revolución Francesa, y todo lo que ella significa en la contemporaneidad actual.

La Administración Pública no ha dejado nunca de ser lo que es, *un gran poder* irresistible a favor de un gobernante y un desfallecimiento formal en contra de los administrados, sujetos pasivos de la obligación jurídica administrativa.

Ciertamente, el término Administración Pública se remonta en todo caso a contornos históricos y sociales, por cuanto la administración como fenómeno social nace, por la necesidad de los pueblos de servirse para satisfacer sus íntimas necesidades tanto colectivas como individuales. La Administración ha existido y existe con la finalidad de satisfacer deseos individuales y colectivos. Ese es su fin y su objetivo fundamental.

Para remontarse históricamente, Luis IV y luego Luís XVI, reyes de Francia, tenían para sí, un control excesivo del poder conferido por la divinidad, el poder divino conferido por Dios, justificaba y garantizaba hasta cierto punto, la incidencia en contra de los súbitos y los no ciudadanos, como se llamarían los hombres de esa época antes de 1789. La autocracia gobernante exigía desde luego, la creación por consecuencia, de una Administración pública, pero de alcance personal que se extendía a todos los poderes del Rey, que era necesaria para satisfacer sus necesidades y las de ellos como máximos gobernantes. La Administración servía al rey y no a los súbditos.

La gran Revolución Francesa no constituyó ciertamente la idea del nacimiento o de la creación de unos nuevos poderes, no, sino muy al contrario, el nacimiento de un hombre nuevo llamado *ciudadano*, contrario al súbdito capaz de ser titular de derechos e intereses, y que en consecuencia, aquella gran Administración poderosa pero personal, debía respetar en el transcurso de los posteriores siglos.

¿Quién o qué podía entonces limitar ese poder aristocrático y excesivo de los reyes de la época? ¿Cómo fue posible la sustitución de un régimen al servicio de un hombre y después en favor de los ciudadanos? La Revolución contribuyó a la respuesta, y dentro de ella, la idea de la ley como expresión de la voluntad general de los ciudadanos apareció como el gran muro de limitación contra el poder del Rey en favor de los ciudadanos, por ello, la ley pasó a partir de 1789 a ser el límite de actuación de los poderes del Rey en todas sus manifestaciones tanto ejecutivas como judiciales.

El Principio de la Legalidad pasa a ser considerado como un principio de carácter limitativo, destinado a condicionar y a traducirse en un elemento de carácter técnico y formal, para lograr con ello, la sumisión de aquel inmenso poder del Rey a la ley, como producto de la voluntad del soberano, que no era más que la expresión de la voluntad general. Este Principio mayúsculo, pasa a ser en puridad de conceptos, un verdadero paradigma que guía la conducta y el actuar de la Administración, lo cual constituye para sí, un concepto y una actitud revolucionaria que no había existido en estos términos ni histórica ni socialmente.

No debemos dejar de un lado, que el principio de la legalidad, entendido histórica y técnicamente hablando, como sinónimo de sujeción en el sentido de que la actividad de la Administración Pública debe estar sometida a un cuerpo de leyes y normas, para que actúe en consonancia con el mandato que el colectivo le concede por medio de la propia ley. "Bloque de legalidad[1]" denominado así por Maurice Hauriou a principios del siglo XX con el cual el Consejo de Estado francés realiza el control de legalidad de los actos administrativos, lo cual constituye un criterio dogmático y jurídico y que se traduce en una formulación de carácter técnico. ¿Cuál sumisión y de qué manera?

Pues bien, en el Principio de la Legalidad la Administración del Estado no puede ni debe actuar sino sólo con el consentimiento de la ley por un lado, y por el otro, su actuación supone en todo caso, una especie de mecanismo formal destinado a ejecutar la ley, hacerla práctica y viviente, tanto en su forma como en su contenido. Entendemos entonces, que la Administración debe realizar una actividad especial y concreta, cual supone un fin; satisfacer necesidades públicas, pero en atención a verdaderos y concatenados procedimientos formales autorizados por las propias leyes. Es decir, sin la ley, no es posible la justificación de la actuación del Estado, aun siendo ésta favorable a los intereses del pueblo. Y, bajo otro punto de vista, es desde luego, una actividad prestadora, servicial y del mismo modo tuteladora de los intereses colectivos.

El Estado justifica su actuación sólo en virtud de la ley. Si un Estado actúa sin el consentimiento de la ley, aun siendo una actuación en beneficio del colectivo, o del individuo, la misma carece de justificación legal, lo cual constituye un actuar contrario al orden jurídico establecido, y por ende, las instituciones estatales deben corregir la actuación ilegítima.

---

[1]   "BLOC DE LEGALITÉ" Conjunto de reglas superiores a las leyes que se imponen a la Administración en virtud del principio de la legalidad.

El concepto de Administración Pública moderna se sitúa en consideración al mecanismo de sumisión o sujeción al dictado que impongan las leyes. Las leyes constituyen en general, bajo esta consideración, los instrumentos necesarios rectores de la actividad social, en el cual el Estado tiene una injerencia primordial.

Esta actividad someramente descrita tuvo sus orígenes a partir de la Revolución Francesa, para lo cual, no es que no había antes de la gran Revolución una Administración Pública actuante y andante, sino que ella ha existido y existirá en la medida en que el Estado, entendido como instancia de poder, le corresponde la satisfacción inmediata de los intereses colectivos.

La Administración que nació producto de la Revolución Francesa, fue una Administración que debía servir los intereses y los deseos colectivos, pero sometida en su actuar, al imperio de la ley. La actuación del Estado-Administración no se materializa concretamente, sino solo con el consentimiento colectivo y difuso expresado en el acto particular de la norma o de la ley.

La Administración Pública es pues un elemento diferencial de un Estado moderno, el cual se interpone entre órdenes superiores y constitucionales, y como expresa Parejo Alfonso (1987, p. 34) *"y por tanto conectadas con y dependiente del orden constitucional o político superior"*.

La Administración Pública ha tenido desde entonces una importancia fenomenal, si atendemos y entendemos la labor que le corresponde en un mundo buscado e ideado por la satisfacción de las necesidades tanto colectivas como individuales. Unas más otras menos, la Administración Pública ha jugado un rol de suma importancia dentro del acontecer de los Estados modernos que tuvieron sus orígenes a partir de 1800, con el empuje de la gran Revolución, inclusive de doctrinarios, ideólogos y politólogos y en general críticos han acertado en expresar que la Administración es una persona que se ocupa de todo lo que el hombre tiene por sus necesidades inmediatas y colectivas.

La Administración Pública como organización ha tenido cambios históricos que la sitúan, dependiendo de los criterios que de ella se tenga, de magnitudes inimaginables, dependiendo del sistema político en que ella como organización se desarrolla y se proyecta.

En efecto, la Administración Pública que se desarrolló a partir de 1789[2] fue muy diferente a las anteriores, fue aun más fuerte y poderosa que aquella del antiguo régimen, que el mundo y los súbditos habían vivido, presenciado y conocido. Paradójicamente, como bien expresa Tocqueville[3], los revolucionarios franceses, aquellos que decidieron pasar por la guillotina a la esposa de Luis XVI, María Antonieta, tuvieron que crear una gran Administración Pública, que tuviera como finalidad primordial hacer mantener los derechos y las garantías de los ciudadanos, que habían sido consagrados años más atrás. De allí, la expresión muy dilatada y estudiada en el sentido de que la Revolución Francesa se desarrolló bajo un signo evidentemente mesiánico[4].

---

[2]   Con la Declaración de los Derechos del Hombre y del Ciudadano.

[3]   Pensador, jurista, político e historiador francés, precursor de la sociología clásica y uno de los más importantes ideólogos del liberalismo.

[4]   "La Revolución Francesa fue un hecho totalmente distinto de lo que hasta entonces (con la excepción, quizá, de las invasiones de unos pueblos por otros) habían sido los cambios políticos, un desplazamiento de los anteriores imperantes por un nuevo grupo dominante. Por el contrario, la Revolución, término que se impuso precisamente con esa significación, fue un trabajo decisivo entre lo que a partir de entonces se llamaría, muy justamente, el Antiguo Régimen y el nuevo orden político y social que pretendió crearse sobre fundamentos enteramente nuevos. Se abrió así una época en la historia humana, que aún, puede decirse con el mayor rigor, continúa en su fase expansiva, tanto geográfica como respecto a la profundización de sus postulados básicos. Fueron éstos, desde su origen, la libertad y la igualdad, expresados ambos, en sus mismos momentos iniciales, en dos documentos capitales: la eliminación total de los <<privilegios>> y la proclamación formal de <<la igualdad de todos los franceses>>, llevadas a cabo en la famosa y mítica <<noche del 4 de agosto de 1789>> (que se plasmaría en los Decretos de 4-11 siguientes), y la Declaración de los Derechos del Hombre y del Ciudadano, 26 de agosto de 1789, que pasará a ser el documento fundacional. Por primera vez en la historia de las revoluciones humanas no se trataba, simplemente, de sustituir a un imperante o al séquito o los intermediarios que le secundaban en el poder, o de cambiar un régimen político o una simple orientación o dirección determinadas en su actuación. Se pretendía, nada más y nada menos, rectificar la historia entera de la humanidad, fundar un orden político y social completamente nuevo, capaz de establecer una nueva etapa de la trágica evolución humana y de asegurar para el futuro una felicidad segura e inmarchitable. El orden antiguo, que había saltado como una costra seca tan fácilmente, ofrecía la imagen de un sistema petrificado e inmóvil, de tiempo suspendido. Con su ruptura se habían liberado energías humanas intactas y frescas, con las cuales el futuro se presentó pronto como una posibilidad li-

Libertad, igualdad y fraternidad, constituyen signos distintivos e inequívocos y preferentes de una salvación ideológica, política y revolucionaria que había que mantener a todo riesgo, para evitar una caída arras de la nueva República que estaba naciendo. Esta situación se mantiene, y se desarrolla en la actualidad con la creación de instrumentos normativos que la reviven. Toda Constitución con sus variantes, nos recuerdan los cimientos de la gran Revolución, por esta razón a nuestro parecer la revolución ocurrida en Europa a finales del siglo XVIII, constituye la base de existencia de los Estados en nuestro tiempo. Cuando se norma una ley en beneficio de la existencia de los tres poderes tradicionales separados, más el respeto del ciudadano como destinatario final de dicha interpretación, reconsideramos los elementos fundamentales de la gran Revolución.

La ley como la expresión de la voluntad general tuvo, claro está, sus consecuencias inmediatas. Había que aplicarla y aplicarla bien, por ello no podía abusarse de ella. No podían los revolucionarios de finales de 1700, volver al pasado y llegar a la obtención de privilegios conferidos solo a los autócratas y privilegiados de las instancias del poder (la nobleza). Ya había nacido un configurado normativo especial, una declaración formal de los derechos del hombre y del ciudadano con todo lo que eso implicaba a lo largo del mundo, ya la universalidad de sus principios, no comprendería la vuelta a tras de un régimen que había devastado los derechos de los hombres y que su renacimiento configuraba a su vez, una nueva situación en beneficio de los derechos humanos. *¿Cómo podía históricamente resolverse tan difícil situación y a qué precio?*

Napoleón Bonaparte creó por consecuencia la institución del Consejo de Estado, para indicarle al nuevo Ejecutivo, naciente para la época, que tenía que respetar los postulados y el sentir de la revolución triunfadora, y que proclamó sus derechos, la de todos los ciudadanos, a partir de la Declaración de los Derechos del Hombre y del Ciudadano El documento político más importante del referido siglo XVIII. Aquí nació prácticamente la ciencia del Derecho Administrativo.

---

bremente moldeable por el hombre. Una embriaguez de omnipotencia, de la infinitud de posibilidades que la libertad abría, de esperanza sin límites, se extendió por doquier". García Enterría, E. (1995, pp. 17 ss.).

El Derecho Administrativo, como dice García De Ente-Rría Eduardo (1981) nace como el pago o el precio de una disidencia histórica, cuando lo considera como el derecho que regula las tareas del Ejecutivo y el privilegio de los derechos ciudadanos.

Así lo expresa, cuando textualmente dice:

"Paradójicamente, la misma Revolución Francesa, movida por el ideario y dispuesta a su realización histórica, va a ser la que alumbre la poderosa Administración contemporánea, consecuentemente a ella, el Derecho administrativo. Esta curiosa singularidad histórica es fácilmente explicable, aunque nunca se haya hecho en lo que conocemos en el conjunto de sus varios aspectos. En síntesis, el proceso puede explicarse en estos términos: Los revolucionarios, en el momento de plasmar el Estado nuevo, siguen una interpretación claramente disidente de la ortodoxia doctrinal que representaban: esta interpretación, junto con las circunstancias históricas de la Revolución y de los tiempos posteriores, permitieron y determinaron el fortalecimiento de una Administración como no había conocido siquiera el antiguo régimen: pero los dogmas jurídico-políticos de la Revolución obraron ahora, ya que no para impedir ese hecho, para someterlo a una cierta disciplina fue justamente el Derecho administrativo. El Derecho administrativo en conclusión, se nos aparece el precio de una disidencia, como un arbitrio con que la Revolución contrarresta el apartamento sustancial que de su doctrina efectuaron los mismos poderes revolucionarios. Es en este sentido, un subproducto más que un producto directamente procurado..." (p. 33)

Esta ha sido entonces, una constante histórica digna de referir en el actual y futuro acontecer de las ciencias jurídicas y políticas. Es el Derecho Administrativo a nuestro entender, la ciencia del Derecho Público que regula formalmente el poder de la Administración por un lado, y los derechos de los administrados por el otro. Pero extraña y consustancialmente esa interrelación entre poder y derecho, o poder y ciudadano, se contraponen en forma correlativa en determinadas circunstancias: el poder se encuentra inmerso en el ciudadano y el derecho o el interés dentro del seno de la Administración. Es evidentemente una relación que se retroalimenta en forma constante y dinámica.

Constituye por consecuencia el Derecho Administrativo, una expresión dialéctica y contradictoria que justifican sensiblemente los poderes de la Administración, en contra de los poderes de los ciudadanos. No obstante que el Derecho administrativo contrapone al ciudadano contra el poder, considerándole derechos que la Administración está obligada a entender, proteger y respetar. De allí su importancia y su característica esencial.

Es pues el Derecho Administrativo, una ciencia jurídica sugestiva, atrayente, formal, sustancial, dinámica, envolvente, paradójica y circunstancial. En fin, se sitúa y se ubica dentro de las ciencias jurídicas envolvente en una contradicción, que así nació y así se desarrolló, para alcanzar su grado máximo de equilibrio. Es la ciencia del Derecho Público que analiza las diversas manifestaciones del Estado, sobre todo cuando éste actúa en beneficio particular y de los intereses colectivos. Ejemplifica una conducta particular en la relación Estado-ciudadano, en sus características y consecuencias. Estudia la Administración Pública como forma, contenido y fenómeno, como sistema regulatorio entre el poder y el ciudadano, estudia el fenómeno del poder, y más aún, nos explica, además de las intimidades del poder, el por qué de su existencia. Su manifestación práctica más acabada y esencial lo constituye la función administrativa del Estado.

Ahora bien ¿Qué constituye en puridad de concepto el ejercicio de la función administrativa del Estado? Para responder a esta interrogante es necesario precisar tres aspectos fundamentales, que sin ellos sería cuesta arriba y difícil entender en toda su extensión, el ejercicio de la función administrativa y su evidente interrelación con la Administración Pública.

Veamos pues, la noción de Administración Pública (A) la función administrativa como elemento fundamental de la Administración (B), y el acto administrativo como medio de satisfacción del interés general (C).

II. LA ADMINISTRACIÓN PÚBLICA Y SUS ELEMENTOS ESENCIALES

1. *Noción de Administración Pública*

De acuerdo a criterios doctrinales nacionales como extranjeros, la Administración Pública puede ser entendida de diferentes formas, tanto en lo que se refiere a sus contenidos, a sus ejecuciones, como a sus formas.

En efecto, la Administración puede ser comprendida primeramente, como una actividad de Gobierno o de mando político. Gobierno, equivale a dirección y al mismo tiempo sometimiento de políticas a favor del colectivo, lo que supone dirección de unos sobre otros. Gobierno es aplicar la ley, y hacerla obedecer dentro de un contexto determinado y en un espacio determinado.

La expresión "Gobierno" se asemeja según la mayoría de los autores entre ellos Jean Rivero que estudian el tema, a la facultad que tiene una persona de determinar las conductas de los demás, lo que obedece a la idea de que la Administración prácticamente realiza una especie de actividad de gobierno, por cuanto ella administra los intereses de los demás y en su beneficio. No compartimos la referida noción, ya que la misma identifica plenamente al Gobierno con la Administración del Estado, así de simple, no sólo por razones de orden material sino formal.

Es una actividad de la Administración vinculada al Gobierno, pero en forma subordinada. Las ideas políticas dentro del Gobierno imponen una conducta administrativa por parte de los altos funcionarios de la propia Administración.

Así lo expresa Fermín de Izaguirre (1997) cuando afirma *"...se llama Gobierno en los grados superiores y Administración en los inferiores. La Administración es una actividad subordinada al Gobierno, en éste se trazan los lineamientos generales del Estado, se diseñan las metas, la Administración entra en acción para llevar estos lineamientos y estas metas a la práctica, concretado en hechos los objetivos decididos en las altas esferas políticas o de gobierno." (pp.21 ss).*

La Administración Pública puede ser igualmente entendida como aquella actividad determinada que ejecuta la ley. Esta idea de la Administración es defendida por Merkl[5] distinguiendo las funciones administrativas y jurisdiccionales, vinculadas a los grados de *lejanía o distanciamiento* con la Constitución. Pensamos que la Administración ejecuta las normas del orden jurídico, y no solo a la ley considerada bajo el sentido de la formalidad.

La Administración Pública en su actividad y en el ejercicio de la función administrativa que le es propia, ejecuta tanto la Constitución como las leyes, los reglamentos y sus propios actos de autoridad. Es fundamentalmente un órgano ejecutor de mandatos y de preceptos normativos, tanto de forma directa como de forma indirecta, y para ello, realiza una actividad de ejecución de la norma jurídica para satisfacer intereses individuales, colectivos o difusos.

---

[5] Adolfo Merkl junto Hans Kelsen fueron los máximos exponentes de la Escuela de Viena: formularon la teoría gradualista o de la doctrina pura del derecho. Para esta escuela toda función del Estado es función creadora del derecho; es lo que se ha llamado la "teoría de la formación del derecho por grados", y que encuentra su imagen en la pirámide de Kelsen.

Es igualmente una estructura organizada para satisfacer los intereses públicos determinados en la concreta prestación de los servicios públicos.

El concepto de Administración ha sido configurado en determinados episodios históricos en atención a doctrinas y planteamientos de juristas, para los cuales sus teorías han configurado criterios que se han aportado en numerosas escuelas y doctrinas tanto nacionales como extranjeras.

De igual forma, la jurisprudencia ha jugado un rol esencial en materia de definición del Derecho Administrativo y de Administración Pública, y más cuando la propia jurisprudencia ha sido la creadora de instituciones tan importante como la responsabilidad del Estado, el procedimiento administrativo, los contratos administrativos etc. De allí, la característica esencial del Derecho Administrativo como un derecho cuya fuente fundamental son las decisiones de los tribunales contenciosos administrativos.

Pero, así como la Administración Pública es un ente ejecutor de leyes y de lineamientos, cumple también una función de creación de situaciones jurídicas determinadas. Al decir que es creadora, supone entenderla como un ente prestador de servicios y para tal fin debe necesariamente, crear y construir situaciones para la mejor defensa de los intereses de la comunidad, entendiendo ésta, como el objeto de la Administración. Es la sociedad a su servicio, es a ella a quien sirve.

La escuela francesa por ejemplo, abunda en el criterio doctrinal por medio del cual la Administración Pública se impone como una manifestación del Estado para la práctica y prestación de los servicios públicos. León Duguit[6], con su escuela realista del Derecho, expone que la caracterización de las diferentes funciones del Estado debe hacerse en atención a la actividad realizada en la prestación de un determinado servicio público, lo cual implica en todo caso, la materialización en prerrogativas de poder con la ejecución de actos administrativos y actividades materiales de la propia Administración.

---

6   Pierre Marie Nicolas Léon Duguit (1859-1928) fue un jurista francés especializado en Derecho público. Su trabajo jurídico se caracterizó por la crítica a las teorías entonces existentes de Derecho y por su establecimiento de la noción de servicio público como fundamento y límite del Estado.

La noción de Administración Pública que ocupó la atención de los franceses durante varias décadas representada en Duguit y sus discípulos Gastón Jeze y Roger Bonard, conceptualizaron y vincularon la noción de Administración con la de servicio público. Esto es, la Escuela Francesa, identificó la noción de Administración con la de servicio público.

Duguit dice en su Tratado de Derecho Constitucional que:

"El Estado es una cooperación de servicios públicos y que los gobernantes son los gerentes de los servicios públicos". De allí se desprende la siguiente definición; "Son todas aquellas que ejercen los gobernantes por si mismos o por medio de sus agentes para organizar los servicios públicos y asegurar el funcionamiento interrumpido de los mismos". (Lares Martínez, (2001, pp. 25 ss).

Predomina entonces bajo la Escuela Francesa, la idea de que lo identificable en la actividad administrativa es la prestación de un servicio público independientemente del órgano que lo realiza. Es una actividad especial, la noción de Administración se encuentra vinculada a la actividad que se ejerce a lo que se hace o se realiza, es por su contenido lo que determina su noción.

Entonces, diferentes conceptos pueden darse y expresarse sobre la noción de Administración Pública, sin embargo, su dificultad se sitúa en el plano de la actividad que realiza, por cuanto en todas las nociones acordadas y estudiadas, cada una posee un criterio de valoración cierto y real. Cada una de ellas tiene elementos verdaderos que nos ayudan a definirla y diferenciarla de las demás funciones del Estado, cuando se hace alusión a la palabra especial de *"Administración Pública"*.

La Administración Pública es pues, una actividad del Estado así fundamentalmente, destinada a satisfacer principalmente los intereses colectivos y difusos de la sociedad en su conjunto. Ahora, tal noción o idea nos indica en forma muy genérica, las múltiples actividades que puede realizar el Estado en el ejercicio de sus funciones esenciales. Es decir, cualquier actividad del Estado que tenga por función satisfacer intereses colectivos, no logra definir nítidamente el concreto ejercicio de una actividad administrativa en particular. Esta definición abarca así a todas las definiciones del Estado sobre todo la legislativa y la judicial.

A nuestro juicio, el sentido de la expresión "Administración Pública" conforma una noción-elemento destinada a entender una específica actividad del Estado. Bajo esta acertada y objetiva visión, constituye la base esencial del Estado dirigida a satisfacer intereses colectivos, pero administrando en forma muy particular dichos intereses.

Es una actividad de administración de intereses ajenos. Constituye pues, una actividad administradora y protectora de intereses, de carga colectiva, en interés de los demás, en beneficio de los otros, enmarcado objetivo exterior, cuya actividad se sitúa a lo largo y en combinación de un complejo sistema de interconexión de órganos entrelazados en forma jerárquica y bajo un estricto y desarrollado sistema de control formal.

Pero, y en todo caso, la noción de Administración Pública es a nuestro parecer, una situación de carácter orgánica o estructural por cuanto es ella, es decir, la Administración Pública concreta, quien ejecuta y materializa esa actividad prestadora, dinámica y permanente ordenada y habilitada por un determinado orden jurídico.

Se encuentra al servicio de los ciudadanos o particulares. No los representa, les sirve. El artículo 5 del Decreto con Rango, Valor y Fuerza de Ley Orgánica de la Administración Pública lo expresa muy claramente cuando dice:

"La Administración Pública está al servicio de las personas, y su actuación estará dirigida a la atención de los requerimientos y la satisfacción de sus necesidades, brindando especial atención a las de carácter social. La Administración Pública debe asegurar a todas las personas la efectividad de sus derechos cuando se relacionen con ella. Además, tendrá entre sus objetivos la continua mejora de los procedimientos, servicios y prestaciones públicas, de acuerdo con las políticas que se dicten."

Dicha referencia la hacemos por cuanto, en este específico punto, el artículo referido no es más que el desarrollo de una norma constitucional como lo expresa el artículo 141 de la Constitución de la Republica Bolivariana de Venezuela que dice: *"La Administración Pública está al servicio de los ciudadanos y ciudadanas y se fundamenta en los principios de honestidad, participación, celeridad, eficacia, eficiencia, transparencia, rendición de cuentas y responsabilidad en el ejercicio de la función pública, con sometimiento pleno a la ley y al derecho..*

La ley, nos señala la forma de satisfacer las necesidades colectivas desde el punto de vista de interrelación con la Administración. En este sentido, la función servicial abarca por un lado la prestación de los servicios públicos, y por la otra, la satisfacción formal de interrelación administración-administrado en el seno de la propia organización administrativa.

Ella, la función servicial debe encuadrase en consideración a tres aspectos que la ley hace referencia:

En primer lugar, a que los administrados pueden resolver sus múltiples *asuntos privados*, como por ejemplo, ser auxiliados en sus necesidades primarias como las educativas, de alimentación, de infraestructuras, de fomento de actividades culturales, de seguridad, de bienestar social, de deporte, etc., así como de situaciones formales o pequeñas como la redacción de documentos administrativos, y recibir información de interés general por medios telefónicos, informativos y telemáticos. Esto es, la Administración satisface absolutamente todo tipo de necesidades humanas que pueden ocurrir desde el día del nacimiento hasta el fallecimiento del individuo.

En segundo lugar, los particulares pueden presentar por ejemplo *reclamaciones* sin el carácter de recursos administrativos, sobre el funcionamiento de la Administración Pública y todo lo que significa dirigir instancias administrativas para que la administración les conteste y les confiera oportuna respuesta.

Por último, entre otras pueden *acceder fácilmente a información* actualizada sobre el esquema de la organización de los órganos y entes de la Administración Pública, así como a guías informativas sobre los procedimientos administrativos, servicios y prestaciones que ellos ofrecen[7]. Más cuando la Administración Pública proviene de una norma constitucional y la entiende como una actividad esencialmente prestadora de servicios a la comunidad.

La Administración Pública constituye entonces, una noción orgánica y estructural, compuesta por un complejo sistema de interconexión entre órganos que funcionan en determinados y circunscritos aspectos, y cuyo fin es la prestación de servicios de carácter colectivo y no individual.

---

[7]   Artículo 6° de la Ley Orgánica de la Administración Pública: "La Administración Pública desarrollará su actividad y se organizará de manera que las personas puedan: 1. Resolver sus asuntos, ser auxiliadas en la redacción formal de documentos administrativos, y recibir información de su interés por cualquier medio escrito, oral, telefónico, electrónico e informático; 2. Presentar reclamaciones sobre el funcionamiento de la Administración Pública; 3. Acceder fácilmente a información actualizada sobre el esquema de organización de los órganos y entes de la Administración Pública, así como a guías informativas sobre los procedimientos administrativos, servicios y prestaciones que ellos ofrecen."

El fin colectivo lo destacamos por cuanto la noción incluye necesariamente el hecho de que el fin de la actividad administrada es el interés público. Cualquiera fuera el interés público distinto produciría la nulidad de la actividad administrativa o la ilegitimidad de esta actuación.

Siempre en toda su extensión, la actividad que realiza la Administración Pública, la hace acompañada de la ley, como instrumento propio de su realización y como medio justificador esencialmente. La ley o la norma jurídica, no constituye per se el objeto fundamental de la Administración Pública, por cuanto su objetivo fundamental es la prestación del servicio, la ley es instrumental, sin embargo, la ley aparece en toda su dimensión como el marco de actuación de la Administración en la prestación del servicio público. La ley es marco de actuación y del mismo modo instrumento de expresión.

La Administración Pública hace uso de la ley en forma instrumental, como medio, la ley es pues, instrumento de la acción de la Administración Pública en la satisfacción de los intereses colectivos, en su real y concreta forma que va a satisfacer la necesidad del individuo. Y, al mismo tiempo un severo límite de su actuación, lo que implica un espacio en su poder de modificación unilateral.

Ahora bien, la noción de Administración Pública estaría incompleta si no agregamos una serie de elementos que nos inducen a analizar el concepto en su verdadera dimensión.

El elemento <u>autoridad</u>, presupone la posibilidad de que la Administración Pública ejerza su actividad con "auctoritas[8]", esto es, con la posibilidad real de ejercer poder de administración sobre los intereses de los demás, concretamente de los administrados. La autoridad constituye bajo esta especial visión, un concepto eminentemente instrumental. Poder u autoridad constituye un elemento real e identificador de la noción de Administración Pública, por el cual Hauriou identificó la noción de Administración Pública con el concepto de Poder Público, relacionando al acto administrativo como una decisión ejecutoria.

---

[8] <u>Auctoritas</u>: expresión proveniente del Derecho Romano que se entiende como una cierta legitimación socialmente reconocida, que procede de un saber y que se otorga a una serie de ciudadanos. Ostenta la auctoritas aquella personalidad o institución, que tiene capacidad moral para emitir una opinión cualificada sobre una decisión. Si bien dicha decisión no es vinculante legalmente, ni puede ser impuesta, tiene un valor de índole moral muy fuerte.

De conformidad con lo expuesto, la Administración Pública presta el servicio en atención al concreto espacio de la ley, luego, se circunscribe su actuación a su vez, a un sentido de responsabilidad por el ejercicio de la administración ejercida en beneficio ajeno. Implica ciertamente, que la Administración Pública puede ser considerada una persona más en el ámbito social, indicador, en el sentido que la misma se vincula con los demás sujetos jurídicos en una relación obligacional. Es una obligación administrativa, específica, dinámica y con particularidades propias, identificable, con límites precisos, y bajo condiciones distintas a las demás obligaciones del ordenamiento jurídico.

La prestación del servicio público por demás genera, responsabilidad, lo que implica que el administrado afectado en su interés particular puede accionar los mismos órganos de la Administración o a los órganos de la Administración de justicia para reclamar por el inadecuado uso de las potestades administrativas.

Igualmente, <u>la independencia de criterio</u> es o constituye una particularidad del concepto de Administración Pública. La Administración no puede ni debe ejercer su actividad de prestación social, bajo modelos de interrelación de carácter estático o inalterable, por cuanto la sociedad y sus necesidades concretas son cambiantes y generadoras de circunstancias que justifican situaciones que varían en el espacio y en el tiempo. Esta particularidad identifica realmente el concepto de Administración Pública, por cuanto la actividad prestadora supone actos de voluntad administrativa, de juicio y de conocimiento, que pueden alterar sustancialmente los derechos o intereses de los administrados o ciudadanos.

Entonces, la actividad de la Administración constituye una actividad esencialmente formal, apegada a la ley, pero en un marco de actuación que le permita valorar y ponderar los intereses colectivos. De allí la necesidad de expresar con seguridad, que la satisfacción de los intereses colectivos es variada y de múltiples maneras.[9]

Otro elemento identificador es referido a la <u>generalidad en sus principios</u>, a pesar de que la actuación de la Administración Pública se concretiza en determinados sujetos de derecho. Hacemos especial referencia en este elemento, por cuanto la circunstancia esencial se limita a una actuación de aplicación de la ley en los casos concretos,

---

9   Briceño Vivas, Gustavo, 2002, pp. 351 y ss.

luego, la Administración debe actuar valorando los intereses colectivos, y de la misma forma particularizar sus enunciados para la mejor y eficiente administración de los intereses generales, tomando en consideración principios de actuación para ser aplicados en las circunstancia donde le corresponda actuar.

La Administración Pública debe concretizar entonces las normas abstractas o individualizar las normas genéricas. Por esta razón, la actividad administrativa supone en todo caso, un ejercicio o actividad eminentemente intelectual y formal. Es pues, una actividad de juicio y de conocimiento, que consiste fundamentalmente en condicionar el ejercicio de los derechos de los ciudadanos, con la finalidad de satisfacer en su mejor extensión los intereses en sentido colectivo de la sociedad. Para realizar dicha actividad debe efectuar una labor intelectual o de conocimiento.

Esta ponderación de intereses y este ejercicio de intelectualización, se vinculan sobre manera al concepto de discrecionalidad técnica que tendremos la oportunidad de referenciar más adelante.

La Administración debe actuar pues, de conformidad con la eficiencia en la prestación del servicio. En cuanto a esta circunstancia se conduce bajo dos aspectos esenciales: a) una actuación suficientemente apegada o sumisa a la legalidad, principio de la legalidad, sumisión de carácter formal, controlada por el juez contencioso administrativo o juez ordinario, según el sistema adoptado y hasta por la propia administración en consideración a su principio de autotutela; y, b) debe ser evidentemente eficiente o eficaz en la prestación del servicio, esto es, satisfacer los intereses colectivos implica satisfacer deseos personales y concretos. Modalidad de actuación que constituye en toda su extensión, derechos o intereses de los administrados.

Esto constituye una carga o una obligación de los funcionarios del Estado en atender las solicitudes de los particulares y así lo consagra la Ley Orgánica de la Administración Pública en su artículo 9, cuando establece que:

> *"Las funcionarias y funcionarios de la Administración Pública tienen la obligación de recibir y atender, sin excepción, las peticiones o solicitudes que les formulen las personas, por cualquier medio escrito, oral, telefónico, electrónico o informático; así como de responder oportuna y adecuadamente tales solicitudes, independientemente del derecho que tienen las personas de ejercer los recursos administrativos o judiciales correspondientes, de conformidad con la ley.*

En caso de que una funcionaria o funcionario público se abstenga de recibir las peticiones o solicitudes de las personas, o no de adecuada y oportuna respuesta a las mismas, serán sancionados de conformidad con la ley."

En todo caso, cuando decimos que la actividad de la Administración Pública presta servicios públicos como su objetivo fundamental, pretendemos o manejamos la idea de que esa prestación supone un conjunto heterogéneo de actividades, variados objetivos dentro de una finalidad concreta, el bien común como medio de satisfacción correlativamente del interés colectivo. Así, gestiona, condiciona, restringe derechos, amplía circunstancias, disminuye o aumenta la posibilidad de otorgar o no derechos, los elimina, los hace nacer, los extingue, los crea, en fin, su actividad constituye una infinidad de posibilidades de hacer y de dar, enmarcada dentro de una determinada función indicada en la ley. Situación que particulariza o identifica su actividad frente a otras actuaciones del Estado.

La Administración actúa en base a principios, muchos de ellos de carácter constitucional. Por ejemplo, nuestra Constitución impone como principio fundamental la responsabilidad patrimonial con los daños que sufren los particulares de sus bienes y derechos, siempre que la lesión sea imputable al funcionamiento de la Administración pública (Artículo 140 de la C.R.B.V.[10])

La Constitución de la Republica Bolivariana de Venezuela de 1999, señala las características antes anotadas, cuando delimita los principios que debe guiar a la Administración Pública, en su artículo 141 antes referido.

De acuerdo a lo expuesto, establecemos como noción de la Administración Pública, como la actividad del Estado, organizada y funcionalizada, más o menos encuadrada bajo un marco de orden normativo, destinada a satisfacer intereses concretos, en consideración a la autoridad que ella ejerce, a la responsabilidad que supone su ejercicio, a la generalidad en su actuación y a la eficacia en sus dictados, y cuya finalidad esencial es la satisfacción de los intereses colectivos. Para lograr esto la Administración actúa en conformidad con principios constitucionales, por esta razón, los señalamos en su oportunidad en los siguientes términos:

---

[10] "El Estado responderá patrimonialmente por los daños que sufran los o las particulares en cualquiera de sus bienes y derechos, siempre que la lesión sea imputable al funcionamiento de la administración pública".

"Ahora bien, la Administración Pública pasa a ser así, un aparato, un instrumento, una herramienta del gobernante, para este indicar y aplicar sus políticas a las cuales no pueden ni deben ser a su libre albedrío o capricho. Es decir, existe un destacado, dilatado y armonizado límite de orden jurídico, a su capacidad volutita y racional. Por esta razón, existen principios que gobiernan y conducen una determinada actuación para apuntalar y dirigir el actuar de la Administración, y para que ésta sea en la medida de lo posible, en beneficio de los intereses colectivos. Pues bien, esta Administración del Estado en ejercicio de la función administrativa, actúa en consideración a principios, guías, mandatos, según el diccionario de Cabanellas, que no puede apartarse ni mucho menos desviarse en sus intenciones cuando pretenda ejercer a plenitud la satisfacción del interés colectivo, traducible en su bienestar cuando esto ocurre, es decir, la contradicción con sus principios nace en cabeza del ciudadano una reacción de disconformidad, instando en consecuencia al propio Estado para que corrija ese actuar desviado y contradictorio de la Administración Pública a través de mecanismos en manos de los ciudadanos. Entendamos entonces, que el presente ensayo está dedicado a señalar los principios que gobiernan el actuar de la Administración, lo cual implica que por ser principios, debemos entender que los mismos eventualmente pueden convertirse en excepciones a las reglas. Las instituciones fundamentales del Derecho Administrativos constituyen instituciones de las cuales existen medios y formas de actuar convertidas en principios y en contradicciones con esos principios. Ilustremos dos casos, independientemente de las discusiones doctrinarias que a los efectos existan: el poder discrecional y la prestación de una actividad, se de servicio público sino de otra naturaleza, ejemplifica lo expuesto, por ello nuestro objetivo es la muestra constitucional y legal de los principios que rigen el actuar de la Administración. Briceño (2002, pp. 183 ss.)

En fin, la Administración Pública concreta su actuación en compañía de un especial comportamiento que la distingue de las otras actividades del Estado.

2. *La función administrativa*

La Administración ejercita su actividad de prestación de servicios públicos a través del ejercicio de la función administrativa. Sin embargo, dicha actividad y de conformidad con lo expuesto, aparece en muchas oportunidades dilatada a lo largo de todo el esquema orgánico y funcional de la Administración Pública.

La función administrativa puede encontrarse a todo lo largo del ejercicio del poder público, lo cual implica en todo caso, que puede ser realizada por el poder legislativo y judicial. La misma se realiza en cumplimiento de las funciones que son propias del Estado con la mirada puesta en la gestión de los intereses públicos, como bien lo expresa el Profesor Brewer-Carías (2006, p. 67) cuando afirma que *"El ejercicio de la función administrativa no constituye un mono-*

polio de la Administración pública, ya que se ejerce por todos los órganos estatales. De ello resulta por supuesto, que la separación de poderes no coincide con una inexistente separación de funciones".

Entonces, la Administración Pública se encuentra situada normalmente bajo la estructura del Poder Ejecutivo, es con ello, que a éste poder es a quien se le atribuye la competencia formal para prestar servicios públicos como fin, y de conformidad con la ley. Ahora, dicha actividad posee unas características o particularidades que la diferencian de otras funciones del Estado. Diferencias que comparamos, tanto con la actividad realizada o materializada por el poder judicial, como por aquella del poder legislativo. A cada uno de estos poderes corresponde convergentemente una actividad formal y sustancial. Al poder administrativo, el ejercicio de la función administrativa, al poder judicial, el ejercicio de la función jurisdiccional y al poder legislativo, el ejercicio de la función legislativa.

El ejercicio de la función legislativa consiste fundamentalmente en dos actividades claramente definidas, que se materializan en hacer las leyes y en controlar la actividad del poder ejecutivo. Actividad complementada, con otras atribuciones constitucionales como por ejemplo: organizar la participación ciudadana; decretar amnistía; discutir los presupuestos nacionales; autorizar créditos adicionales; aprobar los lineamientos de un plan de desarrollo económico; autorizar al ejecutivo para celebrar contratos; dar votos de censuras a los ministros; autorizar los nombramientos de embajadores o autoridades diplomáticas; autorizar el nombramiento del Procurador General de la República, entre otros. En fin, una serie de atribuciones propias de un poder debidamente encuadrado dentro de la estructura del Estado[11].

------

[11] Artículo 187 de la Constitución de la Republica Bolivariana de Venezuela: Corresponde a la Asamblea Nacional: 1. Legislar en las materias de la competencia nacional y sobre el funcionamiento de las distintas ramas del Poder Nacional. 2. Proponer enmiendas y reformas a esta Constitución, en los términos establecidos en ésta. 3. Ejercer funciones de control sobre el Gobierno y la Administración Pública Nacional, en los términos consagrados en esta Constitución y en la ley. Los elementos comprobatorios obtenidos en el ejercicio de esta función, tendrán valor probatorio, en las condiciones que la ley establezca. 4. Organizar y promover la participación ciudadana en los asuntos de su competencia. 5. Decretar amnistías. 6. Discutir y aprobar el presupuesto nacional y todo proyecto de ley concerniente al régimen tributario y al crédito público. 7. Autorizar los créditos adicionales al presupuesto. 8. Aprobar las líneas generales del plan de

Pero en todo caso, el control en el ejercicio del poder ejecutivo nacional, y la atribución de legislar, constituye ciertamente una de sus facultades más importantes y esenciales.

Esta atribución de carácter legislativo, una de ellas, la materializa *el poder legislativo* por vía general y abstracta, hacer las leyes. La otra, es decir, el control sobre la actividad del Ejecutivo, lo hace, por vía legislativa y por actos administrativos.

---

desarrollo económico y social de la Nación, que serán presentadas por el Ejecutivo Nacional en el transcurso del tercer trimestre del primer año de cada período constitucional. 9. Autorizar al Ejecutivo Nacional para celebrar contratos de interés nacional, en los casos establecidos en la ley. Autorizar los contratos de interés público municipal, estadal o nacional con Estados o entidades oficiales extranjeros o con sociedades no domiciliadas en Venezuela. 10. Dar voto de censura al Vicepresidente Ejecutivo o Vicepresidenta Ejecutiva y a los Ministros o Ministras. La moción de censura sólo podrá ser discutida dos días después de presentada a la Asamblea, la cual podrá decidir, por las tres quintas partes de los diputados o diputadas, que el voto de censura implica la destitución del Vicepresidente Ejecutivo o Vicepresidenta Ejecutiva o del Ministro o Ministra. 11. Autorizar el empleo de misiones militares venezolanas en el exterior o extranjeras en el país. 12. Autorizar al Ejecutivo Nacional para enajenar bienes inmuebles del dominio privado de la Nación, con las excepciones que establezca la ley. 13. Autorizar a los funcionarios públicos o funcionarias públicas para aceptar cargos, honores o recompensas de gobiernos extranjeros. 14. Autorizar el nombramiento del Procurador o Procuradora General de la República y de los Jefes o Jefas de Misiones Diplomáticas Permanentes. 15. Acordar los honores del Panteón Nacional a venezolanos y venezolanas ilustres, que hayan prestado servicios eminentes a la República, después de transcurridos veinticinco años de su fallecimiento. Esta decisión podrá tomarse por recomendación del Presidente o Presidenta de la República, de las dos terceras partes de los Gobernadores o Gobernadoras de Estado o de los rectores o rectoras de las Universidades Nacionales en pleno. 16. Velar por los intereses y autonomía de los Estados. 17. Autorizar la salida del Presidente o Presidenta de la República del territorio nacional cuando su ausencia se prolongue por un lapso superior a cinco días consecutivos. 18. Aprobar por ley los tratados o convenios internacionales que celebre el Ejecutivo Nacional, salvo las excepciones consagradas en esta Constitución. 19. Dictar su reglamento y aplicar las sanciones que en él se establezcan. 20. Calificar a sus integrantes y conocer de su renuncia. La separación temporal de un diputado o diputada sólo podrá acordarse por el voto de las dos terceras partes de los diputados y las diputadas presentes. 21. Organizar su servicio de seguridad interna. 22. Acordar y ejecutar su presupuesto de gastos, tomando en cuenta las limitaciones financieras del país. 23. Ejecutar las resoluciones concernientes a su funcionamiento y organización administrativa. 24. Todo lo demás que le señalen esta Constitución y la ley.

La función legislativa se extiende y se materializa en beneficio del colectivo social, en consideración al interés público, se practica pues, en instrucciones ordenadas para el cumplimiento social de tendencia imperativa, y destinada a un número indeterminado e indeterminable de sujetos. Es una atribución de mando, de poder, de gobierno, de dirigencia, en fin imperativa y abstracta, obedecible por los ciudadanos, atribuible por la norma suprema, y justificada por el gran orden normativo.

El poder legislativo se extiende en tal sentido, en que la visión que concebimos de sus funciones, es de representación de la colectividad del interés público. El poder legislativo somos todos, quien tomamos y hacemos las leyes de un país determinado, pero del mismo modo escogiendo una representación personal de cada uno de nosotros para que en nombre del ciudadano se hagan las leyes. La ley pues, no es en puridad de concepto producto de la voluntad del Estado, sino contrariamente, es el resultado o la consecuencia de la voluntad popular. Así lo expresa la Constitución de la República Bolivariana de Venezuela en su artículo 5: *"La soberanía reside intransferiblemente en el pueblo, quien lo ejerce directamente en la forma prevista en esta Constitución y en la ley, e indirectamente, mediante el sufragio por los órganos que ejercen el Poder Público. Los órganos del Estado emanan de la soberanía popular y a ella están sometidos"*.

El *poder judicial* de la misma forma, no parece como un órgano del Estado, sino del Derecho. En tal sentido, el juez, no es representante del Estado, más bien es un representante de la comunidad, quien lo instituye, lo nombra y lo designa, con la finalidad que éste pueda resolver los conflictos entre los ciudadanos o los particulares. Por esta razón es que los jueces en muchos países de América Latina se eligen por votación popular, como es por ejemplo, el caso de los jueces de Paz, y otros de menor nivel como el de los jueces de municipios o de distritos[12].

---

[12]   Artículo 258 de la Constitución de la República Bolivariana de Venezuela: La ley organizará la justicia de paz en las comunidades. Los jueces o juezas de paz serán elegidos o elegidas por votación universal, directa y secreta, conforme a la ley. La ley promoverá el arbitraje, la conciliación, la mediación y cualesquiera otros medios alternativos para la solución de conflictos.

Es decir, la potestad de administrar justicia emana de los ciudadanos, pero se imparte en nombre de la República y por autoridad de la Ley[13].

En conclusión, la relación del juez con la sociedad es igualmente de representación ciudadana, de contrato, de mandato en la persona del juez, más no de servicio público, como ha sido referido por varios catedráticos entre ellos el español José-Manuel Canales Aliende, quien considera que:

> *"...la problemática de la justicia no es algo aislado, sino que por el contrario debe incluirse y contemplarse en un contexto mucho más amplio, cual es el de la modernización del Estado y de sus instituciones, lo que implica una mejor calidad en las prestaciones y servicios públicos; en segundo lugar, porque es muy común identificar la justicia personalizándola y patrimonializándola, incluso, con uno de sus actores, el cual, aunque importante, no es el único, que son precisamente los jueces, con el injusto olvido de muchos otros actores intervinientes en el proceso; y en tercer lugar, porque el poder judicial y la justicia no es un fin en sí mismo, sino que es un medio, ya que en última instancia su justificación y finalidad, como la de cualquier otro servicio público, es la satisfacción de las demandas de los ciudadanos"*[14].

No es realmente el poder judicial un prestador de un servicio público, por cuanto el juez, en puridad de concepto, no sirve a los ciudadanos, más solo los representa, y la representación que ejerce en su beneficio, es: resolver los conflictos que genere la propia sociedad; las interpretaciones acerca del contenido de las leyes de libertad, a través, de los procedimientos formales previstos en la leyes y reglamentos.

El ejercicio de la función legislativa y el ejercicio de la función judicial constituyen ambas, una actuación indirecta y representativa del Estado, a través de sus órganos fundamentales, el Parlamento o Asamblea, y el Juez, como expresión de esas voluntades. La representación constituye pues, el signo inequívoco de la frase *ejercicio de la función judicial o legislativa*. Se denota más, en la legislativa, por cuanto funcionalmente, la decisión es indirecta y general, abstracta e imperativa, indeterminable o indeterminada, por ello, la ley, como expresión de la voluntad general, es una decisión del soberano, de la colectividad, del cuerpo social, indicada y señalada, para todos, imperativa u obligatoria.

---

[13] Artículo 253 de Constitución de la República Bolivariana de Venezuela

[14] Disponible: http://revistas.ucm.es/cps/11308001/articulos/POSO9595330063A.PDF

Por su parte, el ejercicio de la *función administrativa* es claramente diferente. La Administración Pública se extiende en el colectivo de una manera directa e inmediata, concreta, de ordenación de conducta o actuación del ciudadano en su vida personal. Por esta razón, se hace referencia a una obligación particular, a una incidencia personal, la obligación jurídico-administrativa, cuyas características la diferencian de otras obligaciones contraídas entre los particulares o ciudadanos.

El ejercicio de la función administrativa constituye ciertamente una actividad como personal del Estado. Existe, con sus matices propios, una comunicación directa entre el Estado, o la Administración Pública y por otro lado, el ciudadano, cada uno acompañado de derechos y obligaciones. Entre otras cosas, la Administración Pública se sitúa, organizada con funcionarios o agentes, cuyo destino lo constituye servir y no representar al ciudadano. Ella se encuentra al servicio del ciudadano, más no lo representa como tal. La Administración presta servicios públicos, actuación que no lo realizan ni el Juez, ni el Parlamento.

El ejercicio de la función administrativa se caracteriza principalmente pues, por la abierta consecuencia de su actuación personal y directa, y se materializa en la decisión administrativa o acto administrativo. Y, la sustentación ejemplar o de habilitación formal lo constituye la ley o la norma jurídica, quien bajo determinados parámetros o circunstancias indica, tanto el comportamiento de la Administración Pública como persona, y al ciudadano como fin de la pretensión administrativa.

El ejercicio de la función administrativa, es bajo estas consideraciones una actividad del Estado, destinada a satisfacer los derechos e intereses de la comunidad, funcionalizada y organizada para atender al ciudadano en forma directa e inmediata, encuadrada en cualquiera de las estructuras organizativas del Estado. Es decir, en cualquiera de sus poderes institucionalizados, en personas públicas territoriales o no territoriales, actuación que se materializa en consideración a una estructura jerarquizada y piramidal, concreta y dinámica y, en atención a un poder normativo y legal, quien guía la conducta de la Administración-persona por un lado y al ciudadano por la otra, y cuya manifestación genera obligaciones particulares dinámicas y concretizada en la obligación administrativa. Esta última expresión es a nuestro juicio, la concreción o la materialización del ejercicio de la función administrativa del Estado.

El acto administrativo como instrumento y satisfacción del interés colectivo.

El acto administrativo constituye el medio de actuación de la Administración Pública. Es pues, un instrumento de satisfacción utilizado por los órganos de la Administración en el ejercicio de sus poderes y atribuciones. Hay, realmente infinidad de nociones acerca del concepto de acto administrativo, que en todo caso, en la mayoría de ellas nos referimos a la noción, las mismas, se entrelazan en la combinación de los elementos orgánicos y material.

De acuerdo a los criterios tradicionales, el acto administrativo es definido como una clásica manifestación de voluntad proveniente de los órganos de la Administración Pública y cuya finalidad esencial es satisfacer los intereses colectivos. Concurre así, una idea más o menos general de la definición de acto administrativo.

Se asume en consideración a otorgar a la noción un concepto abstracto, dado la dificultad de considerar sus peculiaridades o sus características propias. En realidad, cualquier actividad del Estado que sea producto de una manifestación de voluntad -destinada a satisfacer intereses colectivos- lo único que nos indica, es la diferencia, también por cierto abstracta, de contrastar una actividad de derecho público con una actividad de derecho privado. Y, ni aun así, por cuanto existen actividades de los particulares cuyo destino o uno de sus fines, es la satisfacción de intereses colectivos, así como existen otras actividades de los poderes públicos, destinadas a satisfacer los intereses de los particulares o intereses del propio Estado.

Pero en todo caso, ¿Qué diferencia al acto administrativo como acto de otras actividades o actos jurídicos reseñados y descritos en la totalidad del ordenamiento jurídico? Ciertamente, dar respuesta a la interrogante constituye una actividad difícil, si consideramos las particularidades que la misma noción implica, tanto en la forma como en el fondo.

En efecto, de acuerdo al concreto ejercicio de la función administrativa, el acto administrativo puede ser dictado por: a) cualquier órgano del Estado (Legislativo, Ejecutivo o Judicial); b) cualquier persona pública territorial o no territorial, y c) hasta por personas de carácter privado, siempre y cuando sean personas jurídicas y la ley los autorice expresamente. Es decir, primeramente excluimos a las personas naturales o personas físicas como portadoras de la autoridad formal de dictar actos administrativos. El acto administrativo puede emanar pues, de un vastísimo y extenso conglomerado de personas, sean públicas o privadas.

En segundo lugar, el acto administrativo constituye en su interioridad, en su seno, una actividad intelectual, una situación pensada, reflexionada, una manifestación o expresión de voluntad. Es un acto consiente, ideado, lo que significa que esta voluntad descrita tiene un espacio de actuación que le es permitido a la persona que posee el poder de dictar el acto (el funcionario público): reflejar una voluntad concreta y precisa. El acto administrativo así considerado, es una especie de potestad con la intención de transformar realidades; tanto individuales como colectivas.

En tercer lugar, al autor del acto administrativo lo sustenta el poder o la posición de mando, de dirección, con una particularidad, su posición de superioridad es convenida o autorizada por una norma jurídica, pero una norma que le permite o habilita el ejercicio de poder condicionar derechos en beneficio del interés público. Y, de aquí una particularidad distinta al poder otorgado a un particular en relación a otro, en el sentido que, en las relaciones entre particulares la ley habilita a uno de ellos para condicionar el ejercicio del otro, con la condición de que no se contradiga el orden jurídico. Es decir, la *no contrariedad al derecho* constituye el principio fundamental de las relaciones jurídicas entre los particulares, no así en las relaciones de derecho público. Diferenciamos pues, que no es la ausencia de ley la norma que indica las relaciones entre los particulares.

La ley, es de un grado más intenso en las relaciones de derecho público que en las relaciones de derecho privado. La *conformidad con el derecho* constituye el principio en el mundo de las relaciones de derecho público. Es pues, un problema de grados de vinculación, entre la norma y el acto, explicable y aplicable claro está, por la interferencia social que regula el acto administrativo precisamente.

Igualmente, el dictado del acto administrativo por ser una manifestación determinada de voluntad, supone una autorización expresa del legislador, de la ley, para que el mismo pueda tener eficacia y por consecuencia validez.

Bajo este contexto, el principio de la legalidad aparece de este modo, como la base de sustentación de la institución. Principio de la legalidad también extensible a otros actos del Estado distintos al acto administrativo. La sujeción a la norma jurídica, no constituye solo un deber de cumplimiento del acto administrativo, sino al cumplimiento de los demás actos del Estado y de los particulares.

El acto administrativo comparte esta carga con otros actos del Estado, también como carga de los particulares. La ley, guía la conducta de la Administración en el dictado de su acto, en su presumible voluntad, en su valoración sobre los hechos y el derecho, en fin, la ley constituye un marco de actuación que a veces es muy rígido, y en otras circunstancias es más abierto, pero que en todo caso, la norma jurídica siempre acompaña, de una u otra forma en la actuación del acto administrativo.

En cambio, cuando la ley no está presente en el acto, la Administración no dicta un acto jurídico[15], sino un simple hecho de la Administración. Una vía de hecho para decirlo en términos más específico o concreto. En la noción del acto administrativo no puede estar ausente en su definición la presencia de la ley, como concepto, solamente, sino como realidad que le es consustancial.

De la misma forma, el acto administrativo puede hacer infinidad de actuaciones en beneficio del interés público. Puede pues: crear derechos; condicionarlos; mediarlos; suspenderlos; otorgarlos; extinguirlos; mejorarlos; ampliarlos; disminuirlos; en fin una intensa categoría de actuaciones cuya base de sustentación es el interés público, lo cual lo califica como una figura esencialmente instrumental pero finalista.

De igual forma, el acto administrativo es un instrumento de actuación, en el sentido de que la Administración Pública actúa en beneficio del interés general, y tomando al ciudadano, en este caso, el administrado, como medio de actuación formal. Un acto administrativo se dicta, por ejemplo, para acordar un derecho solicitado, sin embargo, la Administración valora el equilibrio entre interés público y derecho o interés del administrado, y toma una resolución en atención a esos intereses en juego. Tan cierta es esta circunstancia, que cuando la Administración prefiere el interés individual sobre el público, infringe el ordenamiento jurídico y comete una desviación de poder, vicio del acto, severamente sancionado con su nulidad por el juez contencioso administrativo u ordinario en todos los ordenamientos jurídicos[16].

El acto administrativo es desde luego, un clásico instrumento de acción, en el cual el órgano habilitado por la norma jurídica actúa sobre los derechos del concreto administrado e impone una conduc-

---

[15] Para quien esto escribe, un acto administrativo es siempre un acto jurídico. Un acto jurídico, no es siempre un acto administrativo.

[16] Para una explicación sobre la vinculación del acto administrativo véase Briceño Vivas, Gustavo (2004, pp. 184 y ss.).

ta determinada por consecuencia. Actuación directa e inmediata, que refleja la voluntad de la Administración, motivado a que ésta no debe perseguir ciertamente un interés individual o concreto, sino general y abstracto. Así, por una parte el acto administrativo de la misma forma actúa, como un juez, por cuanto el ejercicio de la función administrativa constituye el ejemplo más viviente y significativo de lograr un ejercicio mental y volitivo como lo es el de, concretizar lo general o particularizar lo concreto.

Claramente se diferencian el acto administrativo del acto judicial. El acto administrativo, actúa en beneficio del interés general o colectivo. La Administración considera a los administrados como miembros de la sociedad o del Estado, y por esta consideración dicta un determinado acto público, el acto administrativo. El acto judicial al contrario, tiene por objeto las personas o sus bienes en sus relaciones de ciudadano a ciudadano, aplicando las leyes de interés particular o individual y resolviendo los conflictos jurídicos que pudieran presentarse entre ellos.

El acto administrativo igualmente es un acto formal, esto es, impregnado o envuelto en una carga de formalidad circunstancial con el acto mismo. Dado que el acto dictado por la Administración tiene por objeto el interés público, y para ello debe condicionar el ejercicio de un determinado y definido derecho, la formalidad la instituye o la crea el ordenamiento jurídico, para proteger justamente a los administrados cuando la Administración decide limitar sus derechos.

La formalidad en los actos públicos, y muy especialmente en el acto administrativo, constituye de este modo, una garantía de control, más bien, de defensa del ciudadano frente al actuar administrativo. Es la parte del ciudadano, el espacio, donde converge una situación que la Administración no puede ni debe alterar. Es un límite que la ley impone a la Administración del Estado, en beneficio de los derechos de los ciudadanos.

Todo acto administrativo debe pues contener, un procedimiento de iniciación, desarrollo, y terminación; debe contener y expresar los recursos que puede intentar el administrado cuando éste considere afectado sus derechos o intereses; debe ser suficientemente motivado y explicado, en fin formalizado su proceder para evitar la violación del derecho a la defensa, garantizado como un derecho en todo texto de carácter constitucional.

Sin embargo, es posible verificar de lo expuesto, la circunstancia de que estrictamente, el acto administrativo es una actuación que se encuentra frente a una situación de legalidad formal, por medio del cual no debe ni puede extender sus poderes de imperio mas allá de los límites que el legislador le confiere en la norma jurídica. No obstante, la Administración puede, bajo sus perspectivas de apreciación y en determinadas circunstancias, valorar determinadas situaciones de hecho y acordarle una especifica consideración jurídica o de derecho, en beneficio de la colectividad y satisfacer en toda su extensión los intereses colectivos, para los cuales tutela y protege. Nace así, y bajo estas perspectivas un gran poder de discrecionalidad, convertido por obra de la doctrina y de la jurisprudencia en un principio consagrado en el derecho objetivo denominado principio de la discrecionalidad, lo cual contribuye a satisfacer los intereses colectivos o el interés público, siempre respetando los límites que el propio ordenamiento jurídico le impone.

El principio de la discrecionalidad es entonces un principio fundamental, por medio del cual la Administración Pública, valora los intereses colectivos, racionaliza su poder, y administra tomando en cuenta los conflictos que pudieran crearse entre los derechos de un sujeto determinado y los intereses del colectivo. El acto administrativo es un instrumento vinculado a este principio, porque entre otras razones dentro de sí mismo se refleja la discrecionalidad.

Lo importante es expresar que, la discrecionalidad es un elemento propio del acto administrativo consustancial con él, le es inherente, y es un elemento fundamental para que el acto administrativo pueda verificarse, dictarse y manifestarse en el consecuente mundo de los hechos.

Igualmente, no podemos obviar que el poder discrecional tiene sus límites propios, marcados principalmente en el propio ordenamiento, lo cual es visto por la jurisdicción administrativa como un límite y del mismo modo un control. Así lo expresa con toda propiedad el artículo 12 de la Ley Orgánica de Procedimientos Administrativos[17].

---

[17] Artículo 12 de la Ley Orgánica de Procedimientos Administrativos: "Aun cuando una disposición legal y reglamentaria deje alguna medida o providencia a juicio de la autoridad competente, dicha medida o providencia deberá mantener la debida proporcionalidad y adecuación con el su-

A nivel jurisprudencial, la discrecionalidad ha sido suficientemente analizada. Destacamos por su relevancia, la sentencia N° 1835 de fecha 20 de diciembre de 2000 dictada por la Corte Primera de lo Contencioso Administrativo, en la cual se hace referencia a la discrecionalidad administrativa que se advierte con mucha preponderancia en la Ley General de Bancos y otras instituciones financieras, lo cual otorga a la Superintendencia de Bancos una gran cantidad de poderes discrecionales, analiza la noción del acto administrativo discrecional, y los tipos de discrecionalidad que se desarrollan actualmente en la doctrina administrativa.

Dice la sentencia que:

"la discrecionalidad ha sido el gran problema del derecho administrativo. Sin embargo, es evidente que los esfuerzos de la doctrina y la jurisprudencia a lo largo de siglo y medio han logrado reducir el problema a unos límites muy modestos, en principio. El poder discrecional, ya virtual, ya expresamente conferido por la ley, es indispensable para que el Poder Administrador, y de manera más amplia el Poder Ejecutivo, pueda realizar sus fines de un modo cabal, porque la ley no puede prever y reglamentar las múltiples, cambiantes y complejas relaciones jurídicas que se producen en la sociedad. De ahí que, por lo general se limite a determinadas normas que fijan la competencia de los diversos órganos administrativos y deje a estos una cierta libertad de apreciación de los hechos, para decidir y orientar su actuación".

En este sentido, la discrecionalidad de la Administración le permite a ella un margen de actuación, con su acto administrativo, un cierto grado de libertad para actuar en beneficio de los intereses colectivos, lo cual significa tal y como lo expresa la Corte Primera de lo Contencioso Administrativo en la citada sentencia, que el *"acto discrecional se produce cuando la Administración actúa en el ejercicio del poder de libre apreciación que le deja la ley para decidir si debe obrar o abstenerse, o como ha de obrar o qué alcance ha de dar a su actuación".*

Existen entonces, diversos grados de discrecionalidad o tipos de discrecionalidad que la sentencia in comento resalta, cuando expresa que la discrecionalidad puede asumir distintas modalidades siguiendo la opinión de Cassagne (1990, p. 349):

" ...casos en que el margen de arbitrio o libertad no se encuentra limitado por conceptos jurídicos determinados o indeterminados y en los cuales el órgano administrativo está habilitado para escoger una solución entre otras posibilidades igualmente justas(discrecionalidad típica): supuestos donde la discrecionalidad se haya acotada por un concepto jurídico indeterminado

---

puesto de hecho y con los fines de la norma, y cumplir los trámites, requisitos, y formalidades necesarios para su validez y eficacia".

de valor que si bien, en principio admite una única solución justa puede en alguna circunstancia suponer un cierto margen de valoración entre varias posibilidades justas, aun cuando el concepto jurídico indeterminado viene a limitar el margen de libertad (discrecionalidad atípica) y por último están aquellos casos donde el espacio de libertad esta constreñida a los supuestos predeterminados por la norma objetiva donde la discrecionalidad se limita a la facultad de elegir alguna de las soluciones ya previstas en la ley (discrecionalidad atenuada o restringida)...".

Lo más paradójico, aún la decisión administrativa y por ser una formal decisión actúa en beneficio del interés colectivo en un constante movimiento de valoración, lo que implica por consecuencia, que los actos administrativos, todos sin excepción, son actos con una dosis de discrecionalidad, lo que determina que de igual manera todos tienen una determinada dosis de reglados.

El acto administrativo es más o menos discrecional o más o menos reglado. Así lo afirma, una sentencia excepcional para explicar el tema de la extinta Corte Suprema de Justicia Sala Político-Administrativa, caso Depositaria Judicial, Magistrado Ponente Luis Farías Mata. Sentencia de fecha 02/11/1982. Otras sentencias relevantes son: a) sentencia de la antigua Corte Federal (Venezuela) Caso *Reingruber*[18] del 6 de noviembre de 1958, donde quedó claramente señalado en relación a los actos del ejercicio del poder discrecional, que siempre «puede ser materia de revisión (por el Juez) por lo que se refiere a la incompetencia del funcionario que lo dictó, o defecto de forma del acto, o a su ilegalidad; b) caso Jorge Olavarría contra una Resolución del Consejo Supremo Electoral[19].

---

[18]   Mediante esta sentencia s define en qué consiste el Poder Discrecional de la Administración, especificando que la naturaleza de todo acto realizado en ejercicio de la potestad discrecional, no puede ser revisado ni anulado por otro poder en lo que se refiere al mérito o fondo. Lo que hace que sea materia de revisión, la incompetencia del funcionario, defecto de forma del acto, o su ilegalidad, en cuyos casos procede la Revocación o Anulación.

[19]   <u>Sentencia de la SPA de fecha 21 de noviembre de 1988,</u> donde la Sala expresa la posibilidad que tiene el Juez Contencioso Administrativo de controlar los actos discrecionales. Uno de los temas que examina detenidamente la sentencia, es el relativo a la irrecurribilidad de los actos discrecionales. Entre los aspectos a los cuales ya había arribado la jurisprudencia francesa y la jurisprudencia venezolana, esta última a través de este fallo, es el que consiste en sostener que cuando la administración dicta un acto en ejercicio de sus potestades discrecionales, los tribunales de los contencioso

Acotamos igualmente que la autoridad discrecional de la Administración, entendida como actividad de mesura y con racionalidad, puede ser controlada, y así es la tendencia doctrinal, como lo expresa García de Enterría (1983, pp. 30 ss.) por parte de la jurisdicción administrativa. En efecto, de acuerdo al citado autor, los jueces en el ejercicio de sus funciones jurisdiccionales pueden controlar objetivamente los medios acaecidos y que la Administración observa y constata. Dice García de Enterría que: "toda potestad discrecional se apoya en una realidad de hecho que funciona como supuesto de hecho de la norma de cuya aplicación se trata". Por ello, el hecho como tal es objetivo y no produce su valoración una actividad discrecional. La aplicación y el análisis valorativo, es cosa distinta y si puede ser atendido por el poder a la voluntad discrecional. Igual ocurre con los denominados conceptos jurídicos indeterminados que la doctrina alemana ha relucido en no pocas oportunidades, y por supuesto el control de la actividad discrecional en atención al concepto de Principios generales del Derecho que aparece como principio superior de control de la actividad discrecional.

Por otra parte, las manifestaciones formales del acto administrativo son infinitas, y por ello creemos que no puede en puridad de concepto lograrse una clasificación de los actos administrativos, por cuanto al fin y al cabo, un acto responde a una necesidad particularmente de orden social, y, las necesidades sociales son cambiantes e infinitas. Por esta manera de comportamiento social, el acto administrativo *mutatis-mutandi*, su consagración como una clasificación formal, es por demás imposible de reflejar y de imaginarse siquiera. Sin embargo, la doctrina refleja, bajo esta visión, una conducta indicada para lograr, no siempre acertando, una clasificación formal del acto administrativo. En efecto, podemos reseñar que existen actos de efectos particulares o actos de efectos generales, actos materiales y actos no materiales, etc. Pero siempre con la dificultad existencial de no encontrar una definición clasificatoria que complazca, hasta cierto sentido, una idea de los tipos de actos, adecuada y aceptada por la generalidad del pensamiento dedicado formalmente al estudio de esta institución tan importante como lo es el acto administrativo.

Podemos así, reseñar que existen actos administrativos *autorizatorios* como aquellos actos destinados a la remoción de un obstáculo para superar inconvenientes que el sistema jurídico como conjun-

administrativo, a través del *control mínimo*, ha llegado incluso a controlar la apreciación que hace la administración de determinados hechos.

to impone a los ciudadanos. Actos administrativos *aprobatorios*, actos que actúan con posterioridad a una determinada actuación particular o pública, con la finalidad de concederle una determinada validez o eficacia a una concreta situación jurídica. O, una *concesión*, como un acto administrativo, destinado al otorgamiento de un derecho subjetivo determinado por una circunstancia en específico. O, un *permiso*, como aquel acto que autoriza a una persona el ejercicio de un derecho, en principio prohibido por el ordenamiento jurídico. Sobre este particular, el jurista argentino Roberto Dromi (1997) hace especial referencia a estos tipos de actos en su libro "El Acto Administrativo. Existen entonces, las renuncias acordadas; las órdenes; las sanciones administrativas; certificados; etc., que ejemplifican realmente un sin número de formas jurídicas en que puede manifestarse la actividad administrativa.

Podemos establecer como noción del acto administrativo, como *aquella decisión dictada por una persona pública o privada, habilitada por la ley, con la finalidad de satisfacer el interés colectivo, mediante el condicionamiento de los derechos del administrado, bajo un criterio de formalidad y discrecionalidad y tomando en consideración los hechos y el derecho por obra de la voluntad administrativa.*

El acto administrativo genera obligaciones en forma recíproca o reflexiva, tanto en consideración al órgano que actúa como al administrado instrumento de actuación. La obligación administrativa nace pues, como institución reflejada en el campo general de las obligaciones jurídicas, veamos sus características más importantes.

CAPÍTULO II

LAS OBLIGACIONES ADMINISTRATIVAS

I.   LAS OBLIGACIONES JURÍDICO-ADMINISTRATIVAS

La expresión obligación proviene del idioma latín, con la palabra *obligatio,* dividida de *ob* y *ligatio* que significa atar, ligar, y *obligare* significa atar alrededor de.

La *obligación jurídica* en general puede señalarse que la misma se encuentra determinada por la necesidad que tiene una persona natural o jurídica cuando se obliga a hacer una cosa o hacer una actividad determinada o aun no hacer, o una abstención. Normalmente, la obligación determina una conducta de hacer, no hacer, dar o prestar. La obligación es una fuente de actuación, una unidad materializada en el espacio y en el tiempo, es pues, una actividad predeterminada que se le impone a una persona aún en contra de su voluntad.

En palabras de Maduro Luyando (1986, p. 23), etimológicamente, no hay duda que su significado está estrechamente ligado al concepto de atadura, ligamen o compromiso. Es una relación de carácter jurídico, lo que constituye en todo caso, una vinculación coactiva, obligada, normada e impuesta.

En palabras del autor citado, esa relación explica *"...que el deudor quede sometido al acreedor en el sentido de que está obligado a cumplir en su beneficio una determinada actividad o conducta, y que el acreedor tenga el poder jurídico de obligarlo a cumplirla, dirigiéndose a los órganos jurisdiccionales, o sea, a los tribunales de justicia...". "Segun Larenz la obligación es aquella relación jurídica por la que dos o más personas se obligan a cumplir y adquieren el derecho a exigir determinadas prestaciones". "Colín y Capitán...Una necesidad jurídica por efecto de la cual una persona está sujeta respecto de otra a una prestación, ya positiva, ya negativa, es decir a un hecho o una abstención o, como dice el Código, a dar, a hacer, o, a no hacer una cosa". "Mazeaud La obligación es un vínculo de derecho de aspecto pecuniario que une a dos o más personas, una de las cuales, el deudor, esta constreñido a una prestación a favor de la otra, el acreedor...".* (1986, p. 25)

Definiciones existen en gran cantidad, pero en todas ellas se manifiesta un común denominador y es su carácter obligatorio como consecuencia de su haber jurídico y normativo. La doctrina de Derecho Civil, ha logrado estudiar con severo detenimiento, la obligación como la institución más importante de la teoría general del Derecho, por ello, su importancia y su consecuencia en todas las ramas del quehacer jurídico.

Dentro del espacio del Derecho Administrativo la obligación también es esencial y significa en toda su extensión un elemento fundamental, porque en comparación con las obligaciones civiles, las administrativas partes de elementos propios y diferentes a las civiles.

En efecto, en sus características, en sus elementos, en sus vinculaciones con las otras y diversas instituciones del orden jurídico, predetermina una actuación destinada a un estudio despojado de toda interferencia social y moral. La obligación administrativa es una situación muy formal que produce dependencia con el propio ordenamiento despojado de situaciones sociales y éticas, para ello la obligación administrativa como obligación jurídica, aparece en el contexto del ordenamiento, como una institución determinada y fijada, a una extensa visión valorada en términos complejos, si se quiere, pero que en todo caso, su influencia produce que la obligación ocupe una plaza o una noción importante, del Derecho Administrativo.

Existen infinidades de obligaciones, es decir, un sinnúmero de formas de obligaciones jurídicas, que en cierto sentido y a simple vista, es imposible catalogarlas en su plenitud. No obstante, el esfuerzo de muchos autores y la labor de la propia jurisprudencia de los tribunales de la República, en pretender clasificar las obligaciones jurídicas en el campo de las relaciones administrativas.

Pero dentro de las múltiples obligaciones, existen unas con característica propias y elementos igualmente considerados, en la cual la persona que funge como acreedor y aquella como deudora, se inter-conexionan de una manera especial y correlativa.

En nuestro estudio curiosamente, una de ellas es la Administración Pública, con todo lo que su noción implica en su concepto, y la otra, un ciudadano o administrado, y lo que la expresión significa en la propia relación. Tomando en cuenta obviamente que el objeto de esta obligación específica de una u otra forma -el interés público- se encuentra inmerso de forma directa o indirecta. En general, son así las llamadas obligaciones jurídico administrativas, objeto de nuestro estudio en esta parte del tema.

El ejercicio de la función administrativa, como bien sabemos, constituye la forma tradicional de encontrarse la Administración Pública en su relación con los administrados, en la cual dicha comunicación se proyecta a través del acto administrativo. Generalmente, es posible admitir la idea en la que creemos, por la cual la función administrativa del Estado es aquella de las funciones donde la persona-Estado, interactúa con el ciudadano por demás, en forma directa e inmediata. En tal sentido, la obligación jurídico administrativa, no puede estar ausente de dicho vínculo, o relación personal. Se nos presenta bajo esta perspectiva, como una obligación especial caracterizada por tres elementos fundamentales. El primero de ellos, lo constituye ciertamente la existencia de una de las partes, la Administración Pública con prerrogativas de poder público y la otra, con unos derechos e intereses, que reclamar por parte de un administrado.

La Administración y el ciudadano se encuentran pues *vis a vis*, en una relación recíproca, de obligaciones comunes y dispares, en la cual, cada una de ellas, como parte de la relación, se obliga a diversas prestaciones. Aquí, verdaderamente, entendemos la obligación administrativa, como un deber-derecho para ambos sujetos de la relación. Es así, una visión civilista de la cuestión propuesta. Obligaciones iguales y claramente inter-relacionadas.

A tal fin, la obligación administrativa cumple un rol convencional o normal digamos, dentro del extenso campo de las obligaciones. Lo variado se sitúa, en la posición, por medio de la cual, una de ellas, en la relación de paridad, actúa en nombre de un tercero, que en la mayoría de los casos, es el interés público, como signo inequívoco de la estudiada relación.

La Administración Pública aparece bajo esta perspectiva, como una parte aparentemente privilegiada, en relación a la otra, sin embargo, la otra, es decir, el ciudadano, actúa de igual forma como titular de un derecho o de un interés. Ambos se encuentran reflexivamente con poderes constituidos. Esta visión es en apariencia de carácter formalmente administrativa.

Las obligaciones nacen de los contratos, de hechos voluntarios o involuntarios, de circunstancias pactadas o no pactadas, producto de actos privados o públicos, entre estos, el acto administrativo y fundamentalmente en lo que se refiere a la obligación administrativa, de la ley o de la norma como fuente importante de esta caracterizada obligación.

Una obligación jurídico-administrativa, es fundamentalmente legal, es decir, uno de los motivos de su prestación es producto estrictamente de carácter normativo. La ley, es una fuente importante de las obligaciones jurídico-administrativas. Primeramente, podemos conferir a la noción desde luego, como la obligación por medio del cual una persona pública se obliga u obliga a una persona administrada al cumplimiento de una determinada obligación, normalmente materializada con la prestación de un servicio público. Esta noción caracteriza a la obligación administrativa. Veamos las características de esta particular obligación.

II. CARACTERÍSTICAS DE LA OBLIGACIÓN JURÍDICO-ADMINISTRATIVA

En cuanto a sus elementos constitutivos:

1. *El elemento subjetivo*

En Derecho Civil, el elemento subjetivo, se encuentra determinado por las personas acreedor y deudor. Es decir, son las personas mencionadas quienes integran la relación o el vínculo obligacional en la cual cada una de ellas, se compromete a un hacer o no hacer, o a un dar o a un padecer determinada actividad o conducta. Así acreedor es la persona natural o jurídica en la cual el deudor va a realizar una conducta determinada o igualmente una actividad comprometida. El deudor debe al acreedor una conducta, y el acreedor puede instar obligatoriamente el cumplimiento de esa obligación a través de los órganos competentes.

En cambio, en la obligación jurídico-administrativa las personas a quienes les incumbe obligarse están constituidas por personas naturales o jurídicas especiales. La Administración Pública concurre en y en la relación con determinadas y precisas prerrogativas de poder. Prerrogativas de poder que han sido previamente acordadas por la ley. Y el ciudadano, concurre en la relación acompañado de derechos o intereses también otorgados por el ordenamiento jurídico.

Así pues, los sujetos de la relación obligacional en la relación administrativa, no se sitúan en una aparente relación de igualdad formal, como ocurre en la obligación civil. No, en la obligación administrativa, las personas que concurren, se comprometen y actúan de manera diferente y en comportamientos distintos. En efecto, la Administración Pública se relaciona en forma directa, en la formal obligación con el administrado, por cuanto, la Administración actúa en nombre del interés colectivo, o difuso, lo cual le confiere unas características particulares en su comportamiento.

La obligación supone de esta manera un pacto o un trato determinado, en la administrativa es igual, pero la ley, determina dicho pacto entre las partes, en una forma más intensa que en una simple obligación civil.

Por su parte, el ciudadano se conduce en la relación con derechos muy bien definidos, igual que en la civil, pero su mecanismo de protección es diferente, dado que uno de los fines de la pretensión de la Administración es condicionar el derecho del administrado o gravarlo o en fin ampliarlo, siempre en beneficio del interés colectivo. El administrado ya con este nombre, aparece desde luego, como una persona instrumental en la relación.

2.   *El elemento objetivo*

El elemento objetivo está considerado por la actividad a desarrollar por ambos sujetos de la relación. La Administración debe servir los intereses públicos, con objetividad y eficiencia, lo que implica que cualquier obligación pactada deriva en esta particular obligación. Igual para el administrado lo que deducimos aquí, una relación de estricta igualdad, en apariencia si consideramos el elemento objetivo de naturaleza eminentemente civil.

La Administración Pública presta servicios públicos de formas diversas. Bien directamente, con sus propios medios y estructuras funcionales o bien al amparo de instituciones públicas o privadas. El objetivo de la prestación de servicio público es un elemento esencial a la hora de ubicar la obligación administrativa dentro del contexto del ordenamiento jurídico. En esta circunstancia, la Administración Pública genera obligaciones jurídicas, por cuanto ella sirve con objetividad y eficiencia los intereses públicos, y los administrados deben cumplir con las obligaciones impuestas en su beneficio para atender los intereses igualmente públicos. Esta es una actividad de carácter unilateral, y de igual modo así lo preceptúa la Constitución Bolivariana de Venezuela en su artículo 141.

Por otra parte, la Administración Pública para cumplir con la prestación de los servicios públicos, utiliza también el concierto con los administrados para lograr aquel objetivo. Es decir, la administración, contrata con los administrados para lograr la prestación de los servicios públicos. Los contratos administrativos son pues, obligaciones de forma bilateral. Son obligaciones administrativas consensuadas cuyo objeto fundamental es la colaboración por parte de los administrados en la prestación del servicio a la comunidad. El contrato administrativo o la actividad administrativa consensual, es igualmente una obligación administrativa cuyo elemento objetivo es la prestación de un servicio público en consenso con los propios administrados.

En las primeras, en las obligaciones unilaterales, en el cual, el acto administrativo aparece con manifiesta resonancia en su configuración, la Administración Pública se obliga pues a un hacer o a unas prestaciones determinadas.

La gran prestación de los servicios públicos, constituye, la actividad fundamental de la Administración, su objetivo más preciso, más obligado, constitucional y legalmente. Son, en toda su extensión, verdaderas obligaciones jurídicas de hacer. Estas obligaciones, se encuentran determinadas en las leyes, principio de la legalidad, en la cual la ley, determina con cierta libertad, a la Administración en su comportamiento. Estas obligaciones constituyen en toda su extensión objeto de estudio en la ciencia del Derecho Administrativo.

En las segundas, el elemento objetivo es la prestación de un servicio público, pero con la modalidad de la bilateralidad. Es decir, las partes se comprometen mutuamente, en concederse obligaciones y derechos, y cuyo objetivo lo constituye la prestación de un determinado servicio público. Este tipo de prestación lo decimos anteriormente, se le denomina en el Derecho Administrativo la institución del contrato administrativo, la cual ocupa una evidente plaza importante dentro de las instituciones del propio Derecho Administrativo.

Estas obligaciones administrativas son caracterizadas entonces, por cuanto las prestaciones acordadas, una entre ellas, la prestación del servicio, se materializa, con las denominadas cláusulas exorbitantes, mal denominadas *derogatorias del derecho común,* como tendremos oportunidad de analizar con detenimiento la institución del contrato administrativo en capitulo posterior.

Aunado a lo expuesto, ¿Cuándo estamos en presencia de una obligación de hacer cuando la Administración Pública es parte?. O, ¿Cuándo estamos en presencia de una obligación de no hacer cuando la Administración Pública es igualmente parte? Respondamos de la siguiente manera:

En primer lugar, la prestación de los servicios públicos constituyen de por sí verdaderas prestaciones de hacer. Construir una autopista por parte de la Administración del Estado, constituye una obligación de hacer, construir un parque público constituye una obligación de hacer, igualmente, imponer una multa a un administrado por haber violado una norma jurídica, constituye para la Administración una obligación de sancionar la conducta infractora, esto es, una obligación de hacer una determinada actuación. Son en general, especies de obligaciones extra-contractuales. Si la Administración incumple u omite la sanción, habiendo constatado suficientemente el hecho, comete una ilegalidad o una arbitrariedad que afecta el interés colectivo y esta conducta debe ser sancionada a través de un medio judicial.

Pero, en todo caso, independientemente del trasluz que pretendamos valorar, la existencia pregonada es el incumplimiento de una obligación jurídico-administrativa por parte de una persona obligada, lo cual es la Administración Pública en el ejercicio de la función administrativa, y en el consecuente indicio de una relación obligacional. Por esta razón, el afectado bien el administrado o el interés público, por medio de una representación fiscal, puede dirigirse al tribunal competente para solicitar el cumplimiento de la obligación desatendida.

Desde el punto de vista formalmente administrativo (Derecho Administrativo), el medio de impugnación es un recurso de nulidad contencioso administrativo, como sería por ejemplo, un recurso por abstención de conformidad con un procedimiento especial. Sin embargo, es de hacer notar, que la solicitud del recurso vendría dado suficientemente por la idea del recurrente, de pretender, el cumplimiento de la obligación de comportamiento a lo cual está obligada la Administración Pública, y que con su omisión se ha negado a realizarla. La alegación fundamental, estaría constituida por la violación de la ley por parte de la conducta omisa, y por la violación a unos derechos alegados por el recurrente o el afectado.

El reclamo en la obligación civil, es fundamentalmente, el incumplimiento de una obligación derivado de un pacto contraído, de una voluntad concertada y aceptada. Se va al tribunal competente y se denuncia un acuerdo que no se cumple. En forma diferente en el derecho administrativo, se denuncia la violación de la ley y la afectación injustificada de la conducta administrativa, su no observancia, que condiciona erróneamente los derechos del recurrente. El juez o la autoridad competente deben pues, restablecer el derecho infringido o instar a través de la sentencia, el cumplimiento de la obligación jurídico- administrativa contraída.

En cuanto a las obligaciones bilaterales administrativas, su semejanza con las civiles es notoria. En los contratos administrativos, las partes se obligan formalmente al cumplimiento de las obligaciones pactadas de común acuerdo, unas, por cuanto en este característico contrato existen obligaciones de las partes, derivada o provenientes de las leyes, que indica que las obligaciones administrativas tienen como fuente los acuerdo de voluntades, así como las leyes, evidente e inequívoco signo de puntuación en las obligaciones administrativas. Son obligaciones contractuales.

3. *El elemento jurídico -El vínculo de la obligación-*

De conformidad con la doctrina tradicional civilista, el vínculo *"...es el elemento esencial a la noción de obligación y explica sujeción o el sometimiento del deudor a la necesidad de cumplirle al acreedor la actividad, conducta o prestación a que se ha comprometido y el poder jurídico que tiene el acreedor de obligar al deudor a cumplir mediante la intervención de los órganos jurisdiccionales..."*. (Maduro Luyando 1986, p. 28 ss.).

En tal sentido, lo expresado constituye una obligación personal del deudor para y con el acreedor, no una obligación real. Así, la obligación jurídico-administrativa, cuando se trata de la prestación de un servicio público, constituye a nuestro juicio, una prestación personal por cuanto el derecho personal se caracteriza por la constante relación jurídica en la cual una persona denominada deudor, se obliga frente a la otra llamada acreedor, a realizar en su beneficio una determinada y concreta conducta. En este caso, la prestación de un servicio público por parte de la Administración.

La prestación administrativa es una prestación personal, derivada de la obligación de hacer, en la cual su incumplimiento genera un derecho por parte del administrado, acreedor, contra la Administración deudora. El objeto directo del derecho personal es una conducta o actividad determinada por parte del deudor, en el derecho personal, el acreedor, administrado, puede hacer exigible la obligación al deudor administración, en su cumplimiento: cumplir con objetividad y eficiencia la prestación del servicio público. De allí, una diferencia con la obligación civil.

Al igual que las obligaciones civiles, las obligaciones administrativas deben reunir las mismas condiciones para su validez y eficacia. En efecto, las obligaciones administrativas, deben ser posibles, es decir, factibles en la realidad y jurídicamente viables. No puede la Administración pactar u obligarse con el administrado a realizar una obligación no aceptada en el ordenamiento jurídico.

En tal sentido, el acto administrativo, en la prestación del servicio a de juridificarse en su naturaleza, en su interioridad, inclusive, si una obligación administrativa se ejecuta contrariando la ley, la misma debe ser declarada nula por expresa disposición de la misma.

La prestación pactada por la Administración y el administrado debe ser posible, en virtud de la propia naturaleza del servicio público a prestar. Por ello, el servicio público debe ser naturalmente posible de realización real y verdadero, en caso contrario, la obligación no tendría interés, y su materialización no tendría sentido ni de forma ni en contenido.

Las prestaciones administrativas deben ser igualmente lícitas, en el sentido de que la obligación pactada por el administrado debe ser de *conformidad con el derecho* o con el *estándar de una buena administración*. Por la parte administrativa, la prestación del servicio acordada debe estar previamente autorizada o verificada en la ley, y por la parte del administrado, su cumplimiento debe ser legitimado para corresponder en su mayor eficacia y validez propia. En derecho civil, la obligación de prestación debe concordar con el orden público y las buenas costumbres, es una imposición normativa de no contrariedad *con el orden jurídico*. Al contrario, en la obligación administrativa, la actuación obligacional se permite, en tanto sea aceptada o habilitada expresamente por la ley. *Conformidad con el derecho* es la norma guía de la obligación jurídico administrativa.

Las obligaciones civiles se caracterizan, por cuanto las mismas deben ser determinadas o determinables. Hasta el ordenamiento jurídico lo exige formalmente. En efecto, el artículo 1141 del Código Civil Venezolano, señala que las condiciones requeridas para la existencia de los contratos son: a) Consentimiento de las partes b) Objeto que puede ser materia de los contratos y c) la causa lícita.

El objeto que puede ser materia de contratos, nos indica por natural y lógica interpretación, que debe ser previamente determinado o determinable.

En estricto derecho civil, significa que las partes al comprometerse en la obligación, la misma debe ser determinada concretamente y de común acuerdo. Esta determinación es por las partes, por un tercero o por la ley, sin embargo, en Derecho Administrativo, la prestación puede ser determinada por las partes, pero la ley, impone más *intensamente* los parámetros de la obligación contraída. De aquí una diferencia fundamental, si las comparamos en cuanto a la precisa característica de que la prestación debe ser determinada o determinable. ¿Quién determina pues la obligación jurídica cuando la Administración Pública es un sujeto determinante? La ley, sin la menor duda, por ser esta quien impone las condiciones, sus requisitos y señala sus consecuencias.

La obligación civil debe ser valorable económicamente para que tenga validez, sin embargo, este requisito se omite en Derecho Administrativo por cuanto la prestación de los servicios públicos, materializados en actos o en concretas obligaciones administrativas, ni la Administración Pública ni el administrado, persiguen en su finalidad una prestación de carácter netamente económico, si tomamos en consideración claro está, la naturaleza de la prestación del servicio público, que en general es gratuita.

Haciendo especial abstracción por su puesto, a las obligaciones administrativas bilaterales, en materia de contratos de derecho común o de la Administración, en la cual la Administración si puede perseguir una finalidad económica o patrimonial.

Dentro de los elementos del vínculo obligacional administrativo, la responsabilidad de las partes es de una valoración destacada, por cuanto constituye un poder de carácter jurídico que tienen el administrado y la administración de hacer cumplir la obligación y cobrarse su incumplimiento. En efecto, en la obligación civil estrictamente, la responsabilidad es la situación jurídica por medio del cual el patrimonio del deudor queda expuesto al patrimonio del acreedor para satisfacer su crédito.

De acuerdo a los términos del Derecho Civil, en virtud de la responsabilidad, el patrimonio del deudor se somete a la agresión jurídica por medio del cual el deudor puede hacerlo valer en juicio para satisfacer su crédito o débito. En Derecho Administrativo, la exigencia de la responsabilidad se fundamenta en la existencia de que el dictado administrativo es legal o legítimo, y en tal sentido, puede la Administración hacer ejecutar la obligación aun a costa del deudor-administrado.

Entonces, la ejecución de las obligaciones administrativas tiene su sede propia y particular en el Derecho Administrativo, lo cual implica toda una institución controlable por los órganos judiciales y hasta administrativos. La ejecución de oficio de una obligación administrativa, tiene unas indicaciones precisas en las leyes que regulan las conductas de la Administración, como es el caso, en nuestro derecho positivo, de la Ley Orgánica de Procedimientos Administrativos que destaca una importancia capital en los artículos 78, 79 y 80.

Reza el artículo 79 *eiusdem* que *"... Ningún órgano de la Administración podrá realizar actos materiales que menoscaben o perturben el ejercicio de los derechos de los particulares, sin que previamente haya sido dictada la decisión que sirva de fundamentos a tales actos..."* Aquí, se consagra una variedad del principio de la legalidad o el fundamento de la decisión administrativa que impone o condiciona un derecho y su ejecución.

La obligación administrativa impuesta para exigir la responsabilidad, y su ejecución deben estar predeterminadas en la ley. Y, además, frente a la inobservancia de la prestación impuesta al administrado, la ley indica la conducta a asumir por la Administración y por el obligado a cumplirla. Cuando se trata de ejecución indirecta *"...se procederá a la ejecución, bien por la Administración, o por la persona que ésta designe, a costa del obligado..."* y si es por ejecución personal, cuando el obligado se resistiera a cumplir la obligación administrativa *"... se le impondrán multas sucesivas mientras permanezca en rebeldía y, en caso de que persista en el incumplimiento, será sancionado con nuevas multas iguales o mayores a las que ya se le hubieren aplicado, concediéndole un plazo razonable, a juicio de la Administración, para que cumpla lo ordenado. Cada multa podrá tener un monto de hasta diez mil Bolívares-Bs. 10.000,00-, salvo que otra ley establezca una mayor, caso en el cual se aplicará ésta..."* (Artículo 80 *eiusdem*).

La Responsabilidad de la Administración se encuentra claramente definida en la ley, más en la Constitución, cuando en su artículo 141 dice textualmente que... *"La Administración Pública está al servicio de los ciudadanos y ciudadanas y se fundamenta en los principios de honestidad, participación, celeridad, eficacia, transparencia, rendición de cuentas, y **responsabilidad** en el ejercicio de la función pública, con sometimiento pleno a la ley y al derecho".*

Ante los incumplimientos de las obligaciones administrativas por parte de la Administración el administrado-acreedor, puede exigir responsabilidad por la actuación obligada y no cumplida por la Administración ante los órganos de los tribunales de la República, normalmente en Venezuela ante la jurisdicción contencioso administrativa.

Bajo este orden de ideas, las obligaciones administrativas así como las civiles, pueden ser de dar, de hacer y de no hacer, inclusive de padecer. Las obligaciones de dar, son aquellas que tienen por objeto la transmisión de la propiedad o de otro derecho real y en general, se transmite el derecho real por el efecto del consentimiento legítimamente manifestado. Una obligación donde la Administración Pública es parte, puede acordarse con el administrado en la transmisión de una propiedad, como por ejemplo, la transmisión de un bien municipal, un ejido, u otro bien mueble, en beneficio del administrado, pero en todo caso, no solo basta el consentimiento legítimamente manifestado, sino la autorización expresa de la ley para que esta pueda perfeccionarse. Dicha transmisión se efectúa a través de una actuación administrativa o un concreto acto administrativo. La intervención de la ley es fundamental en la obligación administrativa, lo que la caracteriza y la particulariza frente a las obligaciones civiles o de otra naturaleza.

Las obligaciones de hacer constituyen por definición, aquellas donde la Administración Pública es parte. La obligación jurídico administrativa de hacer, se materializa con la prestación de los servicios públicos y todos sus derivados, construir una carretera; hacer un viaducto; enseñar; construir ciudades; en fin, administrar los intereses colectivos y tutelar esos intereses, constituyen por antonomasia la típica función del Estado en el concreto uso del ejercicio de la función administrativa, que describimos en las páginas anteriores. Es pues, una obligación que genera responsabilidad y que debe hacerse con objetividad y eficiencia y bajo controles administrativos y hasta judiciales. Ahora, esta significativa y destacada obligación de la Administración del Estado-Administración Pública-, no pertenece a aquel género de obligaciones del Derecho Civil, fundamentalmente pactadas o nacidas bajo la voluntad de las partes. Las obligaciones administrativas al contrario, las de hacer, constituyen el lugar donde el Legislador actúa de una forma más presencial, en tanto que la ley, a la obligación administrativa, le da forma, la condiciona y le declara sus consecuencias.

En cuanto a las obligaciones de no hacer, son aquellas en las cuales se comprometen, acreedor y deudor, en la no ejecución o no realización de una determinada conducta, esto es en un no hacer. El derecho de propiedad por ejemplo, tiene numerosas obligaciones que sobre él pesan, tanto en obligaciones de hacer como de no hacer. La Administración Pública no puede condicionar los derechos de los administrados, si la ley no se lo autoriza en forma expresa. En términos amplios, bajo los conceptos generales del Derecho Administrativo, la ley le impone a la Administración Pública numerosas obligaciones de no hacer, en la relación estrictamente obligacional con los ciudadanos u administrados.

Así, esta obligación administrativa destaca y anuncia una forma prescrita en la ley, cuando prohíbe una conducta o impide el condicionamiento del ejercicio de un derecho subjetivo. La Administración dice la ley, podrá revocar sus actos administrativos, siempre y cuando no hayan creado derechos subjetivos en favor de los administrados.

Dice el artículo 82 de la Ley Orgánica de Procedimientos Administrativos:

"Los actos administrativos que no originen derechos subjetivos o intereses legítimos, personales y directos para un particular, podrán ser revocados en cualquier momento, en todo o en parte, por la misma autoridad que los dictó, o por el respectivo superior jerárquico...".

Igualmente, el artículo 13 *eiusdem*, establece que:

"Ningún acto administrativo podrá violar lo establecido en otro de superior jerarquía, ni los de carácter particular vulnerar lo establecido en una disposición administrativa de carácter general, aun cuando fueren dictados por autoridad igual o superior a la que dictó la disposición general".

Es decir, a la Administración Pública la ley le impone numerosas obligaciones de no hacer, en la cual, si incumple, nace un derecho del administrado de acudir a los órganos judiciales competentes, para lograr una reparación de los daños ocasionados por el incumplimiento de la obligación administrativa.

Por otra parte, en las obligaciones administrativas también las hay, al igual como las civiles, obligaciones a términos y condicionales, alternativas y facultativas, conjuntas y solidarias, divisibles o indivisibles. En fin, contractuales y extra-contractuales, todo un sin número de obligaciones que las caracterizan como prestaciones prestadoras de los servicios públicos. En tal sentido, la Administración impone a los particulares una obligación en la cual el cumplimiento o su ejecución depende de la realización de un determinado acontecimiento futuro, como por ejemplo, otorgar un permiso que no se valida, o no se hace eficaz, sin la autorización de un acto administrativo posterior. Dentro de las obligaciones conjuntivas y alternativas las encontramos en materia de contratos administrativos, en las obligaciones bilaterales de objetos múltiples producto de la dinámica contractual que implica la satisfacción de un servicio público por parte del co-contratante concesionario de la Administración por ejemplo.

En materia de sanciones administrativas, la Administración puede imponer obligaciones sancionatorias de los administrados en el sentido de que, se puede sancionar con multa, una obligación, o sancionar con la demolición del inmueble, otra obligación, si éste no ha cumplido con las variables urbanas fundamentales.

La Administración puede entonces, imponer una obligación divisible como pagar un impuesto en partes, como puede imponer obligaciones indivisible, para ser cumplidas en un solo momento, etc.

Por su parte, las sanciones administrativas constituyen obligaciones típicas derivadas de la potestad administrativa, así, la sanción, que formalmente es un acto administrativo, es un instrumento a favor de la Administración que tiene como finalidad lograr por parte de los administrados la observancia de las normas jurídicas, restablecer el orden jurídico violentado y materialmente evitar que puedan darse actos violatorios de la ley o de la Constitución.

Es una obligación administrativa que impone una conducta determinada de hacer o de no hacer, constitutiva de una situación por medio del cual la Administración aparece como portadora de un interés general y por ello sacrifica "sanciona" una conducta y afecta un derecho.

Como bien dice Dromi (1997, pp. 192 ss.):

"...la sanción representa la última fase del proceso de producción jurídica, el elemento existencia que actualiza la vigencia del Derecho". (...) "las decisiones concretas imponiendo sanciones constituyen los actos punitivos de naturaleza laboral, civil, penal, o administrativa, según el contenido de la sanción. Específicamente la sanción administrativa es la consecuencia dañosa que impone la Administración Pública a los infractores del orden jurídico administrativo.

El Estado cuenta con las vías coactivas administrativas necesarias para lograr el cumplimiento de lo ordenado contra la voluntad del obligado. El sujeto activo de las coacciones siempre una autoridad pública (estatal o no estatal) a la que el orden jurídico faculta para disponer de los medios de coacción y la competencia de imponer sanciones administrativas correspondientes a infracciones jurídicas de igual naturaleza.

La competencia sancionatoria se extiende a múltiples aspectos de la actividad administrativa, en materia fiscal, aduanera, previsional, disciplinaria, policial etc.".

Aquí demostramos con las excelentes opiniones del citado jurista, que las obligaciones existentes que se derivan de la potestad administrativa y de la relación eminente entre la persona de la Administración Pública y el obligado, del cumplimiento de la misma, y concretamente del administrado como sujeto pasivo de la obligación contenida en la sanción administrativa.

Por último, las obligaciones administrativas pueden ser contractuales o extra-contractuales. Las contractuales, son aquellas derivadas de los contratos de la Administración, civiles o administrativos, y todo lo que su noción implica en el Derecho Administrativo. Por su parte las obligaciones extracontractuales -derivadas fundamentalmente de los actos administrativos- son manifestaciones unilaterales de voluntad. Obligaciones que tendremos oportunidad de analizar con detenimiento en capítulos posteriores.

En consideración a lo expuesto supra, establecemos que la obligación jurídico-administrativa es pues y en primer lugar, una prestación obligatoria, en la cual dos partes se interrelacionan en forma recíproca a prestaciones de dar, de hacer o de no hacer. En segundo lugar, la misma se configura a través de un movimiento pendular y dinámico en la cual una de ellas, es la Administración Pública con prerrogativas de poder y la otra denominada administrado o ciudadano, con amplios derechos subjetivos. En tercer lugar, el objeto es múltiple, pero en todo caso *"la prestación del servicio público"* aparece como un elemento identificador pleno de la obligación misma. En cuarto lugar, el objeto y por ser la prestación de un servicio público, se efectúa o se materializa como intención de la Administración, quien impone la obligación en interés colectivo o público. En quinto lugar, las obligaciones administrativas, se fundamentan directamente en la ley, lo cual implica una sujeción al principio de la legalidad de éstas, y en todo caso, el cumplimiento de las obligaciones contraídas tanto por parte de la Administración como por la parte del administrado. Finalmente, el acto administrativo aparece como el instrumento de acción para lograr el cumplimiento de la obligación administrativa contraída.

La Administración Pública en beneficio del interés general, impone obligaciones a los particulares o administrados. Por ello, su actuar produce consecuencias jurídicas y materiales en la esfera jurídica de estos, incidiendo de manera particular y específica en cada una de esas esferas patrimoniales.

En tal sentido, la incidencia administrativa tiene una plaza importante y notoria en el campo del Derecho Administrativo, justamente derivado de la visión de las obligaciones que venimos de analizar y caracterizar. Las incidencias administrativas son el objeto de nuestro próximo comentario y estudio.

En todo caso, estas obligaciones representan un contexto determinado y una actuación especial que caracteriza con meridiana claridad la noción, no solo de la obligación administrativa, sino que trasluce por así decir la noción propia del Derecho Administrativo. Las obligaciones administrativas tienen de igual forma una incidencia particular que afecta los derechos de los administrados, de allí la importancia de su estudio que hacemos de seguidas.

CAPÍTULO III

LAS INCIDENCIAS ADMINISTRATIVAS

I.   NOCIÓN

De conformidad con la doctrina del Derecho Administrativo y siguiendo en este punto a los juristas españoles Tomas Ramón Fernández y Eduardo García de Enterría, existen diversas formas de incidencias de la acción administrativa sobre la esfera jurídica de los administrados. Encontramos como formas más típicas de las acciones administrativas: los reglamentos, como actos administrativos de efectos generales y de carácter normativos; los contratos administrativos o civiles de la Administración según su régimen jurídico; los actos administrativos de carácter particular o individual, entendidas como manifestaciones de voluntad destinada a condicionar los derechos subjetivos de los administrados; y las coacciones administrativas, estas últimas una modalidad especial de la tradicional acción administrativa.

Las incidencias administrativas son pues, las formas de cómo interviene la Administración Pública en la estricta esfera jurídica de los administrados o ciudadanos, aduciendo principalmente la idea por medio de la cual, la Administración interrumpe o condiciona los derechos subjetivos en atención a una pluralidad de maneras o formas incuantificables, desde el punto de vista jurídico. Sin embargo, la doctrina ha logrado sistematizar una variedad de formas, que en todo caso, auxilian la dificultad de su comprensión y de una o de otra forma ayudan a los intérpretes de esta específica materia, a dar resultados más inmediatos y de mayor comprensión a lo largo del estudio integral de este tema tan particular. Los reglamentos inciden de una manera particular en atención a las diferencias o vis a vis de otras incidencias administrativas.

La generalidad y la normatividad dibujan ciertamente a los actos reglamentarios provenientes del poder ejecutivo. Un acto reglamentario, es una manifestación de voluntad de la Administración Pública que tiene por objeto puntual, afectar y condicionar los derechos subjetivos para un número indeterminado o indeterminable de personas, y con carácter de obligatoriedad. Por otro lado, claro está, también desarrolla un texto legislativo, una ley. Estos últimos caracterizados en los denominados reglamentos ejecutivos o delegados.

Los contratos, en la cual la Administración Pública es parte, y como bien expresan García De Enterría y Ramón Fernández (2004, pp. 93 ss.): "...*Igual ocurre con la incidencia intersubjetiva que puede ser obra de conciertos o contratos perfeccionados entre la Administración y particulares. La teoría de esa incidencia es, simplemente, la teoría de los efectos del contrato, que produce, modifica o extingue, a la vez situaciones activas, o derechos, y pasivas, u obligaciones, para el particular contratista en los términos que ya conocemos...*".

Son obligaciones bilaterales que inciden de manera determinante en la relación. Son un tipo de incidencia específica que será tratado por nosotros en capítulo aparte.

Así las cosas, haremos especial referencia a las incidencias administrativas provocadas y producidas por el concreto y determinado acto administrativo, en el sentido que, los actos de la Administración Pública en el formal ejercicio de la función administrativa, pueden producir condicionamientos de los derechos subjetivos y hasta de los intereses legítimos de los administrados. En unas oportunidades en formas favorables y en otras desfavorables, amplían o desmejoran los derechos. ¿Cuáles son sus formas tradicionales?

Veamos pues, el acto administrativo como título ejecutivo como una forma de incidencia favorable, y las formas gravosas en que los administrados consideran afectados sus derechos subjetivos, haciendo referencia a ejemplos en el derecho positivo venezolano.

1.   *Incidencias favorables. El título ejecutivo*

Las incidencias administrativas favorables, son aquellas que producen consecuencias positivas en los administrados. Son incidencias que constituyen situaciones jurídicas a favor real de los administrados, que amplían sus derechos, extienden sus atribuciones y potestades jurídicas y contribuyen a lograr que los administrados extiendan sus derechos de manera distinta y privilegiada, de los demás ciudadanos en un determinado contexto social.

Son decisiones complementadas en su favor, de privilegio, supremacía, logro, son pues, concesiones a titulares, autorizaciones administrativas, otorgamientos de privilegios, o pueden ser, actos administrativos que eliminan obstáculos para la satisfacción de determinados derechos o intereses, dispensas, subvenciones, reconocimientos de situaciones jurídicas solicitadas, etc.

Igualmente son situaciones jurídicas favorables, en el sentido de que una vez que se insertan o se introducen en las esferas jurídicas crean a favor de los particulares beneficiados, privilegios o prerrogativas diferenciadas de los demás sujetos de derechos.

El acto administrativo es así considerado un título, y todo lo que el concepto de título implica en el derecho positivo. De acuerdo al diccionario jurídico de Guillermo Cabanellas[20], *título* es, el portador de un derecho que ostenta la *titularidad* para ejercerlo y *titular* es quien goza legítimamente de un derecho declarado o reconocido en su favor, el que figura como dueño o principal en una cosa o caso, aquel que ejerce un cargo u oficio por derecho propio o nombramiento definitivo, pueden existir numerosas titularidades. Así pueden ser, por el carácter de la persona que obtiene el título, en nombre propio (por representación legal o voluntaria), por la entidad del poder jurídico, por el alcance de la gestión, o poder otorgado por la administración de determinados bienes, por la naturaleza de la relación jurídica, o por la persona a quien corresponde, es pues un documento o un instrumento, diploma que por ejemplo acredita determinados estudios realizados. En fin, el título es el fundamento de un derecho o de una concreta obligación.

Así pues, el título es un poder de carácter ejecutivo, por cuanto trae aparejada una formal ejecución frente a todos *erga omnes* aún sin el auxilio judicial o administrativo.

Cuando la Administración Pública dicta un acto administrativo favorable, realmente confiere un documento en la cual tituariza una determinada situación jurídica a favor del administrado, en el cual, éste puede oponer a terceros aún sin el auxilio judicial el contenido de *su* acto administrativo, y por otra parte, la Administración puede hacerlo ejecutar, no solo en contra de la voluntad del propio administrado sino también en contra de la voluntad de los terceros.

---

[20]   Disponible:http://www.scribd.com/doc/27671641/Diccionario-Juridico-de-Guillermo cabanellas-de-Torres

Este título administrativo, lleva aparejado dos situaciones jurídicas que constituyen severas garantías a favor de los administrados en el sentido de que al estar amparado por la ley, pesa sobre los mismos una presunción de legalidad iuris tantum, desvirtuable, solo si se intenta su impugnación correspondiente ante los órganos competentes, y solo obviamente, si el juez o la propia administración bajo determinados supuestos, suspende los efectos de su dictado. Al decir, igualmente, que dicho acto administrativo, es en principio irrevocable, por cuanto ha creado un derecho subjetivo. Esta segunda situación, trae por consecuencia, que la revocatoria del acto administrativo produce una sanción, como lo es la nulidad absoluta del acto administrativo que revocó un derecho subjetivo previamente creado.

Igualmente configuramos en este punto el poder de la Administración de hacer ejecutar sus propias decisiones administrativas. Es el poder de autotutela conferido por el ordenamiento jurídico a la Administración Pública, poder excepcional que el orden de la juridicidad privilegia a la Administración Pública y todo lo que su noción implica en su contexto social. Es, un principio natural que la Administración Pública puede hacer ejecutar sus propias decisiones administrativas sin acudir a las vías judiciales. Al contrario de las relaciones de derecho privado, en la cual los particulares deben acudir a los tribunales correspondientes para hacer valer sus decisiones, principio de la paz social. La Administración puede ejecutar sus propias decisiones, poder conferido históricamente producto de la revolución francesa, en la cual la Administración todo poderosa tenía la facultad de controlar para sí misma la facultad no solo de dictar sino de ejecutar sus propias decisiones. Las incidencias constituyen pues, cuando ellas producen desgravámenes en los administrados, una manifestación clara de autotutela pública como de seguidas exponemos.

Las incidencias desfavorables son aquellas actuaciones de la Administración que producen condicionamientos adversos a las esferas jurídicas de los administrados, son múltiples si se quiere, pero en todo caso la doctrina ha logrado una tentativa clasificación que expondremos de seguidas:

2.   *Las incidencias desfavorables. Sus características*

Como bien expresan García De Enterría y Ramón Fernández: *"...los actos administrativos pueden también, en vez de ampliar o beneficiar la esfera jurídica de sus destinatarios privados, restringirla, afectar a la misma en sentido negativo, producir sobre ellos obligaciones, deberes, cargas, antes inexistentes, o bien restricciones, limitaciones, o extinción de titularidades activas previas"* (2004, p. 96).

En este sentido, de acuerdo a los autores citados quienes hacen referencia a la clasificación de Santi Romano[21], basada en una clasificación de la actividad administrativa de limitación de derechos, existen los siguientes tipos de incidencias administrativas de carácter desfavorables. Tenemos pues, las denominadas incidencias en sacrificios de situaciones de mero interés (a), limitaciones administrativas de derecho (b) , potestades ablatorias (c) prestaciones forzosas (d), e imposiciones de deberes y sanciones (e). Siguiendo esta clasificación caractericemos cada una de ellas.

A.   *En lo que respecta al sacrificio de situaciones de mero interés*

La doctrina hace referencia a la posibilidad que tiene la Administración Pública de afectar los simples intereses de los administrados. Ante tal situación, la Administración afecta de una manera indirecta los derechos, sin embargo, más afecta el interés general de todos los administrados ante concretas situaciones jurídicas. El uso del poder discrecional de la Administración se presta a ser entendido ante este particular tipo de incidencia administrativa. El poder discrecional de la Administración constituye un poder de actuar, caracterizado por la apreciación o la oportunidad que tiene la ésta, para valorar y ponderar determinadas situaciones de hecho, vinculado claro está, al interés público.

Es la discrecionalidad un poder objetivamente conferido por el ordenamiento jurídico del Estado en beneficio de la Administración Pública, y principalmente, si hace uso de este poder sin la autorización de la ley, puede el juez contencioso administrativo anular la decisión administrativa, por no haber hecho uso correcto de tal atribución legal. Poder discrecional que fue explicado en capítulos anteriores.

---

[21]   Jurista italiano (Palermo, 1875- Roma, 1947). Catedrático de derecho administrativo en la Universidad de Camerino y de derecho constitucional en las universidades de Módena y Pisa, ocupó más tarde esta misma cátedra en la Universidad de Milán. Fue presidente del Consejo de Estado y miembro del Senado. Escribió numerosas obras, entre las que destacan *Principios de derecho administrativo* (1902), *El ordenamiento jurídico* (1918) y *Curso de derecho constitucional* (1926).

Casi siempre, las situaciones afectadas por actos administrativos o actuaciones administrativas de mero interés, se distinguen por cuanto no condicionan el ejercicio de un determinado derecho subjetivo, ni lo afectan mucho menos directamente. Ejemplos nos sobran, en el ordenamiento jurídico venezolano encontramos que la Ley del Estatuto de la Función Pública[22] consagra el derecho que tiene todo funcionario público a la estabilidad en el cargo (Artículo 33), en el sentido de que no podrá ser retirado o destituido o removido si la Administración no cumple con los requisitos previos determinados en la ley. Sin embargo, hay escenarios en los cuales la Administración debe afectar determinadas situaciones de estabilidad en beneficio de la propia organización administrativa. Ante esta situación, hace uso de sus poderes discrecionales, afecta intereses de los funcionarios, sin perturbar el concreto derecho subjetivo a la estabilidad, con la finalidad de reorganizar la estructura administrativa y funcional del ente administrativo. Encontramos así, una situación administrativa que ejemplifica lo expuesto, como lo es *el traslado* prevista en el artículo 73, según el cual la Administración "*Por razones de servicio, los funcionarios o funcionarias públicos de carrera podrán ser trasladados dentro de la misma localidad de un cargo a otro de la misma clase, siempre que no se disminuya su sueldo básico y los complementos que le puedan corresponder. Cuando se trate de traslado de una localidad a otra, éste deberá realizarse de mutuo acuerdo, con las excepciones que por necesidades de servicio determinen los reglamentos*".

Pues bien, cuando ocurre esto, es decir no se afecta un derecho subjetivo, sino un simple interés, es o constituye el sacrificio de una situación de mero interés, lo cual no afecta el fondo o la sustancia del derecho subjetivo. Con la consecuencia objetiva, de que la Administración no debe indemnizar al funcionario la afectación de su interés. Es decir, este tipo o primer grado de incidencia administrativa no produce reparación o indemnización derivado del principio exigido ya a nivel de contencioso de ostentar un interés calificado, personal, legítimo y directo en la solicitud de nulidad del acto. La falta de ostentación de un derecho legítimo lesionado es causal de inadmisibilidad del recurso indemnizatorio.

---

[22] Publicada en la *Gaceta Oficial* N° 37.522 de fecha 06 de septiembre de 2002

B.   *Las limitaciones administrativas de derechos*

Corresponden al segundo grado de incidencias desfavorables. Exactamente, se trata de una incidencia que no modifica el derecho subjetivo afectado, ni tampoco la capacidad jurídica o de obrar del titular. Por el contrario, actúa exclusivamente sobre las condiciones de ejercicio del derecho, dejando intactos todo el resto de los elementos del mismo. Condiciona pero no afecta los derechos subjetivos. Es un segundo grado de incidencia administrativa desfavorable.

Según el autor Vignocchi, destacado en la obra de Tomás Ramón Fernández y García de Enterría, dicho autor, hace alusión a tres tipos de limitaciones administrativas de derechos. Hace referencia a la primera de ellas como, la prohibición incondicionada y absoluta de un modo de ejercicio concreto de un derecho, después, prohibición relativa o con reserva de excepción a otorgar por la Administración, y permisión de ejercicio libre con reserva de excepción prohibitiva impuesta en casos concretos por la Administración.

Las limitaciones administrativas de derechos son pues condicionamientos que impone la Administración a los derechos subjetivos de los administrados, condicionan pero no limitan en forma severa esos derechos. Por ejemplo, la Ley de Transporte Terrestre[23] le impone a los propietarios de vehículos, numerosas condiciones para su uso en las diferentes vías de comunicación y de tránsito.

Reza el artículo 72 de la mencionada ley, lo siguiente:

"Todo propietario o propietaria de vehículo está sujeto a las siguientes obligaciones: 1. Inscribir el vehículo en el Registro Nacional de Vehículos y de Conductores y Conductoras, dentro de los treinta (30) días hábiles siguientes a su adquisición, y efectuar las inscripciones que exija el Instituto Nacional de Transporte Terrestre dentro del mismo lapso. 2. Pagar oportunamente las tarifas, las tasas y demás contribuciones que lo graven. 3. Notificar al Registro Nacional de Vehículos y de Conductores y Conductoras las modificaciones de las características del vehículo de su propiedad y los cambios de identificación, domicilio o denominación comercial, en los términos que establezca el Reglamento de esta Ley. 4. Notificar por escrito, a través de los peritos avaluadores, autorizados por el Instituto Nacional de Transporte Terrestre, al Registro Nacional de Vehículos y de Conductores y Conductoras, cuando el vehículo se haga inservible de manera permanente o sea declarado pérdida total y demás casos previstos en esta Ley. 5. Mantener el

---

[23]   Publicada en la *Gaceta Oficial* N° 38.985 de fecha 01 de agosto de 2008.

vehículo en buenas condiciones de seguridad, funcionamiento, control de emisión de gases contaminantes del ambiente y ruidos. 6. Proveer al vehículo de toda la documentación y elementos de identificación establecidos por esta Ley, así como de sus correspondientes placas de identificación; renovándolas y manteniéndolas en perfecto estado de conservación y condiciones de visibilidad. 7. Efectuar la revisión, técnica, mecánica y física del vehículo en los términos que señale el Reglamento de esta Ley. 8. Mantener en vigencia el seguro de responsabilidad civil. 9. Las demás que señalen esta Ley y su Reglamento".

Del artículo citado se desprende la necesidad de condicionar los derechos de los conductores de vehículos, obviamente actuación de la Administración producto de la necesidad de organizar los derechos de los propietarios de vehículos en una ciudad de gran circulación vehicular. Dichas actuaciones administrativas, constituyen tipos de limitaciones administrativas, que en ningún caso pretenden la eliminación de un derecho al tránsito, no obstante que si tienen como objetivo el condicionar el derecho subjetivo de tránsito. Sin embargo, la propia Ley establece no solo la posibilidad de que se impongan limitaciones a esos derechos, sino más aún, limitaciones absolutas de circular. Para ello, podemos citar el artículo 178 *euisdem* donde se le otorga a la autoridad competente la potestad de impedir la circulación del vehículo en determinadas circunstancias. Es decir, limitar en forma total el derecho de circulación que tiene todo administrado en relación con la Administración.

En la Ley se institucionalizó un Capítulo (IV) especial distribuido a lo largo de tres artículos, como ejemplo de limitaciones administrativas de derechos. En efecto, en el artículo "obligaciones de los propietarios de vehículos" dice todo propietario de vehículo está sujeto a las siguientes obligaciones: numeral 5. Mantener el vehículo en buenas condiciones de seguridad, funcionamiento, control de emisión de gases contaminantes del ambiente y ruidos y en el numeral 7 dice: Efectuar la revisión, técnica, mecánica y física del vehículo en los términos que señale el Reglamento de esta Ley, es decir, la actual ley, le impone a los propietarios de vehículos obligaciones de hacer, dentro de ellas las imposiciones y condicionamientos que si bien es cierto nunca pueden derivar en una eliminación del derecho al tránsito, como un derecho constitucional, no constituye el mismo sino una limitación a un uso determinado, obviamente, a los fines de conciliar el derecho del propietario al uso del vehículo, con el derecho de los demás, de obtener una determinada y específica seguridad en las vías de circulación del país.

Las limitaciones administrativas de derechos constituyen pues y bajo la presente perspectiva, imposiciones de dar y de hacer, obligaciones determinadas en las leyes y en otros instrumentos con rango de ley, destinadas a conciliar intereses y derechos subjetivos. Las materias reservadas a las personas y sus correspondientes derechos no pueden ser considerados como derechos intangibles, donde se demuestra cada vez la vinculación entre los derechos subjetivos de los administrados y su conciliación con los derechos de los demás. Verbigracia, la Ley de Transporte Terrestre, es vivencial y típica de nuestra apreciación anteriormente expuesta.

Como segundo grado de incidencias administrativas, las limitaciones administrativas de derechos son materializadas y producen su plena eficacia y validez, en tanto y en cuanto, sus consecuencias dependen de una autorización legal. Es decir *"...resulta excluida, sin vacilación, la posibilidad de que la Administración pueda imponer medidas limitativas de los derechos remitiéndose a su solo juicio ocasional, sin norma legal que ampare la medida..."* (García De Enterría y Ramón Fernández, 2004, p. 104).

El principio de la legalidad emerge de esta frase, como principio autorizatorio y paradigmático de estas limitaciones administrativas. En tanto exista una ley que autoriza la limitación, más legítima es el condicionamiento del derecho subjetivo. No es posible pensar en un poder ilimitado de la Administración que pueda eventualmente limitar o condicionar los derechos de los administrados a su solo arbitrio. La Ley de Transporte Terrestre acuerda un derecho a los destinatarios del sistema de transporte terrestre, es decir a "peatones, pasajeros y pasajeras, conductores y conductoras, usuarios y usuarias, y, operadores y operadoras del servicio de transporte terrestre público y privado, sus actividades conexas, y las personas de movilidad reducida..." (Artículo 8 *eiusdem*). Lo que implica, sin la menor duda, que el sistema de limitaciones de los derechos de los administrados reconoce por consecuencia, la imposición de limitaciones, pero sometida al control de la legalidad, tanto en las vías administrativas como en las judiciales.

Dice el Código Civil en su artículo 545 que la propiedad es el derecho de usar, gozar y disponer de una cosa de manera exclusiva, con las restricciones y obligaciones establecidas por la ley, esto es, se consagra el derecho de propiedad como un derecho subjetivo, lo cual puede ser usado bajo las limitaciones o restricciones previstas en la ley. El Código Civil impone limitaciones al propietario de la cosa en su uso y en su goce, y a la Administración Pública de manera igual, atendiendo a la ley, como el acto normativo por antonomasia delimitador y a su vez autorizatorio. Por de más, en nuestro ordenamiento jurídico, las limitaciones a los derechos, implican fundamentalmente el derecho a la igualdad como principio consagrado en el texto de la Constitución. Así, lo precisa muy notoriamente el artículo 21 de la Constitución de la República Bolivariana de Venezuela.

Ahora bien, el acto de la Administración que impone una limitación, debe estar precedido de una ley, que puede tratarse de una exigencia previa al ejercicio del derecho que trate, como es el caso de las autorizaciones o inscripciones.

Las autorizaciones, son especies de actos administrativos de habilitación o permisos en el sentido que, la autorización como tal traduce aquellas licencias que el órgano administrativo confiere a los administrados en el ejercicio de una determinada actividad administrativa. Pongamos la policial, para construir e edificar una situación determinada, construcción de un inmueble por ejemplo, o la autorización para la existencia de personas jurídicas.

De conformidad con la doctrina *"...la autorización es una declaración de voluntad administrativa constitutiva o remoción de obstáculos para superar los límites que el orden jurídico pone al libre desenvolvimiento de la actividad pública. Esencialmente, desde un punto de vista jurídico, consiste en un acto administrativo de control, por el cual un órgano faculta a otro a dictar un acto determinado..."* (Dromi, 1997, pp. 177 ss.).

El acto administrativo autoriza la remoción de un obstáculo, luego, es una imposición administrativa de un derecho o para el uso concreto de un derecho.

Las autorizaciones, se manifiestan también como constataciones o verificaciones administrativas que capacitan el ejercicio de un derecho solicitado, como es el caso de las autorizaciones para la solicitud de variables urbanas fundamentales. Consideración que hacemos, en virtud de lo expuesto en el artículo 85 de la Ley Orgánica de Ordenación Urbanística[24], por medio del cual, los organismos municipales dispondrán de un plazo determinado, treinta días, para constatar, por ejemplo, que un proyecto presentado, cumple, o se ajusta a las variables urbanas fundamentales. La constatación por

---

[24] Publicada en la *Gaceta Oficial* N° 33.868 del 16 de diciembre de 1987.

un lado, constituye una autorización y por la otra, aparece ciertamente como el condicionamiento del ejercicio de un derecho, por cuanto la Administración puede o no otorgar el permiso para construir.

Haciendo referencia a la Ley de Transporte Terrestre insistimos, los permisos para la ejecución de trabajos en las redes viales y nacionales se convienen en formales autorizaciones otorgadas por las autoridades competentes de tránsito. En efecto, dice el artículo 82 de dicha ley que *"Las personas, organismos públicos o privados que requieran efectuar trabajos que afecten la circulación, deberán obtener la autorización respectiva de la autoridad administrativa competente; participarlo con la debida antelación e indicar su naturaleza, fecha de inicio, duración estimada y la restricción que causará a la circulación, de acuerdo a lo establecido en el Reglamento de esta Ley..."*

En otro caso, en la Ley de Ejercicio de la Medicina[25] los médicos en ejercicio de su profesión, no podrán asociarse con fines de lucro con profesionales afines o con auxiliares de la medicina. Se los impide la ley en su artículo 20, lo cual constituye una limitación administrativa de derecho o incidencia de segundo grado. La inscripción en un colegio profesional, constituye un caso típico de condicionamiento en el ejercicio de un derecho. Así, para ejercer la profesión de economista, la Ley de Ejercicio de la Profesión de Economista[26], en su artículo 5, exige estar inscrito en un Colegio de Economistas legalmente constituido, o el ejercicio de la profesión de economista no podrá considerarse como comercio o industria, ni será gravado con los impuestos que afecten a dichas actividades (artículo 10). En todo caso, pretendemos manifestar las limitaciones que la ley impone a los titulares de derechos subjetivos en el ejercicio de una profesión determinada, en el ámbito o aplicación por parte de la Administración, a través de actos administrativos, los cuales imponen limitaciones en las esferas jurídicas de los administrados constitutivas de limitaciones administrativas de derechos. No existen dudas pues, de que cada limitación tiene dentro de sí, la obligación de estar autorizada por la ley, lo que constituye una preponderancia del principio de la legalidad como dogma en su realización o ejecución.

---

[25] Publicada en la *Gaceta Oficial* N° 3.002 Extraordinario de fecha 23 de agosto de 1982.

[26] Publicada en la *Gaceta Oficial* N° 29.687 de fecha 15 de diciembre de 1971.

La doctrina hace igual referencia, a que las limitaciones administrativas de derechos de segundo grado, deben cumplir para su materialización, con una serie de principios de cumplimiento obligatorio, en los cuales, se hace formal referencia a los principios de *proporcionalidad* y de *favor libertatis* en sus aplicaciones prácticas.

El principio de favor *libertatis* es un límite derivado de un principio por medio del cual la administración debe afectar lo menos posible el interés particular del administrado, lo que implica en todo caso un instrumento de actuación sometido al control jurisdiccional.

La Ley Orgánica de Procedimientos Administrativos, hace alusión al principio de la proporcionalidad en los términos previstos en el artículo 12 citado supra. La palabra proporcionalidad la incluye el legislador, a los fines de limitar el poder discrecional de la Administración Pública en la emisión de sus actos, sin embargo, lo consideramos apto para explicar el término utilizado por el legislador como un principio fundamental en las limitaciones administrativas de derecho.

Esto significa, que las limitaciones de los derechos de los administrados no son de libre apreciación por la Administración, sino que las mismas, deben estar precedidas por el principio de la proporcionalidad de la medida administrativa.

El artículo 131 de la Ley de Régimen Jurídico de las Administraciones Públicas y del Procedimiento Administrativo Común del 26 de noviembre de 1992 española, expresa singularmente que en la determinación normativa del régimen sancionador, así como en la imposición de sanciones por las Administraciones Públicas ". *se deberá guardar la debida adecuación entre la gravedad del hecho constitutivo de la infracción y la sanción aplicada...*". La proporcionalidad a nuestro juicio, se encuentra muy vinculada con la libertad como principio rector de las limitaciones administrativas de derechos.

Las sanciones administrativas sean o no de naturaleza pecuniaria, en ningún caso, podrá implicar directa o indirectamente, *privación de libertad*. Dice el mismo artículo en su numeral 1 de la Ley Española lo cual nos indica los principios rectores que rigen las limitaciones administrativas de derechos en nuestros ordenamientos jurídicos.

Por último, las limitaciones administrativas de derechos no son indemnizables, salvo que las mismas hayan sido dictadas en contravención a las leyes y hayan causado daños injustificados en los derechos subjetivos de los administrados, que corresponde en términos adecuados, a la denominada responsabilidad de la Administración: Tema que será abordado en capítulos posteriores.

C.   *Las potestades ablatorias*

En lo que se refiere a las potestades ablatorias, se constituyen como las incidencias de tercer tipo que aparecen como verdaderas manifestaciones administrativas que *destruyen* los derechos subjetivos de los administrados. Así lo expresan en forma clara, García De Enterría y Ramón Fernández cuando dicen. "*...que la Administración puede incidir gravosamente sobre las situaciones jurídicas de los particulares, es la que llamaremos stricto sensu, potestad ablatoria.*" Es decir, la ley le confiere a la Administración, el poder de sacrificar situaciones patrimoniales de los administrados. En esta incidencia, no se limitan los derechos afectados, sino que se destruyen, se extinguen.

Dentro del ejemplo más común de estas incidencias, las expropiaciones aparecen como las indicativas de este tipo. La expropiación es pues una potestad ablatoria, si consideramos el procedimiento expropiatorio, como una manifestación administrativa que extingue la propiedad de los particulares.

En Venezuela la expropiación tiene su basamento constitucional en los artículos 115 de la Constitución, en los artículos 545 y 546 del Código Civil y en la Ley de Expropiación Pública por Causa de Interés Público y Social[27]. En estos textos, principalmente en la ley que la regula, se establece la potestad del Estado de afectar la propiedad y de hacerla extinguir cuando el interés social lo justifica.

La potestad expropiatoria se deduce de su propio articulado, bien dice que: "*la expropiación es una institución de Derecho Público, mediante el cual el Estado actúa en beneficio de una causa de utilidad pública o de intereses social, con la finalidad de obtener la transferencia forzosa del derecho de propiedad o algún otro derecho de los particulares, a su patrimonio, mediante sentencia firme y pago de justa indemnización (Artículo 2 de la Ley de Expropiación Pública por Causa de Interés Público y Social)*".

Conjuntamente la reiterada jurisprudencia venezolana en la materia de expropiación, señala que la expropiación es una actividad ablatoria así como una institución de Derecho Público, en virtud

---

[27]   Publicada en la *Gaceta Oficial* N° 37.475 del 1 de julio de 2002

del cual, se actúa a favor de una causa de utilidad pública o de interés social a los fines de trasladar el derecho del propietario sobre la misma en un derecho a la justa indemnización. En otras palabras, es el medio jurídico en cuyo mérito el Estado obtiene que un bien sea transferido de un patrimonio a otro por causa de utilidad pública, previa justa indemnización. Cuando hablamos de la transferencia es indudable que la misma se hace en virtud del acto expropiatorio, que no es más que un acto administrativo formal que incide de manera extintiva sobre el derecho de propiedad del administrado propietario.

El artículo 1 como ejemplo de la Ley de Expropiación Forzosa española de diciembre de 1954 dice que: "Es objeto de la presente ley la expropiación forzosa por causa de utilidad pública o interés social a que se refiere el artículo 32 del fuero de los españoles, -Art. 33 de la Constitución Española- en la que se entenderá comprendida cualquier forma de privación singular de la propiedad privada o de derechos o intereses patrimoniales legítimos, cualquiera que fueran las personas o entidades a que pertenezcan, acordada imperativamente, ya implique venta, permuta, censo, Arrendamiento, ocupación temporal, o mera cesación de su ejercicio..."

Es pues, la ley quien indica la privación de un derecho cualquiera fuera su forma, lo que nos refiere a la perfecta potestad ablatoria o limitativa de derechos de la actividad administrativa, que tiene como fin hacer desaparecer un derecho subjetivo. La expropiación como tal, supone un beneficiario, lo cual es el interés colectivo, constitutivo del fin de la expropiación como formal potestad ablatoria. La expropiación sacrifica un derecho, el de propiedad para satisfacer un interés colectivo o público, lo cual implica o supone, su necesaria declaración de utilidad por parte del colectivo.

Las incidencias ablatorias responden a unas de las potestades más fuertes e importantes de las actuaciones causadas por la Administración del Estado. Exponemos el ejemplo de la institución de la expropiación, por cuanto para "sacar" un bien del patrimonio de un administrado, es necesario la participación del poder del Estado en sus tres clásicas manifestaciones, la legislativa, con la declaración de utilidad pública, la administrativa, con todo aquello que implica el decreto expropiatorio, y la judicial, para dilucidar el problema de la indemnización que se acuerda al propietario[28]. De allí su importan-

---

[28] En este sentido exponemos parte del trabajo titulado "Consideraciones generales sobre la Expropiación" de la profesora Magdalena Sa-

cia, y por cierto, la institución consagrada formalmente desde la época de la Revolución Francesa en la célebre Carta de la Declaración de los Derechos del Hombre y del Ciudadano hasta las constituciones latinoamericanas y la Venezolana de 1999. Importante además destacar, que la potestad ablatoria implica la afectación de un derecho subjetivo, inclusive de orden y de naturaleza indiscutible, en el sentido de que el derecho a expropiar la propiedad, no puede ser motivo de discusión por parte del expropiado.

El Estado decide expropiar (es una potestad) con la declaración de utilidad pública de ese bien, lo cual implica el sometimiento y la sujeción total del propietario ante y frente a la susodicha atribución.

La jurisprudencia ha sido reiterada y constante en fundamento de lo expuesto. Una sentencia de la extinta Corte Suprema de Justicia en su Sala Político Administrativa (30 de junio de 1990), lo expresó muy categóricamente al señalar que: *"No puede ser motivo de la contestación a la solicitud de expropiación ni de oposición, los alegatos de los interesados sobre los derechos de propiedad de los inmuebles cuya expropiación se ha demandado"*.

Luego tal criterio fue acogido en una posterior sentencia del 22 de marzo de 1995 de la misma Sala Político Administrativa:

"En este sentido debe señalarse que en los juicios de expropiación, el acceso del legitimado pasivo al debate judicial se circunscribe a la legitimación de la legalidad de la expropiación, la determinación de la indemnización y eventualmente puede impugnarse la individualización y determinación del bien a expropiar, si se tratare de expropiación genérica. No forma parte de su objeto dilucidar el problema relativo a la titularidad de los derechos sobre el bien expropiado. A tal efecto, el artículo 45 de la Ley de Expropiación por Causa de Utilidad Pública o Social faculta a todo aquel que se creyere con derecho y acompañe prueba fehaciente de su pretensión para oponerse a la entrega del precio de la indemnización y a solicitar su depósito, y si ello es acordado, podrá en juicio separado dilucidar el cobro de la misma".

---

lomón de Padrón en el Libro "El Derecho Administrativo Venezolano en los umbrales del siglo XXI". Libro homenaje a Eloy Lares Martínez. Dice la autora: "La evolución reseñada conduce a sostener que la potestad expropiadora es una potestad pública atribuible en principio a la Administración, pero en cuyo ejercicio intervienen tanto el poder Legislativo como el Poder Judicial, a través del cual se priva al titular de la propiedad de un derecho, a si como cualquier otra situación patrimonial, mediante el pago de una justa indemnización, por razones de utilidad pública o social" Pág. 367.

Posteriormente en fecha 21 de diciembre del 2000, mediante la sentencia N° 1745, con ponencia del Magistrado Perkins Rocha Contreras, la Corte Primera de lo Contencioso Administrativo, acoge y ratifica una vez más, la doctrina expuesta anteriormente en el sentido de rechazar la discusión sobre la titularidad de los derechos sobre el bien expropiado.

Existen igualmente, actuaciones ablatorias de la Administración cuando imponen la entrega de propiedades como contribuciones diversas. En tal sentido, muchas ordenanzas municipales obligan a los adquirientes, a contribuir en un diez por ciento del bien adquirido del municipio para una obra pública determinada, lo que indica una transferencia coactiva no expropiatoria, y lo que se intuye como un deber de no indemnizar tal traslado del bien afectado.

No puede dejarse de lado, que la expropiación como potestad ablatoria supone en todo caso, una indemnización del bien afectado por el acto ablatorio, salvo que sea una confiscación del bien, lo cual es una modalidad utilizada por la Administración del Estado cuando existe ilicitud o ilegalidad en la adquisición del bien por parte del particular.

A nuestro juicio, cualquiera sea la naturaleza de la extinción del derecho subjetivo, la misma constituye una potestad ablatoria de la Administración, por ejemplo, las suspensiones o revocatorias de licencias constituyen síntomas de verdaderas potestades ablatorias. Sobre todo es factible, que se pueda revocar un acto administrativo cuyo derecho o interés haya sido acordado por medio de un acto nulo, y dichas revocaciones imposibilitan al titular de ejercer plenamente el derecho anteriormente obtenido.

Nos explicamos, la Ley de Transito y Transporte Terrestre es paradigmática a los presentes efectos, lo dice con clara vehemencia en su artículo 70 cuando establece:

"Las licencias y los títulos de conducir podrán ser suspendidos, anulados o revocados por la autoridad administrativa competente, que la haya expedido o el ente jurisdiccional competente por las causas previstas en esta Ley. Serán anuladas cuando hayan sido otorgadas mediante un acto viciado en razón de defectos de forma esenciales a su validez, o por falta de los requisitos de fondo.

Serán revocadas cuando sobrevenga impedimento que incapacite física, mental o legalmente a su titular para conducir vehículos, y cualquiera otra prevista en el capítulo correspondiente a las sanciones administrativas, y serán suspendidas en los casos previstos en esta Ley".

La suspensión de la licencia de conducir de conformidad con el artículo citado, incapacita al conductor para conducir durante el lapso de la sanción. La anulación y la revocatoria producirán la extinción de la licencia y el conductor no podrá seguir condiciendo vehículos de la clase para la cual había sido otorgada. Las revocaciones de derechos y las anulaciones son potestades ablatorias

D.   *Incidencias referidas a las prestaciones forzosas*

Las prestaciones forzosas nos indican un cuarto tipo de incidencia administrativa de gravamen, sobre la esfera jurídica de los administrados. La doctrina las divide en dos clases. Las imposiciones forzosas personales y las imposiciones forzosas reales, es decir, la prestación consiste en un servicio personal o en la entrega de una cosa determinada.

Las prestaciones forzosas son un cuarto grado de incidencia en el sentido de que la misma afecta la esfera personal del ciudadano en su aspecto fáctico, de hecho, inmediato, y personal. Bajo esta premisa, las prestaciones forzosas son obligaciones de hacer en su mayoría, destinadas a modificar una situación de hecho en el sujeto destinatario de la pretensión administrativa.

Dentro de las *prestaciones personales*, las escogidas por la doctrina como ejemplo, se encuentran las ordenadas prestaciones de efectuar o realizar los servicios militares u obligaciones de hacer en beneficio de la patria, concretamente en lo que se refiere al servicio militar obligatorio, obligación de hacer prevista como un deber y materializado dicho deber en el texto de la Constitución de la República.

En efecto, el artículo 134 de la Constitución Bolivariana de Venezuela, reza:

"Toda persona de conformidad con la ley, tiene el deber de prestar los servicios civil o militar necesarios para la defensa, preservación y desarrollo del país, o para hacer frente a situaciones de calamidad pública. Nadie podrá ser sometido a reclutamiento forzoso. Toda persona tiene el deber de prestar servicios en las funciones electorales que les asignen de conformidad con la ley".

En general lo enunciado en la norma constitucional constituye un principio de sumisión en un Estado de Derecho, la sujeción como fenómeno típicamente jurídico constituye la base de las prestaciones forzosas y más aún su fundamento.

Las prestaciones son a su vez, civiles y militares, electoral, si tomamos en consideración el texto que señalamos anteriormente. Aún, la nueva Constitución impone una obligación de hacer a los profesionales por cuando estos tienen el deber de prestar servicios a la comunidad durante el tiempo, lugar y condiciones que determine la ley, tal cual lo establece la parte *infine* del artículo 135 de la Constitución.

En todo caso, la obligación forzosa constituye como observamos, un deber con rango constitucional, en la cual se habilita al Estado en el ejercicio de cualquiera de las funciones estatales, administrativa, judicial o legislativa, para hacer cumplir a los administrados sus resoluciones y dictados y cumplirse con sujeción a las normas jurídicas. Así lo consagrada la Constitución de la República Bolivariana de Venezuela en su artículo 131 cuando dice: *"...Toda persona tiene el deber de cumplir y acatar esta Constitución, las leyes, y demás actos que en ejercicio de sus funciones dicten los órganos del Poder Público..."*

En cuanto a las *prestaciones reales* constituyen la segunda clasificación de las prestaciones forzosas. Al igual que las personales, las mismas se encuentran instituidas en las mayorías de los textos constitucionales y por supuesto desarrolladas a lo largo de los ordenamientos jurídicos.

La Constitución de la Republica de Venezuela las normatiza en el concreto artículo 133 enunciando *"...que toda persona tiene el deber de coadyuvar a los gastos públicos mediante el pago de impuestos, tasas y contribuciones que establezca la ley..."* Es decir, constituyen obligaciones forzosas de carácter tributario. Y, luego existen las obligaciones reales de carácter no tributario constituidas en general por aquellas obligaciones de carácter no dinerarias, entrega de cosas o de bienes, etc.

En cuanto a las imposiciones de deberes, como quinto tipo de incidencias administrativas, la doctrina hace referencia a la potestad reglamentaria y en especial a las órdenes administrativas, como actos de efectos generales. La potestad reglamentaria de la Administración Pública -el reglamento- como acto normativo que es, puede incidir bien directamente cuando desarrolla casuísticamente el contenido de una norma jurídica. Son pues, los denominados reglamentos directos y que el administrado debe ejecutar basado en su propio contenido. Su aplicación es inmediata y directa. Y existen reglamentos, en el cual la Administración debe dictar un acto intermedio para su aplicación, un acto administrativo a los fines de su formal aplicación que condicione o no los derechos de los administrados. Aquí, la incidencia administrativa es en todo caso es mediata e indirecta.

E.   *Incidencias y órdenes*

Las órdenes por el contrario, son incidencias diferentes de imposición de deberes también limitativas de derechos. De acuerdo a la tesis de García De Enterría y Ramón Fernández las órdenes se configuraron al principio como manifestaciones típicas de policía general en el ámbito de orden público y a lo sumo de la actividad sanitaria.

Dicen que la orden:

"hace surgir en sus destinatarios un deber de obediencia de conformar la propia conducta a la directiva expresa en el acto de la Administración. Este deber de obediencia es inmediato, como beneficiario de la autotutela declarativa común a los actos de la Administración, pero aún goza de un plus de intensidad respecto a los actos administrativos de otro carácter, en cuanto la orden se aparece como el acto de autoridad por excelencia, cuya exigencia de cumplimiento se presenta como una particularización de la exigencia de funcionamiento del orden colectivo". (2004, pp. 114 ss.)

Las órdenes se distinguen entonces de los reglamentos, por cuanto las mismas se manifiestan de actos provenientes de autoridades administrativas. Se cumplen en forma inmediata en la esfera jurídica y directa del administrado destinatario, se materializan, y se extinguen como obligación para el administrado. En forma y manera contraria, el reglamento se cumple sobre la esfera jurídica del administrado, pero continúa como obligación impuesta y obligatoria a través del espacio y del tiempo. El ejemplo más típico es la orden de vacunación obligatoria.

Siguiendo la clasificación de los autores españoles para explicar las clases de órdenes. Se distinguen por su funcionalidad en: preventivas, directivas y represivas. Las primeras, son órdenes que afectan intereses privados y están destinadas a lograr el desarrollo de actividades de índole privada, condicionando su ejercicio con la finalidad de un objetivo de prevención, por ejemplo de evitar riesgos.

En general las órdenes de tipo preventiva se encuentran en muchas normas de actividad de policía de circulación de vehículo, tales como los límites impuestos a las velocidades de los vehículos, como el día de parada obligatoria, etc.

Las directivas, son decisiones administrativas u órdenes destinadas a imponer el deber de conformar una empresa en el determinado ejercicio de una actividad pretendida bajo ciertos patrones. Por ejemplo, en las leyes del trabajo abundan normas sanitarias, de limpieza y seguridad para sus trabajadores. Igualmente, una orden de limpieza de una empresa o industria para evitar plagas o enfermedades infecciosas. Son incidencias administrativas que condicionan el ejercicio de derechos en forma general y abstracta.

En lo que se refiere a las órdenes administrativas represivas, son las que pretenden la eliminación de una específica situación ilegal ya consumada. Caso típico, una orden de demolición de construcciones ilegales en las cuales el sujeto administrativo ha incumplido con los requisitos de ley para la construcción de la obra. Es evidente, la naturaleza administrativa de la decisión y su carácter ejecutorio de obligatorio cumplimiento. Una orden de clausura de un establecimiento comercial que no cumple con las normas sanitarias o una orden de disolución de una manifestación que no obtuvo el permiso de la autoridad administrativa.

El Decreto con Rango, Valor y Fuerza de la Ley Orgánica de la Administración Pública del 31 de julio de 2008, hace referencia a las instrucciones, órdenes y circulares y las preceptuar como una actividad por medio del cual la Administración Pública dirige las actividades de sus órganos jerárquicamente subordinados mediantes estas figuras organizativas (Artículo 42).

En general hay diferencias evidentes y claras entre los reglamentos y las ordenes, a pesar de que entre ellas coinciden fundamentalmente en su aspecto normativo, vale decir, de obligatorio cumplimiento por el destinatario y en todo caso, por la autoridad que las dicta. Todo reglamento tiene el carácter de generalidad. Consecuentemente un reglamento es destinado a que sea cumplido por un número indeterminado e indeterminable de personas, de allí la discusión doctrinaria acerca de la real naturaleza jurídica de si el mismo constituye o no un acto administrativo. Pero como bien expresa el Prof. Lares Martínez, no debe pensarse que todo acto administrativo general es un reglamento, pues existen actos administrativos no reglamentarios dirigidos a una pluralidad de personas. En interés de su concepto, son actos carentes de normas a pesar de su real carácter genérico. Las órdenes estarían pues dentro de esta ubicación, las mismas, se encuentran destinadas al cumplimiento de determinadas personas y no todas, lo que constituirían una manifestación administrativa no indeterminada pero de formal y obligatorio cumplimiento por parte de su destinatario. Inclusive, es factible interpretar que muchas órdenes son ejecución de reglamentos y nunca al contrario.

En el seno de la Administración Pública es posible encontrarnos con instrucciones de los Ministros constitutivos de órdenes de obligatorio cumplimiento. Pero, existen circulares o indicaciones que no producen en la esfera jurídica de los administrados y funcionarios verdaderos cambios en sus situaciones jurídicas, no existen incidencias pues, pero que en todo caso, podríamos confundirlas con las denominadas ordenes para los cuales su cumplimiento es por demás obligatorio y necesario.

La jurisprudencia francesa es prolija en estos temas. Una sentencia base, es la del 29 de junio de 1954, conocida como *Notre Dame Du Kreisker* del Consejo de Estado, ha indicado las diferencias fundamentales entre las circulares de servicio llamadas circulares internas y las denominadas circulares reglamentarias. Las diferencias se sitúan al conocimiento que de ellas tienen los jueces contenciosos administrativos y su revisión por el recurso por exceso de poder. Las primeras, estarían exentas de revisión judicial por cuanto constituyen instrucciones dirigidas por los Ministros a sus subordinados, exentas de revisión judicial y no dañan los derechos de los terceros. Es decir, de poca incidencia formal y material. Pero al lado de estas, se encuentran circulares que sí pueden eventualmente afectar los derechos de los administrados y entonces pueden impugnarse ante el contencioso administrativo. Como bien sabemos los Ministros generalmente tienen un poder reglamentario innato producto de la circunstancias de ser prestadores de los servicios públicos, basta como ejemplo, su configuración doctrinaria y jurisprudencial vertida a todo lo largo de la Arrêt Jamart (7 de febrero de 1936)[29].

También en el Consejo de Estado, los Ministros en consideración a ello, al poseer un determinado poder reglamentario, tienen en consecuencia un poder natural para imponer circulares y ordenes reglamentarias capaces de afectar los derechos de los administrados, lo que implica siempre la posibilidad que estas circulares pudieran ser impugnadas ante la jurisdicción administrativa y el juez conocerlas en toda su extensión. Verbigracia, serían circulares de servicios no susceptibles de incidencia grave aquellas dictadas por los Ministros o directores que recomiendan a los funcionarios un determina-

---

[29]   Disponible: http://www.lexinter.net/JPTXT2/arret_jamart.htm

do comportamiento, aquellas que recuerdan el cumplimiento de una obligación prevista en la ley, que les recuerda a los administrados el cumplimiento de una conducta ya impuesta anteriormente. En cambio, serían ejemplos de circulares cuyo contenido podrían ocasionar daños a los administrados, una circular administrativa que límite el derecho a huelga que posen los funcionarios públicos de acuerdo a la Constitución y la Ley. O aquella decisión constitutiva de una circular por medio del cual el Ministro interpreta el ejercicio de un derecho individual o colectivo.

En general, las circulares no constituyen reales fuentes de derecho, no solo porque generalmente no crean normas jurídicas, sino por cuanto las circulares o instrucciones de servicio no producen en la esfera jurídica de los administrados conflictos de derechos subjetivos proclives a producir daño.

Cuando los altos jerarcas de los misterios o de oficinas presidenciales pretenden ajustar los deberes y derechos de los administrados en ejecución de las leyes, el medio adecuado son los reglamentos y las circulares de servicio. En la actualidad y con la promulgación del Decreto con Rango, Valor y Fuerza de Ley Orgánica de la Administración Pública, se prevé la existencia de instrucciones y órdenes confiriendo facultades a los órganos de la Administración para que estos puedan dirigir las actividades de sus órganos jerárquicamente subordinados mediante instrucciones y ordenes. Cuando una disposición específica así lo establezca o se estime conveniente por razón de los destinatarios o de los efectos que pudieran producirse, las instrucciones y ordenes de servicios se publicarán en la gaceta oficial que corresponda (Artículo 42 Decreto con Rango, Valor y Fuerza de Ley Orgánica de la Administración Pública).

La Administración actúa principalmente para someter los derechos subjetivos de los administrados y lo hace en atención a las potestades que les confiere el propio ordenamiento jurídico, lo que implica, un poder atribuido para poder condicionar esos derechos. Veamos entonces su noción y sus características más importantes.

CAPÍTULO IV
LAS POTESTADES ADMINISTRATIVAS Y
LA EJECUCIÓN FORZOSA

I.   LAS POTESTADES ADMINISTRATIVAS. NOCIÓN

La Administración se expresa frente al ciudadano con prerrogativas de poder público, lo cual por cierto, la caracteriza frente a otras actividades del Estado, como una forma de satisfacer intereses colectivos. Pues bien, ¿qué son potestades administrativas y cuáles son sus características más resaltantes? Veamos.

Para afectar los derechos de los administrados, la Administración actúa conferida de determinados poderes jurídicos atribuidos que tienen como objeto fundamental la tutela y el ejercicio de esas facultades atribuidas. Resplandece pues en toda su extensión, el principio de la legalidad al cual nos hemos referido anteriormente ya en varias oportunidades.

Santi Romano, ha sido ciertamente quien ha aportado un estudio dialéctico y formal de la figura de la potestad como un poder jurídico otorgado a la Administración como facultad habilitadora o permisiva de su actuación. Hoy en día, el autor español Juan Miguel De La Cuétara la ha caracterizada de una manera excepcional, lo cual aquí en este trabajo nos acogemos plenamente a sus planteamientos y consideraciones.

Una potestad es un poder determinado, más no un derecho subjetivo, por cuanto las facultades atribuidas son diferentes y hasta opuestas en sus características esenciales. El derecho adquirido intersubjetivamente (ej: el derecho de propiedad) configura una adquisición producto de un acuerdo o de una convención. El derecho adquirido proviene de una manifestación voluntaria y contraída previamente, lo cual constituye ciertamente un poder destinado generalmente a ser impuesto a los demás, y como motivo de una satisfacción de carácter personal; el poder otorgado constituye un derecho subjetivo no una potestad determinada.

Como bien dicen Tomas Ramón Fernández y García de Enterría "la potestad no se genera en relaciones jurídicas alguna, ni en pactos, negocios jurídicos o actos o hechos singulares, sino que procede directamente del ordenamiento jurídico". Esta frase resume enteramente una noción de potestad administrativa derivada de nuestra apreciación y a la cual pretendemos caracterizar. Así, la potestad es una manifestación impuesta proveniente del exterior, ajena y hasta extraña si se quiere, no adquirida de un pacto intersubjetivo, es realmente incorrecto decir, por ejemplo, que tengo una potestad para resolver el contrato.

En segundo lugar, la potestad es un poder jurídico, esencialmente, lo cual excluye en todo caso, un poder de otra categoría distinta a la formalmente jurídica. De La Cuetara (1986, p. 40) lo dice con sabiduría "...*una potestad ha de consistir precisamente en un poder jurídico y no de ninguna otra clase*" y más adelante dice que: "*en el seno de toda comunidad han de coexistir distintos poderes y no todos ellos son precisamente jurídicos*".

Por ser jurídico este poder, produce como consecuencia que el mismo pueda trasladarse y modificar la esfera jurídica del administrado. Solo la esfera jurídica.

En tercer lugar, las potestades administrativas no influyen sobre un objeto determinado sino que su dictado es genérico y no particular. Como bien expresan los autores españoles citados: "No consiste en una pretensión particular, sino en la posibilidad abstracta de producir efectos jurídicos, de donde eventualmente pueden surgir, como una simple consecuencia de su ejercicio, relaciones jurídicas particulares" (García De Enterría y Ramón Fernández (2004, p. 371)

En cuarto lugar, las potestades administrativas implican frente a los administrados poderes atribuidos para ser obedecidos como una relación estrictamente de sujeción o de sometimiento independientemente del efecto que dicha sujeción produzca en su esfera jurídica, tanto en una actitud ventajosa o desventajosa o de gravamen. No existe en consecuencia frente al fenómeno de la potestad, un sujeto obligado sino una situación pasiva de inercia (expresión de Giannini[30]). El ejemplo más acabado lo constituyen las potestades expropiatorias y las reglamentarias. Las primeras constituyen potestades "poderes" atribuidos para condicionar y hasta extinguir el derecho de propiedad en forma genérica destinado a ser en consecuencia, cumplido por un propietario determinado en su sentido concreto.

---

[30] Abogado, docente y político italiano (Roma, 8/03/915 – Milano, 24/01/2000)

El Reglamento es un acto del Estado, de la Administración Pública, destinado a ser cumplido por un número indeterminado e indeterminable de personas, para concretizarlo posteriormente en un sujeto ya determinado a través de un acto público preestablecido. El reglamento es una potestad típicamente administrativa.

En quinto lugar, por ser las potestades poderes atribuidos, son indisponibles e intransferibles, lo cual conlleva necesariamente a que sean imprescriptibles e inalienables. Su indisponibilidad se ejemplifica por cuanto las mismas provienen realmente del ordenamiento jurídico positivo, de una ley o de una norma concreta. En principio, la competencia es indelegable, salvo que un ordenamiento por excepción prevea la posibilidad de delegación, en todo caso, la actuación administrativa que pretenda delegar el específico poder, deberá ciertamente sustentarlo jurídicamente a los fines de su justificación.

Por último, De La Cuetara expresa que las potestades implican la materialización de un poder que se traduce en el tiempo y de efectos indefinidos, en este sentido, sus efectos al ser indefinidos se reafirman con el transcurso del tiempo. Las potestades administrativas son entonces, poderes atribuidos por el ordenamiento jurídico positivo a la Administración cuya finalidad constituye el modificar situaciones jurídicas particulares con fines tuteladores y de aplicación directa e inmediata, independientemente de que los efectos sean favorables o desfavorables.

El ordenamiento jurídico le confiere a los poderes públicos, reales poderes para actuar esas potestades, lo cual conlleva necesariamente a que las mismas sean ejecutadas por los titulares de esos poderes sin previo aviso de los afectados. En lo que se refiere a la Administración para cumplir con las potestades, ésta tiene el privilegio de ejecutarlas aun sin el asentimiento del administrado. Es pues, una ejecución forzosa que el ordenamiento delega en la administración de manera legítima.

II. LAS EJECUCIONES FORZOSAS DE LAS OBLIGACIONES ADMINISTRATIVAS

Como indicamos, la Administración Pública posee el inmenso privilegio de hacer ejecutar sus propias decisiones administrativas. Privilegio es, por cuanto el acto dictado por ella, el acto administrativo, se presume legal y en consecuencia, no puede ni debe haber alguna resistencia por parte del destinatario del acto en la materialización y en la ejecución de su concreto y mandado contenido en el acto administrativo. La presunción de legitimidad a favor de la actuación de la administración, constituye ciertamente un principio general en la teoría general del Derecho Administrativo, tema harto estudiado por los administrativistas y destacado suficientemente en la formal jurisprudencia administrativa. Claro está, la Administración debe actuar su privilegio, en consideración a la estricta y concreta manifestación legal que la autorice y permita actuar en consecuencia.

Por otra parte, es necesario expresar en este punto, que el dogma de la presunción de la legalidad de los actos públicos, lo que denominamos su ejecución automática, ha variado sustancialmente, después de la entrada en vigencia de las nuevas constituciones latinoamericanas. Las dos últimas de Venezuela (1961 y la vigente 1999), consagran prácticamente la posibilidad de que no puedan ejecutarse actos administrativos por los funcionarios ni aun por los administrados, cuyo contenido se encuentran impregnados de vicios graves o de vicios de nulidad absoluta.

Así, el artículo 46[31] de la Constitución de la República de Venezuela, de 1961, consideraba nulos los actos que manifiestamente violaban garantías constitucionales y materializaba el mandato de que esos actos nulos de pleno derecho, no podían ser acatados ni por las autoridades ni por los administrados,

Como bien lo expresa Briceño León "...*en nuestro criterio es posible sostener que las autoridades públicas están autorizadas por la Constitución a no acatar actos que estimen transgreden derechos constitucionales que correspondan a los ciudadanos.*" (1998, p.311)

Así las cosas, un acto administrativo que viole un derecho constitucional puede ser desacatado por su destinatario, entre otras cosas, ya que al ser impregnado de violar un derecho constitucional contiene un vicio de nulidad absoluta y no produce eficacia en su ejecución, es pues, inejecutable e ineficaz. Ante esta situación, no es

---

[31] Artículo 46: "Todo acto del Poder Público que viole o menoscabe los derechos garantizados por esta Constitución es nulo, y los funcionarios y empleados públicos que lo ordenen o ejecuten incurren en responsabilidad penal, civil y administrativa, según los casos, sin que les sirvan de excusa órdenes superiores manifiestamente contrarias a la Constitución y a las leyes".

necesaria una declaración formal por parte de un juez que declare la nulidad del acto. El referido artículo Constitucional es meridianamente claro al declarar la nulidad absoluta de pleno derecho y el ordenar su no cumplimiento por violentar en toda su extensión un derecho constitucional.

El expresado principio lo consagra de igual forma la actual Constitución, cuando en su artículo 25 establece que *"Todo acto dictado en ejercicio del Poder público que viole o menoscabe los derechos garantizados por esta Constitución y la ley es nulo, y los funcionarios públicos y funcionarias públicas que lo ordenen o ejecuten incurren en responsabilidad penal, civil y administrativa, según los casos, sin que les sirvan de excusas órdenes superiores"*.

Frente a este criterio expuesto basado en un dogma constitucional, podemos expresar que el principio de la presunción de legalidad y de automática ejecución de los actos administrativos no es verdaderamente absoluto, por cuanto los actos que violen derechos constitucionales no producen ni eficacia ni efectos y el texto constitucional ordena su no cumplimiento. Inclusive, el criterio expuesto, ha sido acogido por el Decreto con Rango, Valor y Fuerza de la Ley Orgánica de la Administración Pública cuando hace referencia a dos importantes instituciones del Derecho Administrativo como lo son: la competencia y sus límites, y la regulación sostenida por la ley en lo que se refiere a la participación de la comunidad en los asuntos públicos.

En este orden de ideas, el artículo 26 *euisdem*, expresa:

"Toda competencia otorgada a los órganos y entes de la Administración Pública será de obligatorio cumplimiento y ejercida bajo las condiciones, límites y procedimientos establecidos legalmente: será irrenunciable, indelegable, improrrogable y no podrá ser relajada por conveniencia alguna, salvo los casos expresamente previstos en las leyes y demás actos normativos. Toda actividad realizada por un órgano manifiestamente incompetente o usurpada por quien carece de autoridad pública es nula y sus efectos se tendrán como inexistentes".

La Ley define entonces a la competencia, como una situación especial que compromete formalmente la actuación del órgano administrativo, tanto en su organización como en su funcionamiento, lo cual la define, como indelegable, improrrogable e irrenunciable. Cuando un órgano actúa sin la debida competencia indicada, sus actos son nulos de pleno derecho y carece de consecuencia jurídica, sus efectos son inexistentes. Situación que compagina severa y claramente con las condiciones de nulidad absoluta previstas en el artículo 19 de la Ley Orgánica de Procedimientos Administrativos. Igualmente, el artículo 140 de la ley in comento, hace referencia a la nulidad como consecuencia de la aprobación de normas no consultadas por los órganos de la Administración Pública. Resumiendo, los órganos de la Administración deben consultar a la sociedad civil u organizada (el artículo no lo dice expresamente) cuando pretendan dictar normas jurídicas. Sin la consulta correspondiente a la sociedad civil, las normas jurídicas dictadas serán nulas de pleno derecho.

El Principio de la Legalidad paradigma del Derecho Administrativo, emerge de esta manera como una condición pues, para que la Administración haga uso de sus poderes de imperio. Es a nuestro juicio, una excelente partida para indicar la complejidad y contradictorio de la propia noción del Derecho Administrativo y sus particularidades en relación a otras ciencias del Derecho Público.

El Derecho Administrativo nunca finalizará como ciencia ni como institución, entre otras cosas, por cuanto la noción misma se sitúa en dos polos de actuación. Por un lado, los privilegios de la Administración Pública y todo lo que su concepto implica (la ejecución forzosa y su ejecutividad), y por la otra, el derecho del administrado-ciudadano titular de derechos, que para su condicionamiento, es menester la autorización del legislador y la modificación tenga por consecuencia base y fundamento jurídico. Es el Derecho Administrativo, en esta fase, una contradicción, pero explicable que proviene hasta del concepto muy vinculado como lo son la libertad y la democracia.

Pues bien, los privilegios de la Administración, y por ser privilegios, constituyen principios que para su proyección en los ordenamientos jurídicos, la ley debe manifestarse en su real y concreta autorización, digamos formal. Auxiliando nuestro argumento, la ejecución forzosa, como una clásica manifestación de la coacción administrativa se encuentra en las bases de los ordenamientos jurídicos, más concretamente en los derechos positivos, de cara a cada uno de los sistemas jurídicos que lo encarnan y le dan vida.

Véase el caso del derecho positivo venezolano, en la cual, la ejecución forzosa de obligaciones administrativas, tiene su plaza importante y destacada en la Ley Orgánica de Procedimientos Administrativos.

Dice el artículo 79 de esta ley que: "… *La ejecución forzosa de los actos administrativos será realizada de oficio por la propia administración, salvo que por expresa disposición legal deba ser encomendada a la autoridad judicial"*.

Es decir, en nuestro sistema, la ejecución procede de oficio por la administración, en principio, y solo por vía de excepción procede por mandato judicial. Pero, en toda circunstancia, la autorización legal es necesaria para su materialización o cumplimiento. Así lo expresa contundentemente el artículo 78 cuando dice que: "*Ningún órgano de la Administración podrá realizar actos materiales que menoscaben o perturben el ejercicio de derechos de los particulares, sin que previamente haya sido dictada la decisión que sirva de fundamento a tales actos".*

La Ley de Régimen Jurídico de las Administraciones Públicas y del Procedimiento Administrativo Común Española[32], en su artículo 93 dice de manera más concreta e interesante, que: "*Las Administraciones Públicas no iniciarán ninguna actuación material de ejecución de resoluciones que limite derechos de los particulares sin que previamente haya sido adoptada la resolución que le sirva de fundamento jurídico"* . Ciertamente, lo que nos indica la ley es por un lado, la potestad de la administración de poder realizar una actuación material o de ejecución, esto inimaginable en el mundo del derecho privado. Sin embargo, dicha ejecución forzosa debe estar acompañada de una motivación a los fines de que el destinatario conozca el porqué de la ejecución forzosa.

Es la coacción administrativa pues, una manifestación unilateral de la Administración destinada a hacer ejecutar decisiones, materializar sus contenidos y deseos en contra o a favor de los administrados en atención al principio de la legalidad, cuya finalidad es favorecer los intereses colectivos.

Las coacciones administrativas las dividimos en tres. Las primeras, las ejecuciones forzosas, las segundas, las coacciones directas y en tercer lugar, las denominadas vías de hecho, estas últimas, manifestaciones ilegítimas e ilegales de la Administración del Estado.

---

[32]   Disponible: http://www.derecho.com/l/boe/ley-30-1992-regimen-juridico-administraciones-publicas-procedimiento-administrativo-comun/pag_4. html#C10

1.   *La ejecución forzosa*

Es una manifestación de la coacción administrativa, en la cual la Administración hace práctico el contenido de su decisión. Ahora, el hacer práctico el contenido de su decisión, en el terreno de los hechos, implica, en todo caso, dos situaciones preliminares. En primer lugar, la constatación de que el destinatario del acto, o el administrado, ha demostrado en los hechos, una resistencia activa o pasiva frente al contenido de la decisión administrativa. Es decir, una negativa a cumplir por sus propios medios la decisión que contra él existe. Una vez la Administración constata la resistencia del administrado en la ejecución de la obligación administrativa impuesta, puede la autoridad administrativa proceder en la ejecución de la decisión.

Como bien expresan García De Enterría y Ramón Fernández, *"...la ejecución forzosa de un acto administrativo implica llevar a su aplicación práctica, en el terreno de los hechos, la declaración que en el mismo se contiene, no obstante la resistencia, pasiva o activa de la persona obligada a su cumplimiento."* (2004, p. 657).

Y, en segundo lugar, la ejecución forzosa de una obligación administrativa supone en cualquier circunstancia, el cumplimiento de requisitos formales legales, a los fines de que la ejecución pueda tener validez y eficacia.

La ejecución forzosa es una práctica administrativa, producto de una potestad de ejecución y de prerrogativa de la Administración Pública. En tal sentido, los supuestos anteriores deben ser de impretermitible concurrencia para que la ejecución pueda manifestarse en el mundo de los hechos, por ello, si las circunstancias anteriores no se constituyen, nace para los administrados el derecho de acudir a la respectiva jurisdicción y hacer valer su derecho a la no ejecución del acto.

En nuestro sistema de derecho positivo, solo si la ley lo expresa la Administración no ejecuta el acto administrativo. Es decir, la ejecución del acto es el principio, salvo la especial naturaleza de la propia decisión en la cual, no es posible su ejecución, como es el caso de aquellos actos administrativos cuyo efecto jurídico se consume con el contenido puramente declarativo del acto. Por ejemplo, el otorgamiento de una condecoración constituye un caso característico de esta afirmación.

O, cuando la obligación administrativa impuesta al obligado es personalísima de hacer, y ante tal situación es imposible su coacción por la administración. Solo en estos casos, se exceptúa la ejecución forzosa de obligaciones administrativas o en casos cuando la ley lo dice de manera expresa.

Atendiendo a lo expuesto, la ejecución de obligaciones administrativas, se imponen en un supuesto específicamente determinado, sólo si son verdaderas obligaciones de dar o hacer o no hacer, y, si se demuestra la resistencia del administrado en el cumplimiento y en el ejercicio de dichas obligaciones.

El poder de ejecución que tiene la Administración la autoriza por consecuencia, a condicionar los derechos subjetivos de los administrados en atención pues a la ley, lo que implica el cumplimiento de requisitos legales para su formal ejecución. Así, lo consagra el artículo 8 de la Ley Orgánica de Procedimientos Administrativos cuando dice que: "*...los actos administrativos que requieran ser cumplidos mediante actos de ejecución, deberán ser ejecutados por la Administración en el término establecido. A falta de este término, se ejecutarán inmediatamente...*"

Y, la Administración actúa, entre otras cosas, por cuanto el acto administrativo es un título de ejecución formal. Título que favorece al administrado y a la Administración en su ejecución.

La ejecución forzosa tiene en nuestro sistema jurídico dos modalidades, primeramente, cuando se trata de actos administrativos de ejecución indirecta, se procederá a su ejecución, bien por la propia Administración o por la persona que ésta designe a costa del obligado. (Artículo 80 numeral 1 de la LOPA), y cuando se trate de actos de mera ejecución personal y el obligado se resistiere a su cumplimiento, la Administración le impondrá multas sucesivas mientras se encuentre en estado de rebeldía. En consecuencia, con las multas impuestas la Administración no ejecuta la decisión, sino que la no ejecución del acto impone la necesidad de dictar un nuevo acto administrativo de sanción (Artículo 80 numeral 2 LOPA).

La ejecución forzosa de los actos administrativos tiene unos lineamientos generales importantes a los fines de su cabal comprensión. El acto administrativo es un verdadero título de ejecución, en tal sentido, la ejecución es consecuencia de la presunción *iuris tantun* de legalidad del acto mismo, que lo habilita para actuar y ejecutar.

El acto de la Administración debe establecer en concordancia una obligación específica para que el administrado cumpla, bien una obligación de hacer, dar, o no hacer, y del mismo modo, la Administración debe constatar la resistencia del administrado en la específica obligación ordenada del actuar administrativo. Solo así puede ejecutar aun de oficio por la Administración, la obligación desatendida.

Igualmente, la ejecución del acto, se encuentra en continuación inmediata con la respectiva acción del acto. Nos explicamos, la ejecución debe ser efectuada tal cual como fue dictada su obligación. La ejecución y su ejecución forzosa, debe ser materializada de la misma forma como fue lo indicado en el contenido del propio acto administrativo. Es decir, la ejecución forzosa se limita a cumplir y ejecutar lo mismo o lo idéntico que el acto ordena. Pongamos como ejemplo, una orden de demolición. Un acto administrativo dictado por una Ingeniería Municipal que ordena la demolición sobre obras construidas sin la autorización de la ley, si el destinatario del acto no cumple con la obligación de demolición, debe la Administración sustituirse en la obligación y demoler lo construido en forma ilegal. En este caso, la ejecución supone la materialización en los hechos de lo exactamente dictado en el acto administrativo. Por demás, es una garantía del administrado en su relación de sujeción con la Administración, y un evidente fundamento de actuación basado en el principio de la legalidad y de legitimidad.

Bajo este contexto, la Ley Orgánica de Procedimientos Administrativos, contempla el tema bajo dos formales premisas. Una, la denomina *ejecución indirecta*, y en tal sentido, dice que cuando se trate de actos susceptibles de ejecución indirecta con respecto al obligado, se procederá a la ejecución, bien por la Administración o por la persona que esta designe, a costa del obligado. (Artículo 80 numeral 1, LOPA), por ello, la Administración ejecuta, ella misma la obligación contraída. Así lo denomina el legislador. Dicha obligación debe ejecutarse pues en línea directa con lo decidido en el acto administrativo. La otra, *"cuando se trate de actos de ejecución personal y el obligado se resistiere a cumplirlos, se le impondrán multas sucesivas mientras permanezca en rebeldía y en el caso de que persista en el incumplimiento, será sancionado con nuevas multas"*. (Artículo 80 numeral 2 LOPA). De acuerdo con este articulado, el numeral 2, no es en línea directa con la ejecución del acto, el pago de la multa, es una nueva obligación y no se encuentra en línea directa con la obligación desatendida, sino que constituye una obligación nueva impuesta por la

Administración, que implica que el administrado puede intentar los recursos administrativos y jurisdiccionales que considere conveniente a los fines de revertir los efectos del acto.

Desde luego, la ejecución forzosa del acto administrativo no requiere la firmeza del acto. En este sentido, todo acto administrativo se presume legal, y por ello, debe ejecutarse aún de oficio, y a pesar, de haberse contra él impuesto todos los recursos administrativos o judiciales que permita la ley, esto no impide su propia ejecución (Artículo 87 de la LOPA).

Con la ejecución forzosa de los actos administrativos se pone de manifiesto el privilegio de la Administración del Estado en la prestación de los servicios públicos, y todo lo que la frase implica en la configuración del Derecho administrativo. El principio general y de acuerdo a las interpretaciones jurisprudenciales y extranjeras en Venezuela, son fundamentalmente que la ejecución procede por la propia Administración salvo que la ley indique la necesidad de agotar una vía judicial. Encontramos así, que la Sentencia de la Corte Suprema de Justicia en Sala Político-Administrativa de fecha 21/11/89, caso *Arnaldo Lovera*, ponencia de Luis Henrique Farías Mata, se estableció que:

"Las decisiones de la Dirección de Inquilinato del Ministerio de Fomento (así como las correlativas dictadas por los Consejos Municipales cuando actúan en materia inquilinaria) son actos administrativos. La decisión que autoriza el desalojo del inquilino de una vivienda constituye, en efecto, un acto administrativo de autorización, encaminado a suprimir los obstáculos jurídicos previamente impuestos por la Ley al libre ejercicio del derecho de propiedad del arrendador. Concretamente el acto autorizatorio es un acto constitutivo, entendiendo por tal, el que crea, modifica o extingue una situación jurídica. (...) Por estar dotado de ejecutoriedad, el acto administrativo adoptado en los términos expuestos, no requiere de homologación alguna por parte del Juez: la ejecución de dicha decisión opera por su propia virtualidad, y con los mismos efectos, para el caso, de una sentencia judicial (...)".

Igualmente, nos referimos a la sentencia de base y a las conclusiones de Romieu en el fallo dictado por el Tribunal de Conflictos en fecha 2 de diciembre de 1902 (T.C., 02 décembre 1902, Société immobilière de Saint Just) quien expresó lo siguiente:

En sus comentarios, el Comisario del Gobierno expresa:

"Considérant qu'il ne saurait appartenir à l'autorité judiciaire d'annuler les effets et d'empêcher l'exécution de ces actes administratifs ; que l'apposition des scellés, ordonnée comme suite et complément de l'évacuation forcée des locaux, et le maintien temporaire desdits scellés ne constituent pas un

acte de dépossession pouvant servir de base à une action devant l'autorité judiciaire. Que, par suite, la demande formée au nom de la société propriétaire de l'immeuble dont il s'agit tendant à obtenir la levée des scellés apposés pour assurer l'exécution des décret et arrêté précités ne pouvait être portée que devant la juridiction administrative, seule compétente pour apprécier la légalité des actes d'administration et pour connaître des mesures qui en sont la conséquence ; que, de ce qui précède, il résulte que la cour d'appel de Lyon, en se déclarant compétente, a violé le principe de la séparation des pouvoirs...".

Es decir, la ejecución de oficio en el sistema francés procede, si se dan las siguientes condiciones, cuando la ley lo autoriza en forma concreta y expresa, y cuando existe urgencia comprobada de la necesidad de la prestación del respectivo servicio público.

Recapitulando en el sentido expuesto, las ejecuciones forzosas provenientes de los actos de la Administración deben responder a ciertos principios, en lo que se refiere a la concreta ejecución de actos administrativos. En primer lugar, y siguiendo la doctrina española, Tomás Ramón Fernández, los medios que posee la Administración Pública para hacer ejecutar sus actos administrativos no son de elección libre, esto es, la Administración no puede escoger a su placer o arbitrio, el medio para lograr materializar el contenido del acto administrativo.

Los medios que la Ley Orgánica de Procedimientos Administrativos prevé, que hemos visto anteriormente, no pueden ser utilizados de acuerdo a una total discrecionalidad administrativa.

Todo depende de la naturaleza real y jurídica de la obligación que deba cumplirse, lo cual implica ciertamente, una relación de ejecución con el principio de la proporcionalidad y adecuación de los medios utilizados por los órganos de la Administración. Si el administrado observare el incumplimiento de tales principios por parte del ente que pretende la ejecución del acto, podrá denunciar tal arbitrariedad ante el órgano administrativo o judicial correspondiente.

En un mismo sentido, consideran que *"...no pueden utilizarse simultáneamente varios medios de ejecución a la vez contra el mismo obligado y por la misma obligación, sin perjuicio de que alguno de los medios pueda desembocar en otro, como ya hemos visto"* García de Enterría y Ramón Fernández (2004, p. 674).

En este sentido, la Administración Pública no puede hacer uso de varios medios o de manera simultánea de instrumentos de ejecución. Agreguemos, que tal conducta administrativa genera a favor del administrado ejecutado un derecho a la defensa frente a tal actitud. Así mismo, en todo medio de ejecución forzosa la intervención del ejecutado es esencial antes, en el momento y después, del propio acto de ejecución. El derecho a la defensa, es por demás fundamental, en esta específica ejecución del acto, ya que toda persona tiene derecho a ser defendida en todo estado y grado de la causa y del proceso. Esto es, tanto en las fases de preparación de los actos como en sus consecuentes fases ejecutivas.

En el derecho positivo venezolano, tal situación es consagrada en el artículo 49 de la Constitución. Verifica dicho artículo que *"el debido proceso se aplicará a todas las actuaciones judiciales y administrativas"* y que la defensa y la asistencia jurídica son derechos inviolables en todo estado y grado de la investigación y del proceso, *"toda persona se presume inocente mientras no se pruebe lo contrario"* y *"toda persona tiene derecho a ser oída en cualquier clase de proceso, con las debidas garantías y dentro del plazo razonablemente determinado"*.

2.   *Las coacciones directas*

Estas constituyen ciertamente obligaciones específicas de las coacciones administrativas. Analicemos sus características principales:

De acuerdo a la autoridad de Tomás Ramón Fernández, citando a Otto Mayer el supuesto específico de la coacción administrativa lanzada inmediatamente contra una situación de hecho contraria al orden, sin el intermedio de un acto administrativo previo, constituye el ejemplo de la denominada coacción administrativa directa o simplemente coacción directa.

Dice exactamente el citado autor español que;

"En todos los casos se intenta más que la ejecución forzosa de una obligación individual desatendida en un periodo de cumplimiento voluntario, la rectificación inmediata de una situación de hecho, normalmente colectiva, aunque también posiblemente individual, situación que es por sí misma, contraria al orden y que demanda para ello una reacción instantánea, que no permite el sistema normal de una decisión declarativa previa y de una opción de cumplimiento voluntario" García de Enterría y Ramón Fernández (2004, p. 663).

De lo anterior se desprende, las características de la coacción directa, como una manifestación de las coacciones administrativas. Digamos, que las coacciones directas son la especie de las genéricas coacciones administrativas. Son entonces, verdaderas decisiones administrativas, es decir, manifestaciones de voluntad de juicio y de conocimiento destinadas a modificar las esferas jurídicas de los administrados.

Por ser decisiones administrativas, las mismas suponen el correcto ejercicio de la potestad administrativa de sujeción y de control por parte de las autoridades, esto es, son verdaderas manifestaciones de voluntades administrativas.

También, por ser actuaciones administrativas, sobre ellas pesan los valores normativos que la autorizan para expresarse y materializarse frente a los individuos o destinatarios, en tal sentido, el principio de la legalidad cumple un rol importante en su actuación, producto de que la coacción directa que se manifiesta sin la autorización de un texto normativo constituye una simple ilegalidad o ilegitimidad o una vía de hecho.

Ahora, la coacción administrativa directa, no significa la ausencia de una motivación para actuar. Lo que entendemos es que la coacción directa supone, que la motivación para actuar, lo demuestra la propia situación de hecho, y que al mismo reverso invita y en consecuencia legitima la conducta administrativa. La peculiaridad de la coacción directa no radica, a decir de los autores citados, en que no la precede un acto administrativo previo, sino en la posición de ese acto que inevitablemente la precede y la ordena. Pues bien, la orden de ejecución se dicta sin un formal título previo e incumplido, la ejecución se materializa en hechos, que a su vez, constituyen los fundamentos motivadores del acto.

El ordenamiento jurídico está saturado de ejemplos de coacciones directas, tales como las actuaciones de la Administración para prestar servicios con ocasión de calamidades, incendios, manifestaciones públicas etc., en el sentido de que, las manifestaciones son reprimidas por las autoridades policiales al mismo momento en que ocurren y que justifican el empleo de la coacción directa.

Otto Mayer distingue tres tipos de coacciones administrativas, las primeras, son las denominadas actuaciones en consideración a las defensas administrativas, las segundas, el impedimento utilizado por la Administración con la finalidad de evitar hechos de carácter punible y en tercer lugar, las medidas dictadas en estados de necesidad.

Las primeras constituyen aquellas facultades que tiene la Administración para defenderse frente a las agresiones de los particulares. La coacción directa surge entonces, en toda su extensión, entre otras cosas, por la inmediatez de sus actuaciones. La Administración puede contrarrestar cualquier actuación que ponga en peligro su organización o simplemente que las actuaciones de los particulares introduzcan o modifiquen sustancialmente o peligrosamente las actividades normales de los órganos de la Administración.

Por otra parte, es necesario remarcar que las actuaciones de la Administración pueden ser ejecutadas, y aquí juega un papel importante el tema que referimos, en el sentido de que las actividades administrativas coactivas dependen, en gran variabilidad del objeto al cual se refiere la propia actividad ejecutiva. Nos explicamos, las invasiones de un terreno por ejemplo, propiedad de un particular, la Administración Pública actúa en atención a una permisión judicial o administrativa, pero en todo caso actúa un desalojo en atención a un apercibimiento de una autoridad, para eventualmente garantizar los derechos de las personas que pudieran verse afectados por las medidas coactivas. De lo contrario, existiría una violación a derechos subjetivos y una consecuente violación al principio de la legalidad.

Puede ocurrir, que la Administración se considere afectada frente a una intromisión en su posesión de un determinado bien inmueble. En este específico caso, puede hacer uso de la coacción directa, por cuanto la situación de hecho la "obliga" a actuar y retomar el bien sin necesidad o auxilio de un acto judicial. Es lo denominado por la doctrina, el principio de la autoprotección posesoria, y que Tomas Ramón Fernández hace alusión en su libro a un dictamen del Consejo de Estado Español del 14 de diciembre de 1949. En este preciso caso, se justifica y se materializa, en toda su noción, la coacción directa.

No es lo mismo ni se configura igual la coacción directa, cuando le corresponde a la Administración la recuperación de un bien de su propiedad, para la cual no puede hacer uso del medio estudiado, y para ello, para la recuperación de la propiedad por terceros, debe la Administración actuar de conformidad con un proceso judicial demandando previamente la reivindicación de la propiedad a través del procedimiento establecido en las normas del Código de Procedimiento Civil.

La ley en todo caso, autoriza a la Administración, para que pueda actuar en forma directa e inmediata cuando observare cualquier alteración que pueda poner en peligro las estructuras del Estado. Ocurre generalmente cuando el Estado declara el estado de emergencia e impone obligaciones a los ciudadanos con la finalidad de resguardar el orden público.

La Ley Orgánica de Seguridad de la Nación[33], en su artículo 56 expresa que, *"Cualquiera que organice, sostenga o instigue a la realización de actividades dentro de las zonas de seguridad, que estén dirigidas a perturbar o afectar la organización y funcionamiento de las instalaciones militares, de los servicios públicos, industrias y empresas básicas, o la vida económico social del país, será penado con prisión de cinco (5) a diez (10) años"*.

Aquí observamos de acuerdo a lo expuesto, un ejemplo de coacción directa aplicable al supuesto estudiado, cuando se establece que si alguien instiga paros o huelgas que perturben el funcionamiento de los servicios públicos, son hechos que justifican plenamente la coacción administrativa directa de la Administración Pública.

Las segundas, son aquellas coacciones administrativas, destinadas a repeler o a impedir la consumación de delitos o determinados hechos punibles. Es la clásica defensa del orden general, es la llamada actividad de policía tan característica del Derecho Administrativo alemán. En el campo de la policía y su administración, la misma tiene una específica función que buena parte del Derecho Administrativo le ha dado una plaza importante y de destacada significación. Por ejemplo, el artículo 46 de la Ley de Partidos Políticos, Reuniones Públicas, y Manifestaciones (*Gaceta Oficial* N° 27.620 de 16 de diciembre de 1964), en su artículo 46, dice que *"las autoridades procederán a disolver las aglomeraciones que traten de impedir el normal funcionamiento de las reuniones de los cuerpos deliberantes, políticos, judiciales o administrativos. Así como aquellas que traten de fomentar desordenes u obstaculizar el libre tránsito"*.

Y, el artículo 44 dice que *"las autoridades competentes deberán tomar todas las medidas preventivas tendientes a evitar las reuniones públicas y manifestaciones para las cuales no se haya hecho la debida participación o en contravención con la ley"*.

Es decir, una manifestación o reunión pública que se realice sin la debida aprobación administrativa, constituye una infracción que origina por parte de la Administración Pública el ejercicio de la actividad represiva y el uso de la fuerza. En todo caso, el uso de la coacción directa es una manifestación legítima de la actividad administrativa de coacción.

---

[33] Publicada en la *Gaceta Oficial* N° 37.594 de fecha 18 de diciembre de 2002.

En estos casos, generalmente la Administración Pública no actúa tanto en defensa de los derechos de los terceros, sino en defensa del orden general establecido, actuación que le compete en todo lugar a los órganos policiales y represivos. Esta actuación policial es perfectamente legítima por cuanto la policía, vale decir, la Administración actúa en beneficio del resguardo de las cosas públicas o de los bienes del Estado.

Las terceras, es decir las situaciones jurídicas derivadas del estado de necesidad como bien conocemos constituyen una institución propia del Derecho Penal, pero que sin embargo la misma ha pasado con ciertos matices al campo del Derecho Administrativo. Ocurre normalmente cuando las autoridades administrativas hacen uso de mecanismos jurídicos distintos a aquellos que por la ley preceptúan como los que deben ser utilizados. Es el caso del uso de una partida distinta para un determinado gasto público no autorizado por la ley. Aquí, la autoridad alega el uso de una partida diferente por razones de estado de necesidad, no obstante la jurisprudencia en estas situaciones, ha asumido una posición muy formal y ha negado la justificación referida por la autoridad por estado de necesidad.

Ahora, no toda actividad de coacción administrativa es legítima, es decir, tanto la ejecución forzosa de las obligaciones administrativas como las coacciones directas administrativas constituyen actividades legales y legítimas del actuar administrativo, en el sentido de que dichas manifestaciones deben estar en conformidad con los principios ordenados por las leyes. En otras palabras, sus actuaciones materializadas en hechos obedecen a normas jurídicas, y lo que es más, su vinculación con las leyes de sus conductas ordenadores garantizan por su parte, a los administrados la posibilidad real y concreta de instar a los órganos judiciales para que estos puedan, en base a un procedimiento restablecer las situaciones jurídicas infringidas y condenar a la Administración cuando las actividades administrativas se hagan en abierta contradicción con el ordenamiento jurídico. De aquí surge la idea dicha anteriormente, de que el principio de la legalidad es una barrera de contención contra las actuaciones administrativas.

Recapitulando las medidas de las coacciones administrativas directas actúan en consideración a situaciones pasajeras y provisorias y deben en consecuencia detenerse o cesar una vez, las situaciones fácticas han dejado de existir o materializarse tanto en el tiempo como en el espacio, hasta el extremo de que muchas coacciones administrativas directas hechas e indicadas por la Administración pueden generar, dependiendo de las circunstancias del caso, otorgar a favor de los administrados determinadas situaciones reparatorias e indemnizatorias.

Dentro de los principios dinámicos del Derecho administrativo en esta especial materia de las ejecuciones forzosa, debemos tomar en consideración que el ordenamiento jurídico le impone a la Administración Pública el mantenimiento de un real equilibrio a la hora de afectar los derechos de los administrados. Principios que se imponen, por cuanto el sacrificio del administrado debe estar en formal equilibro con el interés público, lo ideal es que exista ciertamente una compensación a favor de los administrados cuando estos deban ceder sus derechos en beneficio del interés colectivo.

Ciertamente el *"favor libertatis"* como se expreso supra, constituye un dogma de "derecho administrativo" caracterizado por el principio por medio del cual la administración en su actuar, debe afectar el derecho subjetivo lo menos posible, sin lograr el detrimento en contra del administrado y sin afectar el interés colectivo. Ahora, el favor *libertatis*, de acuerdo a sentencias recientes ha sido un principio que ha variado en relación a la conciliación de los derechos humanos y su preponderancia en el nuevo contexto constitucional venezolano.

Encontramos así, una sentencia dictada por la antigua Corte Primera de lo Contencioso Administrativo, de fecha 20 de diciembre de 2000 con ponencia del Magistrado Perkins Rocha Contreras, donde se vincula el principio de favor *libertatis* a los derechos constitucionales, derechos humanos, su sacrificio en contraste con el interés colectivo, que al fin y al cabo es la finalidad de la actuación de la Administración Pública.

Dice la citada sentencia:

"Este principio, llamado en doctrina administrativa como favor libertatis, ha producido un cambio radical en las situaciones derivadas de la relación básica del Derecho administrativo contemporáneo. El favor libertatis, implica que los derechos fundamentales deben interpretarse de la manera más amplia para que su contenido pueda ser realmente efectivo, lo que a su vez trae consecuencias prácticas en la actividad administrativa, ya que esta debe adaptarse y subsumirse a la primacía fundamental de los derechos humanos. Esto invierte también la presunción tradicional de sumisión del ciudadano como objeto del poder". "Esta primacía de los derechos humanos fundamentales, impone una exigencia rigurosa en las habilitaciones legales para entrar en el ámbito de la libertad. Las regulae agendi, o reglas que prescriben conductas que limitan la libertad de los ciudadanos, deben estar amparadas por habilitaciones legales explicitas, y, cuando los supuestos de hechos con-

tenidos en dichas habilitaciones, no se evidencien claramente en el plano real, serán totalmente contrario a derecho adecuar de los mismos, con los supuestos de hecho contenidos en la norma limitativa".

El principio expuesto en la sentencia constituye bajo esta perspectiva, un límite al uso de la coacción directa y a la ejecución forzosa de las actuaciones de la Administración Pública. Consideramos de igual forma, que su desconocimiento y su no utilización puede ser denunciado ante la jurisdicción contencioso administrativa de conformidad con el ordenamiento jurídico, lo cual constituye un dogma que la Administración debe respetar y al juez contencioso administrativo controlar.

Imaginemos, que cualquiera de las actuaciones anteriores se materializan sin ningún texto normativo autorizatorio, lo cual produce el condicionamiento de un derecho sin la debida sustentación o fundamentación jurídica. Estaríamos en presencia de una actuación ilegal o ilegítima u ordenadora de una acción en desconocimiento del orden jurídico. Esto se llama en términos generales, *vías de hecho o actuaciones administrativas materiales injustificadas*, que en la práctica no son más que actuaciones que desconocen en su totalidad el orden jurídico.

3.   *Las vías de hecho*

La vía de hecho administrativa es considerada una acción de carácter material de la Administración basada en una grave irregularidad, que afecta los derechos fundamentales de los administrados. Generalmente lesiona el derecho a la libertad, seguridad y a la propiedad. En presencia de una vía de hecho, de acuerdo a la doctrina francesa[34], constituye una irregularidad grave que desconoce la existencia del ordenamiento jurídico, es decir, no afecta la ley, sino que la desconoce en toda su extensión, y los tribunales de la jurisdicción ordinaria son los competentes para conocer de tal irregularidad.

En tal sentido a tenor de los autores citados, *"en presencia de una vía de hecho y por derogación de una cláusula general de competencia la jurisdicción ordinaria tiene competencia, no solo para reparar los daños causados por la administración, sino de la misma razón para tomar las medidas necesarias y hacer cesar el daño que produce dicha acción administrativa".*

---

[34]   Auby y Drago (1962, p. 551)

Es pues, una actuación material de la Administración sin fundamento legal alguno, lo cual desnaturaliza la acción y la irregularidad es cometida por el funcionario que la materializa. Por esta razón, consideramos que el sistema francés creador de la teoría, Competence Voie de fait. T.C. 8 avr. 1935, Action Francaise, Rec. 1226[35], sanciona esta concreta actuación en los tribunales de la jurisdicción ordinaria y no en los tribunales de la jurisdicción contenciosos administrativa, como ocurre por ejemplo en nuestro sistema de Derecho Positivo.

El ejemplo más ilustrativo de esta figura de nacimiento estrictamente jurisprudencial, lo encontramos pues en la famosa sentencia denominada Acción Francesa, dictada por el tribunal de conflictos de fecha 8 de abril de 1935, considerando que los elementos que determinan el raciocinio del tribunal son esenciales para entender la figura de la vía de hecho en un sistema de Derecho positivo. En efecto, se deduce de la sentencia lo siguiente.

En primer lugar, la vía de hecho constituye una institución de carácter jurisprudencial y es en sí misma, un atentado grave a la libertad de los ciudadanos en un Estado de Derecho. Igual se deduce que la misma constituye un atentado por la Administración a la propiedad y a la seguridad de los individuos.

En segundo lugar, la vía de hecho resulta de la ejecución de una medida tomada injustificadamente y cuya autoría aparece como manifiestamente incompetente la autoridad que la dicta y la ejecuta. En el caso de la sentencia Acción francesa, constituye la recogida de la colectividad de un periódico que la autoridad del prefecto no quería su circulación para evitar manifestaciones de orden público, debía justificar legalmente la toma del periódico para conceder legitimidad al acto de clausura indicado.

---

[35] La théorie de la voie de fait est remarquable en raison de ses conséquences, qui sont radicales. L'action de l'administration, qui s'est placée hors du droit, étant en quelque sorte dénaturée, il n'y a plus matière à en appeler à la séparation des fonctions administratives et judiciaires pour limiter la compétence de l'autorité judiciaire. Le juge judiciaire est ainsi investi d'une plénitude de juridiction : il a compétence tant pour constater la voie de fait, que pour enjoindre à l'administration d'y mettre fin et pour assurer, par l'allocation de dommages et intérêts, la réparation des préjudices qu'elle a causés. Le juge administratif, saisi d'une décision constitutive d'une voie de fait, ne pourra que constater celle-ci, en regardant la décision comme nulle et non avenue.

Más por decir, que la vía de hecho genera del mismo modo un acto ilegal de nulidad absoluta lo cual no debe producir ni eficacia ni efectividad.

En tercer lugar, la vía de hecho se configura cuando ocurren tres elementos importantes. Una ejecución material, en hechos, en acciones materiales, la sola declaración del acto no basta para configurar la vía de hecho, es necesaria pues una ejecución de carácter material por parte de los órganos administrativos. La ejecución debe ser igualmente irregular, es decir ilegal, contraria a derecho. Y, por ultimo puede ser una vía de hecho aun cuando el acto sea en su parte declarativa, conforme a derecho. El punto determinante se encuentra en la ejecución del acto administrativo.

La vía de hecho es competencia en el sistema francés, de la jurisdicción ordinaria, reconociéndose en todos sus aspectos. El juez debe admitir la irregularidad cometida por la autoridad administrativa, y debe dictar las medidas necesarias para hacer cesar la vía de hecho en contra de los derechos de los administrados. Puede incluso el juez ordinario, ordenar la reparación de los daños ocasionados por el actuar de la Administración. El tratamiento de la vía de hecho en el sistema francés, es muy particular y siempre se ha mantenido que los competentes para conocer de las vías de hecho son siempre los tribunales de la jurisdicción ordinaria (Sentencia del tribunal de conflictos de fecha 30 de junio de 1969 SCI. De Praillon).

Así pues, la vía de hecho se caracteriza, porque son actuaciones materiales de la Administración, es una actuación material efectuada por los órganos de la Administración. De allí su característica fundamental. Igualmente, dicha acción en hechos es en desconocimiento de las normas jurídicas. Es una actuación no solo ilegal sino ilegítima.

Sin embargo, no toda ilegalidad responde a una vía de hecho. En efecto, toda irregularidad en un acto administrativo no es suficiente para catalogarlo como una vía de hecho. Las ilegalidades simples, las violaciones a la ley, son evidentemente ilegalidades cometidas por actos administrativos que pueden justificar la anulación de los actos dictados en estas circunstancias. La vía de hecho exige o requiere una irregularidad tal y tan grave, que traspase la simple ilegalidad. Es más que una ilegalidad.

Por ejemplo, dentro de los casos de vías de hecho cabria la ejecución de un acto administrativo inexistente, su materialización constituye en puridad de concepto una vía de hecho. Puede ser también una vía de hecho, cuando la Administración ejecuta un acto en contradicción con lo ordenado en su parte dispositiva, dado que lo materializado es contrario a lo ordenado. Una actuación contraria al principio de la ejecución de lo motivado de manera diferente, es una violación constitutiva de una vía de hecho.

La vía de hecho de acuerdo a la doctrina del Derecho Administrativo, se encuentra estrechamente vinculada a aquella actuación de la Administración que atenta contra los derechos fundamentales. En dos casos, por demás muy estudiados por la doctrina francesa. Nos referimos, en primer lugar, a los atentados o condicionamientos a la libertad de los ciudadanos. Las libertades públicas. Libertades por supuestos garantizadas en las leyes, en las cuales emerge como medio de protección el habeas corpus, garantizado como un medio de acción en nuestro texto constitucional y a través del juez de la jurisdicción ordinaria penal. Y, se configura la vía de hecho igualmente, en aquellos casos de condicionamiento a la propiedad privada, cuando se condicionada su ejercicio sin justificación legal alguna.

Fíjese que, en el sistema francés, las consecuencias de la vía de hecho constituyen un desplazamiento en la jurisdicción ordinaria. No generalmente en el sistema venezolano. Sin embargo, existe algo digno de tomar en consideración, y es que si se estudia con detenimiento las bases de lo contencioso administrativo venezolano, existen casos en los cuales ciertos órganos judiciales, jueces de la jurisdicción ordinaria conocen de actos administrativos o de actuaciones de la Administración Pública. Son excepciones a la regla contenida en el artículo 257 de la Constitución de la República Bolivariana de Venezuela.

En Venezuela, con la adopción de la Constitución de 1999, ordena el propio texto que los atentados contra los derechos humanos y los delitos de lesa humanidad, sean los tribunales ordinarios los competentes para sancionar y restablecer los derechos lesionados.

El constituyente de 1999 acogió este criterio, extendiendo aún más, la doctrina francesa que se refiere solo a los derechos individuales, de la libertad, seguridad y la propiedad y a la protección exclusiva por los jueces de la jurisdicción ordinaria.

Ahora con el texto venezolano, se incluye como objeto de protección por los jueces de la jurisdicción ordinaria a los derechos humanos, lo cual implica una cantidad extendida de derechos del ciudadano.

El artículo 29 de la Constitución Bolivariana de Venezuela establece:

"El Estado estará obligado a investigar y sancionar legalmente los delitos contra los derechos humanos cometidos por sus autoridades. Las sanciones para sancionar los delitos de lesa humanidad, violaciones graves a los derechos humanos y los crímenes de guerra son imprescriptibles. Las violaciones de derechos humanos y los delitos de lesa humanidad serán investigados y juzgados por los tribunales ordinarios. Dichos delitos quedan excluidos de los beneficios que puedan conllevar su impunidad, incluidos el indulto y la amnistía". (Lo subrayado es nuestro).

Son pues, delitos o actuaciones cometidas por autoridades, así lo dice la norma, y se refiere a los derechos humanos, cuya sanción les corresponde exclusivamente a los jueces de la jurisdicción ordinaria.

Por otra parte, todo lo referido a partidas de nacimiento, partidas de defunción, etc. que tiene que ver con actos de carácter registral civil, el juez competente es el juez ordinario, y en lo que se refiere a la expropiación por causa de utilidad pública e interés social, los jueces competentes para conocer son los jueces de la jurisdicción ordinaria del lugar donde se encuentra situado el bien inmueble, de conformidad con la Ley de Expropiación de Utilidad Pública e Interés Social, salvo cuando es la República, y cuya competencia, se encuentra atribuida a la jurisdicción contencioso administrativa en la Ley Orgánica del Tribunal Supremo de Justicia y ahora en la novísima Ley Orgánica de la Jurisdicción Contencioso Administrativa (Artículos 23 numeral 9 y 24 numeral 6), concretamente en la antigua Corte Primera de lo Contencioso Administrativo y ahora en los Juzgados Nacionales de la jurisdicción contencioso administrativa.

En materia expropiatoria, lo reseñamos justamente con la ley de la materia. El artículo 18 dice que: *"De los juicios de expropiación por causa de utilidad pública conocerán los jueces que ejerzan la competencia en lo civil en Primera Instancia en el lugar de la jurisdicción del inmueble y de las apelaciones y recursos contra sus decisiones, conocerán en segunda instancia la Corte Suprema de Justicia..."*. Apreciación que hacemos por cuanto la idea francesa de que los atentados contra la propiedad los conoce la jurisdicción ordinaria, fue trasladada en parte a nuestro país, muy ejemplificado en materia expropiatoria y en materia de libertad personal con el instituto del *habeas corpus*.

Igualmente, la Ley de Expropiación por Causa de Utilidad Pública y Social, expresa la posibilidad de que un propietario haga uso de las acciones posesoria o petitorias que le corresponde, a fin de que se le mantenga en el uso de su propiedad, e igual forma las acciones reinvindicatorias que creyere conveniente para el restablecimiento de su derecho de propiedad. Así, lo dice expresamente el artículo 4 de la Ley cuando dice: *"Todo propietario a quien se prive del goce de su propiedad, sin llenar las formalidades de este Decreto, puede usar de todas las acciones posesorias o petitorias que le correspondan, a fin de que se le mantenga en uso y goce de su propiedad y debe ser indemnizado de los daños y perjuicios que le acarrea el acto ilegal"*.

Una acción administrativa que se produjere sin las formalidades del decreto expropiatorio constituye una vía de hecho, y de acuerdo a la norma procede la acción por parte del afectado-propietario y la consecuente reparación por ante el juez de la jurisdicción ordinaria.

Ahora, cuando en Venezuela ocurre una vía de hecho, generalmente los tribunales competentes son los tribunales de la jurisdicción contencioso administrativo, por cuanto, las actuaciones de la Administración poseen una tal variedad de situaciones que lesionan derechos, que normalmente producen consecuencias dañosas materiales en desmedro de los administrados, y de conformidad con el ordenamiento jurídico, los órganos de la administración pública, como personas jurídicas claro está, son demandados en la jurisdicción especial. La República, los Estados y los Municipios, órganos territoriales, son demandados en las jurisdicciones administrativas e igual ocurre, con los órganos descentralizados u órganos de carácter no territorial o institucional. A través del denominado recurso de la plena jurisdicción para ordenar la reparación de los daños ocurridos, y el restablecimiento de situaciones jurídicas, acciones previstas en el Código de Procedimiento Civil, Ley Orgánica del Tribunal Supremo de Justicia y en la Ley Orgánica de la Jurisdicción Contencioso Administrativa.

En general como anteriormente expresamos, el concepto de vía de hecho tiene su base en el Derecho Administrativo francés, y como dice Tomas Ramón Fernández, existe en consecuencia dos modalidades clásicas, una denominada falta de derecho y es cuando la Administración utiliza un poder que en realidad no tiene o carece, y la otra, cuando la Administración hace uso de su poder sin el procedimiento legalmente establecido por la norma atributiva de competencia, falta de procedimiento.

La vía de hecho significa esencialmente, todos aquellos supuestos en los cuales la Administración Pública, materializa su decir, sin haber adoptado anteriormente una concreta decisión que le sirva de base o de fundamento jurídico, en justos términos. Cuando se efectúa una actividad material con una irregularidad muy grave que atenta por ejemplo, un derecho de propiedad o una libertad pública. Bajo esta perspectiva, la vía de hecho, es una nulidad absoluta del acto administrativo, que no produce derechos subjetivos y la falta total de procedimiento invalida el acto y lo hace ineficaz de acuerdo al artículo 19 ordinal 4 de la Ley Orgánica de Procedimientos Administrativos.

Por demás está señalar, que la vía de hecho tiene un control jurisdiccional por parte de la jurisdicción contenciosa administrativa atribuido a la Sala Político Administrativa y a los Juzgados Nacionales de conformidad con la nueva ley Orgánica de la Jurisdicción Contencioso Administrativa (Artículos 23 numeral 4 y 24 numeral 4).

La actividad de la Administración Pública supone, no solo el ejercicio de una actividad unilateral, sino que la Administración actúa por impulso de los administrados, por esta razón se habla de la participación de los ciudadanos en el ejercicio de las funciones administrativas, lo cual incluye diferentes modalidades de actuación, y que la misma la consideramos como parte de la actuación administrativa del Estado.

CAPÍTULO V

LA LEY DE LA ADMINISTRACIÓN PÚBLICA Y LA PARTICIPACIÓN CIUDADANA EN LOS ASUNTOS PÚBLICOS

I.   LEY ORGÁNICA DE LA ADMINISTRACIÓN PÚBLICA

Llega a nuestras manos, la nueva Ley Orgánica de la Administración Pública, con una serie de innovaciones en materia de actividad administrativa y en participación ciudadana, entre otras cosas por cuanto la ley intenta, a veces en forma certera y otras no, adaptarse al nuevo régimen constitucional venezolano, producto de la promulgación de la Constitución de 1999.

La Constitución venezolana destaca dentro de sus principios, la posibilidad de participación del pueblo en las decisiones del Estado. Así lo expresa su artículo 6, cuando señala que el Gobierno es participativo, democrático, alternativo etc.

Se trata pues de expresar que la participación es un principio de orden constitucional que el Estado debe propiciar y los ciudadanos lo obtienen como un derecho humano de participación en las cuestiones que les atañen.

Existen diferentes y variados esquemas de participación de los ciudadanos en los asuntos públicos. Desde una participación de los administrados en los procedimientos administrativos, hasta la participación de los ciudadanos como colaboradores o participantes en la concreta gestión de los servicios públicos, de allí su importancia al ocupar una plaza dentro de las instituciones del Derecho Público y en especial del Derecho Administrativo. El pueblo participa en la gestión pública cuando se sitúa en la posición de poder legislativo, al hacer leyes y dictar reglamentos de carácter normativo, decretos etc. que ejemplifican su cualidad de soberano y que ostenta el pueblo como titular protagonista de la conducción del país. En este sentido, es clara la diferenciación en cuanto a la participación del pueblo en la conducción de las grandes políticas y la participación del pueblo en la estricta actividad referida a la función administrativa del Estado.

La participación del ciudadano en las funciones públicas se encuentra desarrollada en varias modalidades. Primeramente, constatamos la existencia de ciudadanos dentro de los modelos orgánicos y estructurales del funcionamiento de la propia Administración, para lo cual destacamos a los funcionarios públicos, aquí realmente no se puede señalar como participación por cuanto al existir una inserción total de la persona en la estructura administrativa, su inclusión deja de ser de colaboración o de participación y se convierte en Administración pura y simplemente. Esto es, el funcionario no es propiamente un colaborador del servicio, sino que es la administración del Estado quien está dentro de su persona.

Otro caso, es la modalidad de actuación del ciudadano cuando participa en corporaciones públicas. Como señala la doctrina la participación ciudadana en este tipo de entes es la participación de sus miembros en su organización y funcionamiento, ellos designan sus representantes, si es que no se actúa en democracia directa, para integrar los órganos corporativos propios. Intuimos que las corporaciones públicas como los colegios profesionales y las academias están muy vinculadas a esta forma de participación ciudadana en los asuntos públicos, situación normativa recogida en las leyes de ejercicio profesional.

Otra forma de vinculación participativa de los ciudadanos es la clásica formulación de origen contractual configurada a través de los contratos administrativos, la cual hemos hecho referencia y que serán estudiados en capítulo aparte.

Igualmente, la participación de los ciudadanos en la gestión pública desde su posición privada, al realizar actos y actividades de gestión pública bajo los esquemas de organización del Derecho Privado en sociedades comerciales y civiles.

En estos casos, ya la Ley Orgánica de la Administración Pública y la Ley Orgánica de la Jurisdicción Contencioso Administrativo las incluye dentro del Derecho Público, inclusive a sus fines contenciosos, al considerar que estas personas de derecho privado son entes de la administración descentralizada (Artículo 29 de la LOAP y art. 23 numeral 1 y art. 24 numeral 1 de la LOJCA).

Otra forma de participación es referida a las agrupaciones que conforman las juntas directivas, colegiadas en diferentes órganos de la Administración Pública, entre los cuales se encuentran por ejemplo las asociaciones civiles organizadas sindicatos de patronos, y de trabajadores en el seno de las juntas directivas de los institutos autónomos y empresas del Estado.

A los fines del presente trabajo, emprenderemos de seguidas, el estudio de dos importantes instituciones de la Ley de la Administración Pública, en lo que se refiere al ámbito de aplicación de la misma, y los principios más importantes, que a partir de su promulgación, guían la conducta de la Administración Pública Nacional sobre todo en lo relativo a la participación de los administrados en las gestiones de los servicios públicos. Nos referimos, a la Ley Orgánica de la Administración Pública como ley habilitante dictada por el ciudadano Presidente de la República con el Decreto N° 6.217 con Rango, Valor y Fuerza de Ley Orgánica de la Administración Pública en la *Gaceta Oficial* N° 5.890 de fecha 31 de julio de 2008.

Dice el artículo 1 de dicha ley, que el objeto como tal, constituye un parámetro de actuación cuyo significado primordial se limita fundamentalmente a varios aspectos a saber: primero, el establecer los principios, las bases y lineamientos que rigen la organización y el funcionamiento de la Administración Pública, para promover la participación popular y el control y seguimiento y evaluación de las políticas, planes y proyectos políticos, y establecer las normas básicas sobre los archivos y registros de la Administración pública, lo cual incluye, el ámbito de la Administración Pública centralizada así como de la Administración descentralizada.

En segundo lugar, regula la relación jurídica con las personas, sobre todo cuando de manera expresa dice que la Administración Pública está al servicio de las personas y su actuación estará dirigida a la atención de sus requerimientos y a la satisfacción de sus necesidades, brindando especial atención a las de carácter social gestión (Artículo 5). Entre ellas, fundamentalmente resolver sus asuntos, ser auxiliados en la redacción formal de sus documentos y recibir información por cualquier medio escrito (Artículo 6).

Presentar reclamaciones sobre el funcionamiento de la Administración y acceder fácilmente a las informaciones actualizadas sobre el esquema de la organización de sus órganos y entes diversos.

En tercer lugar, crear mecanismos jurídicos y materiales para promover la participación popular y el control sobre las políticas y resultados públicos, y por último, establecer las normas básicas sobre los archivos y registros públicos.

Realmente, los objetivos previstos en el artículo 1 de dicha Ley, son insuficientes, si analizamos con objetividad y extensión el texto de la ley, lo cual es mucho más extenso el objeto de la misma, por cuanto converge y se yuxtapone a la actual Ley Orgánica de Procedimientos Administrativos, derivando que la jurisprudencia y la doctrina administrativa, deban diferenciar objetiva y prontamente sus diferencias así como sus interrelaciones y semejanzas.

En cuanto al ámbito de aplicación de la Ley, su artículo 2, lo dice en forma clara y concisa. Sus disposiciones serán aplicables a la Administración Pública Nacional. Por Administración Pública Nacional entendemos, a la Administración Central y a la Descentralizada, lo cual incluye, tanto a los Ministerios[36], oficinas presidencia-

---

[36] De conformidad con lo expresado por el profesor Allan Brewer Carías al respecto dice: El Nacional domingo 16 de enero de 2005. A-18. *"...le correspondía al Congreso decidir si se creaba un nuevo ministerio, a través de la Ley Orgánica de la Administración Central..."; "...La Constitución que se aprobó en 1999 eliminó esa limitación que tenía el Gobierno y concedió al Presidente la potestad de organizar la administración pública central y ampliar o reducir los despachos ministeriales..."; "...en 2001 Chávez incluyó el Ministerio de Finanzas a la lista. Al año siguiente decretó la creación de otros despachos (el de Educación Superior, Agricultura y Cría y el de Comunicación e información) y eliminó el de la Secretaría que mantenía desde 1999. En 2004 el número de ministros del tren ejecutivo aumentó a 18, al incluir a los titulares de la Economía Popular y el de Alimentación..."; "...en el primer mes de este año, en el Consejo de Ministros participan 23 funcionarios, la cifra más alta de toda la historia venezolana...";*

les, e institutos autónomos, así como otros entes de la descentralización funcional, como los institutos autónomos sin personalidad jurídica, y los entes con autonomía funcional, incluidas las empresas públicas, las empresas del Estado y las sociedades civiles y fundaciones en forma organizativa de derecho privado aún cuando la República o cualquier ente público territorial tenga una participación civil o accionaria. Incluye también, a las organizaciones administrativas de los Estados, Distritos Metropolitanos y los Municipios. Sin embargo, señala la ley, que se podrá aplicar supletoriamente a los demás órganos del poder público, lo cual incluimos a la Fiscalía, la Contraloría, el Consejo Nacional Electoral así como la Defensoría del Pueblo.

En cuanto a los principios, la Ley hace una distinción articulada y programática en los siguientes aspectos:

Primeramente, los que denominamos principios de orden constitucional, de orden formal, de derechos de los ciudadanos, de publicación de sus actos, de responsabilidad patrimonial de la Administración pública y de eficacia y efectividad de sus actos y actuaciones, y en cuanto al principio de la competencia funcional y orgánica será tratada en el tema referido a las estructuras de la Administración Pública.

En cuanto a los principios de orden constitucional, el artículo 3 dice textualmente que:

"La Administración Pública tendrá como principal objetivo de su organización y funcionamiento dar eficacia a los principios, valores y normas consagrados en la Constitución de la República Bolivariana de Venezuela y, en especial, garantizar a todas las personas, el goce y ejercicio irrenunciable, indivisible e de los derechos humanos"

Esto es, garantizar el respeto a los derechos de los ciudadanos, lo cual constituye el principal fin de la Constitución de 1999.

El artículo 5 se concatena perfectamente con lo enunciado en el citado artículo 1 cuando expresa certeramente que:

"...Lo que estamos viendo en este momento es que el Gobierno crea ministerio por impulsos, cada vez que le da importancia a un determinado tema, y bajo ese criterio puede crear no 23, sino miles de ministerios..."; "...el gobierno de Chávez ha violado casi todos los principios que establece la Ley Orgánica de la Administración Pública vigente, que fue aprobada por este Gobierno en 2002."

*"La Administración Pública está al servicio de los particulares y en su ac-
tuación dará preferencia a la atención de los requerimientos de la población
y a la satisfacción de sus necesidades. La Administración pública debe asegurar a los particulares la efectividad de sus derechos cuando se relacione
con ella. Además, tendrá entre sus objetivos la continua mejora de los procedimientos, servicios y prestaciones públicas, de acuerdo con las políticas
fijadas y teniendo en cuenta los recursos disponibles, determinando al respecto las prestaciones que proporcionen los servicios de la Administración
Pública, sus contenidos y los correspondientes estándares de calidad"*.

Ratificamos una vez más, que el objetivo principal de la Ley es
la satisfacción de los intereses y derechos de los administrados, lo
cual no es realmente una ley que tiene por objetivo prioritario la
actividad administrativa como tal, sino la satisfacción de los intereses individuales y colectivos de los ciudadanos. Es en realidad una
ley pro ciudadana.

No olvidemos la tesis ya repetida de que el fin previsto en la
Constitución de 1999, lo constituye la satisfacción y el cuido de los
derechos humanos, estos objetivamente, pasan a ser la premisa mayor de la ecuación kelseniana de la creación del derecho por grados,
en el sentido de que los derechos humanos se encuentra en una situación de superioridad formal frente al Estado, lo cual éste debe
adaptar su conducta a la satisfacción de estos. Pues bien, la Administración Pública, su organización y en especial su funcionamiento
deben estar al servicio de los derechos de los ciudadanos, por esta
razón, entiéndase la redacción del artículo 1 *eiusdem* bajo esta premisa y como concepción esencial.

Consagra formalmente la Ley en su artículo 7, los derechos de
los particulares en sus relaciones con la Administración Pública y se
refiere a los derechos en sus relaciones reciprocas e íntimas con los
entes de la Administración Pública. En este sentido, la Ley discrimi-
na los derechos públicos subjetivos los cuales se encuentran a lo
largo de todo el ordenamiento jurídico, incluso aquellos que no se
encuentran normativizados en una norma concreta y formal, con
estos derechos que el legislador los preceptúa y materializa a lo largo del artículo 7.

Como primer derecho tenemos aquel por medio del cual los
particulares pueden conocer el estado de la tramitación de los procedimientos en los cuales tengan interés y a obtener sus copias correspondientes. Los particulares tienen el derecho de identificar a los
funcionarios que actúan a su servicio. Esto constituye un derecho
importante cuya finalidad es lograr matizar, hasta cierto punto el
anonimato administrativo y al contrario la personificación de sus
funcionarios.

Igualmente obtener las copias selladas de los documentos que presenten así como su devolución formal. Formular alegatos y presentar los documentos en los diversos procedimientos administrativos en los términos o lapsos previstos en la ley, principio que garantiza ciertamente el derecho a la defensa en cualquier estado y grado de la causa. El no presentar documentos que no sean exigidos por las normas aplicables a los procedimientos administrativos de que se trate. Obtener información y orientación a cerca de los requisitos jurídicos o técnicos que las normas impongan en cualquier proyecto o solicitud que se pretenda efectuar o realizar. Es un corolario del derecho de petición. Acuérdese que estamos analizando el Decreto de 2008, lo cual varía en determinados números o letras en la enunciación de los derechos reseñados aquí de manera numerada.

El acceso a los archivos y registros de los órganos de la Administración Pública, bajo las condiciones y requisitos exigidos en la leyes, o como dice el nuevo texto obtener información y orientación acerca de los requisitos jurídicos o técnicos que las disposiciones vigentes impongan los proyectos, actuaciones o solicitudes que se propongan realizar. Ser tratado con respeto y atención por las diversas autoridades funcionarios y funcionarias, los cuales están obligados por la ley a facilitar el ejercicio de los derechos consagrados en la Constitución y en las leyes. Aquí juega un papel fundamental el Defensor del Pueblo u Ombudsman creado en la Constitución de 1999. Ejercer, a su elección y sin que fuere obligatorio el agotamiento de la vía administrativa, los recursos administrativos o judiciales que fueren procedentes para la defensa de sus derechos e intereses frente a las actuaciones u omisiones de la Administración Pública de conformidad con la ley.

Este numeral está supeditado, en su vigencia, a la creación de la Ley Orgánica de la Jurisdicción Contenciosos Administrativa, por un tiempo que prevé la disposición transitoria de la Ley Orgánica de la Administración Pública, y por último, los demás derechos que tengan los particulares en sus relaciones con la Administración pública que establezcan la Constitución y las leyes de la República.

El artículo más importante es a nuestro juicio la idea de que los funcionarios y funcionarias de la Administración Pública están en la obligación de cumplir y hacer cumplir la Constitución de la República Bolivariana de Venezuela (Artículo 8), y son responsable de este incumplimiento de manera civil, penal, administrativa y disciplinariamente según los casos por sus omisiones o hechos cuando lo realicen en ejercicio de sus funciones propias de funcionarios al servicio del Estado.

En cuanto a los principios de orden formal, se enuncia el principio de la legalidad que lo consagra el artículo 4 de la ley, cuando dice que:

"La Administración Pública se organiza y actúa de conformidad con el principio de la legalidad, por el cual la asignación, distribución y ejercicio de sus competencias se sujeta a la Constitución de la República Bolivariana de Venezuela, a las leyes y a los actos administrativos de carácter normativos, dictados formal y previamente conforme a la ley, y los actos administrativos de carácter normativos dictados formal y previamente, conforme a la ley, en garantía y protección de las libertades públicas que consagra el régimen democrático, participativo y protagónico".

Preceptúa entonces, por un lado, el principio de la constitucionalidad y del mismo modo el principio de la legalidad de los actos administrativos. Principio fundamental que tiene por finalidad esencial la protección y garantía de las libertades públicas. Norma que consagra el Estado de Derecho, de vieja data y de consagraciones en anteriores constituciones. Ya la Constitución de 1961 había consagrado el principio de la legalidad en su artículo 117 cuando expresaba que *"...la Constitución y las leyes definen las atribuciones del poder público, y a ellas debe sujetarse su ejercicio."*

El artículo 10 de la Ley, formaliza el fin de la actividad administrativa, en este sentido, dice la ley que *"la actividad de la Administración Pública se desarrollará con base en los principios de economía, celeridad, simplicidad administrativa, eficacia, objetividad, imparcialidad, participación, proporcionalidad, uniformidad, transparencia, buena fe, paralelismo de las formas y responsabilidad en el ejercicio de la misma, con sometimiento pleno a la ley y al derecho, y con supresión de las formalidades no esenciales"*, lo cual materializa entre otras cosas el contenido del artículo 141 de la Constitución de Venezuela.

Y, para dar cumplimiento a los objetivos administrativos expresados los órganos administrativos deberán utilizar las nuevas tecnología que desarrolle la ciencia, *"tales como los medios electrónicos, informáticos y telemáticos, para su organización funcionamiento y relación con las personas".*

Más, en el artículo 12 obliga a que todas las resoluciones reglamentarias y actos administrativos de carácter general deban ser publicados en la *Gaceta Oficial de la República Bolivariana de Venezuela.*

El artículo 13 hace formal referencia al principio de la responsabilidad patrimonial de la Administración Pública, que constituye el desarrollo del principio constitucional consagrado en el artículo 140 de la Constitución de la República Bolivariana de Venezuela.

En la exposición de motivos de la Constitución, dice que *"en las disposiciones generales, se establece, bajo una perspectiva de derecho público moderna la obligación directa del Estado de responder patrimonialmente por los daños que sufran los particulares en cualquiera de sus bienes y derechos, siempre que la lesión sea imputable al funcionamiento normal o anormal, de los servicios públicos y por cualquiera actividades públicas, administrativas, judiciales, legislativas, ciudadanas o electorales, de los entes públicos o incluso de personas privadas en ejercicio de tales funciones"*.

Pues bien el artículo 140 de la Constitución, establece que *"El Estado responderá patrimonialmente por los daños que sufran los o las particulares en cualquiera de sus bienes y derechos, siempre que la lesión sea imputable al funcionamiento de la Administración pública"*.

La exposición de motivos ordena, la reparación por el ejercicio de las diversas funciones del Estado, Judicial, Legislativa y Administrativa, Electoral y Ciudadano, sin embargo, no ocurre la traducción del artículo 140, lo cual desarrolla o enuncia solamente la responsabilidad en el ejercicio de la función administrativa al expresar la frase *"siempre que la lesión sea imputable al funcionamiento de la Administración Pública"*. Tema que veremos más extensamente en próximos capítulos.

La Ley Orgánica de la Administración Pública en su artículo 13, consagra tanto la responsabilidad de los funcionarios como la responsabilidad de la Administración.

Dice la ley que:

"La Administración Pública será responsable ante las personas por la gestión de sus respectivos órganos, de conformidad con la Constitución de la República Bolivariana de Venezuela y la ley, sin perjuicio de la responsabilidad de cualquier índole que corresponda a las funcionarias o funcionarios por su actuación. La Administración pública responderá patrimonialmente por los daños que sufran las personas, siempre que la lesión sea imputable a su funcionamiento".

Y, en cuanto a la responsabilidad concreta de los funcionarios públicos, la Ley Orgánica de la Administración Pública hace una referencia muy formal a la violación de los derechos humanos, otorgándole las acciones a favor de los particulares cuando estos consideren violados sus derechos humanos. El artículo conmina a los ciudadanos en agotar las vías judiciales correspondientes, pero instando de la misma forma a acudir a la Fiscalía General de la República y a la Defensoría del Pueblo para que adopten las medidas que consideren pertinentes. La Fiscalía General de la República deberá intentar las acciones civiles, administrativas, penales y disciplinarias a que hubiere lugar.

Innovación importante del presente Decreto-Ley es la creación de las llamadas misiones previstas en el artículo 15 en su parte *in fine*, en el artículo referido al ejercicio de la potestad organizativa para lo cual nos pronunciaremos más adelante.

El artículo 18 de la Ley, hace referencia igualmente al *sometimiento* de la Administración Pública a los principios de políticas y de gestión administrativa, de estrategias y compromisos y planes de gestión pública, así como las actividades de control sobre las políticas del estado, del desempeño institucional así como de los resultados que se alcancen.

Existe, pues en la nueva ley, un principio de sometimiento por parte de la Administración a los planes estratégicos del poder político, innovador dentro del nuevo concepto de Administración del Estado, lo cual pensamos que la Administración no puede faltar al cumplimiento de las políticas pública e indicaría ciertamente su falta, una violación al principio consagrado en este artículo 18 de la Ley, denunciable en la jurisdicción contencioso administrativa, artículo muy vinculado a lo preceptuado en el artículo 19 de la misma ley, referido a la eficacia en la gestión pública.

Por su parte, el artículo 21 de la Ley hace referencia a la legalidad del presupuesto y de los recursos del Estado. Dice la norma que, el tamaño y la estructura organizativa de los órganos y entes de la Administración Pública, serán *proporcionales y consistentes* con los fines y propósitos que le han sido asignados, lo cual implica, ciertamente evitar la creación de burocracia o de cargos públicos, para los cuales no existe un presupuesto conforme a los planes económicos previstos formalmente[37].

La nueva Ley Orgánica de la Administración Pública, prevé la existencia de un conglomerado de diferentes competencias y delegaciones de poderes que se reflejan en la creación de las figuras de la

---

[37] Para una explicación completa y extensa del contenido léase: "Principios generales que rigen el comportamiento de la administración, de acuerdo con la Nueva Ley Orgánica de la Administración Pública". Gustavo Briceño Vivas. Separata de *Temas de Derecho Administrativo* Libro Homenaje a Gonzalo Pérez Luciani. Colección Libros Homenaje N° 7. Tribunal Supremo de Justicia. Caracas, Venezuela, 2002.

descentralización funcional y territorial, artículos 32 y 33 de dicha ley, así como la denominada delegación intersubjetiva e interorgánica que serán tratadas en la Parte II de este libro. Ahora, no deja de ser interesante que la participación de los ciudadanos en la gestión pública, haya sido conferida no solo en la Constitución sino en esta ley comentada y en la nueva Ley Orgánica de la Jurisdicción Contencioso Administrativo de reciente creación y promulgación (Artículo 7 numeral 4 de la LOJCA)

II. LA PARTICIPACIÓN DE LA COMUNIDAD EN LOS ASUNTOS PÚBLICOS

La Ley Orgánica de la Administración Pública trata un capítulo dedicado a la *participación social de la gestión pública*, institución que no es más que el desarrollo de la democracia participativa prevista en la nueva Constitución de la República Bolivariana de Venezuela.

El artículo 6 de la Constitución, prevé la participación de manera enfática y objetiva, como indicamos anteriormente, al declarar que *"El gobierno de la República Bolivariana de Venezuela y de las entidades políticas que la componen es y será siempre democrático, participativo, electivo, descentralizado, alternativo, responsable, pluralista y de mandatos revocables"*. Principio básico y fundamental también acogido en la exposición de motivos de la Ley, y materializada bajo normas jurídicas en el Título VI denominado "De la participación social de la gestión Pública" en los artículos 138 al 142 inclusive.

De manera programática haremos referencia a cuatro aspectos que consideramos fundamentales y que se encuentran explanados a lo largo de su articulado. En primer lugar, la promoción de la participación ciudadana en la gestión pública. En segundo lugar, el procedimiento para la participación. En tercer lugar, la nulidad de las decisiones por ausencia de consulta, y por último, el control y sus límites derivados de la potestad administrativa.

Es pues, para la Administración del Estado una obligación promover la participación ciudadana en los asuntos públicos, de allí la importancia de su consagración constitucional y legal.

De conformidad con el principio constitucional, los ciudadanos pueden dirigirse, como personas naturales o como grupos organizados e instar a los órganos de la Administración su interés en participar en los asuntos públicos que les incumbe, pudiendo en todo caso, presentar propuestas y formular opiniones sobre la gestión de los órganos y entes de la Administración Pública.

El mandato legal incluye la idea y el hecho de que la Administración debe tener un registro formal, que reseñe las comunidades organizadas y las organizaciones públicas no estatales interesadas o conocidas para esos fines.

Ahora bien, nos preguntamos de acuerdo a la Constitución y a la ley ¿Qué debemos entender por participación? ¿Cuál es el objeto de la participación? y ¿En qué pueden participar las comunidades?

Participación es la posibilidad real y autentica, de que la comunidad pueda libremente y sin presión alguna participar en los asuntos públicos. La participación constituye un término muy vinculado al cogobierno de los asuntos públicos, como sistema político y ha sido tratado por politólogos y juristas como un problema político. Señala Zampetti lo siguiente: *"No pretendo alargarme sobre estos planteamientos (se refiere al problema político de la participación) pero, cuando yo hablo de participación pretendo eludir a la revolución que se ha operado en el interior del hombre y a la llama que ha liberado al hombre y que podemos transformar en una prodigiosa energía renovadora y constructora. No hay modelo de vida, de sociedad y de Estado, en el cual inspirarse, sino que debemos construir este modelo desde dentro con la ayudad de todos, sin excluir a ninguno"* (1979, p. 211).

En este sentido, la expresión del político que expone con entera sabiduría y realidad, constituye el ejemplo viviente de lo que debe ser un proceso de participación social encausado a lograr los fines de una colectividad que pretende su propio gobierno. De allí la importancia del tema, y su vinculación con las instituciones previstas en las diferentes administraciones públicas.

En nuestro país, son variados los documentos y estudios relativos al problema de la participación como una instancia de orden político, objeto de severos y enconados esfuerzos para lograr su definición en los albores de la ciencia política.

Combellas (2001, pp. 33 ss.), politólogo y estudioso de la materia, expone las ideas sobre la participación de manera magistral, cuando afirma que:

"A mi entender el concepto de democracia participativa comprende las siguientes notas definitorias: en primer lugar, concibe al pueblo como un sujeto activo de la política, es decir los ciudadanos se hacen presentes, son pro-

tagonistas de la formación y ejecución de las políticas públicas: en segundo lugar, la democracia participativa implica un espíritu cívico, una base valorativa en la educación ciudadana, proclive a la participación. Esta nota definitoria constituye un presupuesto axiológico que positiviza en sus normas la Constitución: en tercer lugar, la democracia participativa supone la igualdad fundamental entre los hombres, dicho de otro modo, necesita de un piso mínimo común que permite a los seres humanos desplegarse libremente (el paso del reino de la pura necesidad al reino de la libertad), en las dimensiones política, social, económica y cultural de su entorno vital: y en cuarto lugar, por consiguiente la democracia participativa no es un concepto restringido y unidimensional, sino comprensivo y pluridimensional, totalizante, no-atomista ni reduccionista, pues abarca en una relación de permanente interdependencia, las diversas dimensiones del espacio público".

La participación es entonces, un sistema político y social sinónimo de democracia, y constituye un esfuerzo fundamental para que el poder, no sólo se limite a actuar en nombre del soberano, sino que al mismo tiempo se vincule con el pueblo para gestionar con él.

Las administraciones públicas constituyen bajo esta visión, un interlocutor válido, si se quiere que pueda motivar a la población para que intervenga o que al mínimo gestiones sus propias necesidades.

Pues bien, el legislador de fecha 31 de julio de 2008 hizo un esfuerzo en materializar la idea de participación vinculada con la Administración del Estado, pero de manera incorrecta a nuestro juicio una participación limitada a los asuntos públicos pero políticos y no de gestión administrativa. Entonces, la participación tiene como objetivo lograr que los ciudadanos gestionen en sus propios intereses, de conformidad con la ley, sus propias satisfacciones individuales, pero en virtud y en acompañamiento con los órganos de la Administración Pública.

Ahora bien ¿Cuál es la materia a gestionar por parte de los ciudadanos junto con el Poder? La materia tiene que ser aquella referida a los intereses colectivos o difusos, lo que implica en toda su extensión, la atribución administrativa dedicada a dictar normas jurídicas, es decir, leyes que afectan a un numero indeterminado e indeterminable de personas. En tanto y en cuanto las competencias administrativas sean o tengan como objetivo, dictar actos de efectos particulares o individuales, la participación es escasa por no decir imposible. Siendo el objeto de la participación en la gestión administrativa, la satisfacción de los intereses colectivos o generales solamente ella es factible dentro del campo específico de la actividad normativa de la Administración

Esta razón expuesta nos indica, que la norma de consulta a las comunidades de acuerdo a la ley orgánica, está indicada a normas y proyectos de leyes, para la prestación de los servicios públicos, en el ejercicio estricto de la función administrativa del Estado, y en el seno de la propia Administración, lo cual excluye la elaboración de normas por el Jefe de Estado en el ejercicio de la función legislativa. En este último caso, la consulta a las comunidades y sociedades se materializan por normas de carácter constitucional.

La Ley Orgánica de la Administración Pública, nos referimos al Decreto del año 2008, destaca dos formas de participación de organizaciones sociales con la Administración, en primer lugar, los denominados compromisos de gestión y en segundo lugar, las denominadas misiones (Artículo 131).

Los compromisos de gestión son, de acuerdo a la ley, convenios celebrados entre órganos superiores de dirección y órganos o entes de la Administración Pública entre sí, o celebrados entre aquellos y los Consejos comunales o las comunidades organizadas y organizaciones públicas no estatales, de ser el caso, mediante los cuales se establecen compromisos para la obtención de determinados resultados en los respectivos ámbitos y competencia, así como las condiciones para su cumplimiento, como contrapartida al monto de los recursos presupuestarios asignados. (Artículo 132 de la LOAP). Esto es, son especies de contratos entre las comunidades organizadas y los órganos de la Administración Pública, entre otras cosas. Debemos admitir la oscuridad de la ley en este aspecto, que es inexplicable un convenio o contrato entre órganos administrativos y las comunidades, dado que los primeros son simplemente instrumentos de actuación carentes de personalidad jurídica, para lo cual seguro estamos el legislador no tomó en consideración tal situación, y más cuando el artículo 134 *eiusdem* prácticamente instituye a las comunidades organizadas como entes contralores de la gestión de los órganos administrativos, como tendremos oportunidad de reseñar de manera más concreta en la parte segunda del presente libro.

El Titulo VI del Decreto con Rango, Valor y Fuerza de la Ley Orgánica de la Administración Pública hace referencia a la participación social en la gestión pública con una articulación corta pero significativa. El citado Decreto Ley, en virtud del mandato constitucional de la democracia protagónica y participativa alude a que los órganos de la Administración Pública promoverán la participación ciudadana en la gestión administrativa del Estado, en atención a la idea de materializar el principio ideal de que el ciudadano sea un co-administrador en la gestión de los servicios públicos. El Decreto Ley hace alusión a la posibilidad de que las comunidades organizadas promuevan instrumentos de contenido normativo, es decir de hacer reglamentos y leyes, a los fines de que puedan las comunidades participar en la elaboración de las políticas que consideren adecuadas a sus intereses.

Ciertamente, la participación de las comunidades en la elaboración de leyes y reglamentos, entre otras cosas, es una actividad indicada en el texto de la Constitución que expresa que cuando se realiza por parte de la Asamblea Nacional la elaboración de una ley de contenido orgánica debe ser oída la opinión de las comunidades organizadas. Esto es evidentemente un principio constitucional que la Ley Orgánica de la Administración Pública intenta desarrollar.

La consulta a los ciudadanos o ciudadanas en la elaboración de la ley es una obligación del Estado a través de la Asamblea Nacional, dice el artículo 211 que: *"La Asamblea Nacional o las Comisiones Permanentes, durante el procedimiento de discusión y aprobación de los proyectos de leyes consultarán a los otros órganos del Estado, a los ciudadanos o ciudadanas y a la sociedad organizada para oír su opinión sobre los mismos. Tendrán derecho de palabra en la discusión de las leyes los ministros o ministras como representantes del poder ejecutivo"*.

Pues bien, y para materializar dicho principio constitucional de participación, el Decreto Ley desarrolla formalmente el procedimiento en los artículos 138 al 142, determinando que los órganos o entes públicos cuando actúan en su rol de regulación sectorial, proponen a la comunidad alguna norma de carácter general o una situación legislativa de efectos generales que va a afectar sus derechos o intereses en su aplicación, deberán remitir el respectivo proyecto de resolución a las comunidades organizadas.

Dichas comunidades están constituidas de formas diferentes, pueden ser comunidades o asociaciones de vecinos, asociaciones no gubernamentales, federaciones, colegios profesionales, academias, asociaciones sin fines de lucro u otras debidamente inscritas en los registros de la Administración Pública.

En la comunicación que envía la Administración a la asociación -denominada oficio de remisión- deberá contener un lapso durante el cual se recibirán las opiniones y observaciones de las comunidades y cuyo lapso comenzará a correr ante los diez (10) días hábiles siguientes a la entrega del anteproyecto correspondiente.

El oficio de remisión deberá ser publicado en la prensa nacional y local por el órgano público correspondiente indicando la apertura del proceso de consulta y su duración. La Administración puede utilizar cualquier medio de publicación incluido internet. Pueden presentar observaciones y opiniones aun personas que no estén debidamente inscritas en el registro como comunidad organizada.

Una vez se recopilen y se acompañen formalmente las observaciones de las comunidades organizadas, el órgano o ente público fijará una fecha (la ley no dice cuando) para discutir las observaciones y planteamientos efectuados por los ciudadanos, lo cual deberán apoyar o desechar o reformar el proyecto presentado por los órganos de la Administración, que en todo caso, la opinión de la comunidad no es vinculante para la decisión definitiva que deberá tomar la Administración.

Pensamos que en este caso deberá existir un Reglamento de la Ley, que especifique el modo de proponer las consultas, los lapsos que se indicarán en las observaciones, las fechas de inicio, y sus lapsos de terminación del proceso de consulta.

En cuanto al problema de la nulidad absoluta que indica la ley en su artículo 140, por no realizarse la consulta a la comunidad organizada, en efecto, la ley sanciona la actuación de la Administración Pública cuando esta obvia el procedimiento previsto en la ley en su artículo 139. Ahora, debemos entender que la nulidad absoluta, no solo es por la no consulta a las comunidades organizadas que le corresponde a los órganos administrativos hacer, sino que pasarse por alto el procedimiento, implica ante todo, el desconocimiento de una norma jurídica en la cual el órgano administrativo debe ser consecuentemente sancionado con la nulidad de lo actuado por dictar una norma jurídica "sin la debida opinión de la comunidad organizada" tal como lo expresa categóricamente el enunciado del artículo 140 de la ley.

De acuerdo a la ley orgánica, para dictar, por parte de la Administración Pública una norma jurídica, una ley en sentido amplio, debe necesariamente hacer uso del procedimiento previsto en el artículo 139, lo que indica sin la menor duda, que el lapso de consulta es parte del procedimiento para dictar normas genéricas que de una u otra forma afecten los intereses y derechos de las comunidades organizadas. De allí, significa, la nulidad de la decisión normativa empleada y dictada por la administración sin cumplir con el procedimiento previsto en el artículo 139.

Por otra parte, el procedimiento de consulta puede ser desaplicado por el Presidente de la República, Gobernador o Alcalde en casos de emergencia manifiesta y por fuerza de la obligación del Estado en la seguridad y protección de la sociedad, lo cual entendemos que de la misma forma la excepción a la consulta podrá ser consultada a las comunidades organizadas.

En fin, el Decreto en su artículo 138, crea un mecanismo de control social destinado a verificar el cumplimiento por parte de la Administración del procedimiento de consulta indicado en la ley, que obliga a la Administración a mantener con rigurosidad un sistema formal que suministre a la población y a las colectividades la más amplia, oportuna y veraz información sobre sus actividades.

Nos referimos en esta oportunidad a las llamadas misiones previstas en el Decreto de Ley habilitante en su artículo 131, cuando señala que el Presidente o Presidenta de la República en Consejo de Ministros cuando circunstancias especiales lo ameriten, podrá crear misiones destinadas a atender a la satisfacción de las necesidades fundamentales y urgentes de la población, los cuales estarán bajo la rectoría de las políticas aprobadas conforme a la planificación centralizadas.

Realmente, no entendemos esta norma de la ley, en la creación de las llamadas misiones. En primer lugar, no puede existir una Administración Pública paralela a la Administración del Estado, esto crea confusión y conflicto social, por que se plantea la distribución de potestades administrativas que puedan generar obligaciones en los ciudadanos en el entendido de que una determinada comanditada no tiene potestad para sancionar o regular jurídicamente situaciones de los administrados y en segundo lugar, ninguna organización social que tenga como objetivo regular situaciones administrativas y o prestar servicios públicos debe estar sometida solo a la "la rectoría de las políticas aprobadas conforme a la planificación centralizada" lo que no es más que la función administrativa dictada solo por los órganos del poder ejecutivo obviando la ley.

La motiva de la Ley Orgánica nos reseña a las misiones como una novedad de participación, las cuales nacen como organismo de ejecución de políticas públicas, obteniendo niveles óptimos de cumplimiento de los programas y proyectos asignados, y se conciben dentro del proyecto como aquellas destinadas a atender a la satisfacción de las necesidades fundamentales y urgentes de la población, que pueden ser creadas por el Presidente de la República en Consejo de Ministros, cuando circunstancias especiales lo ameriten.

Observamos una interferencia unilateral del poder ejecutivo en la creación de esta figura que desnaturaliza la participación como norma de orden constitucional.

Otro aspecto a destacar referido a la nueva Ley Orgánica de la Jurisdicción Contencioso Administrativa en cuanto a la participación de las comunidades, la novísima ley (promulgada el 16 de junio de 2010), comporta un articulado especial en cuanto a los Consejos Comunales, y otras entidades o manifestaciones populares de planificación, control, ejecución de políticas y servicios públicos cuando actúen en función administrativa (artículo 7 numeral 4) son sujetas al control de la jurisdicción especial, y todo caso, cuando actúen en ejercicio de la función administrativa del Estado, en la prestación de los servicios públicos.

CONCLUSIONES

I.   La Administración Pública es aquella actividad del Estado, organizada y funcionalizada, sometida a un determinado orden jurídico, destinada en su conjunto a satisfacer intereses colectivos y difusos de los administrados, en consideración a la autoridad que ella ejerce, a la responsabilidad que supone su actuación, y a la eficacia en sus dictados y cuya finalidad esencial y su objetivo preciso es la satisfacción de los intereses colectivos.

II.   El ejercicio de la función administrativa es una actividad del Estado, destinada principalmente a satisfacer intereses colectivos, y organizada para atender al ciudadano en forma directa e inmediata, encuadrada en cualquiera de los poderes públicos, y cuya sustentación esencial, consiste en la posibilidad de condicionar los derechos de los administrados en virtud y autorización de la ley en forma expresa.

III.   El Acto administrativo es fundamentalmente un instrumento de actuación de la Administración Pública, formal, destinado a una satisfacción, por un lado del administrado, y por el otro, en finalidad del interés colectivo, satisface pues un deseo individual y colectivo, y por una autoridad pública o privada y permitida por el ordenamiento jurídico.

IV.   La obligación jurídico administrativa constituye una específica obligación jurídica, en la cual las personas que se vinculan son por un lado, la Administración del Estado, Administración Pública con prerrogativas de poder, y por la otra, el administrado titular de derechos subjetivos o de intereses. El vínculo que une estas personas, es un vínculo especial, la prestación de un servicio público, condicionado por el interés colectivo, con reglas especiales, emanadas del Derecho Administrativo, lo que implica una obligación especial bajo cánones diferentes a aquellas del Derecho Civil, que en todo caso, entre la Administración por un lado, y el administrado por la otra se obligan al cumplimiento de obligaciones de hacer, de no hacer y de dar.

V. Las incidencias administrativas, son manifestaciones de voluntad de juicio y de conocimiento, destinadas a incidir en las respectivas esferas jurídicas de los administrados, teniendo como base, un texto legal, y cuyas incidencias pueden ser favorables o desfavorables a los intereses de los administrados.

VI. Las incidencias favorables amplían y extienden los derechos subjetivos de los administrados, creando en su favor verdaderos títulos ejecutivos oponibles a terceros aún sin necesidad de acudir a las vías judiciales correspondientes.

VII. Las incidencias desfavorables constituyen verdaderos gravámenes en contra de los administrados. En tal sentido, constituyen ciertamente situaciones desventajosas, que limitan los derechos, condicionándolos, disminuyendo y hasta extinguiendo sus intereses. Condicionamiento que se realiza si la norma jurídica lo autoriza y lo encuadra.

VIII. La ejecución forzosa de la obligación administrativa, constituye una manifestación de las prerrogativas de la Administración Pública. Implica o supone, llevar a su aplicación fáctica, en la vida rea los hechos, una declaración que se dicta en el propio acto administrativo, a pesar, de la resistencia activa o pasiva que demuestre el destinatario del acto. Así, la ejecución forzosa de una obligación administrativa, conlleva a una actuación fáctica por parte de la Administración en consonancia con la ley.

IX. Las coacciones directas, son verdaderas manifestaciones administrativas, determinadas por una actuación en la cual, la ejecución de la obligación tiene su base en una situación de hecho inmediata y directa. Es decir, la coacción directa constituye una actuación administrativa que no la precede formalmente un acto dispositivo que ordene la actuación.

X.   Las vías de hecho son manifestaciones administrativas, actuaciones materiales que se realizan sin autorización legal, luego son ilegítimas y los administrados una vez condicionados sus derechos sin la autorización legal correspondiente, nace en ellos, el derecho de acudir a la vía judicial correspondiente para lograr del juez el restablecimiento de las situación jurídica subjetiva lesionada por el actuar administrativo.

XI.   La Ley Orgánica de la Administración Pública declara una serie de principios acogidos y en atención a la nueva Constitución de la República Bolivariana de Venezuela. Entre su articulado, a nuestro juicio más importante constituye la materialización del articulado que desarrolla la participación en el ejercicio de la función administrativa por parte de las comunidades organizadas. Entre ellas se crean una especie de organización denominada misiones, que con el solo dictado de mando directamente proveniente de los órganos del poder ejecutivo, pueden intercalarse dentro de las políticas propias de la Administración Pública para lo cual consideramos que la incorporación de las misiones son una especie de Administración Pública paralela que afecta de manera determinante el sano y efectivo ejercicio de la función administrativa del Estado.

SEGUNDA PARTE

LAS ESTRUCTURAS ADMINISTRATIVAS

La Administración Pública se encuentra a todo lo largo de la estructura general del Estado, si tomamos en consideración el concepto material para identificar la noción de función administrativa y de acto administrativo. Como observamos en la primera parte de este libro, la Administración del Estado constituye una expresión definida dentro de unos específicos cánones del Derecho Administrativo, suficientemente estudiado tanto en la doctrina como en la jurisprudencia.

Así las cosas, la Administración Pública se presta a ser entendida y comprendida, desde luego, dentro de una noción amplia, noción que abarca la configuración extendida del Estado en un único y exclusivo compromiso, cual es, el ejercicio de la función administrativa. Actividad del Estado que en términos generales, se caracteriza por la satisfacción de deseos e intereses colectivos en forma directa e inmediata. Apreciación doctrinal que la diferencia de las otras actividades del Estado, como la jurisdiccional y la normativa.

En esta oportunidad, nos corresponde desarrollar y analizar una visión más condicionada y concreta de la Administración Pública. Debemos pues, realizar y confeccionar un criterio distinto y no solamente material de su concepto, vinculada a la estructura como tal, esto es, a la Administración Pública entendida como una organización que funciona y que ocupa una plaza importante dentro de la estructura general del Estado.

El criterio orgánico aparece así, como un elemento importante en este tema, por cuanto son las estructuras del Derecho Administrativo -entre ellas la Administración- quienes son objeto promisorio de nuestro fin, analizando claro está, las estructuras formales (las instituciones), las cuales sirven de base para explicar el fenómeno de lo "administrativo" que deducimos diariamente de su estudio.

La Administración Pública es pues, un conjunto de órganos, de estructuras, de formas, de instituciones, en fin de organizaciones, que prestan unos servicios públicos determinados, ideados para tal fin, por disposición de las leyes en todos sus espacios, fundamentalmente de origen constitucional y legal. El Estado debe cumplir entonces con sus fines y cometidos, y para ello instrumentaliza su acción en atención a diversas figuras organizativas, tanto de Derecho Público como de Derecho Privado, y hace uso de esa facultad con la finalidad de prestar servicios a la comunidad y hacer más efectiva su realización.

Es una estructura organizativa compleja y dinámica, con y sin personalidad jurídica, con autonomía funcional o sin ella, materializadas en personas públicas y privadas, en fin, todo un controversial y atrayente mundo, en el cual la ley debe lograr condicionar su ejercicio con la finalidad de satisfacer los deseos colectivos, y todo lo que su noción implica en la ciencia formal y sustancial del Derecho Administrativo.

Veamos pues, cómo es la organización administrativa del Estado venezolano, cuáles son sus órganos más importantes, atendiendo principalmente a la estructura ordenada en la Constitución de la República Bolivariana de Venezuela y en otras leyes de la República. Cómo se organiza la estructura administrativa del Estado, en sus manifestaciones de Administración Central y Administración Descentralizada. Los institutos públicos, los institutos autónomos, las empresas del Estado, las sociedades asociaciones, y todas sus ramificaciones, así como ciertas empresas públicas, bajo la organización y las estructuras del Derecho Privado.

La Ley Orgánica de la Administración Pública aparece como un instrumento importante para la calificación de esta parte, por cuanto ella define y señala las competencias y atribuciones de la Administración Pública como desarrollo de los principios que a los efectos consagra la Constitución de la República Bolivariana de Venezuela.

CAPÍTULO I

LA ORGANIZACIÓN GENERAL DEL ESTADO

I. SU CONFIGURACIÓN

De conformidad con la Constitución de la República Bolivariana de Venezuela, la República de Venezuela (Artículo 4) es: "*Un Estado Federal descentralizado en los términos consagrados por esta Constitución, y se rige por los principios de integridad territorial, cooperación, solidaridad, concurrencia y corresponsabilidad*".

El constituyente de 1999, consagró en dicho artículo una forma de Estado en la cual el elemento descentralización cumple un objetivo programático y preciso a lo largo y extenso de toda la estructura general del Estado. Implica que la transferencia de poder hacia las comunidades organizadas y especialmente en la creación de entes con personalidad jurídica y organización propia, constituye un principio fundamental a tomar en consideración para el análisis de toda la estructura estatal.

Entonces, el Poder Público se divide, de conformidad con el texto constitucional en: un Poder Legislativo, Ejecutivo, Judicial, Ciudadano y Electoral. Es pues, una innovación político-jurídica importante -ideada por el Constituyente de 1999- por cuanto formalmente la existencia de tres poderes clásicos provenientes de las constituciones anteriores y que se instalaron en el mundo a partir de 1789, ha sido modificada por la inclusión de otros dos poderes, como lo son el Ciudadano y el Electoral. Estos dos últimos, en realidad, fueron desconcentraciones de los tres poderes tradicionales, para justificar ciertamente, entre otras razones, la existencia de una nueva institución denominada Defensoría del Pueblo, tradicionalmente conocida en la Europa de comienzos del siglo XX, como la figura del Ombudsman[1].

En todo caso, la estructura general del Estado Venezolano aparece dibujada en sus ancestros tradicionales, enmarcada en la división tradicional de los tres poderes clásicos, entre los cuales, el poder legislativo se encuentra diseñado y estructurado para legislar y controlar la actividad de los otros poderes del Estado. El poder legislativo se encuentra constituido por una Asamblea Nacional *"Integrada por diputados elegidos en cada entidad federal por votación universal, directa, personalizada y secreta con representación proporcional según su base poblacional"* (Artículo 186 de la Constitución).

---

[1]   "El Ombudsman o Defensor del Pueblo es una institución de origen nórdico-sueco de comienzos de este siglo. Toda una tradición histórica y social convergieron en una institución especial dedicada a solventar las relaciones entre Estado y el ciudadano. Por ello, y con razón se dice que, el Ombudsman aparece en el mundo del Estado y su contorno, como un mediador. Pero, ¿un mediador de qué? Un interlocutor que interviene para hacer comprender al Estado que su fuerza jurídica debe ser utilizada a favor de la justicia más que de la legalidad formal, y al ciudadano, en hacerle entender que como individuo no vive sólo y que frente a el estado tiene derechos y prerrogativas que reclamar". Briceño Vivas (1995, pp. 23 ss.).

A esta Asamblea Nacional, le corresponde fundamentalmente legislar en las materias de la competencia nacional y sobre el funcionamiento de las distintas ramas del Poder Nacional. Ejercer el control sobre el Gobierno y la Administración Pública, constituye una tarea fundamental, en fin, unas atribuciones y competencias distribuidas a lo largo del artículo 187 de la Constitución. Sigue pues, el Poder Legislativo encuadrado dentro de sus más importantes atribuciones clásicas, como son, por un lado, la legislación, y por la otra, la facultad de control sobre los órganos de la Administración Pública[2].

---

2   Artículo 186: "La Asamblea Nacional estará integrada por diputados y diputadas elegidos o elegidas en cada entidad federal por votación universal, directa, personalizada y secreta con representación proporcional, según una base poblacional del uno coma uno por ciento de la población total del país. Cada entidad federal elegirá, además, tres diputados o diputadas. Los pueblos indígenas de la República Bolivariana de Venezuela elegirán tres diputados o diputadas de acuerdo con lo establecido en la ley electoral, respetando sus tradiciones y costumbres. Cada diputado o diputada tendrá un suplente o una suplente, escogido o escogida en el mismo proceso".

Artículo 187: "Corresponde a la Asamblea Nacional: 1. Legislar en las materias de la competencia nacional y sobre el funcionamiento de las distintas ramas del Poder Nacional. 2. Proponer enmiendas y reformas a la Constitución, en los términos establecidos en esta Constitución. 3. Ejercer funciones de control sobre el Gobierno y la Administración Pública Nacional, en los términos consagrados en esta Constitución y la ley. Los elementos comprobatorios obtenidos en el ejercicio de esta función, tendrán valor probatorio, en las condiciones que la ley establezca. 4. Organizar y promover la participación ciudadana en los asuntos de su competencia. 5. Decretar amnistías. 6. Discutir y aprobar el presupuesto nacional y todo proyecto de ley concerniente al régimen tributario y al crédito público. 7. Autorizar los créditos adicionales al presupuesto. 8. Aprobar las líneas generales del plan de desarrollo económico y social de la Nación, que serán presentadas por el Ejecutivo Nacional en el transcurso del tercer trimestre del primer año de cada período constitucional. 9. Autorizar al Ejecutivo Nacional para celebrar contratos de interés nacional, en los casos establecidos en la ley. Autorizar los contratos de interés público nacional, estadal o municipal con Estados o entidades oficiales extranjeros o con sociedades no domiciliadas en Venezuela. 10. Dar voto de censura al Vicepresidente Ejecutivo o Vicepresidenta Ejecutiva y a los Ministros o Ministras. La moción de censura sólo podrá ser discutida dos días después de presentada a la Asamblea, la cual podrá decidir, por las tres quintas partes de los diputados o diputadas, que el voto de censura implica la destitución del Vicepresidente Ejecutivo o Vicepresidenta Ejecutiva o del Ministro o Ministra. 11. Autorizar el empleo

150

Aparece igualmente el Poder Ejecutivo, integrado por el Presidente de la República, el Vice-presidente, los Ministros y las oficinas presidenciales. El Presidente de la República es el Jefe del Estado (Artículo 226 de la Constitución) y Jefe del Gobierno, por cuanto dirige la acción de gobierno, sus atribuciones están delimitadas en el artículo 236, y comparte con el Consejo de Ministros la mayoría de sus atribuciones y competencias[3].

de misiones militares venezolanas en el exterior o extranjeras en el país. 12. Autorizar al Ejecutivo Nacional para enajenar bienes inmuebles del dominio privado de la Nación, con las excepciones que establezca la ley. 13. Autorizar a los funcionarios públicos o funcionarias públicas para aceptar cargos, honores o recompensas de gobiernos extranjeros. 14. Autorizar el nombramiento del Procurador o Procuradora General de la República y de los Jefes o Jefas de Misiones Diplomáticas Permanentes. 15. Acordar los honores del Panteón Nacional a venezolanos y venezolanas ilustres, que hayan prestado servicios eminentes a la República, después de transcurridos veinticinco años de su fallecimiento. Esta decisión podrá tomarse por recomendación del Presidente o Presidenta de la República, de las dos terceras partes de los Gobernadores o Gobernadoras de Estado o de los rectores o rectoras de las Universidades Nacionales en pleno. 16. Velar por los intereses y autonomía de los Estados. 17. Autorizar la salida del Presidente o Presidenta de la República del territorio nacional cuando su ausencia se prolongue por un lapso superior a cinco días consecutivos. 18. Aprobar por ley los tratados o convenios internacionales que celebre el Ejecutivo Nacional, salvo las excepciones consagradas en esta Constitución. 19. Dictar su reglamento y aplicar las sanciones que en él se establezcan. 20. Calificar a sus integrantes y conocer de su renuncia. La separación temporal de un diputado o diputada sólo podrá acordarse por el voto de las dos terceras partes de los diputados y las diputadas presentes. 21. Organizar su servicio de seguridad interna. 22. Acordar y ejecutar su presupuesto de gastos, tomando en cuenta las limitaciones financieras del país. 23. Ejecutar las resoluciones concernientes a su funcionamiento y organización administrativa. 24. Todas las demás que le señalen esta Constitución y las leyes".

3   Artículo 236: "Son atribuciones y obligaciones del Presidente o Presidenta de la República: 1. Cumplir y hacer cumplir esta Constitución y la ley. 2. Dirigir la acción del Gobierno. 3. Nombrar y remover el Vicepresidente Ejecutivo o Vicepresidenta Ejecutiva, nombrar y remover los Ministros o Ministras. 4. Dirigir las relaciones exteriores de la República y celebrar y ratificar los tratados, convenios o acuerdos internacionales. 5. Dirigir las Fuerza Armada Nacional en su carácter de Comandante en Jefe, ejercer la suprema autoridad jerárquica de ellas y fijar su contingente. 6. Ejercer el mando supremo de las Fuerza Armada Nacional, promover sus oficiales a partir del grado de coronel o coronela o capitán o capitana de navío, y nombrarlos para los cargos que les son privativos. 7. Declarar los estados de excepción y decretar la restricción de garantías en los casos previstos en

El Vicepresidente de la República es un órgano colaborador directo del Presidente, de carácter inmediato de la Presidencia de la República, en su condición de Jefe del Ejecutivo Nacional y sus atribuciones se encuentran reflejadas en el Artículo 239 de la Constitución[4].

---

esta Constitución. 8. Dictar, previa autorización por una ley habilitante, decretos con fuerza de ley. 9. Convocar a la Asamblea Nacional a sesiones extraordinarias. 10. Reglamentar total o parcialmente las leyes, sin alterar su espíritu, propósito y razón. 11. Administrar la Hacienda Pública Nacional. 12. Negociar los empréstitos nacionales. 13. Decretar créditos adicionales al Presupuesto, previa autorización de la Asamblea Nacional o de la Comisión Delegada. 14. Celebrar los contratos de interés nacional conforme a esta Constitución y la ley. 15. Designar, previa autorización de la Asamblea Nacional o de la Comisión Delegada, al Procurador o Procuradora General de la República y a los jefes o jefas de las misiones diplomáticas permanentes. 16. Nombrar y remover a aquellos funcionarios o aquellas funcionarias cuya designación le atribuyen esta Constitución y la ley. 17. Dirigir a la Asamblea Nacional, personalmente o por intermedio del Vicepresidente Ejecutivo o Vicepresidenta Ejecutiva, informes o mensajes especiales. 18. Formular el Plan Nacional de Desarrollo y dirigir su ejecución previa aprobación de la Asamblea Nacional. 19. Conceder indultos. 20. Fijar el número, organización y competencia de los ministerios y otros organismos de la Administración Pública Nacional, así como también la organización y funcionamiento del Consejo de Ministros, dentro de los principios y lineamientos señalados por la correspondiente ley orgánica. 21. Disolver la Asamblea Nacional en el supuesto establecido en esta Constitución. 22. Convocar referendos en los casos previstos en esta Constitución. 23. Convocar y presidir el Consejo de Defensa de la Nación. 24. Las demás que le señale esta Constitución y la ley. El Presidente o Presidenta de la República ejercerá en Consejo de Ministros las atribuciones señaladas en los numerales 7, 8, 9, 10, 12, 13, 14, 18, 20, 21, 22 y las que le atribuya la ley para ser ejercidas en igual forma. Los actos del Presidente o Presidenta de la República, con excepción de los señalados en los ordinales 3 y 5, serán refrendados para su validez por el Vicepresidente Ejecutivo o Vicepresidenta Ejecutiva y el Ministro o Ministra o Ministros o Ministras respectivos".

[4]   Artículo 238: "El Vicepresidente Ejecutivo o Vicepresidenta Ejecutiva es órgano directo y colaborador inmediato del Presidente o Presidenta de la República en su condición de Jefe del Ejecutivo Nacional. El Vicepresidente Ejecutivo o Vicepresidenta Ejecutiva reunirán las mismas condiciones exigidas para ser Presidente o Presidenta de la República, y no podrá tener ningún parentesco de consanguinidad ni de afinidad con éste".

Artículo 239. "Son atribuciones del Vicepresidente Ejecutivo o Vicepresidenta Ejecutiva: 1. Colaborar con el Presidente o Presidenta de la República en la dirección de la acción del Gobierno. 2. Coordinar la Adminis-

Luego, tenemos los Ministros y el Consejo de Ministros, los cuales son considerados órganos directos del Presidente y en reunión conjunta, se llaman Consejo de Ministros. Sus atribuciones y competencias se encuentran en las leyes especiales, principalmente en la Ley Orgánica de la Administración Pública, (artículos del 44 al 90 inclusive) ahora Decreto con Rango, Valor y Fuerza de Ley Orgánica de la Administración Pública de fecha 31 de julio de 2008 y otras leyes especiales[5].

Dentro del Poder Ejecutivo encontramos la figura de la Procuraduría General de la República, que es un órgano asesor jurídico del Gobierno Nacional, que defiende y representa judicial y extrajudicialmente los intereses patrimoniales de la República y puede ser consultada por otro organismo del Estado para la aprobación de los contratos de interés público nacional[6]. Su organización y funcionamiento lo determina el Decreto 6.286 con Rango Valor y Fuerza de Ley de Reforma Parcial del Decreto con Fuerza de Ley Orgánica de la Procuraduría General de la República, publicado en la *Gaceta Oficial Extraordinario* N° 5892 del 31 de julio de 2008.

---

tración Pública Nacional de conformidad con las instrucciones del Presidente o Presidenta de la República. 3. Proponer al Presidente o Presidenta de la República el nombramiento y la remoción de los Ministros. 4. Presidir, previa autorización del Presidente o Presidenta de la República, el Consejo de Ministros. 5. Coordinar las relaciones del Ejecutivo Nacional con la Asamblea Nacional. 6. Presidir el Consejo Federal de Gobierno. 7. Nombrar y remover, de conformidad con la ley, los funcionarios o funcionarias nacionales cuya designación no esté atribuida a otra autoridad. 8. Suplir las faltas temporales del Presidente o Presidenta de la República. 9. Ejercer las atribuciones que le delegue el Presidente o Presidenta de la República. 10. Las demás que le señalen esta Constitución y la ley".

[5]   Ley Orgánica de Administración Pública. Dada, firmada y sellada en el Palacio Federal Legislativo, sede de la Asamblea Nacional, en Caracas, a los dieciocho días del mes de septiembre de dos mil uno. Año 1191° de la Independencia y 142° de la Federación. 207 y 219. Ahora Ley Habilitante que crea a través del Presidente de la República el Decreto con Rango, Valor y Fuerza de Ley Orgánica de la Administración Pública, publicada en la *Gaceta Oficial* N° 5.890 de fecha 31 de julio de 2008.

[6]   Artículo 247: "La Procuraduría General de la República asesora, defiende y representa judicial y extrajudicialmente los intereses patrimoniales de la República, y será consultada para la aprobación de los contratos de interés público nacional. La ley orgánica determinará su organización, competencia y funcionamiento".

Tenemos igualmente un Consejo de Estado, considerado como un órgano superior de consulta formal del Gobierno y de la Administración Pública Nacional[7]. Igualmente existe un Consejo Federal de Gobierno encargado de planificar y coordinar las políticas en materia de descentralización y transferencia de competencias del Poder Nacional a los estados y municipios. Es un órgano colegiado integrado por el Vice-Presidente de la República, los ministros, los gobernadores y alcaldes y sendos representantes de la sociedad organizada[8].

Siguiendo con el Poder Nacional, existe un Poder Judicial cuya instancia superior lo constituye el Tribunal Supremo de Justicia y funciona en Sala Plena, y en las siguientes Salas: Constitucional, Político-Administrativa, Casación Penal, Casación Social y Electoral.

El artículo 253 de la Constitución expresa que la "*La potestad de administrar justicia emana de los ciudadanos o ciudadanas y se imparte en nombre de la República o por autoridad de la ley*".

---

[7] <u>Artículo 251</u>: "El Consejo de Estado es el órgano superior de consulta del Gobierno y la Administración Pública Nacional. Será de su competencia recomendar políticas de interés nacional en aquellos asuntos a los que el Presidente o Presidenta de la República reconozca de especial trascendencia y requiera su opinión. La ley respectiva determinará sus funciones y atribuciones".

[8] <u>Artículo 185</u>: "El Consejo Federal de Gobierno es el órgano encargado de la planificación y coordinación de políticas y acciones para el desarrollo del proceso de descentralización y transferencia de competencias del Poder Nacional a los Estados y Municipios. Estará presidido por el Vicepresidente Ejecutivo o Vicepresidenta Ejecutiva e integrado por los Ministros y Ministras, los Gobernadores y Gobernadoras, un Alcalde o Alcaldesa por cada Estado y representantes de la sociedad organizada, de acuerdo con la ley. El Consejo Federal de Gobierno contará con una Secretaría, integrada por el Vicepresidente Ejecutivo o Vicepresidenta Ejecutiva, dos Ministros o Ministras, tres Gobernadores o Gobernadoras y tres Alcaldes o Alcaldesas. Del Consejo Federal de Gobierno dependerá el Fondo de Compensación Interterritorial, destinado al financiamiento de inversiones públicas dirigidas a promover el desarrollo equilibrado de las regiones, la cooperación y complementación de las políticas e iniciativas de desarrollo de las distintas entidades públicas territoriales, y a apoyar especialmente la dotación de obras y servicios esenciales en las regiones y comunidades de menor desarrollo relativo. El Consejo Federal de Gobierno, con base en los desequilibrios regionales, discutirá y aprobará anualmente los recursos que se destinarán al Fondo de Compensación Interterritorial y las áreas de inversión prioritaria a las cuales se aplicarán dichos recursos".

Las atribuciones del Tribunal Supremo de Justicia se encuentran distribuidas a lo largo del artículo 266 de la Constitución y en otras leyes de la República[9].

Innovación de la Constitución de 1999, lo constituye la creación del Poder Ciudadano, integrado por la Fiscalía General de la República, la Contraloría General de la República y el Defensor del Pueblo[10].

---

[9]   Artículo 266: Son atribuciones del Tribunal Supremo de Justicia: 1. Ejercer la jurisdicción constitucional conforme al Título VIII de esta Constitución. 2. Declarar si hay o no mérito para el enjuiciamiento del Presidente o Presidenta de la República o quien haga sus veces, y en caso afirmativo, continuar conociendo de la causa previa autorización de la Asamblea Nacional, hasta sentencia definitiva. 3. Declarar si hay o no mérito para el enjuiciamiento del Vicepresidente o Vicepresidenta de la República, de los o las integrantes de la Asamblea Nacional o del propio Tribunal Supremo de Justicia, de los Ministros o Ministras, del Procurador o Procuradora General, del Fiscal o Fiscala General, del Contralor o Contralora General de la República, del Defensor o Defensora del Pueblo, los Gobernadores o Gobernadoras, oficiales u oficialas generales y almirantes de la Fuerza Armada Nacional y de los jefes o jefas de misiones diplomáticas de la República y, en caso afirmativo, remitir los autos al Fiscal o Fiscala General de la República o a quien haga sus veces, si fuere el caso; y si el delito fuere común, continuará conociendo de la causa hasta la sentencia definitiva. 4. Dirimir las controversias administrativas que se susciten entre la República, algún Estado, Municipio u otro ente público, cuando la otra parte sea alguna de esas mismas entidades, a menos que se trate de controversias entre Municipios de un mismo Estado, caso en el cual la ley podrá atribuir su conocimiento a otro tribunal. 5. Declarar la nulidad total o parcial de los reglamentos y demás actos administrativos generales o individuales del Ejecutivo Nacional, cuando sea procedente. 6. Conocer de los recursos de interpretación sobre el contenido y alcance de los textos legales, en los términos contemplados en la ley. 7. Decidir los conflictos de competencia entre tribunales, sean ordinarios o especiales, cuando no exista otro tribunal superior o común a ellos en el orden jerárquico. 8. Conocer del recurso de casación. 9. Las demás que le atribuya la ley. Las atribuciones señaladas en el numeral 1 serán ejercidas por la Sala Constitucional; las señaladas en los numerales 2 y 3, en Sala Plena; y las contenidas en los numerales 4 y 5 en Sala Político Administrativa. Las demás atribuciones serán ejercidas por las diversas Salas conforme a lo previsto por esta Constitución y la ley.

[10]   Artículos 273, 280, 284 y 289.

Luego, tenemos el Poder Electoral, que se ejerce por el Consejo Nacional Electoral y los otros órganos que determina el propio texto constitucional[11].

A nivel de los Estados, la Constitución de 1999 en su artículo 159 expresa que estos son entidades autónomas e iguales en lo político, con personalidad jurídica propia y quedan obligados a mantener la independencia, la soberanía y la integridad nacional y a cumplir y hacer cumplir la Constitución y las leyes de la República. Estructuralmente, cada Estado se conforma con un Gobernador, como autoridad ejecutiva y administrativa y un Consejo Legislativo quien le corresponde la función de legislar sobre las materias de su competencia así como sancionar la ley de presupuesto del Estado[12].

En cuanto a los Municipios, constituyen la unidad política primaria de la organización nacional, gozan de personalidad jurídica y autonomía propia dentro de los límites de la Constitución y de la ley. Su autonomía se extiende a la elección de sus propias autoridades, la gestión de las materias de su competencia y la creación y recaudación de sus propios ingresos. Y, las actuaciones del municipio en el ámbito de sus competencias se cumplirán incorporando la participación ciudadana al proceso de definición y ejecución de la gestión pública y en el control y evaluación de sus resultados en forma efectiva, eficiente y oportuna conforme a la ley. Sus competencias se encuentran definidas en el artículo 178 de la Constitución.

---

[11] Artículo 292.

[12] Artículo 161: "Los Gobernadores o Gobernadoras deben rendir anual y públicamente, cuenta de su gestión ante el Contralor o Contralora del Estado y deben presentar un informe de la misma ante el Consejo Legislativo y el Consejo de Planificación y Coordinación de Políticas Públicas".

Artículo 162: *"El Poder Legislativo se ejercerá en cada Estado por un Consejo Legislativo conformado por un número no mayor de quince ni menor de siete integrantes, quienes proporcionalmente representarán a la población del Estado y a los Municipios. El Consejo Legislativo tendrá las atribuciones siguientes: Legislar sobre las materias de la competencia estadal. Sancionar la Ley de Presupuesto del Estado. Las demás que le atribuya esta Constitución y la ley. Los requisitos para ser integrante del Consejo Legislativo, la obligación de rendición anual de cuentas y la inmunidad en su jurisdicción territorial, se regirán por las normas que esta Constitución establece para los diputados y diputadas a la Asamblea Nacional, en cuanto les sean aplicables. Los legisladores y legisladoras estadales serán elegidos o elegidas por un período de cuatro años pudiendo ser reelegidos o reelegidas solamente por dos períodos. La ley nacional regulará el régimen de la organización y el funcionamiento del Consejo Legislativo".*

La organización descrita en forma general, constituye la demarcación horizontal y formal del Poder Público, y son personas públicas de carácter territorial, es decir, poseen competencias universales, y en cada una de las personas públicas se ejercen numerosas potestades administrativas y legislativas delimitadas por diferentes textos normativos.

Las personas públicas no territoriales se ejemplifican con los denominados Institutos Públicos y Autónomos y otros entes, cuya existencia, creación y validez lo tipifica el artículo 142 de la Constitución de la República Bolivariana de Venezuela, y en forma expresa dice que los institutos autónomos solo podrán crearse por ley, y que tales instituciones así como los intereses públicos en corporaciones o entidades de cualquier naturaleza, estarán sujetos al control del Estado en la forma en que la ley establezca[13].

Todos los poderes públicos enunciados, tanto los territoriales como los no territoriales, tienen sus funciones propias, pero los órganos a los que incumbe su ejercicio colaborarán entre sí en la realización de los fines del Estado. Art. 136 de la Constitución.

En este sentido, existe toda una organización administrativa dilatada y extendida a lo largo de todos los poderes del Estado, por esta razón, el problema como estructura y funcionamiento es complejo, lo cual implica en consecuencia hacer referencia a varias administraciones públicas. Varias administraciones públicas, corresponde en toda su extensión a una concepción moderna del término escogido y estudiado. La doctrina administrativa venezolana se ha pronunciado acerca del término "administraciones públicas" en el sentido de acoger la noción en plural por cuanto el concepto alude a una mejor expresión, no sólo más extensiva como concepto formal, sino más acabada en cuanto a su realidad actual.

El profesor Peña Solís lo expresa muy nítidamente cuando dice:

"En suma, existirá una pluralidad de Administraciones públicas, la cual puede ser sistematizada así: La Administración pública se divide en Nacional, Estadal y Municipal, pero a su vez la Nacional se divide en central y descentralizada, e igualmente tanto la Estadal como la municipal admiten esa misma división. De modo pues que resulta correcto desde el punto de vista conceptual referirse a las administraciones públicas, y en realidad des-

---

[13] La Ley se refiere fundamentalmente aquella que crea y le da configuración jurídica al ente o instituto autónomo.

de el punto de vista tanto teórico como operativo, es la expresión que más se utiliza, e inclusive admite modalidades doctrinarias que exceden a la acotación basada en la vertebración territorial del Estado, las cuales encuentran su fundamento en el fin público que debe tutelar un conjunto de órganos del Estado (sanidad, deportes, tributos, etc.) y de esa mancera se suele hablar de Administración sanitaria, Administración deportiva, Administración tributaria, etc.". (2001, p. 551)

Existen pues, los tres poderes del Estado de manera tradicional (Nacional, Estadal y Municipal), con sus estructuras verticales, Ejecutivo, Legislativo y Judicial, Electoral y Ciudadano, además, toda una organización diríamos una sub-administración pública integrada por los institutos públicos o autónomos más una gran cantidad de personas de derecho privado que persiguen fines de utilidad pública y una serie de entes con o sin personalidad jurídica, sociedades, corporaciones, colegios profesionales, academias etc.

II. LA ORGANIZACIÓN ADMINISTRATIVA DEL ESTADO. LA ADMINISTRACIÓN CENTRAL

"La Administración Pública está al servicio de los ciudadanos y ciudadanas se fundamenta en los principios de honestidad, participación, celeridad, eficacia, transparencia, rendición de cuentas, y responsabilidad en el ejercicio de la función pública con sometimiento pleno a la ley y al derecho". Así lo dice en forma expresa el artículo 141 de la Constitución de la República Bolivariana de Venezuela.

Es decir, la Administración Pública debe actuar bajo dos premisas fundamentales. Primeramente, en normas que la orientan, *honestidad, participación, celeridad, eficacia, transparencia, rendición de cuentas y responsabilidad* para la mejor prestación de los servicios públicos. Es pues, una exigencia constitucional y de obligatorio cumplimiento, y por otro lado, dicha actuación debe estar circunscrita dentro de los dictados de la ley y el Derecho. El sometimiento del Principio de la Legalidad es pues un mandato de rango constitucional y legal.

En todo caso, la Constitución de 1999 relacionó consecuentemente con los principios adquiridos en la Exposición de Motivos de la Constitución, en el sentido de que la Administración Pública debía situarse entonces, como un ente servidor y prestador de los servicios a favor de los ciudadanos en un modelo de integración y de participación con y en el seno de los órganos de la propia Administración pública.

Se consagra así y de manera clara y precisa los derechos a la información y el acceso a las informaciones administrativas[14].

Vale entonces expresar, que esta Administración Pública, encuadrada bajo los mandatos anteriores, se encuentra *situada* a todo lo largo y ancho de las personas públicas que en las primeras páginas del presente libro hicimos formal referencia. Hay Administración Pública pues, en todos los poderes públicos, lo que significa que en nuestro ordenamiento jurídico existe una multiplicidad de administraciones del Estado.

La Administración Pública debe ser entendida, desde luego, como un formal complejo de órganos funcionalizados y jerarquizados, en consideración a un objetivo específico con apego formal a la ley y al Derecho. Frente a este vastísimo complejo de órganos y estructuras, nos encontramos bajo la división de dos grandes estructuras formalmente constituidas y normativamente consideradas. La gran Administración Pública Central Nacional y la Administración Pública Nacional Descentralizada. Señalamiento que hacemos y advertimos, por cuanto la expresión denota una extensión conceptual. El fenómeno de la centralización y la descentralización ocurre con las mismas características y modalidades a nivel de los Estados y de los Municipios. Analicemos las características de cada una de ellas.

La Administración Pública Nacional Central, de conformidad con el Decreto con Rango y Fuerza de Ley Orgánica de la Administración Central Nº 369 de fecha 14 de septiembre de 1999, en su artículo 3 modificatorio del artículo 1 de la Ley Orgánica de la Administración Central, decreto ya derogado por disposición expresa de la disposición derogatoria de la Ley Orgánica de la Administración Pública en su aparte único, decía que el ...*Decreto establece la estructura y rige el funcionamiento de la Administración Central, de sus órganos y sistemas, determina el número y denominación de los ministerios, sus competencias y las bases de su organización. Las Administraciones Públicas*

---

[14]   Artículo 143: "*Los ciudadanos y ciudadanas tienen derecho a ser informados oportuna y verazmente por la Administración Pública, sobre el estado de las actuaciones en que estén directamente interesados, y a conocer las resoluciones definitivas que se adopten sobre el particular. Asimismo, tienen acceso a los archivos y registros administrativos, sin perjuicio de los límites aceptables dentro de una sociedad democrática en materias relativas a seguridad interior y exterior, a investigación criminal y a la intimidad de la vida privada, de conformidad con la ley que regule la materia de clasificación de documentos de contenido confidencial o secreto. No se permitirá censura alguna a los funcionarios públicos o funcionarias públicas que informen sobre asuntos bajo su responsabilidad*".

Estadales, Municipales y del Distrito Federal, los entes descentralizados funcionalmente y, los organismos con régimen especial, podrán aplicar supletoriamente el presente decreto Ley en lo que la Constitución y sus respectivas leyes no establezcan".

Por otra parte, el Decreto-Ley, normatiza los principios generales que deben guiar la conducta de la Administración Central ratificados por la Ley Orgánica de la Administración Pública y reseñado por el Decreto-Ley de 2008 en los siguientes términos.

Los órganos de la Administración Pública deben estar organizados jerárquicamente y ordenados en distribución vertical, con la particularidad de que la Administración Pública se encuentra supeditada al Presidente de la República. La anterior Ley Orgánica de la Administración Pública hacía referencia al valor de la jerarquía como una forma de organización administrativa, por demás, típica del sistema de centralización formal y el nuevo Decreto Ley lo señala expresivamente en una de sus normas, la del artículo 28 cuando dice: *"Los órganos y entes de la Administración Pública estarán internamente ordenados de manera jerárquica y relacionados de conformidad con la distribución vertical de atribuciones en niveles organizativos. Los órganos de inferior jerarquía estarán sometidos a la dirección, supervisión, evaluación y control de los órganos superiores de la Administración Pública con competencia en la materia respectiva".*

El artículo 44 del Decreto Ley:

"Son órganos superiores de dirección de nivel central de la Administración Pública Nacional, el Presidente o Presidenta de la República, el Vicepresidente Ejecutivo o Vicepresidenta Ejecutiva de la República, el Consejo de Ministros, los ministros o ministras y los viceministros o viceministras; y las autoridades regionales, lo cual define, por otra parte a los órganos superiores de consulta, como lo son la Procuraduría General de la República, así como el Consejo de Estado, el Consejo de Defensa de la Nación, los gabinetes sectoriales y ministeriales y las juntas sectoriales y las juntas ministeriales"

Por su parte, el artículo 28 lo normatiza formalmente la Ley Orgánica cuando dice:

"Los órganos de la Administración Pública estarán jerárquicamente ordenados y relacionados de conformidad con la distribución vertical de atribuciones en niveles organizativos. Los órganos de inferior jerarquía estarán sometidos a la dirección, supervisión y control de los órganos superiores de la Administración Pública con competencia en la materia respectiva[15]".

---

[15] <u>Ley Orgánica de Administración Pública (Actual Decreto) Artículo 28</u>: *"Los órganos y entes de la Administración Pública estarán internamente orde-*

Por otra parte, la Administración Pública para el cumplimiento de sus fines podrá adoptar su organización y funcionamiento a determinadas condiciones de especialidad funcional y de particular proceder territorial, delegando o transfiriendo competencias a sus órganos inferiores. Ejemplo de ello, lo constituye las delegaciones formales previstas en la ley, y la creación de las organizaciones y entes descentralizados y de desconcentración funcional y técnica.

De conformidad con la Constitución y las leyes, se podrán crear entes descentralizados funcionalmente con las competencias que se determinen en el instrumento jurídico de su creación. Y, los entes creados en forma descentralizada serán adscritos al Ministerio, quien será el ente regulador y rector de las políticas públicas donde se desarrolle su actividad, ejerciendo su correspondiente control de tutela[16].

---

nados de manera jerárquica y relacionados de conformidad con la distribución vertical de atribuciones en niveles organizativos. Los órganos de inferior jerarquía estarán sometidos a la dirección, supervisión y control de los órganos superiores de la Administración Pública con competencia en la materia respectiva".

[16] La expresión Control de Tutela se refiere al control político que ejerce el ente descentralizante con el ente descentralizado. Más cuando la Ley Orgánica de Administración Pública en su <u>artículo 119</u> expresa sus requisitos de la siguiente manera: "Los ministros u otros órganos de control, nacionales, estadales, de los distritos metropolitanos o municipales, respecto de los órganos desconcentrados y entes descentralizados funcionalmente que le estén adscritos, tienen las siguientes atribuciones: 1. Definir la política a desarrollar por tales entes, a cuyo efecto formularán las directivas generales que sean necesarias. 2. Ejercer permanentemente funciones de coordinación, supervisión y control conforme a los lineamientos de la planificación centralizada. 3. Nombrar los presidentes de institutos públicos, institutos autónomos y demás entes descentralizados. 4. Evaluar en forma continua el desempeño y los resultados de su gestión e informar oportunamente a la Presidenta o Presidente de la República, gobernadora o gobernador, alcaldesa o alcalde, según corresponda. 5. Ser informado permanentemente acerca de la ejecución de los planes, y requerir dicha información cuando lo considere oportuno. 6. Proponer a la Presidenta o Presidente de la República, gobernadora o gobernador, alcaldesa o alcalde, según corresponda, las reformas necesarias a los fines de modificar o eliminar entes descentralizados funcionalmente que le estuvieren adscritos, de conformidad con la normativa aplicable. 7. Velar por la conformidad de las actuaciones de sus órganos desconcentrados dependientes y entes descentralizados funcionalmente que le estén adscritos, a los lineamientos, políticas y planes dictados conforme a la planificación centralizada. 8. Las

La complejidad organizacional y burocrática de la Administración Central, debe ser proporcional y corresponderse con los fines y propósitos para los cuales se les ha asignado. En este sentido, a parte de esta consideración concreta como principio, la Ley Orgánica de la Administración Pública, ahora Decreto Presidencial, conlleva a la institucionalización de principios fundamentales que rigen su organización y funcionamiento. Entre ellos; el principio de la publicidad normativa (artículo 12)[17]; el principio de la responsabilidad patrimonial de la Administración Pública (artículo 13)[18]; el principio de rendición de cuentas (artículo 14)[19]; el principio del ejercicio de la potestad organizativa y las definiciones organizativas (artículo 15)[20];

demás que determinen las leyes nacionales, estadales, las ordenanzas y los reglamentos".

[17] Artículo 12: "Los reglamentos, resoluciones y demás actos administrativos de carácter general dictados por los órganos y entes de la Administración Pública deberán ser publicados sin excepción en la *Gaceta Oficial* de la República Bolivariana de Venezuela o, según el caso, en el medio de publicación oficial correspondiente".

[18] Artículo 13: "La Administración Pública será responsable ante las personas por la gestión de sus respectivos órganos, de conformidad con la Constitución de la República Bolivariana de Venezuela y la ley, sin perjuicio de la responsabilidad de cualquier índole que corresponda a las funcionarias o funcionarios por su actuación. La Administración Pública responderá patrimonialmente por los daños que sufran las personas en cualquiera de sus bienes y derechos, siempre que la lesión sea imputable a su funcionamiento".

[19] Artículo 14: "Las funcionarias y funcionarios de la Administración Pública deberán rendir cuentas de los cargos que desempeñen, en los términos y condiciones que determine la ley".

[20] Artículo 15: "Los órganos, entes y misiones de la Administración Pública se crean, modifican y suprimen por los titulares de la potestad organizativa, conforme a lo establecido en la Constitución de la República Bolivariana de Venezuela y la ley. En el ejercicio de sus funciones, los mismos deberán sujetarse a los lineamientos dictados conforme a la planificación centralizada. Se entiende como órganos, las unidades administrativas de la República, de los estados, de los distritos metropolitanos y de los municipios a los que se les atribuyan funciones que tengan efectos jurídicos, o cuya actuación tenga carácter regulatorio. Tendrá el carácter de ente toda organización administrativa descentralizada funcionalmente con personalidad jurídica propia; sujeta al control, evaluación y seguimiento de sus actuaciones por parte de sus órganos rectores, de adscripción y de la Comisión Central de Planificación. Las misiones son aquellas creadas con la finalidad de satisfacer las necesidades fundamentales y urgentes de la población".

162

el principio de responsabilidad fiscal (artículo 17)[21]; el principio de funcionamiento planificado y control de la gestión y de los resultados (artículo 18)[22]; el principio de eficacia en el cumplimiento de los objetivos y metas fijados (artículo 19)[23]; el principio de eficacia en la asignación y utilización de los recursos públicos (artículo 20)[24] el

[21] Artículo 17: "No podrán crearse nuevos órganos o entes en la Administración Pública que impliquen un aumento en el gasto recurrente de la República, los estados, los distritos metropolitanos o de los municipios, sin que se creen o prevean fuentes de ingresos ordinarios de igual o mayor magnitud a las necesarias para permitir su funcionamiento".

[22] Artículo 18: "El funcionamiento de los órganos y entes de la Administración Pública se sujetará a las políticas, estrategias, metas y objetivos que se establezcan en los respectivos planes estratégicos, compromisos de gestión y lineamientos dictados conforme a la planificación centralizada. Igualmente, comprenderá el seguimiento de las actividades, así como la evaluación y control del desempeño institucional y de los resultados alcanzados".

[23] Artículo 19: "La actividad de los órganos y entes de la Administración Pública perseguirá el cumplimiento eficaz de los objetivos y metas fijados en las normas, planes y compromisos de gestión, bajo la orientación de las políticas y estrategias establecidas por la Presidenta o Presidente de la República, la Comisión Central de Planificación, la Gobernadora o Gobernador, la Alcaldesa o Alcalde, según fuere el caso. La actividad de las unidades administrativas sustantivas de los órganos y entes de la Administración Pública se corresponderá y ajustará a su misión, y la actividad desarrollada por las unidades administrativas de apoyo técnico y logístico se adaptará a la de aquellas".

[24] Artículo 20: "La asignación de recursos a los órganos, entes de la Administración Pública y demás formas de organización que utilicen recursos públicos, se ajustará estrictamente a los requerimientos de su organización y funcionamiento para el logro de sus metas y objetivos, con uso racional de los recursos humanos, materiales y financieros. En los casos en que las actividades de los órganos y entes de la Administración Pública, en ejercicio de potestades públicas que por su naturaleza lo permitan, fueren más económicas y eficientes mediante la gestión de los Consejos Comunales y demás formas de organización comunitaria o del sector privado, dichas actividades podrán ser transferidas a éstos, de conformidad con la ley, reservándose la Administración Pública la supervisión, evaluación y control del desempeño y de los resultados de la gestión transferida. Los órganos y entes de la Administración Pública procurarán que sus unidades de apoyo administrativo no consuman un porcentaje del presupuesto destinado al sector correspondiente mayor que el estrictamente necesario. A tales fines, los titulares de la potestad organizativa de los órganos y entes de la Administración Pública, previo estudio económico y con base en los índices que fueren más eficaces de acuerdo al sector correspondiente, determi-

principio de suficiencia, racionalidad y adecuación de los medios a los fines institucionales (artículo 21)[25]; el principio de simplicidad, transparencia y cercanía organizativa a los particulares (artículo 23)[26]; el principio de cooperación (artículo 24)[27]; el principio de lealtad institucional (artículo 25)[28]; y el principio de la descentralización y principio de la desconcentración funcional (artículo 29)[29].

---

narán los porcentajes máximos de gasto permitido en unidades de apoyo administrativo".

[25] Artículo 21: "La dimensión y estructura organizativa de los órganos y entes de la Administración Pública serán proporcionales y consistentes con los fines y propósitos que les han sido asignados. Las formas organizativas que adopte la Administración Pública serán suficientes para el cumplimiento de sus metas y objetivos y propenderán a la utilización racional de los recursos públicos. Excepcionalmente, y sólo en el caso que se requiera la contratación de determinados profesionales especialistas para actividades eventuales y transitorias, los órganos y entes de la Administración Pública podrán incorporar asesores cuya remuneración se establecerá por vía contractual con base en honorarios profesionales u otras modalidades fijadas de conformidad con la ley".

[26] Artículo 23. "Las actividades que desarrollen los órganos y entes de la Administración Pública deberán efectuarse de manera coordinada, y estar orientadas al logro de los fines y objetivos del Estado, con base en los lineamientos dictados conforme a la planificación centralizada".

[27] Artículo 24: "Los órganos y entes de la Administración Pública colaborarán entre sí y con las otras ramas de los poderes públicos en la realización de los fines del Estado".

[28] Artículo 25. "Los órganos y entes de la Administración Pública actúan y se relacionan de acuerdo con el principio de lealtad institucional y, en consecuencia, deberán: 1. Respetar el ejercicio legítimo de las respectivas competencias. 2. Ponderar, en el ejercicio de las competencias propias, la totalidad de los intereses públicos implicados. 3. Facilitar la información que le sea solicitada sobre la actividad que desarrollen en el ejercicio de sus competencias. 4. Prestar la cooperación".

[29] Artículo 29: "Los titulares de la potestad organizativa podrán crear entes descentralizados funcionalmente cuando el mejor cumplimiento de los fines del Estado así lo requiera, en los términos y condiciones previstos en la Constitución de la República Bolivariana de Venezuela, el presente Decreto con Rango, Valor y Fuerza de Ley Orgánica y demás normativa aplicable. Los entes descentralizados funcionalmente serán de dos tipos: 1. Entes descentralizados funcionalmente con forma de derecho privado: estarán conformados por las personas jurídicas constituidas de acuerdo a las normas del derecho privado y podrán adoptar o no la forma empresarial de acuerdo a los fines y objetivos para los cuales fueron creados y en atención a si la fuente fundamental de sus recursos proviene de su propia

Igualmente, el Decreto hace referencia al principio de la descentralización territorial en sus artículos 30 y 31 de la siguiente forma: artículo 30 *"La Administración pública Nacional, con el propósito de incrementar la eficiencia y eficacia de su gestión, podrá descentralizar competencias y servicios públicos, en los estados, distritos metropolitanos y municipios, de conformidad con la Constitución de la República Boliviano de Venezuela y la ley, y así mismo, los Estados podrán descentralizar competencias y servicios públicos en los Distritos Metropolitanos y Municipios"* y el artículo 31 dice: *"La Administración Pública, con el objetivo de acercarse a las personas y mejorar el servicio prestado, podrá adaptar su organización a determinadas condiciones de especialidad funcional y de particularidad territorial, transfiriendo sus atribuciones de sus órganos superiores a sus órganos inferiores, mediante acto administrativo dictado de conformidad con el presente Decreto con rango, Valor y Fuerza de ley Orgánica"*.

En virtud de lo expuesto, la Administración Pública deberá efectuar su actividad bajo los principios de economía, celeridad y simplicidad administrativa, normatizado en la Ley Orgánica en su artículo 22.

Así pues, toda actividad de los órganos de la Administración, dice su artículo 10, estará orientada por los principios de *objetividad, imparcialidad, y transparencia*. En tal sentido, el funcionamiento de la Administración Pública se efectuará con apego a la racionalidad técnica y jurídica. La transparencia en la actuación de los órganos de la Administración Pública será una garantía de su objetividad e imparcialidad para los ciudadanos.

Por último, la Administración Pública promoverá la participación ciudadana a través de organizaciones no gubernamentales legalmente constituidas, las cuales serán oídas en los asuntos relacionados con el fin perseguidos por ellas. Además por supuesto, de otras obligaciones como aquellas que tienen por objeto el de informar a los administrados en forma amplia oportuna y veraz, sobre sus actividades, en especial sobre los instrumentos organizativos y en general sobre los procedimientos administrativos, así como instar

---

actividad o de los aportes públicos, respectivamente. 2. Entes descentralizados funcionalmente con forma de derecho público: estarán conformados por aquellas personas jurídicas creadas y regidas por normas de derecho público y que podrán tener atribuido el ejercicio de potestades públicas. La descentralización funcional sólo podrá revertirse por medio de la modificación del acto que le dio origen".

para que los ciudadanos hagan peticiones e informaciones sobre sus asuntos intereses. Estos principios generales corresponden a los artículos 5 al 15 inclusive de la anterior reformada Ley Orgánica de la Administración Central y en general, en el actual Decreto con Valor y Fuerza de ley Orgánica de la Administración Pública tanto en su parte motiva como legal (Artículos 5 y 7).

La Ley Orgánica de la Administración Central igualmente regulaba, las atribuciones y competencias comunes de los Ministerios y los clasificaba en los siguientes: Ministerio del Interior y de Justicia, de Relaciones Exteriores, de Finanzas, de la Defensa, de la Producción y el Comercio, de Educación Cultura y Deporte, de Salud y Desarrollo Social, del Trabajo, de Infraestructura, de Energía y Minas, del Ambiente y de los Recursos Naturales, de Planificación y Desarrollo, de Ciencia y Tecnología y de la Secretaría de la Presidencia (artículos 37 y 39).

Regulaba igualmente las atribuciones de los vice ministros de los despachos ministeriales así como sus competencias jurídicas y administrativas (artículos 54, 55 y 56). En cuanto a las delegaciones, o formas de traslados de competencias, la ley hace formal mención a los siguientes aspectos. Todos conformaban pues la Administración Central.

Con la nueva Ley Orgánica de la Administración Pública y con el nuevo Decreto presidencial con Valor y Fuerza de Ley Orgánica de la Administración Pública, esta última con pequeños cambios de orden formal, establece en su artículo 44, dos clases de órganos superiores: Los órganos superiores de dirección y los órganos superiores de consulta. Esta ley enumera como órganos superiores de dirección al Presidente de la República, al Vice-Presidente Ejecutivo, al Consejo de Ministros y por supuesto, los Ministros y los Vice-Ministros, y en cuanto a los órganos superiores de consulta se señalan a La Procuraduría General de la República, el Consejo de Estado, el Consejo de Defensa de la Nación, los Gabinetes Sectoriales y los Gabinetes Ministeriales.

Estos órganos superiores del nivel central los define el Decreto en la figura de la Presidencia de la República, la Vicepresidencia Ejecutiva, el Consejo De Ministros y las denominadas Autoridades Regionales. El órgano de coordinación y control de la planificación centralizada es la Comisión Central de Planificación (Artículo 44 del Decreto).

Estos órganos superiores les corresponden pues, dirigir la política exterior e interior, ejercer la función ejecutiva y la actividad reglamentaria, de conformidad con la Constitución y la ley (artículo 45 del Decreto). El Presidente de la República o Presidenta de la República en su carácter de Jefe de Estado, y de la Administración Pública dirige la acción de Gobierno de conformidad con la Constitución y la Ley (artículo 46 del Decreto).

El Vicepresidente de la República es un colaborador directo e inmediato del Presidente y contará con una estructura de funcionarios y funcionarias de conformidad con la ley y su reglamento (artículo 47 del Decreto). Sus atribuciones están enumeradas en el artículo 48 del Decreto Presidencial.

Luego existe el Consejo de Ministros, que es un órgano colegiado presidido por el Presidente de la República e integrado por el Vicepresidente y todos los ministros. Tiene un secretario y su misión fundamental es considerar las políticas generales y sectoriales que son competencia del Poder Ejecutivo Nacional de conformidad con la Constitución y la ley (artículos 49 y 50 del Decreto). Un Decreto Presidencial organiza el funcionamiento del Consejo de Ministros (artículo 51 del Decreto). Del mismo modo el Decreto Presidencial hace referencia al funcionamiento básico de dicho Consejo, así como las actas y sus responsabilidades (artículos 53, 54, 55 y 56 del Decreto Presidencial).

Ahora bien, ¿Cómo están organizados los Ministerios? ¿Cómo se determinan y se nombran los Ministros? ¿Qué son las juntas sectoriales? ¿Qué son las autoridades regionales? ¿Qué son los Consejos Nacionales y las Autoridades Únicas de áreas así como los Comisionados? Todas figuras organizativas creadas en el Decreto Presidencial.

Los Ministerios están divididos por áreas de acción programada, y organizados de conformidad con el Decreto reglamentario para lo cual el Presidente de la República fija el número, sus competencias y su organización fundamental así como los entes a los cuales les son adscritos (artículo 58 del Decreto). Son designados por el Presidente de la República o Presidenta de la República por acto administrativo y puede designar Ministros con rango de estado, sin atribuirles un despacho físico determinado. En cuanto a los Ministros el Presidente por vías de excepción y por acto administrativo debidamente motivado podrá adscribirles, los entes u órganos y fondos necesarios para el cabal cumplimiento de sus funciones ministeriales (artículos 58 y 59 del Decreto). Los Viceministros serán designados por el Presidente de la República previa la opinión o propuesta del Ministro del Despacho (artículo 65 del Decreto).

Las Juntas Sectoriales son creadas para asesorar al Presidente en las políticas públicas que se llevan a cabo, así como la recomendación al Consejo de Ministros, y para coordinar actividades dentro de los distintos Ministerios. Las Juntas sectoriales son designadas por el Presidente. Las Juntas sectoriales son igualmente organizadas por un Reglamento que al efecto se dicta (artículo 69 del Decreto).

Las autoridades regionales son órganos designados por el Presidente de la República y tienen por función la planificación, ejecución, seguimiento y control de políticas planes, y proyectos de ordenación del territorio aprobados de conformidad con la planificación central que se haga (artículo 70 del Decreto).

Los Consejos Nacionales y los Comisionados Presidenciales son órganos integrados por personas para ejercer su función de manera temporal, destinados a asesorar a la Presidencia de la República para la consulta de políticas sectoriales que normalmente es definido en sus atribuciones, por el Decreto que crea la figura (artículos 71 y 72 del Decreto). Y, en cuanto a las Autoridades Únicas de Área son autoridades destinadas a asesorar al Presidente en políticas para el desarrollo de programas regionales con las atribuciones que determine el propio Decreto de creación (artículo 73 del Decreto).

El Consejo de Estado es de creación constitucional, como indicamos anteriormente, y se normatiza en el artículo 85 del Decreto Presidencial.

Por otra parte, el poder Ejecutivo Nacional tiene de conformidad con el Decreto iniciativa legislativa mediante la elaboración, aprobación y posterior remisión a la Asamblea Nacional, a través de un procedimiento que se encuentra determinado en los artículos 87 y siguientes del Decreto. Dicho proyecto debe estar acompañado de un dictamen jurídico y demás estudios e informes técnicos que justifiquen la necesidad de aprobación por parte de la Asamblea Nacional. Y, en lo que se refiere a la potestad reglamentaria le corresponde al Presidente de la República en Consejo de Ministros, con las limitaciones indicadas en la Constitución y la ley. El Decreto también nos indica un procedimiento de elaboración de reglamentos el cual se lleva de conformidad con la reglamentación que se indique (artículos 86 a 90 del Decreto).

El Decreto con Rango, Valor y Fuerza de Ley Orgánica de la Administración Pública norma todo lo referido a las delegaciones, esto es, al traslado de competencias de un órgano a otro con la finalidad de desconcentrar las actividades de los órganos y facilitar las labores de los órganos superiores de dirección.

En efecto, en cuanto a la delegación como figura organizativa, los Ministros podrán delegar competencias en los Vice-ministros del despacho, así como estos podrán a su vez, delegar en directores generales y otros funcionarios de conformidad con los reglamentos establecidos.

Así, el Decreto Ley clasifica los dos tipos clásicos de delegación de competencias en la llamada delegación propiamente dicha y la delegación de firmas. La primera se entenderá que los actos y actuaciones ejecutados en virtud de delegación se considerarán emanados del órgano delegado, al contrario, la segunda, la delegación de firmas, en estos y otros funcionarios se considerarán como emanados del órgano delegante. Esta clasificación está establecida en los artículos 33, 34 y 35 del Decreto con Rango Valor y Fuerza de la LOAP.

Entonces, el Decreto con Rango Valor y Fuerza de Ley Orgánica de la Administración Pública, hace especial referencia a las delegaciones administrativas en sus artículos 33 y 34[30].

Referencia a las delegaciones de atribuciones y competencias de los órganos de la Administración Central, de los órganos de la

---

[30] Artículo 33: "La Administración Pública, podrá delegar las competencias que le estén otorgadas por ley a sus respectivos entes descentralizados funcionalmente, de conformidad con los lineamientos de la planificación centralizada, y de acuerdo con las formalidades del presente Decreto con Rango, Valor y Fuerza de Ley Orgánica y su Reglamento".

Artículo 34: "La Presidenta o Presidente de la República, la Vicepresidenta Ejecutiva o Vicepresidente Ejecutivo, las ministras o ministros, las viceministras o viceministros, las gobernadoras o gobernadores, las alcaldesas o alcaldes y los superiores jerárquicos de los órganos y entes de la Administración Pública, así como las demás funcionarias o funcionarios superiores de dirección podrán delegar las atribuciones que les estén otorgadas por ley, a los órganos o funcionarias o funcionarios bajo su dependencia, así como la firma de documentos en funcionarias o funcionarios adscritas a los mismos, de conformidad con las formalidades que determine el presente Decreto con Rango, Valor y Fuerza de Ley Orgánica y su Reglamento.

Administración estadal, la de los distritos metropolitanos, y la de los municipios, a favor de los entes descentralizados funcionalmente, lo cual implica que puede haber una delegación de una persona jurídica a otra, es decir, de diferentes entes jurídicos. Implica ciertamente, una innovación dentro del régimen normal de transferencia de poderes indicados en la institución de la delegación como fenómeno administrativo. Adviértase que el artículo dice *"podrán delegar las competencias que les estén otorgadas por ley a sus respectivos entes descentralizados funcionalmente, de conformidad con los lineamientos de la planificación centralizada y de acuerdo con Ley Orgánica y su Reglamento"* Es decir, podrá existir delegación de atribuciones de un ente público territorial a un ente público no territorial. E igualmente se confirma con esta nueva ley, las delegaciones tradicionales de un órgano superior a un órgano inferior.

La nueva ley Orgánica de la Administración Pública (Decreto) confirma, tanto la delegación de firmas como la delegación de atribuciones, indicando del mismo modo los límites de la delegación así como las consecuencias de las delegaciones descritas (artículos 35 y 36 del Decreto).

En cuanto a los límites de las delegaciones ínter subjetivas e ínter orgánicas, expresa el texto del Decreto Presidencial en su artículo 35, que no se podrá conferir delegaciones en los siguientes casos: en primer lugar, cuando se trate de disposiciones de carácter normativo, excluye pues el Decreto, la posibilidad de delegar atribuciones destinadas a ser obedecidas por un numero indeterminado e indeterminable de personas, entendemos del enunciado del Decreto, que solo podrá delegarse en los actos administrativos de efectos particulares.

En segundo lugar, no habrá delegación cuando se trate de resoluciones de recursos en los órganos administrativos que hayan dictado los actos objeto de recurso.

En tercer lugar, cuando se trate de competencias o atribuciones ejercidas por delegación, esto es, no existe la subdelegación, y por último, no podrá delegarse aquellas materias que así sean determinadas por una norma de ley en forma expresa.

Toda delegación debe ser publicada en la *Gaceta Oficial*. Los actos administrativos que se adopten por delegación indicarán esta circunstancia y se considerarán dictadas por el órgano delegante, además, la delegación podrá ser revocada, esto es, dejada sin efecto en cualquier momento por el órgano delegante. Entre otras cosas, esta exigencia de motivación lo exige el artículo 18 de la Ley Orgánica de Procedimientos Administrativos que a tales efectos, se aplica de manera supletoria.

En cuanto a las consecuencias de la delegación ínter subjetiva, es decir, aquella realizada entre personas o funcionarios públicos, el delegado se hace responsable de la actuación o de la atribución delegada, y serán igualmente responsables de su ejecución en forma personal, y en lo que se refiere a la delegación ínter orgánica el órgano será igualmente responsable de la actuación delegada (artículos 36 y 37 de la L.O.A.P.)[31].

De igual forma, es posible encontrarse con una situación técnicamente contraria a la delegación, es decir, cuando un órgano superior asume competencias de un órgano inferior para lo cual denominamos avocación de competencias previstos en el artículo 41 del Decreto. El artículo instituye pues, que se puede avocar por razones técnicas, económicas, sociales, jurídicas o de interés público, lo cual dicha avocación será por acto administrativo debidamente motivado.

1.   *La Desconcentración Administrativa*

Siguiendo la enumeración de los artículos del Decreto con Valor y Fuerza de Ley Orgánica de la Administración Pública, también regula lo relativo a la desconcentración administrativa como una forma de delegación o traslado de competencias dentro del seno de la propia Administración Pública.

En efecto, la desconcentración es una forma de organización de carácter administrativa en la cual la ley u otro instrumento normativo, de igual jerarquía, trasladan competencia de un órgano a otro, pero sin otorgarle personalidad jurídica como en los denomi-

---

[31]   Artículo 36: "La delegación intersubjetiva, en los términos establecidos por el presente Decreto con Rango, Valor y Fuerza de Ley Orgánica, transfiere la responsabilidad por su ejercicio al ente delegado. Las funcionarias o funcionarios del ente delegado encargados del ejercicio de la competencia, serán responsables personalmente por su ejecución".

Artículo 37: "Las funcionarias o funcionarios del órgano al cual se haya delegado una atribución serán responsables por su ejecución. Los actos administrativos derivados del ejercicio de las atribuciones delegadas, a los efectos de los recursos correspondientes se tendrán como dictados por la autoridad delegante".

nados órganos descentralizados de la administración del Estado. La desconcentración es pues, una distribución de atribuciones y de competencias que hace la ley, dentro y no fuera de los órganos de la administración pública con la finalidad de lograr que los servicios públicos se realicen en forma más eficiente y efectiva.

Es de la misma forma, una distribución competencial destinada a prestar servicios públicos con más racionalidad y eficiencia, lo cual tiene como consecuencia, no solo la efectividad en la prestación del servicio público, sino más cercanía frente al administrado o ciudadano. Y se caracteriza entre otras, por cuanto el control ejercido por el órgano desconcentrante es más rígido que en la descentralización administrativa, de allí, el nombre de control jerárquico por oposición al control de tutela utilizado en las formas organizativas descentralizadas. Es igualmente como dice el Decreto Presidencial, una conversión de unidades administrativas de ministerios en órganos desconcentrados con plena capacidad de gestión presupuestaria, administrativa y financiera, de conformidad con un reglamento que se dicta (Artículo 91 del Decreto).

El Presidente de la República en Consejo de Ministros, podrá crear órganos con carácter de servicios desconcentrados sin personalidad jurídica u otorgar tal carácter a órganos existentes en los ministerios y en las oficinas nacionales con la finalidad de obtener recursos propios para ser afectados a la prestación de servicios (Artículo 93 del Decreto). Como indicamos, los órganos desconcentrados dependerán solo del ministro o ministra quien haga la transferencia de competencias según el reglamento interno (Aparte último del artículo 93 del Decreto).

Por esta razón, son órganos meramente dependientes de los ministerios, pero con cierta autonomía de gestión financiera y administrativa, lo cual indicamos que la ley dice que dependerán jerárquicamente del ministerio o ministro correspondiente

El Decreto Presidencial de creación, deberá indicar fundamentalmente: la asignación de sus competencias; los ingresos y sus fuentes; el grado de autogestión financiera presupuestaria; administrativa y de gestión; los mecanismos especiales de control a los cuales quedarán sometidos; el destino que debe dárseles a los beneficios obtenidos y así como el rango que tendrán dentro de la respectiva organización administrativa y la forma de designación del titular que ejercerá la dirección y administración, y el rango de su respectivo cargo (Artículo 95 del Decreto).

Por ser órganos desconcentrados, los mismos poseen ingresos propios o destinados a ser utilizados por los mismos entes para la consecución de sus fines y propósitos. Cuentan pues con un fondo separado, para lo cual se les acuerda capacidad de administración presupuestaria y financiera, de conformidad con un reglamento orgánico.

Por otra parte, los ingresos provenientes de la gestión de los servicios desconcentrados, no forman parte del tesoro nacional, y por ello, podrán ser afectados directamente de acuerdo con los fines para los cuales fueron creados.

En este sentido, el Decreto señala expresamente que estos ingresos sólo podrán ser afectados u utilizados para cubrir los gastos que demanda el cumplimiento de sus fines (Artículo 94 del Decreto)

Los requisitos para su creación son, según el artículo 95 del Decreto, los siguientes:

a) La indicación de la finalidad y la asignación de sus competencias, lo cual indica que su creación podrá efectuarse a través de un reglamento orgánico.

b) Deben determinarse su integración y sus fuentes ordinarias de sus ingresos.

c) El grado de auto-gestión presupuestaria, administrativa, financiera y de gestión que se acuerde.

d) Los mecanismos de control los cuales quedará sometido y el destino que se le dará a los ingresos obtenidos, incluidos los excedentes al final del ejercicio fiscal.

e) La determinación de su forma organizativa y su ubicación en la estructura de la Administración Pública y su adscripción funcional y administrativa.

Y, en todo caso, la previsión de las partidas y créditos presupuestarios necesarios para su funcionamiento.

La desconcentración como fenómeno administrativo, produce como consecuencia, que exista un traslado de responsabilidad del ente desconcertarte hacia el ente desconcentrado, solo en lo que se refiere a la atribución específica de las competencias transferidas, lo que explica y a diferencia de la descentralización administrativa, en esta, se transfiere cualquier responsabilidad que se produzca por el ejercicio de la competencia o de la gestión del servicio público correspondiente[32].

- El control sobre los órganos desconcentrados

La Ley Orgánica de la Administración Pública derogada por el Decreto Presidencial, previó en su oportunidad, que el control sobre los órganos desconcentrados y entidades descentralizadas funcionalmente, se hacía en atención al control que ejercen los propios ministerios sobre los diversos entes. El control se denomina pues, control jerárquico en lo que se refiere a la desconcentración y control de tutela en lo que se refiere a la descentralización. El Decreto abarcaba los dos tipos de entes en los cuales se les transfería competencias o atribuciones específicas. Control sobre los entes desconcentrados y control sobre los entes descentralizados.

La Ley derogada no diferenciaba ciertamente la forma del control ejercido por los ministerios. Sin embargo, de acuerdo a la doctrina del Derecho Administrativo se distingue el control jerárquico cuando hace referencia a la desconcentración, y el control de tutela cuando hace referencia a la descentralización. Jean Rivero, lo clarifica en atención al grado de control ejercido sobre el ente transferido. Dice el distinguido profesor, que dentro de una Administración centralizada el superior posee en relación a los actos de sus subordinados los más amplios poderes de control y supervisión. El superior puede, inspeccionar a sus inferiores, dar instrucciones, puede anular y hasta revocar actos administrativos de los inferiores, no solo por razones de ilegalidad, sino por razones de mérito oportunidad y conveniencia y estos poderes los ejerce pues, el superior administrativo, sin la necesidad de que un texto legal lo describa concretamente.

Es el principio de la jerarquía quien se impone y se materializa. Esto ocurre con la desconcentración administrativa.

---

[32]   Dice la parte in fine del <u>artículo 32</u> *eiusdem* que "*La desconcentración funcional o territorial, transfiere únicamente la atribución. La persona jurídica en cuyo nombre actué el órgano desconcentrado será responsable patrimonialmente por el ejercicio de la atribución o el funcionamiento del servicio público correspondiente, sin perjuicio de la responsabilidad que corresponda a los funcionarios y funcionarias que integren el órgano desconcentrado y se encuentren encargados de la ejecución de la competencia o de la gestión del servicio público correspondiente*".

El control de tutela es al contrario, un control de carácter político dictado en consideración al análisis de la gestión del ente transferido o descentralizado. Y, normalmente el control de tutela se ejerce en atención a un texto jurídico el cual le reglamenta sus pautas y sus formalidades.

La ley anterior de la Administración Pública, establecía que ambos controles, es decir, el jerárquico y el de tutela se aplicaran en atención a las normas del propio Decreto de regulación, o de las leyes de creación y los demás instrumentos normativos que correspondan y mediante dichos controles se evaluaría el desempeño institucional de los órganos desconcentrados y descentralizados funcionalmente.

La ley a nuestro juicio, describía correctamente el control de tutela cuando decía que:

"...dicha evaluación consistirá en un proceso sistemático de análisis de los resultados obtenidos por los indicadores e índices de gestión que se establezcan a tal fin y que serán aplicados a los programas, proyectos o servicios prestados el resultado de la evaluación del desempeño institucional tendrá incidencia en la asignación presupuestaria del órgano desconcentrado o ente descentralizado, de conformidad con la normativa aplicable... (Artículo 70 último aparte del Decreto Presidencial).

Sin embargo, el nuevo Decreto de Fuerza y Valor de la Ley Orgánica de la Administración Pública, hace especial referencia al control sobre los órganos desconcentrados en dos formas muy normativamente expuestas: primero, hace referencia a un control jerárquico dividido a su vez, en dos atribuciones. Existe control jerárquico en atribuciones o potestades que no hayan sido formalmente atribuidas o transferidas, y ejercerá el control jerárquico especialmente en las materias que la ley lo contemple expresamente. Nos explicamos, el control jerárquico, se ejerce sobre materias no transferidas en consideración al principio de la jerarquía, y a su vez, existe un control jerárquico sobre materias formalmente transferidas (Artículo 89 LOAP y ahora 92 del nuevo Decreto Presidencial). Esta desconcentración delimita el ente clásico de esta figura cual es: los servicios autónomos sin personalidad jurídica

- Los Servicios Autónomos Sin Personalidad Jurídica

Los servicios autónomos sin personalidad jurídica son bajo el esquema anterior, entes creados con la finalidad de obtener recursos propios, producto de la gestión de sus servicios públicos y para ello tienen como indicamos, autonomía de gestión presupuestaria administrativa y financiera.

En este sentido, el nacimiento de estos entes pueden ser creados por los titulares de los órganos centrales, como el Presidente o Presidenta de la República mediante un reglamento orgánico en Consejo de Ministros o de la misma forma otorgar a órganos ya creados o existentes en los Ministerios tal carácter de servicio público. Esto es, el único requisito legitimador en su creación es la posibilidad de captación de ingresos producto de su propia gestión pública.

Sus ingresos, producto de la prestación de sus servicios no forman parte del Tesoro Nacional y en tal virtud, dichos ingresos podrán ser afectados directamente de acuerdo con los fines para los cuales han sido destinados. Esto explica perfectamente, que los servicios autónomos sin personalidad jurídica, poseen un patrimonio separado para lo cual se encuentran dotados de autonomía de gestión y cuyas delimitaciones, en cuanto al fondo, se encuentran perfectamente delimitadas en el propio instrumento que los crea (Artículo 93 de la Decreto de la LOAP).

Los servicios autónomos sin personalidad jurídica son pues en definitiva, entes administrativos desconcentrados lo que implica una subordinación formal de jerarquía en relación a la autoridad superior quien le confiere potestades y le delega sus poderes, ahora, frente a la visión anterior de entes jerarquizados administrativamente, nos encontramos dentro de la estructura administrativa venezolana aquellos entes de la administración pública que tiene verdadera personalidad jurídica y autonomía de gestión característicos muy definidos como órganos descentralizados así denominados por la doctrina y que de seguidas pasamos a estudiar.

A.   *La Administración Descentralizada*

La descentralización es un fenómeno administrativo. Y es un fenómeno administrativo, por cuanto ocurre y se construye a nivel de la propia Administración Pública una especial transferencia de competencias o atribuciones destinadas a mejorar la eficiencia y eficacia de los servicios públicos. Fenómeno interesante, dado el carácter de la transferencia y las implicaciones que la misma posee en el campo de la juridicidad y de la sociedad misma.

El Estado como organización política obtiene del orden jurídico una serie de atribuciones para la realización de los fines del propio Estado. En tal sentido, el Estado tiene competencias para actuar y lo que es más, la competencia, entendida como noción básicamen-

176

te jurídica, legitima la actuación del Estado para poder administrar y condicionar el ejercicio de los derechos de los ciudadanos. Visto así, la competencia atribuida o transferida a un órgano constituye un elemento muy vinculado al principio de la legalidad

En el campo de la función administrativa o el Estado en el ejercicio de la función administrativa, la competencia habilita al órgano administrativo para que éste pueda imponer a su vez, obligaciones o deberes a los administrados y lograr con sus poderes, condicionar sus derechos subjetivos para el logro del bien común. La competencia es así, un medio de actuación acordada por la ley al ente público[33].

Bajo esta perspectiva, y por una parte, la descentralización constituye una especie de traslado de competencias de un órgano a otro, y cuya finalidad esencial es la satisfacción de los servicios públicos de una manera eficaz, y dentro de sus deseos importantes, está el hecho de que a nivel social igualmente, la descentralización se habilita y se utiliza con la meridiana posibilidad de acercar el Poder al ciudadano. De aquí su importancia social, y el hecho cierto de que el tema de la descentralización es severamente un tema de orden político y de trascendencia social.

La doctrina del Derecho Administrativo hace formal referencia a tipos de descentralizaciones. Existen, descentralizaciones funcionales, administrativas, institucionales, territoriales y no territoriales, en fin un sin número de descentralizaciones que contribuyen a enunciar la complejidad del tema y las interferencias que la misma pose a lo largo de todas las instituciones del Derecho Administrativo. Existe igualmente una descentralización vinculada al concepto de municipio, vista con cierta expectativa en nuestro país, pero con divergencias doctrinales que bien vale poner en tapete en este tema tan interesante, estudiado, controvertido e inconcluso. Dentro de la llamada descentralización institucional o funcional[34], encontramos como figura típica los denominados institutos autónomos, ahora se

---

[33] La competencia, en Derecho Administrativo, es un concepto que se refiere a la titularidad de una determinada potestad que sobre una materia posee un órgano administrativo. Se trata, pues, de una circunstancia subjetiva del órgano, de manera que cuando éste sea titular de los intereses y potestades públicas, será competente. Disponible: http://es.wikipedia.org/wiki/Competencia_administrativa

[34] Terminología utilizada por autores españoles.

llaman Institutos Públicos (Artículo 96 del Decreto) o las determinadas o específicas Empresas del Estado o Empresas Públicas. Bajo este esquema, veamos pues sus nociones, características y en general sus regímenes jurídicos, y intentaremos dar una visión de la denominada descentralización territorial muy vinculada al concepto de municipio como ente local fundamental en la estructura general del poder y del Estado en Venezuela.

<blockquote>a.   La Administración descentralizada. Características y régimen jurídico</blockquote>

La descentralización constituye una forma de organización jurídico-administrativa, destinada a actuar frente y contra el absolutismo o cualquier forma de poder inclinado al mando absoluto o autoritario. En tal sentido, la descentralización constituye un frente organizativo contra el poder personal o distinguido e ideado en una manifestación única y total.

Por esta razón, distribuir el poder y transferirlo conspira contra toda forma autoritaria del mismo, y contra todo intento de manipular el poder desde un centro único y personal. La distribución de facultades y atribuciones constituye pues, un ejercicio de democracia o un ejercicio de libertad, un desprendimiento sano del poder, si la entendemos como la idea de participación de todos en ejercicio de las atribuciones de los poderes constituidos. La descentralización constituye desde este punto de vista, una manera de limitar el poder, y es más, de transferirlo.

La profesora Rondón de Sansó (2000, pp. 68 ss.) expresa que: *"... estado descentralizado significa que existe un núcleo gubernativo cuyas funciones se han desconcentrado en entes periféricos, que adquieren una personalidad jurídica propia. Si se analiza, en este sentido, no puede acumularse la noción de estado federal con la del estado descentralizado..."*

Continúa la autora diciendo que: *"El concepto de descentralización es una figura organizativa que no describe lo orgánico sino lo funcional, al referirse a la delegación de funciones del poder central en los poderes periféricos".*

En este sentido, la profesora relaciona la descentralización con la delegación de funciones, nosotros indicamos transferencia de atribuciones del poder central en los poderes periféricos. Ciertamente, la descentralización es delegación, pero no coincidentemente exacta la expresión para la descentralización, por cuanto la descentralización es transferencia de poderes, así como o se indica, expresándole al ente transferido una total autonomía en el ejercicio de las funciones transferidas, situación que no ocurre en la figura de la delegación propiamente dicha.

Atendiendo a criterios constitucionales, la Constitución de la República Bolivariana de Venezuela señala en forma expresa la descentralización, al enunciar en su artículo 4 que: *...La República Bolivariana de Venezuela es un Estado Federal descentralizado en los términos consagrados por esta Constitución, y se rige por los principios de integridad territorial, cooperación, solidaridad, concurrencia, y corresponsabilidad...".*

Más adelante, indica que la descentralización es un ejercicio de democracia, como expreso mandato de las políticas nacionales. Establece el artículo 158 que *La descentralización, como política nacional, debe profundizar la democracia, acercando el poder a la población y creando las mejores condiciones, tanto para el ejercicio de la democracia como para la prestación eficaz y eficiente de los cometidos estatales".* Así mismo, se ordena la transferencia como fenómeno administrativo, en la organización tanto municipal como estadal indicando que la ley crea los mecanismos de descentralización a estos niveles.

Ahora, la descentralización aparece consagrada de acuerdo al texto constitucional, como un problema de orden administrativo, pero del mismo modo de orden político. Fíjese, que *la Constitución dice que la República Bolivariana de Venezuela es una Estado federal descentralizado en los términos consagrados por esta Constitución,* lo que implica la vinculación del término Estado federal, y todo lo que la noción implica dentro de su contexto constitucional, aunado a la palabra descentralización. Indica o conduce a una visión ideológica y política destinada a construir la noción de un Estado federal en repartición, autonomía de poderes y a la descentralización como un fenómeno de transferencia de atribuciones y poderes.

Nuestra apreciación es clara cuando el artículo 184 de la Constitución Bolivariana ordena que la "...ley creará mecanismos abiertos y flexibles para que los Estados y Municipios descentralicen y transfieran a las comunidades y grupos vecinales organizados los servicios que estos gestionen previa demostración de su capacidad para prestarlos." Ello indica, en sus posteriores artículos, el contenido de las transferencias administrativas.

Estos artículos constitucionales nos indican pues, el carácter democrático de la descentralización, y la constatación formal en su base constitucional constitutiva en transferir poderes y otorgar atribuciones a entes tanto públicos como privados[35].

En segundo lugar, la descentralización supone en todo caso, un formal ejemplo de división de poderes. La descentralización constituye una división del poder formal del Estado para la mejor prestación de los servicios públicos. En todo caso, el criterio de división de poderes, es producto del principio de la separación formal originado en la Revolución francesa.

La descentralización es la ejecución entonces de la idea de la separación de poderes en la práctica, y en consecuencia, acerca al ciudadano con el gobernante, lo que nos indica con certera claridad que la descentralización como fenómeno, constituye del mismo modo, un ejercicio de democracia, libertad, participación, consagrado en la propia Constitución de la República Bolivariana de Venezuela en su artículo 6, cuando dispone que:

> " *El gobierno de la República Bolivariana de Venezuela y de las entidades políticas que la componen es y será siempre democrático, participativo, electivo, <u>descentralizado</u>, alternativo, responsable, pluralista, y de mandatos revocables..*"(Lo subrayado es nuestro).

El Constituyente quiso escribir en las páginas de las historias jurídicas, la obligación de que el Gobierno debe ser descentralizado, es decir, le ordena que distribuya en el ejercicio de la ejecución de la ley: el Poder.

En tercer lugar, la descentralización es una forma de organización administrativa, más no una forma de organización de gobierno. El profesor Miguel Marienhoff, citado por Penagos Gustavo (1988), lo expresa de forma clara cuando afirma que: "*la centralización o la descentralización administrativa nada tienen que ver con el sistema de gobierno ni con la estructura del Estado: ellas vincúlanse a los principios sobre organización administrativa de lo que constituye una expresión*".

Esta opinión tan acertada del distinguido profesor, nos conduce a la cuarta característica esencial de la descentralización y es la necesidad de que ésta exista como un fenómeno creado, fundamen-

---

[35] Privado alude a la forma de derecho bajo el cual se creó el ente. Lo privado se encuentra vinculado a un objetivo preciso el cual es un fin de utilidad pública, pongamos como caso emblemático a Fundación para la Policía Metropolitana (FUNDAPOL), cuya creación es por un acto de derecho privado, pero que persigue fines colectivos.

180

talmente por un texto de carácter legal, es decir, la ley constituye la base de su nacimiento y todo el desarrollo que implica el ejercicio y su práctica.

El carácter legal de la descentralización no excluye el hecho de que un texto constitucional la anuncie como una forma de organización administrativa. Por esta razón, discrepamos de autores patrios, como el profesor Allan Brewer-Carías[36], cuando identifica municipalismo con descentralización. Para quien suscribe, no hay conceptos más opuestos que los dichos, dado que la descentralización es un fenómeno administrativo que vive y actúa dentro del mundo de la ley, en cambio, los municipios son creados por textos constitucionales, lo que implica que su origen, su desarrollo y su ejecución aparecen frente al ordenamiento jurídico, distinto y dilatadamente opuesto. Por ello insistimos, en que el Municipio en lo absoluto es una forma de descentralización. El municipio es una forma de organización constitucional y no administrativa.

La figura de la descentralización supone entonces, trasladar competencias, es decir, adjudicar competencias a órganos distintos al ente transfiriente. Representa así, la creación de un órgano con personalidad jurídica propia y autónoma, que en todo caso conlleva a que esta persona se vincule con los administrados y ciudadanos en obligaciones jurídicas autónomas con deberes y derechos igualmente independientes. En tal sentido, puede el transferido, con sus competencias propias, vincularse independientemente con el ciudadano, como destinatario de la descentralización, objeto y sujeto de la prestación del servicio público. La ley, otorga poderes a un determinado órgano para que este a su vez, las transfiera a otro, creándole personalidad jurídica y fundamentalmente patrimonio propio.

La descentralización implica, como dice el profesor Gustavo Penagos, una personificación de derecho público distinta a la del Estado como persona jurídica única. Si no existiera la personificación, la transferencia de competencias se convertiría en una mera desconcentración de funciones lo cual es distinto, no solo en la forma sino en el fondo de las atribuciones y su expresión hacia el ciudadano.

---

[36] En su libro *Principios del Régimen Jurídico de la Organización Administrativa Venezolana*. Colección Estudios Jurídicos, N° 49, Editorial Jurídica Venezolana, Caracas, 1991.

La transferencia es ordenada por el Constituyente y materializada por la ley. Los Estados y los Municipios para ponerlos como ejemplos, constituyen el paradigma del traslado, por ello la ley crea mecanismos abiertos y flexibles para que los estados y los municipios descentralicen y transfieran a las comunidades y grupos vecinales organizados los servicios que estos gestionen previa demostración de su capacidad para prestarlos.

Por último, la descentralización es una evidencia de transferencia de competencias fundamentalmente y la creación de una persona jurídica distinta al ente transfiriente. Constituye una modalidad administrativa en el sentido de que, el órgano que transfiere mantiene con el transferido una relación de dependencia administrativa que en su gran mayoría los autores del Derecho Administrativo lo denominan control de tutela, control *ocurrido en la descentralización* dice Jean Rivero.

El control constituye pues, un síntoma claro e inequívoco del fenómeno de la descentralización. Si no existe control, no existe descentralización. Esta característica confirma las tesis que clarifican las diferencias entre las descentralizaciones y las tendencias municipales, lo cual analizaremos posteriormente.

De nuestros autores patrios el profesor Caballero Ortíz, ha contribuido de manera excelente a definir el fenómeno de la descentralización en atención al criterio por medio del cual la descentralización se encuentra muy vinculada al concepto de personalidad jurídica. En efecto, el autor patrio hace referencia en su obra "Los Institutos Autónomos[37]", a que la descentralización siempre que se refiere a la funcional, y que supone siempre la existencia de una persona distinta de la República, pero que forma parte de su propia organización administrativa.

Ahora para nosotros, la personalidad jurídica es un elemento más del concepto de descentralización, porque la misma carece de existencia si un ente creado no tiene poder o carece de autonomía de acción.

Acogernos a la doctrina expuesta, de que la descentralización es una noción solo ligada a la personalidad jurídica, nos llevaría a la conclusión de que toda persona que tenga personalidad jurídica es

---

[37] Jesús Caballero Ortíz. *Los Institutos Autónomos*, Editorial Jurídica Venezolana, Caracas, 1995.

descentralización e incluiríamos en consecuencia a las personas privadas, siendo inadmisible ciertamente en derecho, con las excepciones que trae la novísima Ley Orgánica de la Administración Pública[38].

Creemos ciertamente, que el concepto de descentralización, va íntimamente vinculado a una serie de elementos dichos y que la noción parte de un principio de nociones y elementos superpuestos para poderlos definir en toda su extensión. La personalidad jurídica es un elemento fundamental, como dice el autor patrio, implica ser sujeto de derechos y obligaciones, capaces de adquirir, demandar y ser demandados, y en general realizar actos jurídicos que afecten a terceros, implica igualmente la existencia de un ente independiente de los entes que lo integran.

La existencia de un patrimonio, lo cual produce una consecuente responsabilidad en su administración. Y, fundamentalmente, encontrarse sometido a un régimen jurídico especial distinto al derecho común.

B.   *El régimen jurídico de la descentralización y sus signos distintivos*

La transferencia de competencias a nuestro entender, constituye la armadura esencial de la noción, de allí su diferencia con otras instituciones. Las transferencias son siempre administrativas y no de otra índole. El control de tutela constituye además, el tercer elemento fundamental que caracteriza la noción de descentralización. Control de tutela que implica pues, un control técnico y político por parte del ente que transfiere las debidas competencias administrativas.

En el derecho positivo venezolano, hablando de estructuras administrativas, los institutos autónomos constituyen los ejemplos típicos de descentralización, y todo lo que su noción implica en este acontecer funcional y estructural tan interesante objeto de nuestro estudio.

---

[38]   El Decreto con rango, valor y fuerza de Ley Orgánica de la Administración Pública incluye a: las empresas del Estado; empresas públicas; fundaciones; sociedades civiles, como organizaciones de Derecho Privado dentro del esquema de la Administración descentralizada.

CAPÍTULO II
ENTES DESCENTRALIZADOS

I.   LOS INSTITUTOS AUTÓNOMOS (IA)

Los IA constituyen la expresión típica de la Administración Descentralizada funcionalmente. Tienen basamento constitucional y forman parte de la Administración Pública tanto Nacional como Estadal y Municipal. Veamos entonces que noción existe sobre los institutos autónomos, cuáles son sus características principales, así como los controles que sobre ellos se ejerce.

1.   *Noción*

Los Institutos Autónomos forman parte de la Administración Pública y constituyen pues establecimientos públicos. Persiguen funciones públicas y constituyen en general, la materialización del actuar estatal en forma específica y concreta. Son formas de concreción, reflejo, formas, una actividad en particular, la idea de la prestación del servicio en forma casuística, delimitada y determinada. Son entes ideados para ser más cercana e inmediata la participación del Estado en la prestación de los servicios a la comunidad. Son manifestaciones de la descentralización y por ello contribuyen en la política para acercar al ciudadano a la Administración. Sin embargo, existen una variedad de IE en el ordenamiento jurídico que contribuye a no pocas confusiones y a posibles variedades definitorias de los mismos, en atención a los criterios que él intérprete e investigador escoja y se pregunte.

En atención a la anterior reflexión, podemos expresar que los institutos autónomos son entes públicos, dotados de una formal personalidad jurídica, con: una especial capacidad patrimonial; autonomía de gestión administrativa y financiera; un objeto especial y concreto de servicio público; y con un elemento fundamental: sobre él pesa un control por parte del ente que transfiere potestades y competencias, cuya estructura y funcionamiento se encuentra sometido a un derecho especial, generalmente bajo el sistema de Derecho Administrativo.

Entonces, un IA, es un ente creado al cual se le han transferido competencias provenientes de un ente transfiriente, dedicado a ejercer atribuciones especiales, con personalidad jurídica y con la particularidad de que sobre el instituto pesa un control determinado en la ley, y cuya especialidad implica generalmente la posibilidad de imponer y dictar actos de autoridad. Por ello, su régimen fundamental es de Derecho Administrativo.

2. Características

Son *establecimientos públicos*. En este sentido, la doctrina francesa es ejemplo de conocimiento en las nociones de servicios públicos, y muy especialmente en lo que se refiere al concepto de establecimiento público. Para nosotros, los institutos autónomos son verdaderos establecimientos públicos. André Demichel[39] alude a una clara distinción entre establecimientos públicos de carácter administrativos y establecimientos públicos de carácter industrial y comercial.

Los primeros, son órganos públicos dotados de autonomía de gestión y personalidad jurídica. Prestan un servicio público especial y determinado en áreas específicas, creados por la ley, y sobre ellos pesa un control de tutela a favor del ente creador. Su régimen es básicamente de Derecho Administrativo, lo que implica que sus actos son administrativos, concluye contratos administrativos y es un órgano que la ley le concede en todo caso real y evidentes prerrogativas de poder público. Los actos administrativos dictados por estos órganos son susceptibles de impugnación por ante la jurisdicción contencioso administrativa.

Los segundos -*establecimientos públicos industriales y comerciales*- son de acuerdo a la doctrina francesa, modos de gestión típicamente no prestadores de servicios públicos, cuyo objeto es industrial o comercial. En este sentido, sus actuaciones se materializan a través de actos de comercio, su organización y funcionamiento es subordinado a las reglas del código de comercio, y a sus leyes especiales. Su régimen jurídico, se limita en lo que se refiere a los usuarios al sistema de derecho común, lo que se materializa por medio del Código Civil y el Código de Comercio. Los contratos igualmente se rigen por las normas del derecho común, aun cuando contengan cláusulas exorbitantes. Y, la responsabilidad se sitúa dentro de las normas de la jurisdicción ordinaria. Los tribunales competentes son los tribunales de la jurisdicción civil y mercantil.

---

[39] Andre Demichel, *Le Droit Administratif. Essai de Réflexion Théorique*, París, 1978

Por otra parte, la doctrina francesa no descarta la aplicación de normas de derecho público para los servicios industriales y comerciales.

En lo que se refiere a los controles por parte de las personas públicas territoriales, estos se efectúan a través de actos administrativos bajo su régimen formal de Derecho Administrativo. Generalmente, los altos directivos de estos entes, son designados por los Ministros o Jefes De Estado, lo que implica que sus designaciones son pues actos administrativos. Las reglas del control o de tutela, son muy semejantes a la de los establecimientos públicos administrativos. El control accionario predomina en ellos, pero en todo caso, el Estado ejerce un control político sobre los institutos industriales y comerciales[40].

Georges Vedel[41] en su libro *Droit administratif* (1958) hace una clara distinción entre los dos establecimientos públicos. A los primeros, los denomina establecimientos públicos administrativos y a los segundos establecimientos de utilidad pública. Dice pues el autor francés, que la distinción es de una gran importancia por cuanto permite delimitar las diferencias entre la Administración y los organismos privados y de precisar del mismo modo las fronteras entre el Derecho Administrativo y el Derecho Civil. Los servicios de utilidad pública, su reconocimiento, confieren a sus órganos un puro Derecho Privado, puede que la Administración le corresponda determinadas injerencias, pero en todo caso, el Derecho Privado rige enteramente sus funciones, y no disponen de prerrogativas de poder público. Al contrario, un establecimiento público es un elemento de la Administración, generalmente un servicio público, que por razones de descentralización se le reconoce personalidad jurídica y autonomía de gestión financiera. Vedel afirma que la distinción entre los dos entes se sitúa en el plano de cuatro elementos fundamenta-

---

[40] Arrêt Ursot . T.C. 24 junio 1968. la identificación del servicio público administrativo. *Las Grandes decisiones de la jurisprudencia francesa*. Droit administratif. Jean Francois Lachaume.

[41] Profesor de derecho público nacido en Auch, Francia. Publicó bastantes obras, entre ellas varios manuales de ley constitucional y administrativa, que influyeron en las futuras generaciones de expertos legales franceses. A Vedel se le atribuye haber sido el revisor del derecho público en Francia, y fue mejor conocido por su teoría de las bases constitucionales presentes en el derecho administrativo, una teoría que unificó el área de la ley pública en Francia.

les, el primero, en cuanto a la voluntad del legislador en lo que se refiere a la calificación del ente, y el segundo criterio se refiere al elemento origen del establecimiento. Un tercer criterio, estaría determinado por la naturaleza de las actividades a realizar y un último criterio por la posibilidad que tendrían estos entes de aplicar o dictar actos con prerrogativas de poder público, esto es actos administrativos.

Los Institutos Autónomos son pues, verdaderos establecimientos públicos por cuanto el estar sometidos a un régimen de Derecho Administrativo, aplican en su funcionamiento, el dictado de actos de autoridad y en consecuencia, los mismos pueden ser impugnados ante la jurisdicción contencioso administrativo.

Por su parte es importante destacar, que en Venezuela igualmente los Institutos Autónomos están sujetos al control de la Jurisdicción Contencioso Administrativa (Artículo 7, numeral 1 de la Ley Orgánica de la Jurisdicción Contencioso Administrativa).

Asimismo, los IA poseen personalidad jurídica, son personas públicas. Una de las características del fenómeno de la descentralización lo constituye justamente que el ente descentralizado para actuar necesita ostentar la personalidad jurídica a los fines de que el ente descentralizado pueda participar en su correspondiente ámbito jurídico y social. Pues bien, el desarrollo de la personalidad implica en todo caso, que este ente, pueda asumir obligaciones y del mismo modo comprometerse en sus correspondientes relaciones tanto con personas públicas como con personas privadas. Pueden los entes descentralizados de la Administración, los Institutos Autónomos, demandar y pueden ser igualmente demandados en los tribunales de la República[42]. Pueden en fin, contratar y asumir las obligaciones bilaterales u unilaterales producto de los contratos asumidos. Los IA tienen personalidad jurídica por ser entes descentralizados y con ello, se garantiza que la prestación de los servicios públicos o de otra índole, más el necesario mecanismo de interrelación con las demás personas, contribuye al desarrollo de la actividad y que en la práctica, da como consecuencia, la posibilidad de la responsabilidad del instituto en atención a los fines que el mismo persigue. No se concibe a un Instituto Autónomo como un ente no dotado de personalidad jurídica como bien lo expresa Caballero Ortiz. La personalidad

---

[42] Artículo 9, numeral 9 de la Ley Orgánica de la Jurisdicción Contencioso Administrativa.

jurídica de los institutos autónomos es en evidencia, un elemento formal necesario que lo define, de carácter instrumental y fundamental para que pueda interrelacionarse con las otras personas jurídicas.

La personalidad la adquieren por medio de la ley, por lo tanto, la norma jurídica se constituye en la base de su creación. Tanto la Constitución de 1961, como la Bolivariana de Venezuela acuerdan que su creación es por ley solamente. Y, que los institutos tienen un control por parte del Congreso, según la constitución de 1961, y por el Estado, según la Constitución Bolivariana de Venezuela. (Artículos 230 de la Constitución de 1961 y 142 de la Constitución de la República Bolivariana de Venezuela).

La atribución que concebía al Presidente de la República, la posibilidad de crear institutos autónomos a través de la figura de la creación y dotación de nuevos servicios públicos, del artículo 190 ordinal 11 de la Constitución de 1961, fue eliminada con la Constitución Bolivariana.

En efecto, si analizamos con detenimiento las atribuciones y obligaciones del Presidente o Presidenta de la República en el artículo 236 de la Constitución actual, no existe norma jurídica alguna semejante a la prescrita en la anterior Constitución. Sin embargo, en el artículo 236 numeral 8 puede conferir al Presidente de la República la posibilidad de crear Institutos Autónomos cuando la norma constitucional expresa: *"Dictar, previa autorización por una ley habilitante, decretos con fuerza de Ley..."*, es decir, el Presidente de la República podrá crear Institutos Autónomos si la ley habilitante se lo autoriza en forma expresa, a través de la figura de la delegación legislativa. En todo caso, es necesario analizar, la facultad presidencial tomando en consideración, el alcance de la delegación otorgada por el órgano legislativo.

Los institutos autónomos tienen autonomía de gestión y patrimonio propio, lo cual indica que pueden circular dentro del medio jurídico con cierta libertad de gestión, la cual es fundamental para que puedan prestar sus servicios con efectividad y eficiencia.

Autonomía, de acuerdo a lo expresado por el diccionario jurídico de Cabanellas dice:

"Estado y condición del pueblo que goza de entera independencia sin estar sujeto a otras leyes que a las dictadas por él y para él. En sentido figurado, condición del individuo que de nadie depende en ciertos aspectos".

La autonomía supone pues total independencia de actuación. El Estado es autónomo por antonomasia. El concepto de autonomía, como expresan los autores españoles Tomas Ramón Fernández y García de Enterría se refiere a la potestad reconocida a ciertos entes para dotarse a sí mismo de un ordenamiento jurídico.

Ahora, los institutos autónomos no son autónomos de conformidad con el concepto anterior. Eso es evidente. Sin embargo, el concepto de autonomía dentro del campo de las estructuras de la Administración, o más concretamente, dentro del campo del Derecho Administrativo, se encuentra vinculado a dos aspectos.

Primeramente, para expresar en forma conceptual, que los institutos autónomos son entes creados por la ley, para actuar con independencia en su gestión administrativa, pero claro está, sometido a los controles que en todo caso ejercita la Administración que transfirió las debidas competencias. Autonomía dentro del Derecho Administrativo no constituye necesariamente una noción vinculada a la total independencia. Si se quiere autonomía es una especie de autarquía. Y, del mismo modo, podemos interpretar la noción de autonomía como la facultad que tienen ciertos entes administrativos de crearse en sus propias estructuras y en su capacidad de autogestión financiera. La autonomía de los institutos autónomos, es una noción vinculada a la existencia de entes, que tienen *cierta* libertad de actuación administrativa y de gestión financiera, pero *no total independencia* como lo es el concepto tradicional expresado en el diccionario.

La capacidad de autogestión del instituto autónomo se encuentra delimitada en la respectiva ley de creación. Es la ley, quien en definitiva le confiere al instituto el alcance y los límites de su comportamiento con los demás entes de la Administración y muy concretamente los alcances del control que el Estado ejerce sobre él. A mayor control de tutela menos autonomía de gestión.

E igualmente, es evidente, si analizamos con detenimiento el ordenamiento referido a los institutos autónomos en nuestro país, se comprobará la variedad y las diferencias entre institutos autónomos en lo que se refiere a sus bases autogestionarias y auto-administrativas. Sobre todo, existen institutos autónomos más o menos autónomos que otros.

En el caso de las universidades nacionales estas constituyen verdaderos institutos autónomos con alto grado de autonomía. Por ejemplo, la Universidad Central de Venezuela goza de acuerdo a la ley, de autonomía de gestión, académica y política, por cuanto ella misma elige sus propias autoridades. Es decir, contiene variados elementos que nos invitan a reflexionar y pensar sobre su capacidad autonómica y sus atribuciones formales frente a los demás entes del Estado, concretamente con el Ministerio del Poder Popular para la Educación Superior (MES).

El control ejercido sobre las universidades nacionales constituye un control *sui géneris*, distinto a los tradicionales. El control sobre las universidades lo materializa un Consejo Nacional de Universidades constituido por todas las universidades del país, y cuyo presidente lo es el Ministro de Educación Superior de conformidad con la Ley de Universidades. Si, existe un representante por cada universidad en el Consejo, pareciera entonces que cada universidad se autocontrola en sus gestiones administrativas y financieras.

Por otra parte, la posibilidad que tienen las Universidades Nacionales de elegir, por votación, sus propias autoridades, desde el rector hasta los estudiantes, le confiere a las mismas Universidades nacionales, un carácter auténtico de ser entes descentralizados, de acuerdo a la tradicional doctrina francesa acerca del concepto de descentralización. En todo caso, dadas estas características expuestas, no existe duda alguna de que las Universidades son, a nuestro entender, verdaderos institutos autónomos, que forman parte de la Administración Pública y que prestan fundamentalmente un servicio de educación superior, gratuita, pública y bajo la vigilancia formal del Estado. No compartimos en consecuencia la opinión del profesor Jesús Caballero Ortiz al expresar que las universidades nacionales no pueden considerarse como institutos autónomos por cuanto sus elementos diferenciadores son marcados. Alega fundamentalmente, que los mecanismos de elección es un elemento diferenciador, sin embargo a nuestro parecer, la elección es por demás un elemento típico de la descentralización lo cual no observamos incompatibilidad. En segundo lugar, la autonomía normativa, lo que implica a nuestro juicio una descentralización muy marcada nada extraña al concepto y en tercer lugar, el grado de participación, el cual consideramos como un elemento clave para definir la descentralización administrativa. Realmente las Universidades Nacionales, de acuerdo al derecho positivo venezolano, son institutos autónomos de marcada tendencia descentralizada y especial.

En tercer lugar, los institutos autónomos se caracterizan fundamentalmente por cuanto su objeto es la prestación de un determinado y específico servicio público o social, lo cual lo diferencia del Estado en el sentido de la generalidad en la prestación de los servicios. En efecto, los IA son entes de carácter no territorial caracterizados en que su ámbito formal de aplicación, su objetivo, se encuentra delimitado en la prestación de un específico servicio público. Su labor está dirigida a una determinada actividad, independientemente del territorio donde se materialice su acción. La territorialidad o no territorialidad de un ente no constituye per se un problema de orden geográfico o espacial. Sino en todo caso, una delimitación de competencias entre los respectivos entes, realizada o expresada por el legislador, con la finalidad de organizar con la mayor eficiencia la prestación formal de los servicios públicos. Los institutos autónomos prestan de esta forma unos servicios públicos y no varios. Delimitación que le concede al instituto su ley de creación, para que pueda del mismo modo proyectarse jurídica y socialmente a la comunidad que sirven.

En general, los Institutos Autónomos por ser entes de carácter no territorial extienden su poder de acción a un determinado objetivo. Por ejemplo, la máxima autoridad de la universidad, es decir el rector, tiene un poder sobre los derechos ejercidos por los estudiantes delimitados al campo de la educación superior. Los entes territoriales, como los municipios extienden su poder de acción en consideración a un espacio más amplio de territorio, no así en el caso de los institutos autónomos. En estos impera el principio de la especialidad, lo cual nos indica, que poseen solo unas determinadas competencias para actuar distinta a los entes territoriales cuyas competencias son amplias o universales.

En cuanto a los poderes formales otorgados a los Institutos Autónomos, generalmente constituyen potestades igualmente delimitadas y no poderes superiores como aquellos otorgados a los entes territoriales. El poder tributario, reglamentario, expropiatorio o el poder de afectar bienes del dominio público o del dominio privado de la nación, constituyen características propias de los entes territoriales mas no así de los entes no territoriales como los institutos autónomos. Esto no significa, que en cualquier caso, una ley de creación de algún instituto autónomo pueda eventualmente conferir potestades formales a un instituto o ente no territorial. En definitiva, es su ley de creación a quien le corresponde delimitar o crear competencias al ente descentralizado.

Los entes no territoriales, como los institutos autónomos, son los clásicos gestores de los servicios públicos. Los IA no crean servicios públicos: los gestionan. Al contrario, a los entes territoriales, como los municipios, pueden calificar o determinar una necesidad como una necesidad de carácter pública. Puede un ente territorial determinar una necesidad pública, organizar el modo y la forma de la prestación, así como su régimen jurídico. Los entes territoriales son verdaderamente autónomos. Los institutos autónomos constituyen personas gestoras o ejecutoras en la prestación de los servicios públicos, en otras palabras, los institutos autónomos ejecutan la política, la idea de prestación acordada por el ente territorial.

Tomás Ramón Fernández y García de Enterría, hacen una extraordinaria referencia al carácter instrumental de los entes institucionales, que en Venezuela lo equiparamos a los clásicos institutos autónomos. La instrumentalidad del ente institucional, dicen los autores españoles, respecto de su ente matriz se manifiesta en una serie de particularidades de régimen, que son capitales para definir el *status* de la Administración institucional y que esquematizan de la siguiente forma:

En primer lugar, muestran que los entes institucionales no tienen fines propios, sino que actúan los fines del ente fundador. Son pues, simples ejecutores de los servicios públicos.

En segundo lugar, entre el ente fundador, el titular de las competencias, y el creado, el ejecutor de las competencias, el instituto autónomo, existe una unidad, dicen *un complejo organizativo unitario*, y por ello, justifican la figura de la adscripción del instituto, por ejemplo, al Ministerio como un ente tutelador. Con la adscripción el instituto autónomo no aparece dentro del orden jurídico estructural de la administración como un ente autónomo, sino como un órgano dependiente de los ministerios u órganos de la Administración Central. Y, por último, la adscripción no determina propiamente una subordinación al ente creador, ni mucho menos a términos de dependencia. No existe pues jerarquía de un ente a otro.

Igualmente, el control sobre los institutos autónomos constituye el control un elemento fundamental y caracterizador de estas personas públicas. Sin control no existen institutos autónomos. La doctrina tradicional del Derecho Administrativo lo denomina control de tutela para diferenciarlo del denominado control jerárquico típico de los entes desconcentrados de la Administración Pública.

La doctrina francesa se ha encargado de estudiar a profundidad la noción de tutela administrativa.

Jean Rivero, administrativista francés, ya lo indicamos, le ha correspondido definir el control de tutela como aquel control de los entes descentralizados, y como una supervisión muy *necesaria*. En su libro de Derecho Administrativo, vincula a este específico control como propio de los entes descentralizados territorialmente. Es un síntoma de la descentralización tanto en los entes descentralizados territorialmente como en los no territoriales. Así, lo define primeramente como un control fundamental para satisfacer y concurrir en las tareas del propio Estado dice este autor:

> *"... Ce controle est necessaire, a la fois dans l´interet de L´Etat lui´meme, qui doit sauvegarder son unité politique et veiller au respect de la loi, dans l´interet de la personne décentraliseés...".*

Es decir, *necesario* a nuestro entender implica en todo caso, un elemento caracterizador y esencial para estructurar el concepto real de descentralización lo cual siempre hemos asumido. Entonces, el control de los institutos autónomos es un verdadero control, en el sentido de que es una especial supervisión que se hace en interés del propio Estado y por supuesto de la colectividad. Este control no jerárquico, constituye una real supervisión sobre la actividad general de funcionamiento del ente descentralizado destinado a verificar políticas del instituto, a inspeccionar sus programas, a constatar la coordinación de las respectivas políticas encuadradas dentro de un marco general ideado y de actuación.

El control ejercido sobre los institutos autónomos se encuentra pues, estructurado en consideración a la situación en que se encuentre dicho instituto vinculado al ordenamiento jurídico en el cual desenvuelve su acción y su funcionamiento. Así, existen controles externos al Instituto como controles internos de la propia organización administrativa.

Los controles externos son realizados fundamentalmente por la Asamblea Nacional, órgano legislativo, por un lado, y por la Contraloría General de la República por el otro.

Dentro de las atribuciones de la Asamblea Nacional, aquellas especificadas en el artículo 187, numeral 3, de la Constitución Bolivariana, se encuentra la de *"ejercer funciones de control sobre el gobierno y la Administración Pública Nacional, en los términos consagrados en esta Constitución y en la Ley"*. *"Los elementos comprobatorios obtenidos en el ejercicio de esta función, tendrán valor probatorio, en las condiciones que la ley establezca"*.

No existe duda pues, del control ejercido por el máximo órgano de representación popular en relación a los institutos autónomos.

Y, el Vicepresidente de la República, en virtud de la disposición constitucional contenida en el artículo 239 numeral 2 dice que dentro de sus atribuciones está la de *"coordinar la Administración pública Nacional de conformidad con las instrucciones del Presidente o Presidenta de la República"*. Es decir, el control ejercido desde las altas esferas por el Poder Ejecutivo es claro de acuerdo a la norma constitucional citada.

El artículo 187 numerales 8, 9 y 12 de la Constitución de la República Bolivariana de Venezuela, hacen referencia a la aprobación de la Asamblea Nacional de los contratos de interés nacional que realice el Ejecutivo Nacional, es decir, la Administración Pública, dentro de los cual incluimos a los institutos autónomos el control sobre órganos administrativos es permanente. Igualmente, aprobar los lineamientos generales del plan de desarrollo económico y social, y la autorización que debe conceder el órgano legislativo para enajenar bienes inmuebles del dominio privado de la nación, con las excepciones que establezca la ley.

La Asamblea Nacional ejerce igualmente un control sobre los institutos autónomos en cuanto a los dineros o aportes que el propio Ejecutivo Nacional acuerda para ellos, de conformidad con las normas previstas en la Ley de Presupuesto del Estado. De la misma forma los ministros en sus memorias a la Asamblea Nacional, deben indicar como ha sido la gestión de los institutos autónomos a los cuales le son adscritos de conformidad con la ley.

En cuanto al control ejercido por la Contraloría General de la República, destaquemos que esta institución pertenece al denominado Poder Ciudadano de conformidad con los términos de la Constitución Bolivariana de Venezuela. Sus atribuciones se encuentran especificadas en los artículos 287 al 290 inclusive, y su mención principal se hace en el artículo 273 cuando se la incluye dentro del poder ciudadano.

Dice la norma constitucional que:

"El Poder Ciudadano se ejerce por el Consejo Moral Republicano integrado por el Defensor o Defensora del Pueblo, el Fiscal o Fiscala General de la República y el Contralor o Contralora General de la República".

La Contraloría General de la República, es el órgano de control, vigilancia y fiscalización de los ingresos, gastos, bienes públicos y bienes nacionales, así como de las operaciones relativas a los mismos. Es decir, la Contraloría General, inspecciona la materia financiera de los institutos autónomos, aquellos incluidos dentro de la Administración Pública Nacional. En todo caso, es importante expresar, que de conformidad con la estructura organizativa de los poderes públicos en Venezuela, ya la Contraloría General de la República, no parece ser un órgano auxiliar del poder legislativo como lo era en la Constitución de 1961, sino al contrario es a partir de la promulgación de la nueva Constitución, un órgano del Poder Ciudadano y no de la Asamblea Nacional. Ya, la Contraloría General de la República no es auxiliar sino autónoma en sus funciones indicadas en la Constitución y en las leyes de la República.

La Contraloría General de la República ejerce un control sobre las cuentas de los institutos, sobre la existencia de los bienes, y en general fiscaliza todas las operaciones financieras realizadas por estos entes públicos. La Contraloría está facultada pues, para verificar y ejercer todas las investigaciones que considere conveniente para la mejor efectividad según las estipulaciones que le acuerde la propia ley orgánica. (Artículo 9 numeral 6 de la L.O.C.G.R de 2001).

La Contraloría puede, de acuerdo con el texto de la ley, imponer sanciones, multas y reparos. Puede igualmente, la Contraloría, imponer sanciones de multa a los empleados de los institutos autónomos que incurran en ilícitos administrativos que estén formalmente previstos en la Ley de Salvaguarda del Patrimonio Público. En fin, las actividades de control sobre los institutos autónomos por parte de la Contraloría son extensas y abarcan un sinnúmero de normas previstas en las leyes administrativas.

Dentro de los controles internos sobre los institutos públicos, llamados típicamente controles de tutela administrativa, encontramos los controles de carácter técnico y los controles financieros. Existen en todo caso, controles a priori, concomitantes y a posteriori, controles dedicados a analizar previamente una actividad administrativa, al momento de la actividad y posterior, con la finalidad de verificar el cumplimiento de las obligaciones del instituto.

Los controles más comunes sobre los institutos autónomos, se destacan fundamentalmente sobre los contratos administrativos y los contratos no administrativos, los controles sobre las tarifas, tasas e impuestos, que por ley puedan los institutos autónomos dictar, el control que se ejerce sobre la venta de bienes inmuebles como en bienes muebles, los controles ejercidos por el Ministro en relación al dictado de los reglamentos internos, como actos administrativos y el control sobre operaciones de crédito público.

En general, a los Ministros les corresponde ejercer sobre los institutos autónomos, las funciones de coordinación y control que le corresponde conforme a la ley, según lo dispone el artículo 27, numeral 12 del Decreto N° 369 con rango de fuerza de Ley Orgánica de Reforma de la Ley de Administración Central.

En general, dice el derogado Decreto con rango de fuerza de Ley Orgánica de la Administración Central en su artículo 7;

"que de conformidad con la Constitución y las leyes, se podrán crear entes descentralizados funcionalmente con las competencias que se determinen en el instrumento jurídico de creación. En todo caso, estos entes estarán siempre adscritos administrativamente al Ministerio regulador y rector del sector de políticas públicas donde desarrollen su actividad y ejercerá sobre ellos el control correspondiente".

Nos dice inequívocamente la ley que el control sobre los ministerios es norma en la administración descentralizada funcionalmente.

Y, el artículo 70 ratifica el control pero extendiéndolo a los entes desconcentrados de la Administración, y dice que: *"...el control de los Ministerios sobre los entes descentralizados se ejercerá de conformidad con las disposiciones generales de este Decreto Ley y los demás instrumentos normativos que correspondan"*.

Los institutos autónomos por ser personas públicas, con personalidad jurídica y patrimonio propio e independiente, sometido a un control de tutela del órgano de adscripción, se ubica dentro del contexto jurídico sometido a un régimen especial denominado régimen especial de Derecho Administrativo. Veamos porqué y cuál es su significado.

Las personas públicas territoriales o no, prestan determinados servicios públicos. Bien sabemos, las divergencias de criterios en relación a la noción servicio público, que tanto ha dado que hacer en las diversas teorías del Derecho Administrativo.

El servicio público es un concepto tradicional, si así cabe la expresión, en los andares de este especial e interesante Derecho. La doctrina francesa, y muy especialmente las sentencias dictadas por el Consejo de Estado Francés, se han encargado de estudiar a profundidad el concepto. Las nociones fundamentales, han sido dictadas por las sentencias: *t.c.22 jan. 1921, société comérciale de louest africain. c.e. 31 juil 1942. monpeurt. c.e. 2 avr. bouguen. c.e. 5 mai, compagnie maritime de l afrique orientale. c.e. 22 nov 1946. commune de saint'priest' la plaine*, y otros que han marcado hitos en la historia.

A esto se le une la propia historia de la doctrina hasta llegar a la crisis de la noción de servicio público, en el sentido, de que todas las instituciones del Derecho Administrativo, tienen que reflejar esa discusión histórica para traducirse en el mundo social y jurídico. En todo caso, y en atención a lo expuesto la jurisprudencia francesa, sobre todo aquella dictada por el Consejo de Estado y el Tribunal de Conflictos, en una sentencia de base en esta materia, la sentencia del Tribunal de Conflictos del 20 de noviembre de 1961, Centro Regional de lucha contra el Cáncer, Eugenio Marquiz, trata de encontrar la naturaleza jurídica de una institución como su nombre lo indica, y en tal sentido, estudia con detenimiento su naturaleza jurídica, que dando un matriz diferencial a otras sentencias expresa que la dificultad se encuentra cuando el legislador no define la institución y su naturaleza jurídica, y que en consecuencia, la jurisprudencia debe indicar ciertos criterios que ayuden al intérprete, especialmente al juez, a definir la naturaleza de una determinada institución.

Así las cosas, son varios los elementos de identificación atribuibles a la jurisprudencia francesa, estando uno de ellos muy vinculado al elemento de creación de la persona. El origen de la persona es esencial, el establecimiento público es creado por un acto público, ejemplarmente la ley, o cualquier norma de orden jurídico formal, es decir por iniciativa pública. En cambio la persona privada es producto de la iniciativa particular, y el objeto de la institución es la prestación de un servicio público, lo cual supone continuidad en la prestación, y un tercer elemento fundamental corresponde a la necesidad que tiene el ente de interrelacionarse con otras personas a través de la figura de las prerrogativas de poder público. Este último y diferencial elemento, constituye la marca distintiva de la persona pública, por cuanto puede, en el proceso de interrelación subjetiva, dictar actos de autoridad, dictar actos administrativos, capaces de afectar derechos subjetivos o intereses variados de los particulares.

Lo anterior, constituye claros e indudables índices de reconocimientos dictados por la jurisprudencia, cuya finalidad es encontrar el conflicto por medio del cual el legislador haya omitido su denominación.

El significado del establecimiento público varía en relación a la óptima y real circunstancia que reconozca la jurisprudencia por un lado y la ley por el otro. El establecimiento público se encuentra sometido a un régimen especial de Derecho Administrativo, lo que significa principalmente, que el control ejercido por los particulares, y por el propio Estado, es a través de la jurisdicción contenciosa administrativa, lo cual implica un tratamiento especial por parte del Juez, con un funcionamiento diferente, porque entre otras cosas, la visión que tiene el juzgador sobre el establecimiento público es distinta en atención a que, esta persona puede irremediablemente afectar derechos subjetivos e imponer obligaciones. Claro está, las actuaciones de las personas públicas suponen un reconocimiento de control por parte de los ciudadanos a través del principio de la legalidad de la actuación de la persona pública, y quien debe someterse en toda su extensión.

Los institutos autónomos son pues y definitivamente, personas públicas, sometidos formalmente a un régimen especial denominado régimen especial de Derecho Administrativo, lo cual implica que el Instituto es una persona pública que actúa en consideración a poderes que le han sido previamente determinados por la ley, por lo que su creación es por ley. Puede, el instituto, dictar actos administrativos creadores o limitadores de derechos subjetivos. Esta autoridad pública, tiene un ámbito de actuación delimitado, a un determinado servicio especial, generalmente un servicio público, y cuya esencial y paradójica característica lo constituye el hecho de que, sobre el instituto pesa o gravita en verdadero control especial, que la tradicional doctrina administrativa denomina *control de tutela*. Y, sometido en su organización y funcionamiento a un control judicial denominado control contencioso administrativo bajo consonancias diferentes y bajo el rubro de leyes especiales.

Por último, los institutos autónomos por ser personas públicas, su organización y funcionamiento son de Derecho público. En tal sentido, al poder interrelacionarse con las demás personas públicas o privadas, pueden realizar contratos tanto administrativos como contratos de derecho privado. Su régimen en cuanto a la organización de personal, lo constituye tantos elementos de los funcionarios públicos, Ley del Estatuto de la Función Pública, como trabajadores que se rigen por la Ley Orgánica del Trabajo.

En lo relativo a su *régimen financiero*, los IA reciben ingresos del Estado, a través de partidas especiales y adquieren bienes producto de sus propias administraciones, como de las ventas realizadas, ingresos de naturaleza tributaria, etc. Son igualmente titulares de bienes, por ser propietarios, de conformidad con la disposición del artículo 538 del Código Civil, aunque no sean titulares de bienes del dominio público[43].

Sobre los Institutos Autónomos pesa un *control jurisdiccional contencioso administrativo*, bajo sus dos clásicas vertientes. En cuanto a los actos administrativos, su control se encuentra determinado en la Corte Primera y Segunda de lo Contencioso Administrativo ahora denominados Juzgados Nacionales de conformidad con los artículos (24 numeral 5 de la Ley Orgánica de la Jurisdicción Contencioso Administrativo si son recursos de nulidad contra actos administrativos y artículo 23 numeral 1 de la mencionada ley si son demandados por recursos de plena jurisdicción, en lo que se refiere al contencioso ordinario contra actos dictados por las máximas autoridades de los institutos.

Sus regímenes especiales funcionariales en los Juzgados Superiores Estadales de la Jurisdicción Contencioso Administrativa de conformidad con el artículo 25 numeral 5 de dicha ley. En todo caso, los IA no tienen prerrogativas procesales salvo que la ley de creación del instituto se les acuerda en forma expresa.

Ahora bien, ¿Cómo se encuentran estos entes de la Administración Pública en el Decreto con Rango, Valor y Fuerza de Ley Orgánica de la Administración Pública?

3.   *Los Institutos Autónomos y el Decreto con Rango, Valor y Fuerza de la Ley Orgánica de la Administración Pública*

El Decreto con Rango, Valor y Fuerza de Ley Orgánica de la Administración Pública marca una innovación importante en cuanto a su régimen jurídico que lo diferencia de la antigua Ley Orgánica de la Administración Pública. En primer lugar, los introduce dentro del Capítulo II, Sección primera del Título IV (artículos 91 a 101 inclusive, referido a la desconcentración y a la descentralización funcional como figuras organizativas). Hace una referencia importante a los requisitos por medio de los cuales se deben crear institutos autónomos que los denomina Institutos Públicos. En segundo lugar, los define como entes que "son personas jurídicas de derecho público de naturaleza fundacional, creadas por ley nacional, estadal u

---

⁴³ Sobre este particular compartimos plenamente la tesis referida supra del profesor Jesús Caballero Ortiz.

ordenanza conforme a las disposiciones de esta ley, dotadas de patrimonio propio con las competencias determinadas en estas. En este sentido, los institutos autónomos o públicos son creados por ley, lo cual confirma el mandato constitucional, y remarca la ley, la posibilidad de que las leyes creadoras sean dictadas por los órganos de los poderes públicos, como son los poderes estadales y los municipales. Los caracteriza como entes dotados de patrimonio propio e independiente de la República de los Estados y los Municipios. Existen entonces, de acuerdo a la Ley Orgánica, tres niveles de institutos autónomos: *Los institutos públicos nacionales, los institutos públicos estadales y los institutos públicos municipales* (Artículo 96 del Decreto).

Para crear y formalizar un instituto autónomo, según el Decreto Presidencial, en cualquiera de sus niveles son necesarios los siguientes requisitos:

1. *El señalamiento preciso de su finalidad, competencias y actividades.* La ley deberá indicar su objeto, normalmente especial, característica esencial de la descentralización funcional, sus competencias y atribuciones, todas encuadradas dentro del articulado legal correspondiente.

2. *El grado de autogestión presupuestaria, administrativa y financiera que se establezca.* La descripción de la integración de su patrimonio y de las fuentes ordinarias de ingreso. Por tener patrimonio propio, los institutos autónomos reciben ingresos tanto de entes públicos como de entes privados, salvo que la ley especial de creación lo impida formalmente.

3. *La descripción de la integración de su patrimonio y de sus fuentes de ingreso.* Esto es, debe describirse en la ley que crea el instituto como se encuentra estructurado el patrimonio y su finalidad, así como la forma en que se establecerán sus ingresos.

4. *Su estructura organizativa interna a nivel superior, con indicación de sus unidades administrativas y señalamiento de su jerarquía y atribuciones.* Realmente no existe un modelo determinado de organización tanto externa como interna de los institutos autónomos Existen organizaciones unipersonales como colegiadas, los cuales es materia de la ley especial que los crea.

5. *Los mecanismos particulares de control de tutela que ejercerá el órgano de adscripción.* El control es de suma importancia en estos entes de la Administración Pública que en las páginas anteriores

hemos caracterizado, pero es importante, que la ley determine las características de los controles que pesa sobre los institutos autónomos. Sin embargo, el grado de control es un elemento que debe ser muy certeramente determinado en la ley especial, debido a que es posible detectar en ciertas leyes especiales de institutos públicos o autónomos con controles de tutela muy jerarquizados y en entes administrativos desconcentrados controles jerárquicos de poca interferencia jerárquica.

4.   *Los demás requisitos que exija el propio Decreto con Rango, Valor y Fuerza de la Ley Orgánica*[44]

Innovación importante del nuevo Decreto es la formal equiparación con la República de los privilegios y prerrogativas de los institutos autónomos. En efecto, los institutos autónomos gozan de los mismos privilegios de los entes territoriales (República, Estados, Distritos Metropolitanos y Municipios), es decir, aquellos concedidos en las leyes especiales de la Procuraduría, de la Ley Orgánica de la Corte Suprema de Justicia y de la Ley Orgánica de la Hacienda Pública Nacional, pensamos que no tendrán prerrogativas especiales si la ley de creación expresamente no lo contemplare[45].

El control sobre los institutos autónomos es un elemento identificador y significativo, entre otras cosas, por cuanto el control ejercicio sobre estas instituciones, tiene como hemos tratado anteriormente, características diferenciales de otros entes u organismos de la Administración del Estado. Es un control fundamentalmente de orden legal, lo cual indica y así debe ser entendido como un control ejercicio siempre de conformidad con el texto de la ley.

El nuevo Decreto Presidencial, hace referencia al control de tutela ejercido en los entes descentralizados funcionalmente, es decir, en los institutos autónomos o institutos públicos de la siguiente forma:

Las atribuciones de los órganos de control tienen las siguientes atribuciones:

---

[44]   Artículo 97 de Decreto con Rango, Valor y Fuerza de la Ley Orgánica de la Administración Pública.

[45]   Artículo 98 de Decreto con Rango, Valor y Fuerza de la Ley Orgánica de la Administración Pública.

1. Definir la política a desarrollar por tales entes, a cuyo efecto formularán las directivas generales que sean necesarias.

2. Ejercer permanentemente funciones de coordinación, supervisión y control conforme a los lineamientos de la planificación centralizada.

3. Nombrar los presidentes de institutos públicos, institutos autónomos y demás entes descentralizados.

4. Evaluar en forma continua el desempeño y los resultados de su gestión e informar oportunamente a la Presidenta o Presidente de la República, gobernadora o gobernador, alcaldesa o alcalde, según corresponda.

5. Ser informado permanentemente acerca de la ejecución de los planes, y requerir dicha información cuando lo considere oportuno.

6. Proponer a la Presidenta o Presidente de la República, gobernadora o gobernador, alcaldesa o alcalde, según corresponda, las reformas necesarias a los fines de modificar o eliminar entes descentralizados funcionalmente que le estuvieren adscritos, de conformidad con la normativa aplicable.

7. Velar por la conformidad de las actuaciones de sus órganos desconcentrados dependientes y entes descentralizados funcionalmente que le estén adscritos, a los lineamientos, políticas y planes dictados conforme a la planificación centralizada.

8. Las demás que determinen las leyes nacionales, estadales, las ordenanzas y los reglamentos.

El Estado ejerce sobre otros entes de la Administración, controles de naturaleza diferente a los institutos públicos o institutos autónomos, y que del mismo modo, se encuentran diseñados formal, material y jurídicamente, para realizar actividades de interés general o actividades públicas. Además, por supuesto de contener en su estructura y organización, un sistema jurídico no de Derecho Público, sino al contrario, de Derecho Privado. Las Empresas del Estado son instituciones estructuradas bajo la forma del Derecho privado, y cuyo control que sobre el Estado ejerce, corresponde a un control de carácter accionario, bajo las condiciones y suposiciones propias del Código de Comercio y del Código Civil. Son personas privadas que ejercen una actividad pública. Veamos pues, que son, y cuáles son sus características más importantes:

II. LAS EMPRESAS DEL ESTADO DE ACUERDO AL DECRETO CON RANGO, VALOR Y FUERZA DE LA LEY ORGÁNICA DE LA ADMINISTRACIÓN PÚBLICA

Las Empresas del Estado en Venezuela constituyen formas organizativas de Derecho Privado que actúan en la prestación de determinados servicios públicos. Su régimen jurídico aplicable es el Código Civil y el Código de Comercio, lo cual lo deducimos del propio texto del Decreto, con Rango, Valor y Fuerza de la Ley Orgánica de la Administración Pública, cuando lo dice por demás en forma expresa, que:

"Las empresas del Estado se regirán por la legislación ordinaria, por lo establecido en el presente Decreto con Rango, Valor y Fuerza de Ley Orgánica de la Administración Pública, y las demás normas aplicables; y sus trabajadores se regirán por la legislación laboral ordinaria (Art. 107 del Decreto).

Son servicios públicos de utilidad pública, ciertamente, pero con una denominación distinta conceptualmente. El Estado, actúa, en la prestación de servicio, pero bajo la estructura y el funcionamiento de una persona de Derecho privado.

La doctrina francesa -en especial su jurisprudencia- no puede estar ausente de esta configuración tan interesante en el ordenamiento jurídico venezolano. Entendemos con objetividad, que las denominadas empresas públicas, son, su equivalente a los servicios públicos industriales y comerciales del dilatado e interesante Derecho Administrativo Francés. Sentencia de base, la decisión Sociedad Comercial del Oeste Africano, Bac D'eloka[46], dictada el 22 de enero de 1921, por el Tribunal de Conflictos, que marca en toda su dimensión, las diferencias existentes entre dos figuras organizativas. Por

---

[46] El comisario del Gobierno Matter reporta los hechos origen de este asunto: "El litoral de la Costa de Ivoire está llena de lagunas que vuelven difícil la circulación; la colonia ha tenido la buena idea de utilizar la barca. Es así que sobre la laguna Ebrié, se establece una llamada Bac D'Eloka, explotada directa y personalmente por el servicio de Wharf de Bassam. En la noche del 5 al 6 de septiembre de 1920, la barca atravesaba la laguna, cargada de dieciocho personas y de cuatro automóviles yéndose a pique bruscamente: un indígena se ahogó, los automóviles se hundieron, y como no se sacaron se deterioraron". La Sociedad Comercial del Oeste Africano, propietario de uno de esos automóviles, cita la colonia ante el Tribunal de Grand-Bassam; el lugarteniente gobernador de la colonia habiendo elevado el caso, al Tribunal de Conflictos, decidió que el litigio era de competencia de los tribunales judiciales.

un lado, los servicios públicos administrativos (SPA), y por la otra, los servicios públicos industriales y comerciales (SPIC), que los diferencia en atención a sus respectivos regímenes jurídicos.

Como anteriormente hemos dicho, *los servicios públicos administrativos*, son entes que prestan servicios públicos bajo el régimen de prerrogativas de poder público sometido a un régimen especial de Derecho Administrativo.

Por su parte, *los servicios públicos industriales y comerciales* son persona de Derecho privado, gestionadas por el Estado, pero sus controversias serán revisadas en la jurisdicción ordinaria por diferencia de la jurisdicción especial contencioso administrativo (en el sistema contencioso francés no así en nuestro sistema jurisdiccional) propio de los servicios públicos administrativos.

Haciendo referencia a la jurisprudencia anterior, Matter, fue el comisario del gobierno quien le correspondió explicar la decisión comentada, y expresó, que existen índices reveladores a los fines de asimilar los servicios públicos industriales y comerciales a personas de Derecho privado. Matter estableció así, dentro de los servicios públicos una distinción, basándose en lo siguiente: los servicios públicos administrativos, como la justicia, la enseñanza, la policía, el fisco, etc. son de la esencia del Estado y de la consecuente Administración Pública, lo que significa, una remisión total en la jurisdicción contencioso administrativa. Los otros, los servicios públicos industriales y comerciales, como el agua, el gas, la electricidad, el transporte, etc., son o corresponden a la naturaleza privada, lo que significa que su remisión a la jurisdicción ordinaria es más que evidente. Los SPA, su régimen es de Derecho Público en cambio los SPIC, su régimen predominante es de derecho privado.

La distinción propuesta responde claro está, a un momento histórico, a una estructura definida de poder, y a unas circunstancia en las cuales Francia se situaba, quizás, ante una idea de romper contra los esquemas liberales de poder propios de la época.

La sentencia Unión Sindical de Industriales Aeronáuticos, el comisario de gobierno, Sr. Mm. Laurent, del Consejo de Estado, de fecha 16 de noviembre de 1956, expresó la distinción en consideración al principio o presunción desvirtuable, por cierto, de que a falta de una clarificación por el legislador, todo servicio público era administrativo, correspondiente a la jurisdicción administrativa, salvo que se demostrase lo siguiente: en primer lugar, el objeto del servicio debe ser industrial y comercial, es decir, un objeto asimilable a los servicios privados, indicativos de las ventas de bienes, transporte etc. En segundo lugar, pagado, y esto es muy importante, al financiamiento del servicio, por los particulares, cuando estos lo pagan en forma directa e inmediata. Y, en tercer lugar, toda su organización y funcionamiento es a través de instrumentos autorizadas por las normas de Derecho común, luego, su contencioso es netamente de la jurisdicción ordinaria. Si se cumplen las tres condiciones dadas, no existe duda, de que ese servicio público es de naturaleza industrial y comercial.

Ahora bien, en nuestro sistema contencioso administrativo las controversias derivadas de una empresa del Estado o de una Empresa pública o de cualquiera otra asociación cuando la república es demandada por una cantidad mayor a 70.000 unidades tributarias o menor, la jurisdicción competente es la contencioso administrativa, de conformidad con la Ley Orgánica de la Jurisdicción Contencioso Administrativa de reciente promulgación (Artículos 23 numeral 1 y 24 numeral 1 de la LOJCA) para lo cual las empresas del estado tiene el privilegio de ser demandadas en esta especial jurisdicción distinto al esquema francés ya explicado.

Jean-Francois Lachaume, en su libro *"Droit administratif, les grandes décisions de la jurisprudence"* comentarios de las grandes decisiones de la jurisprudencia francesa, hecho referencia supra, advierte, que el hecho de simplificar índices de los servicios y darles la connotación de personas de Derecho Privado, no indica una totalidad de su noción y en su expresión.

Nos explicamos, los servicios públicos industriales y comerciales, no están exentos de poseer una cierta escala en Derecho Administrativo. Por esta razón, este autor francés, hace relucir el contenido de las sentencias Barbier[47] y Sociedad Lionesa de Transporte[48], ambas del Tribunal de Conflictos, en las cuales, ciertas sociedades generadoras de servicios públicos bajo la forma y funcionamiento de Derecho Privado dictan actos de efectos generales como los reglamentos. Su actividad reglamentaria estaría sometida a la revisión de la jurisdicción contenciosos administrativa. Y las otras, por cuantos ciertos bienes utilizados por los servicios públicos industriales y comerciales, estarían bajo la órbita del Derecho común.

---

[47] T.C.15 janv.1968, Compagnie Air France c/ Epoux Barbier
[48] Conseil d'Etat du 5 février 1965, Société lyonnaise des transports

En general, la doctrina francesa, hace referencia a dos aspectos a nuestra forma de ver esenciales. En primer lugar, la distinción entre los dos servicios públicos, es indicada a los aspectos del uso jurisdiccional que a cada una corresponda. Los servicios públicos administrativos, entendidos como una presunción desvirtuable, a la jurisdicción contencioso administrativo, al contrario, los servicios públicos industriales y comerciales a la jurisdicción ordinaria. En segundo lugar, los servicios públicos industriales y comerciales, son en cuanto a su organización y funcionamiento personas de Derecho Privado, pero pueden dictar actos administrativos en atención a las sentencias expuestas. Y, en tercer lugar, el sistema francés dibuja los contornos de las personas de las empresas del Estado, en Venezuela sin embargo la jurisdicción venezolana, será siempre la jurisdicción contencioso administrativa de conformidad con las normas de la Ley Orgánica de la Jurisdicción Contencioso Administrativa.

Las Empresas del Estado en Venezuela son personas de Derecho Público, su organización y funcionamiento se rige bajo las premisas del derecho común. Su régimen de personal de distribuye especialmente dentro de las previsiones de la Ley Orgánica del Trabajo, su régimen de bienes bajo las normas del Código Civil y su contratación corresponde a las normas del de derecho común. Veamos esto con más detalle, dando principalmente sus características más resaltantes.

Dice el Decreto con Rango, Valor y Fuerza de la Ley Orgánica de la Administración Pública que: "Las Empresas del Estado son personas jurídicas de derecho público constituidas de acuerdo a las normas de derecho privado, en las cuales la República, los estados, los distritos metropolitanos y los municipios, o algunos de los entes descentralizados funcionalmente a los que se refiere el presente Decreto con Rango, Valor y Fuerza de Ley Orgánica, solo o conjuntamente tengan una participación mayor al cincuenta por ciento del capital social"[49]. Entendemos en consecuencia, que las empresas donde los entes territoriales tengan una participación menor del cincuenta por ciento, no son empresas del estado y de acuerdo al Decreto son personas de Derecho Público.

Las Empresas Públicas poseen personalidad jurídica, lo cual significa que pueden interrelacionarse con otras personas tanto de Derecho Público como de Derecho Privado. De allí su carácter aso-

---

[49]   Artículo 102 del Decreto Presidencial.

ciativo. Son sujetos activos y pasivos de toda relación jurídica, lo cual implica que puede ser sujeto activo demandante y a su vez sujeto pasivo demandado. La personalidad jurídica la adquieren en virtud de una ley, normalmente de un decreto-ley, o por intermedio de un acto mercantil acordado por un registro determinado. Pueden estas empresas solicitar la adquisición de su personalidad a través de los procedimientos previstos en la Ley de Registro Publico correspondiente.

Así, la creación de las Empresas del Estado de acuerdo al Decreto Presidencial será autorizada respectivamente por el Presidente o Presidenta de la República en Consejo de Ministros y en lo que se refiere a los gobernadores o gobernadoras, los alcaldes o las alcaldesas, según corresponda, mediante decreto o resolución de conformidad con la ley[50].

Entonces, en Venezuela la creación de una Empresa del Estado,es potestativa de un acto administrativo de autorización por parte del Presidente de la República, de un gobernador o alcalde, acto o decreto de carácter colegial ya que es necesaria la aprobación en el respectivo Consejo de Ministros. Una vez, se autoriza y se aprueba su creación, su acta constitutiva se protocoliza en el registro mercantil que corresponda de acuerdo a su domicilio, donde se archivará un ejemplar autentico de sus estatutos en los cuales se publicarán en la Gaceta Oficial un ejemplar de los estatutos y del acta que ordenó su creación. La exigencia de publicación de todos los documentos relacionado con las Empresas del Estado, son de obligatorio cumplimiento de conformidad con la ley[51].

La personalidad jurídica es adquirida, entre otras cosas, para vincularse en sus obligaciones y cumplir con los cometidos a los cuales debe realizar. Dado pues que su autorización es producto de una autorización formal del propio Estado o ente público, lo que caracteriza a estas Empresas bajo este punto de vista, como entes, es razón por la cual el Derecho Administrativo tiene una plaza especial e interesante en su configuración control y desarrollo

Asimismo, las empresas del Estado por ser compañías anónimas de conformidad con el Código de Comercio, tienen un fin variado y múltiple. Prestan servicios *sociales, económicos, industriales,*

---

[50] Artículo 103 del Decreto con Rango, Valor y Fuerza de la Ley Orgánica de la Administración Pública.

[51] Artículo 103 *eiusdem*.

empresariales, mercantiles, profesionales, en fin, una multiplicidad de objetivos que eventualmente los puede efectuar cualquier sociedad mercantil en su vida y desarrollo jurídico y social. Ahora, también interactúan en atención a un interés público o de utilidad pública, que las diferencia de las compañías anónimas pura y simplemente. De allí, la clara y evidente intervención del Estado, normalmente la Administración, en aspectos relacionados con su organización y funcionamiento. La injerencia del Derecho Administrativo es notable en mucho de sus aspectos, en leyes administrativas que organizan su estructura y funcionamiento, en leyes de planificación formal y programación presupuestaria de sus propias actividades comerciales y administrativas, instructivos de personal y fundamentalmente su consideración de control jurisdiccional, lo cual los tribunales contenciosos administrativos son los competentes para conocer de demandas contra las Empresas del Estado. Por ello, la clara alusión que hace el artículo 23 y 24 de la Ley Orgánica de la Jurisdicción Contencioso Administrativa.

Por ejemplo, el Ministerio o el órgano estadal o municipal competente en materia presupuestaria debe llevar un registro que conste la composición accionaría de las empresas donde el Estado tenga una participación en su capital social y con la obligación de remitir la constancia a la Asamblea Nacional y demás órganos legislativos competentes, como los consejos legislativos y los consejos municipales, que demuestra hasta cierto punto la injerencia del Derecho Administrativo, sobre todo en lo que se refiere a controles, en las empresas del Estado en Venezuela.

La participación del Estado o de cualquier otro ente público en la configuración de la empresa, es una de las características de estas sociedades mercantiles, donde el Estado tiene injerencia accionaria y administrativa.

Dice Garrido Rovira que *"…la participación accionaria del Estado resulta como un hecho jurídico primordial mediante la cual se configuran los intereses del Estado en determinadas sociedades anónimas y, en este sentido, tales intereses se encuentran sujetos al control del congreso en la forma que la ley establezca, según lo dispuesto por el artículo 230 de la Constitución"*[52].

---

[52] Temas sobre la *Administración Descentralizada en Venezuela*. Colección Estudios Administrativos N° 3 p. 115. Del mismo autor. "El Derecho Administrativo aplicable a las Empresas del Estado tiene su origen tanto en

La Ley Orgánica de la Administración Pública prevé la participación en las empresas del Estado como único accionista, en la cual se permite la participación accionaria en forma unilateral sin que ello implique el incumplimiento de las disposiciones pertinentes del Código de Comercio, ni de otros instrumentos jurídicos relacionados con la ley[53].

La Empresa del Estado más conocida en Venezuela es Petróleos de Venezuela, P.D.V.S.A., en la cual, la República aparece como el único accionista y tiene por objeto la explotación de los hidrocarburos de conformidad con la ley que ordena su creación. Como es del conocimiento, esta empresa está conformada y constituida por un solo socio que es la República, como una especie de holding[54] significa que la República como persona jurídica es la titular de todas las acciones representativas del capital de la Empresa Petróleos de Venezuela. Esta Empresa del Estado tiene todo un régimen jurídico que le es aplicable en orden de jerarquía e importancia: La Ley

normas de carácter legal como en disposiciones de carácter sub-legal. Las formas de aplicación de tal derecho a las Empresas del Estado son de dos tipos: directa e indirecta. La forma directa de aplicación del Derecho Administrativo a las Empresas del Estado tiene lugar cuando el mandato legal o sublegal dirigido a tales entidades no requiere de un acto de conversión por parte del órgano directivo de la Empresa a fin de incorporar las normas correspondiente al derecho estatuario de ésta. En este caso, la Empresa del Estado resulta destinataria directa de la norma, legal o sublegal, de Derecho Administrativo, y, en consecuencia, le resulta aplicable sin necesidad de actos complementarios por parte de los órganos de dirección de la Empresa. Esta es la forma más común de aplicación del Derecho Administrativo a las Empresas del Estado pudiendo afirmar que mientras la norma de que se trate no establezca expresamente la necesidad de un acto complementario por parte de los órganos de dirección de la Empresa. Esta es la forma más común de aplicación del Derecho Administrativo a las Empresas del Estado, pudiéndose afirmar que mientras la norma de que se trate no establezca expresamente la necesidad expresamente la necesidad de un acto complementario de validación, se reputa como de aplicación directa. La forma indirecta de aplicación del Derecho Administrativo a las Empresas del Estado tiene lugar cuando se requiere de un acto de conversión de la norma respectiva al correspondiente derecho estatutario de la empresa por parte del órgano competente de ésta" (pág. 133).

[53] Artículo 103 del Decreto con Rango, Valor y Fuerza de la Ley Orgánica de la Administración Pública.

[54] El término holding se usa para expresar que una compañía que controla las actividades de otras mediante la propiedad de todas o de una parte significativa de sus acciones.

Orgánica que Reserva al Estado la Industria y el Comercio de los Hidrocarburos, sus propios estatutos jurídicos, las disposiciones que dicte el Ejecutivo Nacional y en general las disposiciones del Derecho común aplicable en su organización y en su funcionamiento.

De igual forma, no poseen prerrogativas de poder público, en el sentido de que no dictan actos ni resoluciones administrativas. Las relaciones con los usuarios del servicio son naturalmente mercantiles y civiles. Su contratación es civil o de otra índole, pero no administrativa, lo que significa ciertamente, la ausencia total de contratos administrativos para lograr sus objetivos y fines. Su régimen de personal es de Derecho común y sus empleados y trabajadores se rigen por las normas de la Ley Orgánica del Trabajo, de su Reglamento o de otras leyes especiales. Fíjese que la ley consagra en forma expresa, por demás, que la totalidad de los directivos, empleados obreros y administradores de las empresas del estado de hidrocarburos, no se rigen como administración de personal, por la Ley del Estatuto de la Función Pública. Significa que sus empleados no tienen la categoría de funcionarios públicos o de carrera, no tienen pues, una relación estatutaria sino contractual.

Por último, las Empresas del Estado pueden agruparse en varias empresas de un mismo sector y la ley las denomina empresas matrices, y en virtud de ello, el Presidente o Presidenta de la República así como los gobernadores y alcaldes podrán ordenar su creación de conformidad con lo establecido en el artículo 106 del Decreto con Rango, Valor y Fuerza de Ley Orgánica de la Administración Pública.

Lo anterior nos indica en forma casi constante, que el Estado utiliza diversas figuras jurídicas organizativas para satisfacer sus propios cometidos estatales. Hace uso pues, de instrumentos tanto de Derecho Público como de Derecho Privado, como finalidad esencial, y para conseguir de la manera más eficiente, los cometidos para los cuales su acción se determina. Institutos autónomos o empresas del Estado en fin, configuran pues, instrumentos de acción del Estado. Son formas organizativas, de carácter instrumental, medios de actuación personificados o no, que constituyen esquemas organizativos, regulados por el ordenamiento jurídico, como medios habilitantes de proceder y actuar, ante determinadas necesidades sociales.

El Derecho Privado juega de este modo un papel fundamental en la actuación del Estado y todo lo que su actuación significa en el campo de la sociedad y como fin de alcanzar el bien común. Pues bien, atendiendo a esta idea, las sociedades civiles, asociaciones civiles, así como las fundaciones, constituyen igualmente instrumentos de actuación del Estado, reguladas en las tradicionales formas del Derecho Civil en todo su valor en la generalidad del ordenamiento jurídico. Verbigracia, las Fundaciones, como personas del Derecho Civil no están ni estarán ausentes de esta realidad tan tangible, sobre todo en el Derecho positivo venezolano, y en la propia realidad social que se sitúa y lo impone, lo cual ha contribuido a que el Estado venezolano ha creado un sin número de fundaciones para realizar fines de utilidad pública, y con ello, satisfacer las propias necesidades de los ciudadanos, bajo formas de Derecho Civil por supuesto, pero en todo caso, bajo la tutela y constante vigilancia del Estado. Las fundaciones del Estado constituyen personas de Derecho Civil, utilizadas por la Administración para la consecución de sus cometidos, veamos entonces que son y cuáles son sus características más resaltantes.

III. LAS FUNDACIONES DEL ESTADO Y OTRAS PERSONAS PÚBLICAS

Las fundaciones en términos generales, son personas jurídicas previstas en el Código Civil venezolano. De conformidad con el artículo 19 ordinal 3, dice:

"Son personas jurídicas y por lo tanto, capaces de obligaciones y derechos: (...) 3°. Las asociaciones, corporaciones y fundaciones ilícitas de carácter privado. La personalidad la adquirirán con la protocolización de su acta constitutiva en la Oficina Subalterna de Registro del Departamento o Distrito en que hayan sido creadas, donde se archivará un ejemplar auténtico de sus Estatutos. El acta constitutiva expresará: el nombre, domicilio, objeto de la asociación, corporación y fundación, y la forma en que será administrada y dirigida. Se protocolizará igualmente, dentro del término de quince (15) días, cualquier cambio en sus Estatutos. Las fundaciones pueden establecerse también por testamento, caso en el cual se considerarán con existencia jurídica desde el otorgamiento de este acto, siempre que después de la apertura de la sucesión se cumpla con el requisito de la respectiva protocolización. Las sociedades civiles y las mercantiles se rigen por las disposiciones legales que les conciernen. (...)".

Por su parte, el artículo 20 dice: *"Las fundaciones solo podrán crearse con un objeto de utilidad general: artístico, científico, literario, benéfico o social".*

Más adelante, dice el artículo 21 que: "Las fundaciones quedarán sometidas a la supervigilancia del Estado, quien la ejercerá por intermedio de los respectivos jueces de primera instancia ante los cuales rendirán cuenta los administradores".

Las transcripciones que hacemos del Código Civil, son instituciones relativas al Derecho Privado de sus normas generales, que serán desarrolladas en el contenido de sus estatutos o sus formas organizativas y funcionales. El Estado utiliza entonces, sus formas, repetimos, con la finalidad esencial de satisfacer sus propios cometidos.

Sin embargo, existe algo interesante, y es que el ordenamiento jurídico hace una formal referencia a la expresión supervigilancia del Estado, expresión única en el Código Civil lo cual para el Derecho Administrativo tiene una importancia especial y fundamental. Veamos.

El artículo 109 del Decreto, con Rango, Valor y Fuerza de la Ley Orgánica de la Administración Pública, conceptualiza a las fundaciones del Estado como aquellos patrimonios afectados a un objeto de utilidad general, artístico, científico, literario, benéfico, social u otros, en cuyo acto de constitución participe la República, los estados, los distritos metropolitanos, los municipios o algunos de los entes descentralizados funcionalmente a los que se refiere el Decreto citado, siempre que su patrimonio inicial se realice con aportes del Estado en un porcentaje mayor al cincuenta por ciento. Existen condiciones impuestas por el Legislador tanto formales como materiales para la creación de las fundaciones del Estado.

Al igual que las empresas del Estado, las fundaciones deberán ser autorizadas por el Presidente de la República lo cual dará su aprobación en Consejo de Ministros, y adquirirán su personalidad jurídica en su respectiva protocolización en el registro respectivo.

Como expresa Garrido Rovira (1994) en su libro las Fundaciones del Estado en Venezuela, la fundación es una universalidad de bienes dotada de personalidad jurídica. Es, pues la fundación, un patrimonio destinado a un fin de utilidad general y, por tal razón, protegido por el ordenamiento jurídico mediante la concesión de la personalidad jurídica. Y, en todo caso, su noción conlleva dos componentes esenciales patrimonio y fin.

La fundación puede ser creada tanto por personas de Derecho Privado como por personas de Derecho Público, como la República, los estados, los municipios y hasta por institutos autónomos, y empresas del Estado. De un lado, la configuración de un patrimonio para su creación y, en segundo lugar, un fin determinado, que el legislador del Código Civil limita a solo un objeto de utilidad general como lo es el artístico, el científico, el literario, y el benéfico o social. Lo entendemos en consecuencia, como redacción legal enunciativa, lo cual significa que la fundación puede tener una extensión en su objeto educativo y cultural principalmente.

Las fundaciones del Estado son de esta forma, aquellas fundaciones creadas o constituidas por entidades o de los poderes públicos, las cuales su régimen jurídico se compone de elementos de Derecho Civil en lo que se refiere a sus estatutos y elemento de Derecho Administrativo en lo que se refiere a sus controles y otros elementos caracterizadores.

De acuerdo al Decreto con Rango, Vigor y Fuerza de ley Orgánica de la Administración Pública (Artículo 107) las Fundaciones del Estado se regirán por el Código Civil o legislación ordinaria por el Decreto citado y las demás normas aplicables salvo las excepciones establecidas en la ley, y en lo que se refiere a los trabajadores por la legislación laboral ordinaria.

Las fundaciones del Estado, a nuestro juicio, conforman la Administración descentralizada, entre otras cosas, debido a que las mismas nacen producto de la formalidad de un acto del Estado, un decreto del Presidente de la República que manifiesta la real voluntad del Presidente en crear una Fundación bajo las normas del Derecho común, como instrumento. Igualmente un destino patrimonial proveniente de los dineros públicos, destinados para el fin que la fundación del Estado cumplirá, de la misma forma, los mecanismos jurídicos adecuados que por instructivos del ejecutivo tendrán por finalidad la interrelación de la fundación con los respectivos órganos de la Administración Central.

Francisco Ferrara en su libro la *Teoría de las Personas Jurídicas*[55], establece tres elementos fundamentales. En primer lugar, que el fundador o los fundadores se proponen únicamente que se realice un fin a perpetuidad y que su intención es la realización de una fina-

---

[55] *Teoría de las Personas Jurídicas*, Comares 1ª Edición. 2006.

lidad y no una liberalidad, así debe ser la idea del Estado cuando decide actuar la figura de la Fundación. En segundo lugar, el fundador o los fundadores deben determinar cuidadosamente la forma de su administración, quienes son las personas que administran la institución y su manera de elección. Al Estado, le corresponderá pues y por consecuencia, esta tarea esencial para su creación y funcionamiento. Y, en tercer lugar, que la vigilancia, su control, su supresión, son atribuciones que ejerce el Estado como ente político dotado de soberanía, lo que significa a nuestro entender la supervigilancia del Estado, la cual hace referencia formalmente el artículo 21 de nuestro Código Civil.

Igualmente, las Fundaciones del Estado poseen un régimen jurídico de derecho privado, son personas jurídicas, definitivamente, de Derecho privado, bajo las premisas genéricas instaladas en el Código Civil y todo lo que su expresión significa dentro del contexto del orden jurídico.

Ahora, en nada significa que en las Fundaciones del Estado se encuentren ausentes normas de Derecho Administrativo como anteriormente ya lo hemos explicado. Sobre ellas se ejerce un control de tipo tutelar, caracterizado por una vigilancia en cuanto a los objetivos trazados para lograr el fin de la Fundación. El control se ejerce sobre la supervisión de la Fundación con el fin de asegurar que las actividades de la misma correspondan a los objetivos trazados y los programas y las metas a corto y a mediano plazo, para lo cual fue formalmente constituida.

El órgano tutelador, evalúa en forma continua los resultados de la gestión de la fundación e informa de esta circunstancia al gabinete sectorial que corresponda, coordina el presupuesto de la fundación a fin de asegurar que se ajuste a los objetivos perseguidos y remite al Ministerio de Finanzas los informes correspondientes de la gestión controlada.

La tutela la ejerce pues el Estado, bajo las condiciones estrictamente legales a través de actos formales administrativos, lo que significa que el control ejercido debe ser argumentado en la ley y en los reglamentos que supongan la organización y el funcionamiento de la Fundación. El control sobre sus actos, es administrativo y jurisdiccional ante la jurisdicción contencioso administrativo competente de acuerdo a la ley. Entre sus características, destacamos que la tutela ejercida sobre las fundaciones del Estado, no tiene relación alguna con las tutelas ejercidas sobre los institutos autónomos, en todo caso, la tutela sobre los entes descentralizados funcionalmente, corresponde a un control sobre los actos administrativos que dictan los institutos autónomos para lograr sus objetivos, situación que no ocurre, en las Fundaciones del Estado, entre otras cosas, por cuanto las Fundaciones del Estado, no dictan actos administrativos y carecen de prerrogativas de poder público.

Existe efectivamente un control sobre las fundaciones del Estado, en lo relativo a que el Presidente de la República en Consejo de Ministros decreta su adscripción al ministerio correspondiente de conformidad con la ley, vigilará su funcionamiento así como los objetivos que les han sido encomendados (Artículo 117 del Decreto Presidencial[56]).

Las Fundaciones del Estado a diferencia de las Fundaciones Civiles, son creadas por ley. Se puede afirmar con objetivad, que las Fundaciones del Estado tienen un origen de creación legal, lo cual marca la distancia con las fundaciones civiles. Sin embargo, a pesar de su creación por ley, ello no implica la inexistencia de estatutos que rigen el funcionamiento interno de la institución, bajo la salvedad de las normas administrativas que en cierto modo se superpongan para lo cual indicamos la supervigilancia del Estado.

Inclusive, de acuerdo al Decreto N° 677, publicado en la *Gaceta Oficial* N° 3.574 del 21 de junio de 1985, contentivo de las Normas sobre las Fundaciones, Asociaciones y Sociedades Civiles del Estado y el Control de los Aportes Públicos a las Instituciones Privadas Similares, se necesita la autorización del Presidente de la República en Consejo de ministros y en conformidad con las disposiciones del Decreto. Del mismo modo, todo lo referido a modificaciones estatu-

---

[56] Artículo 117: "La Presidenta o Presidente de la República en Consejo de Ministros decretará la adscripción de los institutos, empresas, fundaciones, asociaciones y sociedades civiles del Estado. Dicho decreto podrá: 1. Determinar el ministerio de adscripción, en los casos en que ello no se encuentre previsto en la ley o acto jurídico de creación del ente descentralizado funcionalmente. 2. Variar la adscripción del ente descentralizado funcionalmente que se encuentre prevista en su correspondiente ley o acto jurídico de creación, de acuerdo a las reformas que tengan lugar en la organización ministerial, y atendiendo, en especial, a la creación o supresión de los ministerios o cambios en sus respectivas competencias. 3. Variar la adscripción de las acciones de uno a otro órgano o transferir sus acciones a un instituto, o a otro ente descentralizado funcionalmente. 4. Fusionar empresas del Estado y transformar en éstas o en servicios desconcentrados sin personalidad jurídica, las fundaciones del Estado que estime conveniente.

tarias de la fundación no podrá hacerse sin la previa aprobación del ente tutelar, aun más, el cambio de objeto de la Fundación del Estado deberá siempre tener la aprobación del Presidente de la República en el respectivo Consejo de Ministros (Artículo 7 de las Normas sobre Fundaciones del Estado y Asociaciones y Sociedades Civiles). Verbigracia: a) la Fundación de la Casa de Bello, la tutela el Ministerio de Educación siendo creada por Decreto N° 1523 del 28 de noviembre de 1973, publicado en la Gaceta Oficial N°30.300 del 10 de enero de 1974; b) la Fundación Gran Mariscal de Ayacucho (Fundayacucho), la tuteló originalmente el Ministerio de la Familia y fue creada por Decreto Presidencial N° 1000 del día 9 de julio de 1975, en la actualidad según Decreto N° 7.336 Fundayacucho pasó a ser uno de los entes adscritos al Ministerio del Poder Popular para Ciencia, Tecnología e Industrias Intermedias (MPPCTII); c) Fundación del Estado para el Sistema Nacional de las Orquestas Juveniles e Infantiles de Venezuela, y Fundación para el Desarrollo de la Región Centro Occidental de Venezuela (Fudeco), las cuales se encuentran adscritas a la Vicepresidencia de la República Bolivariana de Venezuela, etc.

Podemos expresar entonces, que las Fundaciones del Estado son aquellas instituciones cuyo acto de constitución participa cualquiera de las siguientes personas: los órganos de la Administración Central, como los ministerios y las oficinas presidenciales, los Institutos Autónomos u otros entes de la Administración Descentralizada, entes no territoriales, las asociaciones o sociedades civiles o mercantiles en las cuales la República y los institutos autónomos en forma conjunta o separada, tengan una participación igual o mayor al cincuenta por ciento del capital social, las asociaciones o sociedades civiles o mercantiles en las cuales las personas tengan participación igual o mayor al cincuenta por ciento (50%) del capital social, y las fundaciones constituidas o dirigidas por algunas de las personas antes nombradas, o aquellas de cuya gestión pudieran derivarse compromisos financieros para esas personas. Así lo expresa el artículo 2 de las normas sobre Fundaciones Asociaciones y Sociedades Civiles del Estado.

Las Fundaciones del Estado, así como las empresas del Estado podrán ser objeto de intervención, supresión y liquidación de acuerdo a las normas previstas en el Código Civil y en el Código de Comercio. Las intervenciones contra estos entes deberán ser aprobadas en Consejo de Ministros para cuyo efecto se realizará de conformidad con un decreto del Ejecutivo (Art. 125 del Decreto Presidencial).

El Estado igualmente participa para la prestación de servicios de utilidad pública y social en asociaciones y sociedades civiles, previstas en el Código Civil, en tal sentido son asociaciones civiles del Estado aquellas en las cuales los entes anteriormente enumerados, posean el cincuenta por ciento (50%) o más de las acciones u cuotas de participación, y aquellas en cuyo patrimonio actual, existan aportes de los entes expresados, siempre y cuando dichos aportes hubiesen sido en calidad de socios o de miembros (Art. 115 del Decreto Presidencial). Estas Asociaciones del Estado configuran organizaciones bajo las formas del Derecho privado, pero siempre sometidas al control estricto del Estado a través de sus órganos tuteadores (Artículo 121 del Decreto Presidencial).

Es evidente pues, que el Estado utiliza en forma constante los mecanismos que le confiere el Derecho Civil y Mercantil para la satisfacción de los intereses públicos. Asimismo, personas privadas, a tenor de distintas modalidades satisfacen intereses colectivos, muchas de ellas, hasta con prerrogativas de poder público, lo que significa la inclusión de estas personas privadas en el campo del Derecho Administrativo, y cuyo conocimiento le corresponde formalmente a la jurisdicción contencioso administrativa. Veamos de seguidas ejemplos de varias de ellas.

En primer lugar, en Venezuela existen agrupaciones de carácter profesional que congregan diferentes profesiones en colegios y en federaciones y que tiene por finalidad la agrupación de sus miembros con la finalidad de proteger sus intereses y derechos frente a las prerrogativas del Estado y ante los particulares, bien como personas naturales o como personas jurídicas. Tenemos entonces a los Colegios Profesionales y sus agrupaciones denominadas Federaciones de Colegios.

En el caso de la profesión de los abogados, la Ley de Abogados publicada en la *Gaceta Oficial de la República de Venezuela* de fecha 23 de enero de 1967 Número 1.081 Extraordinario, donde es sus artículos 33 y 43 se crean tanto los Colegios de Abogados a nivel nacional, como la Federación de Colegios de Abogados en Venezuela[57].

---

[57] Artículo 33: "Los Colegios de Abogados son corporaciones profesionales con personería jurídica y patrimonio propio, encargados de velar por el cumplimiento de las normas y principios de ética profesional de sus miembros y de defender los intereses de la abogacía". Artículo 43: "La Federación de Colegios de Abogados de Venezuela estará integrada por los

La Constitución de 1999 aportó entre unos de sus muchos avances, la consagración a nivel constitucional de la colegiación de los profesionales y por consiguiente de las Federaciones quienes los agrupan. Este fue un punto muy debatido y defendido por los distintos colegios profesionales y federaciones que durante la sesiones de la Asamblea Constituyente de 1999 mantuvieron la tesis de consagrar y desarrollar las condiciones para su funcionamiento, por ejemplo en lo que se refiere a los Colegios de profesionales, los mismos se organizan de conformidad con sus leyes y reglamentos, le atribuyen en muchos de ellos, la competencia para dictar actos administrativos de sanción o de otra naturaleza, para cualquiera de sus miembros que de una u otra forma violen en el ejercicio de sus funciones las normas de ética profesional.

IV. PERSONAS PRIVADAS QUE PRESTAN SERVICIOS PÚBLICOS

Los ciudadanos, como tales, no son solo sujetos pasivos de la acción administrativa del Estado, vale decir, de la Administración Pública, sino que aparecen dentro del contexto de la gran juridicidad, como sujetos activos en y para la prestación de determinados servicios a la comunidad. Múltiples formas se materializan ante y frente este específico supuesto, pero en todo caso podemos por ahora manifestar, dos maneras organizadas y funcionalizadas de participación de los administrados en la prestación de los servicios públicos.

La primera, entendida como aquellas personas que la ley en forma expresa las habilita como persona, para que puedan imponer obligaciones y condicionar derechos a los demás ciudadanos, y puedan en consecuencia, hasta dictar los correspondientes actos administrativos. Y, la segunda forma, se refiere al método de la administración por consenso, mejor denominada doctrinalmente la Administración concertada, lo cual nos referimos a los contratos administrativos o contratos de administración pública, tema referido a próximos capítulos del presente libro.

Colegios de Abogados existentes y por las Delegaciones que de ella dependan de conformidad con la Ley. Tiene carácter exclusivamente profesional, personería jurídica y patrimonio propio".

El origen de esta figura está muy vinculado con los orígenes inclusive del Derecho Administrativo. Sobre este particular, la jurisprudencia francesa ha introducido la figura con sentencias que han dado un conjunto de condiciones para ser ejemplo de modelo y de aplicación en países en América Latina, en especial en nuestro país.

Con motivo de la promulgación de la antigua Ley Orgánica de la Corte Suprema de Justicia, de 1977, cuya ley tuvo el mérito de desarrollar todo un sistema jurisprudencial referido al contencioso administrativo de acuerdo a criterios doctrinales, al crear la Corte Primera de lo Contencioso Administrativo en su articulado señaló que éste tribunal era el competente para conocer de estos actos administrativos que los denominó actos de autoridad para indicar que aun siendo dictados por personas privadas tenían efectos para ser ejecutados y ejecutables con todas las características que implica la emisión de dichos actos. Con esta consideración indicamos que la jurisprudencia nacional y extranjera han tenido una injerencia fundamental en el desarrollo y en la formulación de estos actos tan especiales y efectivos, se caracterizan fundamentalmente porque son personas de Derecho Privado quienes los dictan.

Así las cosas, l'arrêt Montpeurt del Consejo de Estado Francés (CE, 31 juill. 1942 Montpeurt, Rec.239)[58], constituye ciertamente, la decisión de base que desarrolla jurisprudencialmente y luego doctrinalmente, la posibilidad de que personas privadas, puedan dictar actos de autoridad, específicamente actos administrativos. Y, de dichos actos los conoce la jurisdicción contencioso administrativo. No olvidemos, que esta sentencia, así como las sentencias *Epoux Bertin* del 20 de abril de 1956 y más tarde Air France del 15 de enero de 1964 tanto como *Narcy* del 20 de junio de 1963, desarrollan el tema de la prestación de los servicios públicos por personas privadas,

---

[58] <u>Commentaire d'arrêt</u>: Tout d'abord l'arrêt Monpeurt fait perdre définitivement à la notion de service public sa signification organique. D'autre part, il fait perdre à l'établissement public sa définition traditionnelle de service public doté de la personnalité morale ou de personne morale dotée de la prérogative de puissance publique. Il existe maintenant des services publics personnalisés, ainsi que des personnes dotées de prérogatives de puissance publique.

L'arrêt Monpeurt règle en deux temps le problème de la qualification des organismes du cas d'espèce. Tout d'abord il qualifie ce dernier d'établissement d'utilité public en charge de la gestion d'un service public (I) puis applique ces conclusions à la nature de ses actes en les qualifiant d'actes administratifs unilatéraux (II).

para detectar la jurisdicción competente en atención a los criterios jurisprudenciales, dado que en el sistema de Derecho Administrativo Francés, esta situación constituye un problema de base marcado en sus propias instituciones. De allí, la existencia de un Alto Tribunal destinado a la resolución de conflictos de competencia habidos en los tribunales de la jurisdicción administrativa en relación a la jurisdicción civil, quien se encarga de distribuir las causas de conformidad con los criterios, acerca justamente, de la noción de servicio público.

La sentencia Montpeurt consagró el criterio material del acto administrativo, fíjese que en el considerando de su sentencia dice que *los comité de organización, si bien el legislador no los creó como establecimientos públicos, están encargados de participar en la ejecución de un servicio público, y las decisiones que tomen dentro de la esfera de sus competencias sean de carácter general o particular, constituyen actos administrativos.* Es decir, el Consejo de Estado partió de la base de que órganos no administrativos, como los llamados en la sentencia, comités de organización, podían dictar actos administrativos, es decir, que el Derecho Administrativo, se puede aplicar a cualquiera sea la actividad de servicio público e independientemente de que su autoría sea una persona pública o una persona privada. Es, a nuestro juicio, la consagración formal del criterio material, en el clásico Derecho Administrativo francés y que tuvo un desarrollo jurisprudencial en nuestro país. Por ello, creemos, que el estudio de los actos administrativos dictados por personas privadas, refleja fundamentalmente esta circunstancia hasta histórica, referida a los criterios para definir la noción de servicio público, y hasta la propia noción de lo que es y constituye la Administración Pública.

Aquí en Venezuela, tenemos varias sentencias de base, contando con pocos desarrollos doctrinales[59], entre los cuales destacamos la tesis de grado análisis crítico de la jurisprudencia de la Corte Primera de lo Contencioso Administrativo del abogado Augusto Pérez Gómez en tesis de grado, una de ellas, la sentencia *Sacven* dictada por la Corte Primera de lo Contencioso Administrativo en fecha 18 de febrero de 1986; la sentencia María Josefina Bustamante de fecha 24 de noviembre de 1986; la sentencia Criollitos de Venezuela

---

[59] Destacamos entre ellos, el análisis crítico de la jurisprudencia de la Corte Primera de lo Contencioso Administrativo a la luz del Derecho Administrativo clásico, realizado por Augusto J. Pérez Gómez, en su trabajo titulado *"Los Actos Administrativos de Origen Privado"*, 1994.

de fecha 16 de diciembre de 1987; la sentencia Ramón Escovar León del 19 de enero de 1988 y la sentencia Marino Recio contra la Comisión Nacional de Valores, dictada en fecha 24 de marzo de 1988.

Pero, realmente ¿En qué consiste esta figura tan compleja e interesante que las sentencias de la Corte Primera de lo Contencioso Administrativo denomina *actos de autoridad*? No nos parece adecuado el término actos de autoridad utilizado por la Corte Primera, entre otras cosas por cuanto todos los actos administrativos dictados por personas públicas son actos de autoridad. Y, si es por diferenciarlos, a raíz, de que son dictados por personas privadas no es la frase más feliz, justamente.

Parece más cónsono con la realidad, identificar, aquellos actos administrativos dictados por personas privadas, como *actos administrativos privados*, perfectamente los diferentes, a los actos administrativos dictados por órganos administrativos, lo que cambia es en todo caso, la persona que los dicta teniendo en consideración lógica que sus funciones son las mismas. Afectar o condicionar, el ejercicio de los derechos subjetivos de las otras personas privadas.

Los actos administrativos privados, son bajo esta óptica, actos administrativos dictados por personas que tienen prerrogativas de poder público, por un lado, y prestan verdaderos servicios públicos por el otro. Es decir, debe existir, para su configuración natural, las dos condiciones anteriores, muy vinculadas o estrechamente entrelazadas.

No observamos por otra parte, ninguna extrañeza doctrinal al respecto, por cuanto la Constitución Bolivariana hasta cierto punto, autoriza o habilita su existencia, al indicarlo expresamente en el artículo 62 de la Constitución. En este sentido, dice el artículo que *todos los ciudadanos y ciudadanas tienen derecho de participar libremente en los asuntos públicos, directamente o, por medio de sus representantes elegidos o elegidas,* quiere significar, en buen criterio, la posibilidad real de que los ciudadanos participan en los asuntos públicos, en la ejecución y en la prestación de determinados servicios públicos directamente. Y, claro está, en los asuntos públicos, pero ya como electores a través de la elección en forma indirecta.

Así podemos entender en plena propiedad, que la participación de los administrados en la prestación de los servicios públicos, tiene a partir de la Constitución actual, un basamento de verdadero orden constitucional. Razones políticas y sociales, sobran para su justificación, pero razones de orden jurídico o su explicación constituyen una controversia, quizás ajena a los aspectos programáticos, pero que a la larga, su habilitación es cada vez y de mejor forma aceptado en las discusiones doctrinales del Derecho Administrativo, y todo lo que significa en su expresión.

Los actos administrativos de personas privadas, son pues, actos jurídicos de imposición de derechos, o mejor, actos jurídicos que imponen obligaciones o condicionan el ejercicio de otros derechos. Ahora, lo inmediatamente expuesto no identifica plenamente la noción, por cuanto entre otros aspectos, las personas privadas dictan *actos o actuaciones* jurídicas que condicionan los derechos y los intereses de los otros. El ordenamiento jurídico, como una totalidad, se encuentra suficientemente saturado de esta circunstancia. Es decir, las prerrogativas de poder, también se encuentran en las respectivas esferas jurídicas de los particulares, que al fin y al cabo, son de la misma forma, administrados. Pongamos como ejemplo en materia laboral y hasta inquilinaria los poderes atribuidos de común acuerdo entre los patronos y los trabajadores, constituyen verdaderos poderes en los cuales mutuamente se condicionan los derechos de los unos con los otros, lo que ocurre de la misma forma entre los arrendadores y los arrendatarios.

Lo que diferencia un acto o una actuación de una persona privada del acto o una actuación de una persona pública, normalmente Administración Pública, es el fin que se persigue, y que por consecuencia emana del acto jurídico dictado. Un acto jurídico proveniente de una persona privada, es un acto que tiene prerrogativas de poder, que puede ser acordado, de muchas formas y entrelazarse bajo diferentes formas o figuras. En efecto, la realización de un contrato o cualquier convenio, puede acordar, para una de las partes que en el mismo interviene, una prerrogativa especial que tiene por finalidad condicionar el ejercicio de un derecho a la otra y viceversa. Es, en toda su extensión, una verdadera prerrogativa de *poder*, con el real significado en lo que el término significa. Igualmente, la ley puede acordar, en forma directa o indirecta tal prerrogativa, donde una parte puede y hasta debe intervenir en los intereses y derechos de la otra. Hasta aquí, no existe diferencia de un acto privado con un acto público. De esto último podemos mostrar como ejemplos en materia inquilinaria y en materia laboral.

Entonces, lo que diferencia un acto o actuación pública de un acto o actuación privada, es el fin que se persigue, tanto en la relación contractual acordada o con lo pretendido por el legislador en su aspecto fundamental.

En el mundo del Derecho Público, el fin, es la satisfacción de los intereses colectivos normalmente. Esto no significa, que, en el Derecho Público, no existan normas o actos jurídicos destinados a la satisfacción de intereses privados hasta en forma recíproca. En el mundo del Derecho Privado, normalmente, el fin que se persigue, es la satisfacción de los intereses individuales o justamente privados. Bajo esta perspectiva, el interés público, posee más relevancia o más intensidad, en las relaciones de Derecho Público que en Derecho Privado. Y, el fin de interés particular, presenta más relevancia en Derecho Privado que en Derecho Público. La división, no es a nuestro juicio pues, una diferencia radical o una frontera insustituible. Es, objetivamente, un problema de intensidad o de grado con el fin perseguido entre un Derecho con el otro.

El acto administrativo, se define clásicamente como aquel dictado por un ente público, y que tiene por finalidad la satisfacción de los intereses colectivos bajo una formalidad esencial, lo que identifica, con la preponderante sujeción o sometimiento al Derecho. Al contrario, de lo que ocurre en el derecho privado, la finalidad es distinta y hasta su forma de manifestarse, pero en todo caso, los actos administrativos privados, vendrían a ser, actos de personas privadas, que pueden tener prerrogativas, pero no públicas, que tienen por finalidad primordial la satisfacción de intereses colectivos, no privados, bajo la sujeción del Derecho o del ordenamiento jurídico. Claro está, bajo una formalidad en la cual la ley, indica su objeto y su fin. Tres condiciones, son ahora exigidas, para poderlos denominar *actos administrativos privados*, en primer lugar, que sea provenientes de personas privadas obviamente, en segundo lugar, que condicione, con su actuación, los derechos subjetivos de las otras personas privadas y en tercer lugar, que la ley además de habilitarlos, considere que el mismo, es decir, la emisión del acto, se encuentre destinado a la satisfacción de los intereses públicos o colectivos.

Las tres condiciones son esencialmente acumulativas para poderlas denominar como tales. Evidentemente, estos actos y en virtud de la ley y en especial de la Constitución, son sometidos al control de los recursos tanto de la Ley Orgánica de Procedimientos Administrativos, como de la jurisdicción contencioso administrativa, y el procedimiento judicial se encuentra previsto en la Ley Orgánica de la Jurisdicción Contencioso Administrativa.

Esta situación explica que el Derecho Administrativo, intenta administrativizar situaciones de los particulares, es decir, hace que los particulares dicten actos administrativos, lo que supone que el análisis de los mismos los controlará la jurisdicción especial contencioso administrativa, y a todo el ordenamiento jurídico, llevando sus métodos a la idea de que estas personas privadas también se encuentra sometidas a un régimen jurídico especial, como lo es el administrativo.

1.   *Personas públicas con autonomía funcional sin personalidad jurídica*

En el ordenamiento jurídico venezolano, ha sido consagrado tanto en la Constitución de la República de Venezuela de 1961, como la Constitución Bolivariana de Venezuela de 1999, la existencia de unos órganos específicos destinados, no a la satisfacción de servicios públicos, sino al control que se ejercen sobre determinadas actividades del Estado. Podríamos expresar, que son órganos contralores que vigilan y supervisan la actividad del estado cuando presta servicios públicos. Es una supervigilancia de órganos en forma indirecta de los servicios públicos. Son órganos contralores, vigilantes de la actividad del Estado en sus diversas manifestaciones. Nos referimos a la Fiscalía General de la República, a la Defensoría del Pueblo y a la Contraloría General de la República, conformando lo que la Constitución de 1999, los incluye dentro del denominado Poder Ciudadano.

Los tres poderes conforman una unidad y tiene a su cargo *"...de conformidad con esta Constitución, prevenir, investigar, y sancionar los hechos que atenten contra la ética pública y la moral administrativa; velar por la buena gestión y la legalidad en el uso del patrimonio público, el cumplimiento y la aplicación del principio de la legalidad en toda la actividad administrativa del Estado, e igualmente promover la educación como proceso creador de la ciudadanía, así como la solidaridad, la libertad, la democracia, la responsabilidad social y el trabajo..."* (Artículo 274 de la Constitución Bolivariana de Venezuela). Veamos que son y cuáles son sus características más resaltantes.

- La Fiscalía General de la República o Ministerio Público

El Ministerio Público es un órgano con autonomía política, financiera y administrativa, fundamentalmente encargado de controlar la actividad jurídica del Estado y su administración. La Constitución, lo denomina Ministerio Público para diferenciarlo de los otros poderes del Estado, y lo incluye dentro del Poder Ciudadano. Se encuentra bajo la dirección y responsabilidad del Fiscal o Fiscala quien ejerce sus atribuciones en forma directa con el auxilio de los funcionarios que dicte la ley (artículo 284 de la Constitución de la

República Bolivariana de Venezuela). Su designación es por 7 años, y las condiciones para ser Fiscal son las mismas que para ser Magistrado del Tribunal Supremo de Justicia. (Art. 284 de la Constitución)

Sus atribuciones más importantes son las siguientes:

- Garantizar en los procesos judiciales el respeto de los derechos y garantías constitucionales, así como de los tratados, convenios y acuerdos internacionales suscritos por la República. Es decir, el Fiscal es un controlador de los derechos constitucionales dentro del proceso judicial, tanto a nivel interno como externo (Artículo 285 de la Constitución).

- Garantiza la celeridad y la buena marcha de la Administración de Justicia, el juicio previo y el debido proceso. El Fiscal es evidentemente un controlador del proceso judicial, es un vigilante de la parte formal del proceso cualquiera sea la materia. Es en todo caso, un vigilante de que el derecho a la defensa se cumpla a plenitud.

- Ordena y dirige la investigación penal en la perpetración de los hechos punibles para hacer constar su comisión con todas las circunstancias que puedan influir en la calificación y en la responsabilidad de los autores y demás participantes, así como en el aseguramiento de los objetos activos y pasivos relacionados con la perpetración. De acuerdo a esta norma constitucional, el Fiscal aparece dentro del contexto de su actuación como un órgano investigador de carácter penal, lo cual es una característica que no lo tenía en la Constitución de 1961.

- En nombre del Estado ejerce la acción penal en el caso de que para intentarla o perseguirla no fuere necesario la instancia de parte. Actúa pues de oficio. (Artículo 285 N° 4)

- El Fiscal puede intentar las acciones que considere conveniente para hacer efectiva la responsabilidad civil, laboral, militar, penal, administrativa o disciplinaria en que hubieren incurrido los funcionarios del sector público, con motivo del ejercicio de sus funciones (Artículo 285).

- Las demás que le atribuyan la Constitución y las leyes de la República.

En general, el Ministerio Público, es un órgano con autonomía funcional, es decir, no tiene personalidad jurídica por cuanto ostenta la de la República, pero en todo caso, tiene autonomía de acción en lo que se refiere a su organización y funcionamiento y la posibilidad que tiene de contratar personal para lograr en plena eficiencia el ejercicio de sus funciones. El Ministerio Público forma parte integrante del Poder Ciudadano, el cual se ejerce por el Consejo Moral Republicano. Se rige por su estatuto interno, su ley, lo cual su personal se divide formalmente en dos tipos. Por un lado, los fiscales del Ministerio Público, los cuales tienen su estatuto especial, y por el otro, los empleados administrativos, los cuales se rigen por el Estatuto de la Función Pública.

Los actos del Fiscal General poseen un control administrativo interno, destinado al reclamo de los funcionarios de la propia institución a través de los recursos de reconsideración y jerárquico correspondiente, y tienen, los actos del Fiscal General, el control jurisdiccional a través de los tribunales de la República de conformidad con la Ley Orgánica de la Corte Suprema de Justicia. Los actos del Fiscal General los conoce por ilegalidad la Sala Político Administrativa del Tribunal Supremo de Justicia de conformidad con la nueva Ley Orgánica de la Jurisdicción Contencioso Administrativo (art. 23 numeral 5 de la LOJCA). Ver Roxana Orihuela Gonzatti en *Leyes Orgánicas del Poder Ciudadano* (Colección Textos Legislativos N° 30, Primera Edición, Editorial Jurídica Venezolana).

- La Defensoría del Pueblo

La Defensoría del Pueblo también forma parte del Poder Ciudadano. Y sus atribuciones o funciones se encuentran identificadas en el propio texto de la Constitución de la República Bolivariana de Venezuela, en sus artículos 281 al 282 inclusive. La Defensoría del Pueblo, es lo que se denomina como institución protectora de los derechos de los ciudadanos, el Ombudsman de origen sueco, y que ha tenidos una vasta proyección internacional sobre todo en países de América Latina y centro América, en los países europeos y en África. Se le denomina igualmente defensor del habitante, defensor cívico, defensor del ciudadano, y hasta proveedor de justicia.

En Venezuela la Defensoría del Pueblo, es una instancia muy importante, que tiene por función esencial materializar el dictado normativo constitucional sobre los derechos humanos. Esto es, llevar a cabo, una actividad directa de control sobre el poder, especialmente en lo que se refiere al poder administrativo, aquel que dicta resoluciones administrativas destinadas a condicionar el derecho subjetivo de los ciudadanos, y vigilar que la actuación del Estado, cuando interrumpa o de una u otra forma condiciones el derecho, pueda hacerlo no solo en beneficio del interés público, sino respetando en toda su extensión los derechos humanos. Es pues, un mandato de orden constitucional y legal que se perfecciona y cobra su mayor valor cuando insta a los poderes y aun los ciudadanos, de allí su importancia y la plaza fundamental que ocupa la institución de la defensoría del pueblo a todo lo largo del ordenamiento jurídico venezolano. La Defensoría del Pueblo es una institución de control sobre la Administración Pública, que tiene su origen en la figura del ombudsman y que tuvo como fundamento de actuación el controlar al poder ejecutivo, por la carencia a mediados de 1800, de un real y verdadero control contencioso administrativo, es decir, un control juridicial sobre los actos y actuaciones de la Administración del Estado. Y, por otra parte, el empuje a través de sectores de Europa en promover el Ombudsman en todos sus aspectos (Gustavo Briceño Vivas, *Leyes Orgánicas del Poder Ciudadano*, Colección Textos Legislativos Nº 30, Editorial Jurídica Venezolana, Caracas 2006).

En Venezuela se acogió el nombre de Defensor del Pueblo, por influencia del sistema de protección de Derechos Humanos Español y por su Constitución de 1978 (Artículo 54). En todo caso, la Defensoría del Pueblo, tiene a su cargo, principalmente la promoción, defensa y vigilancia de los derechos y garantías establecidos en la Constitución y los Tratados Internacionales sobre los derechos humanos, además de los intereses legítimos, colectivos y difusos de los ciudadanos y ciudadanas.(Artículo 280 de la Constitución).

En general, la Defensoría del Pueblo en Venezuela, sus funciones, se destacan como objetivos fundamentales:

a. Todo lo referido a velar por el respeto y las garantías de los derechos humanos consagrados en las leyes y tratados internacionales. Estas investigaciones pueden ser de oficio o a instancia de parte.

b. Un control sobre la Administración Pública, es decir sobre el ejercicio de la función administrativa. En este sentido, el Defensor vela sobre el correcto funcionamiento de los servicios públicos, ampara y protege los derechos e intereses de los ciudadanos frente a las arbitrariedades de la Administración, interponiendo los recursos que fueren necesarios para restablecer los derechos de los ciudadanos infringidos por el actuar de la Administración Pública. El Defensor del Pueblo es pues, un controlador de la actividad administrativa, controla y fiscaliza el ejercicio de la función administrativa, de los actos administrativos particularmente y en general de la actividad material de la Administración.

La actividad de los Ombudsman, constituyen una función muy sui géneris, dentro del campo de las estructuras estatales, constituyen una particular actuación destinada a proteger al ciudadano, no tanto frente a las arbitrariedades de la Administración cuando esta actúa en forma de actos unilaterales sino de igual manera cuando actúa en forma material. El Ombudsman o Defensor del Pueblo, dirige su actuación, decidido a defender al ciudadano, cuando este constituye un objeto de injusticia de la Administración del Estado, es bajo estos términos, un Defensor del Ciudadano frente a las injusticias que contra él se cometen diariamente por parte de los funcionarios públicos.

El Defensor del Pueblo, tiene competencia relativa a la protección de los intereses difusos o colectivos[60]. Tiene competencia para supervisar la eficacia por parte de la Administración en la prestación de los servicios públicos, tiene igualmente competencia para supervisar y vigilar a la Administración pública sobre la aplicación que haga sobre las leyes y demás actos normativos.

Si analizamos con objetividad todo el ordenamiento jurídico de las figuras de los Defensores del Pueblo, en América Latina y en Europa, observamos las injerencias que pose esta institución en el campo de la justicia. Ejemplos sobran.

En efecto, los ordenamientos locales o provinciales en España, por ejemplo, acuerdan normas jurídicas, en la cual los defensores pueden instar a los diferentes órganos de la Administración Pública, para que estos puedan cambiar de criterios jurídicos, en sus decisiones, siempre en beneficio de los derechos humanos de los administrados

Encontramos que el artículo 28 de la Constitución Española reza:

"Uno. El Defensor del Pueblo, aun no siendo competente para modificar o anular los actos y resoluciones de la Administración Pública, podrá, sin embargo, sugerir la modificación de los criterios utilizados para la producción de aquellos. Dos. Si como consecuencia de sus investigaciones llegase al convencimiento de que el cumplimiento riguroso de la norma puede provocar situaciones injustas o perjudiciales para los administrados, podrá sugerir al órgano legislativo competente o a la Administración la modificación de la misma. Tres. Si las actuaciones se hubiesen realizado con ocasión de servicios prestados por particulares en virtud de acto administrativo habilitante, el Defensor del Pueblo podrá instar de las autoridades administrativas competentes el ejercicio de sus potestades de inspección y sanción".

---

[60] Se denomina intereses difusos o colectivos aquellos derechos que se encuentran diseminados a lo largo de la colectividad. En tal sentido, cuando se hace referencia a los intereses difusos, la doctrina no hace alusión a intereses concretos o particularizados, por ello son derechos extendidos a lo largo del contexto social (tomado del libro *Un Ombudsman para la Democracia* de Gustavo Briceño Vivas).

El Defensor del Pueblo es un controlador de la justicia, más que de la actividad formal, lo que traduce después de la mirada del artículo expuesto, un control que no lo hacen otras instituciones controladoras de la actividad estatal.

Esta situación tan particular, coloca a la institución del Ombudsman o Defensor del Pueblo, en una posición interesante y distinta a las otras instituciones del Estado, lo cual constituye un ejemplo de expresión democrática y fundamentalmente encarada a favor de la libertad del ciudadano, como su principal y definido objetivo.

El Defensor del Pueblo puede igualmente, intentar las acciones de inconstitucionalidad, amparo u habeas corpus, habeas data y las demás acciones judiciales necesarias para la defensas de los derechos humanos. Cuando constatare y observare, que una ley de la Asamblea Nacional viola en su aplicación, determinados derechos de los ciudadanos, puede intentar contra esta ley, el recurso de inconstitucionalidad, para lograr su nulidad, y suspender los efectos de la ley que considere inconstitucional. Participa activamente en los procesos judiciales en los cuales se encuentran como punto de discusión esencial los derechos humanos.

También posee otras atribuciones constitucionales, como son: la defensa de los derechos indígenas; la defensa del público consumidor. Formula igualmente, recomendaciones o sugerencias a los diferentes órganos del Estado. Por esta razón, los Ombudsman, tienen un poder persuasivo fundamental. Y por último, promueve una política en defensa de los derechos humanos por diferentes medios de la comunicación social. (Artículos 6, 7 y 8 de la Ley Orgánica de la Defensoría del Pueblo).

- La Contraloría General de la República

La Contraloría General de la República es el órgano de control, vigilancia, y fiscalización de los ingresos, gastos, bienes públicos y bienes nacionales, así como de las operaciones relativas a los mismos. Goza de autonomía funcional, administrativa y organizativa, y orienta su actuación a las funciones de inspección de los organismos y entidades sujetas a su control. (Artículo 287 de la Constitución).

Constituye una institución contralora de la actividad de la Administración Pública en lo que se refiere a los dineros del Estado, para la utilización de los servicios públicos.

Es un control específico, determinado en la ley respectiva, lo cual implica una organización funcional, caracterizada por una actividad fundamental de inspección de los gastos de la Administración del Estado.

Sus atribuciones más importantes son las siguientes:

a. Ejerce un control sobre los ingresos gastos y bienes públicos, así como todas las operaciones derivadas de los mismos.

b. Controla la deuda pública, lo cual implica una íntima vinculación con todos los órganos del Estado.

c. Investiga y practica cualquier actividad que tenga relación con los ingresos y bienes del Estado, en general contra cualquier irregularidad cometida contra el patrimonio del Estado.

d. Insta a la Fiscalía General de la República para que ejerza las acciones judiciales que considere conveniente, con motivo de las infracciones cometidas en forma ilegal por funcionarios públicos o de particulares.

e. Vigila el cumplimiento de los otros órganos de control financiero de los Estados y Municipios. Y las demás funciones que le atribuyan la Constitución y las leyes. (Hacer la cita del artículo Constitucional)

El Poder Ciudadano, a través del Consejo Moral Republicano, ejerce de esta forma, un claro control sobre la Administración Pública. Son controladores de la legalidad, en los tres entes, Fiscalía, Defensoría y Contraloría. Puede igualmente, el Consejo Moral Republicano imponer sanciones de acuerdo a la ley, y dando cuenta de esta situación al órgano o dependencia al cual se encuentre adscrito el funcionario o funcionaria (Artículo 273 de la Constitución). Los funcionarios y funcionarias del Estado se encuentran obligados a colaborar con las investigaciones que realice el Consejo y suministrarles todas las informaciones que creyeren conveniente.

Además, por supuesto, todas las actividades pedagógicas y de educación el cual está obligado el Consejo Moral Republicano, de conformidad con la norma constitucional. Por último, el Consejo Moral Republicano, puede convocar un Comité de Postulaciones del Poder Ciudadano, el cual estará conformado por representantes de los diversos sectores de la sociedad, para la escogencia de los candidatos a integrar tanto la Fiscalía General de la República como la Contraloría y la Defensoría del Pueblo.

- La Procuraduría General de la República

La Procuraduría General de la República, es un órgano asesor dentro del Poder Ejecutivo, en el sentido de que asesora, defiende y representa judicial y extrajudicialmente los intereses patrimoniales de la República, y será consultada para la realización de los contratos de interés público o nacional[61]. La Procuraduría aparece dentro del contexto de la Constitución Bolivariana como un órgano del Poder Ejecutivo que fundamentalmente realiza dos funciones. De un lado, asesora al Ejecutivo Nacional, fundamentalmente al Presidente de la República, y a los ministros en consideraciones de orden estrictamente jurídico, y lo realiza a través de dictámenes y opiniones. Y, por otro lado, representa en los juicios a la República, es decir, en forma judicial o extrajudicial.

El Procurador General de la República es nombrado por el Presidente de la República con la autorización de la Asamblea Nacional y reunirá las mismas condiciones exigidas para ser para ser Magistrado del Tribunal Supremo de Justicia.[62] Asiste con voz pero sin voto en las reuniones del Consejo de Ministros y las funciones y atribuciones están desarrolladas en los artículos 9, 10, 11, 12, 13, 14, 15 establecidos en el Decreto con Rango Valor y Fuerza de Ley de Reforma Parcial del Decreto con Fuerza de Ley Orgánica de la Procuraduría General de la República[63]. Por ser un órgano del Ejecutivo Nacional no forma parte integrante del denominado Poder Ciudadano.

CONCLUSIONES

I. La Administración Pública se encuentra en todas las organizaciones jurídicas estatales. En tal sentido, desde el punto de vista del derecho objetivo, y en todo el ordenamiento jurídico, la Administración Pública, desde el punto de vista funcional y material, habilita y condiciona toda la actividad del Estado. En todos los poderes del Estado, existe función administrativa, en consecuencia, la

---

[61] Artículo 247 de la Constitución de la República Bolivariana de Venezuela.

[62] Artículo 249 de la Constitución de la República Bolivariana de Venezuela

[63] Decreto N° 6.217 15 de julio de 2008.

gran administración pública venezolana, se caracteriza fundamentalmente por cuanto, toda es portadora de los intereses públicos y en toda su organización es posible encontrar la emisión de verdaderos actos administrativos. Estos actos de la Administración, son manifestaciones de autoridad, dictadas por cualquier órgano del Estado, y que tiene por finalidad la satisfacción de los intereses generales, actividad que la realiza en base a la ley y condicionando el ejercicio de los derechos de los ciudadanos.

II. La República Bolivariana de Venezuela se encuentra caracterizada como un Estado Federal descentralizado en los términos consagrados por la Constitución, y se rige por los principios de integridad territorial, cooperación, solidaridad, concurrencia y corresponsabilidad, de conformidad con el artículo 4 de la Constitución Bolivariana de Venezuela. La descentralización, supone pues, repartición y transferencia de competencias dentro de la propia estructura del Estado. Y, obviamente, acercamiento del ciudadano al poder, como una forma concurrente de democracia de participación.

III. La Constitución de 1999, acogió, en lo que se refiere a los institutos Autónomos los mismos criterios en cuanto a la creación de estos. Creados por ley o por Decreto del Ejecutivo Nacional. La descentralización a la que alude la Constitución de la República Bolivariana de Venezuela, se refiere tanto a la descentralización territorial, conceptuada en la doctrina venezolana, como aquella de los municipios, como a la descentralización institucional, referida a los entes descentralizados funcionalmente, como los institutos autónomos.

IV. La ley Orgánica de la Administración Central, ahora Decreto con Rango, Valor y Fuerza de Ley Orgánica de la Administración Pública, incluye la existencia de los Ministerios y las diferentes oficinas presidenciales. Trata, las competencias de los diferentes ministerios que no tienen personalidad jurídica, y ubica los entes descentralizados sin personalidad jurídica o institutos autónomos ahora llamados Institutos Públicos, sin personalidad como entes desconcentrados de la Administración Pública.

V. La descentralización funcional la definimos como un fenómeno de la Administración, es pues, un fenómeno administrativo, ocurrido dentro del seno de ella misma, a través de leyes, y caracterizada fundamentalmente como institución en la cual se trasladan y se transfieren atribuciones y competencias. Y, en todo caso, se mantiene un vínculo con el ente que transfiere las competencias, vínculo de adscripción y control de tutela.

VI. Entonces, la descentralización es una forma de contrarrestar el poder central y sus manifestaciones autoritarias y centralizadoras. La descentralización es una forma de organización administrativa, en el interior de la propia administración, y no una forma de organización de gobierno y mucho menos de Estado. La descentralización es una forma de trasladar competencias, distintas a la delegación u otras formas. La descentralización supone en todo caso, la creación formal de una persona jurídica distinta al ente que transfiere las competencias y atribuciones. La creación de una persona distinta, supone siempre el otorgamiento de una personalidad jurídica, para que pueda interrelacionarse con los otros sujetos de derecho tanto privados como públicos.

VII. La descentralización supone un control administrativo, caracterizado como un control de vigilancia y de gestión política y pública, de finalidad, distinto al control jerárquico propio de los entes desconcentrados. El régimen jurídico aplicable a la descentralización es de Derecho Administrativo.

VIII. Los Institutos Autónomos son entes descentralizados en forma funcional, para diferenciarlos de la descentralización territorial. Son entes públicos, prestadores de servicios públicos, con personalidad jurídica y patrimonio propio independiente del patrimonio de la República y con obligaciones y derechos diferenciados. Sobre ellos pesa, un formal control de tutela y su creación siempre es por acto normativo.

IX. Las Empresas del Estado son personas privadas fundamentalmente, pero que en su funcionamiento actúa la Administración como ente controlador de su actividad, no dicta actos administrativos, y la República o cualquier otro ente de carácter territorial, actúa por medio de acciones. Su régimen jurídico es esencialmente de Derecho Privado. Su contencioso pertenece al juez de lo contencioso administrativo de conformidad con las disposiciones de la Ley Orgánica de la Corte Suprema de Justicia y de la Ley Orgánica de la Jurisdicción Contencioso Administrativo.

X. Las fundaciones del Estado son personas privadas, instadas y creadas por un acto estatal y que tiene por finalidad satisfacer una necesidad pública. Su régimen es mixto por cuanto existe actividades administrativas fundamentalmente dedicadas al control sobre las fundaciones del Estado.

XI. Las personas privadas también pueden dictar actos administrativos, siempre y cuando la ley las habilite en forma expresa, y el objeto del acto sea la prestación de un servicio público, lo que implica la concurrencia de elementos definidos en la jurisprudencia de los tribunales administrativos.

XII. La Constitución de la República Bolivariana de Venezuela crea un cuarto poder denominado Poder Ciudadano o Poder Moral, integrado por tres instituciones muy importantes, la Fiscalía General de la República, la Defensoría del Pueblo y la Contraloría General de la República. Sus atribuciones y funciones más importantes se encuentran en el propio texto Constitucional y en las leyes orgánicas que las crean.

XIII. El Decreto de la ley Orgánica de la Administración Pública hace referencia a los compromisos de gestión como forma de control social y de participación de la comunidad en la gestión pública, y muestra un capítulo sobre el procedimiento de la participación ciudadana en la gestión pública.

TERCERA PARTE

LOS CONTRATOS DE LA ADMINISTRACIÓN

El fin de la Administración Pública es la satisfacción de los intereses públicos, efectuándose tal actividad a través de formas de actuación que en la primera parte lo hemos descrito y analizado bajo la forma de la manifestación unilateral de la Administración Pública, materializada en la emanación del acto administrativo. En este sentido, la satisfacción de los intereses colectivos, no solo se satisface por medio de las acciones unilaterales o por actuaciones administrativas provenientes de actos de autoridad. La acción administrativa -al tener como fin la satisfacción de los intereses colectivos- lo hace de la misma forma, a través de acciones consentidas con los propios administrados. Los administrados se convierten entonces, en colaboradores de la Administración para lograr en su mejor forma la satisfacción de los intereses generales.

Se unen pues, la AP por un lado, y los propios ciudadanos por la otra, para satisfacer sus intereses a través de diferentes figuras organizativas, en la cual, los contratos juegan un papel fundamental en la configuración de esa consensuada Administración.

Nos referimos a la manera del consenso, a la manera del contrato, o como la constitución de un acuerdo de voluntades para lograr la consecución de los fines del Estado, y de manera particular *al contrato administrativo o contrato de la Administración* como forma de expresión de la actividad administrativa.

El contrato administrativo es pues, una de las instituciones más importantes del Derecho Administrativo, por cuanto en su génesis altera, si se quiere, la manifestación tradicional de unilateralidad de la Administración Pública en su actuar cuando pretende satisfacer los intereses colectivos. Y, la altera, dado que se auxilia del propio particular para lograr un objetivo tan parecido como el utilizado por vía unilateral.

Esto nos indica que, la institución de los contratos administrativos es relativamente reciente, a pesar de que existe una abundante jurisprudencia dictada por los tribunales venezolanos, y muy especialmente por el Consejo de Estado Francés, quien le ha correspondido manejar y hasta acertar un criterio, que nunca se encuentra al margen del tema, como lo es, la noción de servicio público, como elemento diferenciador del contrato administrativo con los demás contratos firmados por la propia Administración.

La importancia de esta institución es tal, que autores de prestigio internacional han expresado la inexistencia de los contratos administrativo, a pesar de que otros, la defienden contra todas sus teorías y postulados, en boca igual de prestigiosos y destacados juristas[1].

En todo caso, advertimos desde un principio, de que en nuestro país, doctrinalmente hay un acuerdo en creer y compartir en la existencia formal de la institución de los contratos administrativos. Sin embargo, de la misma forma observamos, que no existe en el sistema de derecho positivo venezolano, un sistema jurídico aparte y distinto al tradicional del concepto del contrato dentro del campo del Derecho Civil. Sostenemos, en la existencia de la institución, entre otras cosas, por cuanto desde el punto de vista jurisdiccional, los tribunales competentes para conocer de las controversias de estos contratos, la jurisdicción contencioso administrativa aparece como la competente para conocer[2] y sus postulados fundamentales y la guía de actuación del juez en lo que se refiere al contrato en sí mismo, el Código Civil conduce fundamentalmente sus apreciaciones de fondo y de forma.

El contrato administrativo, las relaciones entre las partes de este específico contrato se rige fundamentalmente por cláusulas, es decir, su configuración formal como contrato es semejante a aquellos clásicos del derecho común, sin embargo, tiene unas características

---

[1] Las objeciones a la existencia de los contratos administrativos puede resumirse, según el autor español Fernando Garrido Falla (1980, p. 347) en los siguientes aspectos: El contrato postula la igualdad jurídica entre las partes: ahora bien entre la Administración y los particulares o las relaciones son de igualdad, y en este caso, puede haber contrato, pero civil. O aquella aparece en posición de supremacía, y entonces no hay posibilidad de contrato. El contrato requiere la autonomía de la voluntad de las partes que se conciertan, ahora bien por lo que a la Administración toca, su voluntad es normativa o reglada, y por lo que se refiere al supuesto contratante privado, se limita a aceptar o rechazar las condiciones reglamentarias impuestas y finalmente, la imposibilidad de los contratos administrativos derivados cabalmente de que los objetos sobre que versan están fuera del comercio.

[2] Artículos 23 y 24 de la Ley Orgánica de la Jurisdicción Contencioso Administrativa.

particulares y especificas que lo diferencian de todas las figuras contractuales. ¿Es el contrato administrativo un contrato más dentro de la teoría del contrato? o ¿Es una institución aparte y muy diferenciada que se configura como una institución del Derecho Administrativo?

Veamos pues, esta institución de la siguiente forma. En primer lugar, la noción del contrato administrativo y su ubicación dentro del contexto general del Derecho Administrativo, nos parece esencial sobre todo en lo que se refiere a la comparación de esta institución con otras importantes instituciones del Derecho Administrativo (1). Igualmente, sus características fundamentales, lo cual abarca el objeto del contrato administrativo y todo lo que la noción de servicio público implica en la institución (2). La ejecución del contrato administrativo y sus implicaciones, lo que debemos tomar en consideración las prerrogativas de la administración y el poder de modificación unilateral (3). La responsabilidad de los contratos y los tribunales competentes para conocer y las consecuencias que se derivan en el ordenamiento jurídico venezolano (4). Y, por último, su extinción o terminación (5).

CAPÍTULO I

LA NOCIÓN DEL CONTRATO ADMINISTRATIVO

Jean Rivero, administrativista francés, ha definido el contrato administrativo como una relación jurídica en la cual convergen tres elementos fundamentales. En primer lugar, en todo contrato administrativo, una de las partes debe ser una persona pública, en este sentido, no se puede calificar un contrato como administrativo, si al menos una de las partes contratantes no es una persona pública. En segundo lugar, que el objeto del contrato sea la prestación de un servicio público, o la ejecución de un servicio público, y en tercer lugar, que el contrato tenga tanto interno como externamente, unas cláusulas diferenciadoras denominadas "cláusulas exorbitantes". Son pues, elementos básicos del contrato administrativo que indican que frente a una indefinición jurídica-legal en cuanto a la duda de si un contrato firmado por la Administración es o no administrativo los elementos enunciados nos ayudan a su identificación formal.

Por otra parte, Jean Rivero alude de la misma forma, a los contratos administrativos por expresa determinación de la ley, lo que implica que la ley los define desde un principio, como verdaderos contratos administrativos.

En todo caso, la manera de entender la noción de contrato administrativo se encuentra muy vinculado a criterios doctrinales, tal como lo expresa Fernando Garrido Falla. Estos criterios de la doctrina se encuentran referidos a la jurisdicción competente, a la forma, al objeto y dicho autor hace referencia al criterio que se mantiene en la actualidad.

En relación a lo primero, Garrido (1980, p. 42) expresa *"que hay contratos que, por determinación de la ley, son de la competencia de la jurisdicción contencioso administrativa y no de la civil. Para un sector doctrinal, estos son contratos administrativos"*.

Dependiendo pues, de la jurisdicción a que corresponda la discusión del contrato, ésta será civil o administrativa según el envío de la ley. Por ejemplo, en Venezuela, en materia contractual, de acuerdo a la ley, la jurisdicción siempre es la administrativa, sea o no el contrato de naturaleza administrativa. El criterio de la forma del contrato, de acuerdo a este criterio diferencia un contrato administrativo de otro contrato no administrativo. Sin embargo, el mismo autor español, destaca la poca importancia de este criterio debido fundamentalmente a que existen contratos no administrativos que no exigen con mucha propiedad la forma sobre todo en lo que se refiere a su estructura jurídica y su ejecución. Sobre el criterio del objeto y del contenido del contrato, se refiere esencialmente por la existencia de la prestación de un servicio público.

El servicio público es un elemento fundamental y casi esencial para la definición del contrato administrativo. Es, la tesis acogida mayoritariamente por la jurisprudencia y la doctrina venezolana. En cuanto a la jurisprudencia tradicional y que ha marcado la doctrina posterior, encontramos la sentencia Acción Comercial[3] dictada por la

---

[3] Sentencia de la Sala Político Administrativa de la Corte Suprema de Justicia, de fecha 14 de junio de 1983, ponente Luis Farías Mata, donde se señala que: *"...Cuando requerimientos de interés público así lo postulan, acude la Administración a la figura del contrato administrativo para asegurarse la colaboración del particular en la satisfacción de determinadas necesidades de interés general la presencia de la Administración -dadas determinadas condiciones- en el negocio jurídico, marca a éste, inevitablemente, de características distintas a las de la contratación ordinaria, para asegurar de esta manera que aquélla, depositaria del*

Sala Político Administrativa de la Corte Suprema de Justicia, en la cual hace referencia al criterio del servicio público y a las cláusulas exorbitantes.

En forma interesante, la sentencia, expresa que un contrato es administrativo, cuando el objeto del contrato tiene por finalidad la prestación de un servicio público, convergentemente, las cláusulas exorbitantes son una consecuencia lógica de que el objeto sea la prestación de un servicio público. No es posible que la Administración pueda ejecutar un contrato cuyo objeto es la prestación de un servicio público, si el contrato no se encuentra acompañado de cláusulas especiales que atribuyan a la Administración Pública, poderes excepcionales frente al cocontratante de la Administración y frente a los terceros o usuarios del servicio.

Por demás, Garrido Falla (1980, p. 47), lo anuncia en forma clara cuando dice "*Las Cláusulas exorbitantes son la consecuencia de que el contrato versa sobre un servicio público, y porque se contrata sobre un servicio público está justificado el régimen exorbitante del Derecho civil.*"

Ahora, existen contratos cuyo objeto es la prestación de servicios públicos sin cláusulas exorbitantes, esto lo dice Garrido, y que viceversa, existen contratos con cláusulas especiales, cuyo objeto no es precisamente la prestación de un servicio público, consideración muy cercana a la existencia de los contratos de Derecho Común.

El criterio más preciado y acogido, es aquel contrato que tiene como objeto la prestación de un servicio público, en este sentido, cuando el objeto es la prestación del servicio existe la presunción de que es un contrato administrativo.

---

interés general o colectivo, pueda comprometerse sin sacrificarlo en aras de intereses privados de los administrados, por importantes -individualmente considerados- que éstos parezcan. Los particulares contratantes quedan, a su vez, protegidos en ese género de convenciones gracias a la intangibilidad de la ecuación económica del contrato, en virtud de la cual una lesión a su patrimonio derivada del incumplimiento por la administración de las cláusulas convenidas (rescisión por motivos supervinientes: "hecho del príncipe", circunstancias imprevisibles, fuerza mayor...) es compensada con la correspondiente indemnización al particular de los daños y perjuicios que pudieren habérsele ocasionado. No sin razón se ha afirmado que entre esos dos extremos -sujeción a las normas de derecho civil, expresada en el respeto a la ecuación económica del contrato; y violación de algunos de los principios de derecho privado, motivada en razones de interés público- encuentra su adecuado y paradójico juego la peculiar teoría del contrato administrativo, cuya regulación queda sometida a reglas especiales distintas de las que rigen los pactos jurídico-privados".

Garrido Falla, nos expresa que al ser o tener como objeto la prestación de un servicio público, el interés general está de una u otra forma implicado en su ejecución: allí hay un contrato administrativo.

Un contrato administrativo, es pues, un acuerdo de voluntades que las partes pactan en una serie de obligaciones de obligatorio cumplimiento para ambas. Ahora, este acuerdo de voluntades, tiene unas características especiales que lo distinguen (el contrato) de los otros acuerdos de voluntades normalmente efectuado a lo largo del orden jurídico.

Una de las partes es la Administración Pública, el objeto es la prestación de un servicio público y, la relación contractual se encuentra muy determinada por la ley o por diferentes actos normativos. Concatenado con esta noción que aportamos al tema, no podemos indicar una diferencia formal con los contratos de la Administración que no son administrativos, o que corresponden al Derecho Común.

En efecto, no existe una línea divisoria formal entre un contrato administrativo con un contrato de Derecho Común, lo cual dificulta ciertamente encontrar una definición satisfactoria del contrato administrativo. Los contratos administrativos poseen cláusulas tan convencionales como en los contratos de Derecho Común. Y, en los contratos de Derecho Común poseen cláusulas tan típicas de aquellas contenidas en los contratos de Derecho Administrativo. La búsqueda entonces, sobre la naturaleza jurídica de un contrato de la Administración deberá iniciarse a partir de la naturaleza interior y concreta del propio contrato. Por esta razón, los contratos de la administración que tengan por objeto la prestación de un servicio público suelen ser administrativos, de acuerdo a la envoltura que sobre él existan, en cuanto a leyes que se determinen, y en cuanto a las cláusulas que hayan sido pactadas. No es pues, alejado expresar, que los contratos de la Administración son más o menos administrativos o más o menos de Derecho común. En consideración a lo expuesto ¿dónde ubicar la institución del contrato administrativo dentro del Derecho Administrativo? Primeramente, el contrato administrativo se desarrolla dentro de la llamada actividad consensual de la administración, o también dentro de la llamada actividad bilateral por no decir la actividad unilateral[4].

En este sentido, la Administración actúa en consideración al interés público por consenso con los administrados, materializada su actuación en virtud de un contrato formal. Es decir, la actividad contractual es una actividad administrativa, destinada a lograr que los administrados formen parte de la acción administrativa y satisfagan los intereses colectivos.

Igualmente expresamos que en puridad de concepto, la contratación administrativa prácticamente se constituye en una delegación de poderes, por medio del cual la ley le confiere a los administrados, llamados, cocontratantes de la Administración, determinadas atribuciones o *poderes,* para afectar los derechos subjetivos de los administrados y así satisfacer los intereses colectivos. Sin embargo, dicha delegación de poderes atribuidos por las normas jurídicas, constituyen atribuciones ordenadas, pero de la misma forma vigilada e inspeccionada por la propia Administración Pública, lo cual caracteriza a estos contratos y los define como contratos especiales elaborados por la propia administración. Realmente, la delegación es una figura de carácter organizativa administrativa, determinada en forma expresa por la ley y no por otro instrumento jurídico, los poderes en principio son indelegables de allí su importancia, en el sentido de que al ser la delegación de poderes una excepción, la misma debe estar vigilada por el propio Estado cuando ocurre la transmisión de los poderes. En los contratos administrativos, la delegación se da, es cierto, pero bajo la estricta vigilancia por parte del ente público que transfiere la competencia.

CAPÍTULO II

ELEMENTOS DISTINTIVOS DE LOS CONTRATOS ADMINISTRATIVOS

Cuando se hace referencia a los elementos distintivos de los contratos administrativos, los mismos aparecen múltiples, si tomamos en consideración objetivamente las particularidades que esta institución presenta en el contexto general del Derecho administrativo.

---

[4] Por no expresar actividad unilateral, aunque no rechazamos la apreciación por medio de la cual el contrato administrativo como tal nace de una manifestación unilateral de la propia administración.

Así pues, la doctrina tradicional, sobre todo la francesa, inspiradas por las ideas de Jean Rivero y Charles Debbasch, acogen el criterio por medio del cual, existe dificultad en caracterizar objetivamente lo que es un contrato administrativo y más aun, el problema de diferenciarlo en la teoría y en la práctica de un contrato de Derecho común realizado por la Administración. Estos autores expresan formalmente que, cuando la ley indica que un contrato es de naturaleza administrativa no existe problema de interpretación, dado que el legislador se sitúa en la posición del contrato, y no produce problema para el intérprete.

En cambio, cuando no existe una definición dada por la ley, surgen dificultades que es necesario dilucidar. Así, existen elementos que indican la existencia de unos contratos que se llaman administrativos y se encuentran referidos al sujeto, al objeto y a las cláusulas del contrato, lo cual nosotros llamamos a los fines didácticos, elementos distintivos de los contratos administrativos, no sin expresar que existen otras características que serán expresadas a lo largo del desarrollo del presente tema.

Los contratos administrativos presentan de esta forma, los siguientes elementos.

En primer lugar, se concluyen a través de personas públicas, el objeto contractual tiene por finalidad la prestación de un servicio público, y contiene unas cláusulas especiales denominadas cláusulas exorbitantes. Veamos cada uno de ellos.

I.   LAS PERSONAS PÚBLICAS EN LOS CONTRATOS ADMINISTRATIVOS

Personas públicas son creadas por las leyes y cuya atribución fundamental es la satisfacción de necesidades colectivas. Tienen personalidad jurídica y consecuente prerrogativas de poder público, siendo habilitadas por la ley para condicionar los derechos subjetivos de las demás personas. Dictan actos administrativos y entre su variedad está fundamentalmente el hecho de que pueden realizar contratos administrativos. En tal sentido, en sus relaciones contractuales o no, adquieren derechos y asumen verdaderas obligaciones. Pueden ser demandadas y demandantes en los tribunales de la República. Las personas públicas son aquellas pues, que pueden formar parte determinante en una relación contractual administrativa. No las personas privadas.

En este sentido, un contrato es administrativo, en tanto y en cuanto, una de las partes en la relación contractual sea una persona jurídica de derecho público.

Significa, en todo caso, que la persona pública, tenga, conferido por la ley, prerrogativas de poder o atribuciones y competencias para condicionar el ejercicio de los derechos de las demás personas sean privadas o públicas. No se puede en principio, aceptar la tesis de que solo entre personas privadas pueda concluir verdaderos contratos administrativos. En consonancia, la administración pública, se manifiesta, a través de diferentes actuares o formas administrativas, y la estructura de la propia Administración, la Administración como tal, es a quien le corresponde ser la ejecutora del contrato administrativo.

Ahora, no pretendemos encuadrar, a la Administración Pública como el sujeto actuante, o como parte en la relación contractual, por cuanto el ordenamiento jurídico venezolano, nada indica en forma objetiva que la Administración pública pueda ser parte de un contrato, por cuanto entre otras cosas, la personalidad jurídica como elemento determinante para indicar la cualidad de una persona, se encuentra ausente en la Administración del Estado. Lo que tiene personalidad jurídica, y en consecuencia, titular de derechos y obligaciones es el ente territorial o no, República o entes descentralizados.

Vendrían a ser los entes territoriales Republica, Estados y Municipios las verdaderas partes en las relaciones contractuales, en los concretos contratos administrativos.

La Administración Pública vendría a ser pues, un ente instrumental de ejecución, de inspección y fiscalización del contrato administrativo realizada en nombre de la República, del Estado o del Municipio. ¿Quiénes son entonces las personas públicas que pueden formar parte determinante en una relación contractual administrativa?

Primeramente, la República, como ente mayor, la personificación jurídica del Estado, el ente receptor de las obligaciones y los derechos comprometidos por y el Estado. La República abarca pues, el poder administrativo nacional, la Administración Pública Nacional, lo que incluye a los Ministerios, Oficinas presidenciales y demás entes no personificados actuantes y dependientes de los ministerios. Estructura que extiende su organización y funcionamiento a la gran Administración central y la Administración descentralizada, lo cual incluye a los institutos públicos, institutos autónomos, las empresas del Estado, las empresas Públicas, las sociedades civiles, fundaciones, cuya participación en sus patrimonios es preponderante del Estado etc. Sin embargo, es de hacer notar, que los institutos autónomos, por tener su propia personalidad jurídica son estos mismos quienes contratan diferenciándose obviamente de la personalidad de la República.[5]

En segundo lugar, los Estados, como personas públicas territoriales que conforman la unidad de la nación, pueden concluir, formar y ejecutar contratos administrativos. Son los Estados "entidades autónomas e iguales en lo político, con personalidad jurídica plena" (art. 159 de la Constitución) pudiendo crear servicios públicos y administrarlos (art. 164 numeral 8 de la Constitución) a través de la figura de la contratación administrativa, lo cual quiere decir, que los Estados tienen, una competencia constitucional para la realización de las diferentes contrataciones administrativas en la prestación de los servicios públicos.

En cuanto a los Municipios, como entes públicos territoriales, la Constitución Bolivariana es clara al respecto. En efecto, cuando el art. 168 de la Constitución numeral 2, dice, *"la gestión de las materias de su competencia"*, se refiere a las atribuciones que comprenden entre otras, la realización y ejecución de contratos administrativos y no administrativos que serán ejecutados y formalización de acuerdo a lo indicado en la Ley Orgánica de Régimen Municipal y en las ordenanzas que dicten los propios municipios en uso de sus atribuciones y competencias.

Bajo el mismo contexto, personas públicas que pueden ser parte en las contrataciones administrativas, se refieren a los entes descentralizados de la administración pública como los institutos autónomos y otros entes descentralizados de la Administración que hayan sido su competencia conferida por la ley, pueden pues realizar contratos administrativos.

La Ley de Contrataciones Públicas (Ley de Reforma Parcial del Decreto N° 5.929 con Rango, Valor y Fuerza de Ley de Contratacio-

---

5   El artículo 96 del Decreto Con Rango, Valor y Fuerza de la Ley Orgánica de la Administración Pública, dice: Los institutos autónomos son personas jurídicas de Derecho Público de naturaleza fundacional, creadas por ley, nacional, estatal u ordenanza municipal, dotadas de patrimonio propio con las competencias determinadas en esta.

nes Públicas. *Gaceta Oficial* N° 39.165 de 24 de abril de 2009) en su artículo 3, señala las personas públicas que forman parte de las contrataciones administrativas como son: (1). Los órganos y entes del Poder Público Nacional, Estadal, Municipal, central y descentralizado. (2). Las universidades Públicas. (3). El Banco Central de Venezuela. (4). Las asociaciones civiles y sociedades mercantiles en las cuales la República y las personas jurídicas a que se contraen los numerales anteriores tengan participación igual o mayor al cincuenta por ciento (50%) del patrimonio o capital respectivo. (5). Las asociaciones civiles y sociedades mercantiles en cuyo patrimonio o capital social tenga participación igual o mayor al cincuenta por ciento (50%) las asociaciones civiles y sociedades a que se refiere el numeral anterior. (6). Las Fundaciones constituidas por cualquiera de las personas a que se refiere los numerales anteriores o aquellas en cuya administración estas tengan participación mayo tiraría. (7). Los Consejos comunales o cualquier otra organización comunitaria de base que maneje fondos públicos. Es por demás muy extensa el número de personas pública que pueden ser parte en una relación contractual administrativa, las únicas personas excluidas son aquéllas cuyo contrato tengan por objeto la ejecución de obras, la adquisición de bienes y la prestación de servicios que se encuentren en el marco de cumplimiento de acuerdos internacionales de cooperación entre la República Bolivariana de Venezuela y otros estados, incluyendo la contratación con empresas mixtas en el marco de sus convenios. (Artículo 4 de la L.C.P.)

En fin, pueden realizar contratos administrativos y formar parte de ellos, cualquier persona jurídica privada, que tenga una especial atribución de la ley, que tenga como origen de su creación un texto de rango legal, ley especial o decreto del ejecutivo).

II. EL OBJETO DEL CONTRATO ES LA PRESTACIÓN DE UN SERVICIO PÚBLICO

La jurisprudencia administrativa es abundante al respecto así como la doctrina nacional y extranjera[6]. En efecto, el objeto del con-

---

[6] En la doctrina nacional, destacamos a Brewer-Carías, Allan en las *Instituciones Fundamentales del Derecho Administrativo y la Jurisprudencia Venezolana*, pp. 157 a 223. *Tesis de Doctorado. U.C.V.* Fundación Procuraduría General de la República 1991. *Régimen Jurídico de los Contratos Administrativos,* en especial la formación del contrato administrativo. El procedimiento

trato administrativo es la prestación de un servicio público, lo cual aparece dentro del contexto general del Derecho Administrativo como una parte importante del ejercicio de la función administrativa del Estado. El servicio público se caracteriza concatenadamente y principalmente como una actividad, un hacer, destinado a ejercer una actividad y cuyo fin es la satisfacción de intereses de carácter colectivo. Autores como Charles Debbasch, indica que el servicio público es un tipo de acción de la administración, y que ella se permite tomar directamente una carga que le pudiera eventualmente ejercer los particulares. Cuando la Administración Pública asume el rol de satisfacer intereses colectivos, la actividad se convierte en pública y su régimen jurídico se envuelve bajo las formas y el contenido del Derecho Administrativo.[7]

La noción de servicio público, es pues un elemento fundamental que no solo ayuda con certeza, a acercarnos a una noción del contrato administrativo, sino inclusive, a la propia noción del Derecho Administrativo. Bastante son los libros y los textos dedicados a desarrollar el tema, inclusive, como ciencia que forma parte formal y sustantiva del Derecho Público.

Con visión y dedicación histórica, la noción de servicio público comenzó dando definiciones a todo lo largo de los siglos anteriores especialmente a finales del siglo 19 y a mediados del siglo 20. Y, hoy en día, a pesar del crecimiento desmesurado de los actuares administrativos y sus variadas formas, el servicio público aún existe como elemento esencial para captar y esclarecer la noción del Derecho Administrativo.

---

de selección del contratista. Procedimientos de licitación pública. Concursos privados. La ejecución del contrato administrativo. Teoría de la Imprevisión. Depredación monetaria e inflación. Rafael Badell Madrid. Ejecución del contrato administrativo. Potestades de la Administración y derechos de los contratistas. Armando Rodríguez García. En la doctrina extranjera, *Curso de Derecho Administrativo* de los profesores Eduardo García de Enterría y Tomás Ramón Fernández. Tratado de Derecho Administrativo de Fernando Garrido Falla. Centro de Estudios Constitucionales. Madrid. 1980. *Instituciones y Derecho Administrativo* de Charles Debbasch Droit Themis Presses Universitarires de France. La Acción y el control de la Administración. Droit Administratif de Jean Rivero. Dalloz. 1983. *Droit Administratif.* Georges Vedel con la colaboración de Perre Devolve. Presses Universitarire de France. Themis Droit

[7]   Charles Debbasch. *Instituciones y Derecho Administrativo 2.* La acción y el control de la Administración. Presses Universitaire de France. Themis Driot.

Entonces, por ser un tipo de acción administrativa, lo cual indica que coincidimos plenamente con la expresión del citado autor francés, en que nos permite identificar la noción con la institución del contrato administrativo.

El servicio público, se dilata y se extiende, a todo lo largo de la acción administrativa, como una parte tanto en la vía unilateral, por su medio instrumental clásico como lo es el acto administrativo, y por la vía bilateral o del consenso, como lo es el contrato administrativo. Y, en lo que se refiere al específico contrato administrativo, la noción de servicio público, se encuentra inmersa tanto en la forma como en el fondo. Es clásica, la mirada, que se hace de la noción de servicio público en atención a los dos supuesto de su propio entender y comprensión. El criterio orgánico y el criterio material, parecer y explicación, en que prácticamente coinciden todos los autores patrios y extranjeros.

El criterio orgánico, caracterizado fundamentalmente por la integración del servicio público a la propia organización administrativa. Por ejemplo, habría servicio público, entendiéndose como el conjunto de órganos dedicados a la educación, las aulas, los alumnos, el colegio, la estructura ministerial etcétera. Habría un servicio público, el conjunto de órganos y estructuras dedicados a fomentar el deporte, sus integrantes, las direcciones deportivas y todo aquel conjunto de elementos concatenados a dar el deporte para los ciudadanos. Esta actividad la pueden realizar los particulares, entre y con los particulares, pero cuando la asume el Estado, la convierte en una actividad colectiva, difusa, entre la comunidad, con características particulares y la sitúa consecuentemente dentro del campo de la noción material de servicio público. De allí, el interés de expresar, que, bajo esta óptica, la noción de servicio público pasa a ser una finalidad de actuación del Estado, lo cual indica que estamos en presencia de la noción material de servicio público.

La idea constituye una variedad muy significativa, el interés perseguido, la finalidad encontrada, no es la satisfacción de un interés particular, sino el fin de interés público, lo cual es el objeto, de esta forma, de la acción administrativa del Estado.

Así las cosas, la acción administrativa del Estado se concretiza en el ejercicio de la función administrativa, encargada la Administración de ejecutarla y particularizarla, por medio de actos y actuaciones, y dentro de ella, el contrato administrativo, emerge o sobresale abiertamente como la forma indicativa de que el servicio público -entendido tanto como criterio orgánico o como material- puede satisfacer los intereses colectivo, pero esta vez, la satisfacción se hace con los propios ciudadanos, denominados técnicamente como co-contratantes de la propia Administración, de allí su finalidad y su concreción.

La noción de servicio público, doctrinalmente parte de un carácter histórico. Después de doscientos años, las sociedades, sobre todo industrializadas han evolucionado de tal forma que, los cambios en las prestaciones del Estado, han sido inconmensurable, si tomamos en consideración las transformaciones sociales y culturales que han ocurrido detrás de los siglos anteriores. Por ello se pensó en un principio, que el Estado como tal, no podía ni debía encargarse de las actividades económicas ni comerciales. Fundamentado en variadas razones, entre ellas, el hecho de que las actividades asumidas por el Estado, serían hasta cierto punto, usurpadoras de las actividades propias de los particulares, y por otra parte, quizás un concepto muy primitivo: el Estado nacido bajo el concepto de soberanía, estaría solo limitado y hasta dedicado a las actividades de armadas, policías, política extranjera, etc. Es decir, armadas, fuerza extranjera y policías serían pues prestaciones de servicios públicos, en las cuales el Estado, como persona jurídica mayor, tendrían el monopolio de esas actividades, llamadas públicas, para diferenciarlas radicalmente de los particulares. Sin embargo, esta situación se hizo insostenible como carga para el Estado, por un lado, y por el otro, ocurrió un fenómeno de orden social, en el sentido, de que el Estado tuvo y debió asumir competencias que antes devenían solo a los particulares. Hubo una gran transformación, que generó incluso, en la noción de la crisis de servicio público a comienzos de siglo XX, logrando un cambio en la concepción del Derecho Público y por ende en el campo del Derecho Administrativo.

Con el desarrollo de la economía moderna, y la aparición de nuevas ideas políticas, entre ellas los pensamientos políticos derivados en el Liberalismo, Democracia Cristiana, la Social Democracia y el Socialismo, se desata un nuevo proceso de transformación en lo que se refiere objetivamente a la intervención del Estado, en la economía y como ente prestador de los servicios públicos.

La doctrina francesa es protagonista y pionera principal de la prenombrada evolución del Estado en la prestación de los servicios públicos. Autores franceses como Léon Duguit, Jeze y Bonnard crean una nueva e importante noción de servicio público, acompañada por importantes decisiones del Consejo de Estado Francés, con juristas como David Romieu y León Blum contribuyendo a un cambio de concepción doctrinal y hasta práctica y constituyeron las bases de lo que posteriormente se denominó las Escuela de los servicios públicos y la teoría nueva del servicio público. Entonces, cualquiera fuera la actividad gestionada por los particulares que se hiciera en forma deficiente, el Estado la asumía como propia y de allí partía la nueva concepción del servicio público. El Estado se encargó pues, de gestionarla y de administrarla. Fundamentalmente, escogió, entre las múltiples actividades de los particulares, aquellas denominadas actividades industriales y comerciales, no típicamente por cierto, actividades administrativas en el buen sentido de la expresión.

Estas actividades fueron dilatándose y clasificándose con el tiempo, originándose como consecuencia, regímenes jurídicos distintos y encuadramientos dentro de los ordenamientos jurídicos diferentes. El Estado se convirtió desde luego, en un Estado generador y gerente de múltiples actividades que antes eran de los particulares, pero ahora, eran del Estado. A partir de la crisis, las actividades eran fundamentalmente: administrativas, industriales, comerciales y sociales etc., lo cual implicaba por otra parte, diferentes modos de organización y estructura.

Los servicios públicos administrativos -como explicamos en capítulos anteriores- correspondían a una actividad dedicada a la satisfacción de las necesidades de los ciudadanos. La potestad administrativa de los entes encargados de su gestión y administración aparece como un signo relevante e indicativo. Supone, el condicionamiento del ejercicio de los derechos de los administrados, por medio de los actos administrativos, y el interés público como fin de dicha actividad. Entonces, el contencioso administrativo es la jurisdicción real objetiva y adecuada para solucionar los conflictos que ocurriesen dentro de la prestación de los servicios públicos. Característica por cierto, muy del régimen francés y todo lo que implica su organización y funcionamiento. Pues bien, se derivó de allí, un régimen jurídico de Derecho Administrativo que ha tenido una gran importancia y transferencia hacia el mundo occidental y que nuestro país ha sido de una u otra forma afectado por la noción francesa de servicio público.

En relación a la existencia de los denominados servicios públicos industriales y comerciales, reconocidos en una famosa sentencia del Tribunal de Conflictos llamada Sociedad Comercial del Oeste Africano, interrumpe de nuevo, y se aboca a una solución expresada que la sociedad la cual realizaba una actividad comercial e industrial tiene prerrogativas de poder público, bajo ciertas norma del Derecho privado, lo que la califica de un moderado régimen mixto. Sus decisiones debería ser analizadas y juzgadas por los tribunales de la jurisdicción ordinaria y no la contencioso administrativa.

La crisis de la noción de servicio público, nos indicaba la existencia del Estado por un lado prestando servicios públicos que antes las gerenciaban los particulares y por las otras, ciertas actividades que antes las practicaba el Estado, ahora eran del dominio de los particulares. La crisis se denota en toda su exención.

Ahora bien, los contratos administrativos se determinan por cuanto su objeto lo constituye la prestación de los servicios públicos, es pues, esa calificada y específica prestación de allí su injerencia y su importancia, expliquemos porqué.

En primer lugar, la prestación del servicio público, es la más importante actividad de la Administración Pública. No la única, pero si la más importante. Esa actividad que la realiza el Estado en forma inmediata y directa y sometida a la ley, la función administrativa del Estado, y entendida como una actividad material, puede ser a su vez pactada con los propios administrados o destinatarios de la misma. Es la tesis del profesor Tomas Ramón Fernández, la cual hemos hecho referencia en capítulos anteriores. Constituye, a nuestro modo de ver, las bases del contrato administrativo, entre otras cosas, constituye su objeto principal.

Esta consideración especial, tiene suficiente arraigo en nuestro país, tanto jurisprudencial como doctrinalmente[8]. Objeto de los contratos significa varias connotaciones, y depende claro está, de la idea que se tenga a cerca de la noción de prestación de servicio público y sus consecuencias.

Brewer en su obra *Las Instituciones Fundamentales del Derecho Administrativo y la Jurisprudencia Venezolana*, extiende el concepto de contrato administrativo mas allá de la noción de servicio público, dice este autor que:

> *"no consideramos que la prestación objeto del contrato administrativo debe estar siempre relacionada con un determinado servicio público, como expresaban Jeze en los albores de la Teoría de los Contratos Administrativos, de lo contrario quedarían excluida de la calificación de contratos administrativos,*

---

[8]   La finalidad del servicio público constituye la posición clásica de la jurisprudencia venezolana en forma pacífica y reiterada.

contratos tales como el de ocupación del dominio público o el de empréstito público. Estos contratos, a pesar de no estar relacionados directamente en muchos casos con el funcionamiento de un servicio público determinado, son contratos administrativos pues son celebrados por la Administración con la finalidad de servicio público" (p. 179).

Sin embargo, la extensión doctrinal es excesiva, y en consecuencia no ayuda a la real comprensión de la noción, no solo del objeto del contrato sino al propio concepto de contrato administrativo. El objeto del contrato es la prestación de un servicio público, es decir, la realización de una actividad directa e inmediata que satisface los intereses colectivos en forma general, sometida a la ley y bajo el control de la Administración concedente o delegante, es la función administrativa del Estado. El objeto del contrato es en realidad y en la práctica compartido, alternado, entre la Administración y los particulares ejecutores de un mandato y cuya finalidad esencial es la prestación de un servicio y como destinatarios son los administrados.

En segundo lugar, por ser el objeto del contrato la prestación de un servicio público, la Administración debe en todo caso, controlar dicha prestación. Como expresamos en páginas anteriores, la delegación de poderes, *en principio* es muy limitada, por no decir prohibida en el ordenamiento jurídico venezolano. Esto explica fundamentalmente, que, los contratos administrativos son figuras de delegación de poderes, los cuales, la Administración desempeña, por consecuencia de la transferencia de poderes, actividades de control sobre el administrado ejecutor y prestador del servicio público. Bajo esta concepción de ejercicio de la función administrativa, los contratos administrativos son solo aquellos que ejercitan esta concreta actividad de la administración. La delegación de poderes constituye, a nuestro modo de ver, una manifestación que caracteriza los contratos administrativos.

En tercer lugar, por ser el contrato administrativo una convención entre dos o más personas para constituir, reglar, transmitir, modificar o extinguir entre ellas un vínculo jurídico (Art. 1133 del Código Civil) su objeto debe ser lícito posible y determinado o determinable, y como dice Brewer, los principios de la teoría privatista sobre los requisitos del objeto del contrato son aplicables en su esencia a los contratos administrativos. Esta consideración, claro está, no significa en todo caso, que los contratos administrativos sean contratos cuyas formalidades implican la regulación de esquemas propios de los contratos de Derecho Privado y regidos en su formación por normas sólo de Derecho Común.

En efecto, los contratos administrativos poseen también formalidades propias del Derecho Administrativo, lo cual lo podemos constatar, por ejemplo, en los contratos, en sus formalidades previstas en las leyes de licitaciones. Sin embargo, del mismo modo, expresamos que *las formalidades de Derecho Administrativo*, no son suficientes para catalogar o determinar ipso facto, un contrato como de Derecho Administrativo.

Una jurisprudencia dictada por la Corte Primera de lo Contencioso Administrativo, ha expresado tal criterio, en sentencia de fecha 21 de junio de 2000, al considerar como no suficiente "para calificar un contrato como administrativo, el hecho de que la Administración siga un procedimiento como el de licitación, y menos aún que califique como concesión el acto que finalice el procedimiento mediante el cual determine a su contratante" (Caso *Alfredo Gouveia vs. Servicio Autónomo de Aeropuertos Regionales del Estado Bolívar*).

El elemento formal u orgánico, no es suficiente pues, para determinar en toda su extensión que estamos en presencia de un contrato administrativo. La mera existencia de una persona pública y el formalismo en su elaboración, no convierte al contrato en meramente administrativo. Así lo expresa la sentencia comentada. En tanto, la sentencia Inversora Mael C.A. (03/05/2000) dictada por el Tribunal Supremo de Justicia en su Sala Político Administrativa expresó de manera clara y precisa que:

> *"en tal sentido a los fines de analizar su consideración o no como contrato administrativo, observa la Sala que el único elemento en común con dicho acuerdo que ofrece la transacción judicial cuya nulidad se demanda viene dada por la presencia de un ente público como parte contratante, lo cual como es sabido, constituye un factor propio y común de todos los contratos celebrados ordinariamente por la Administración, incluso en aquellos sometidos a un régimen preponderante de derecho privado en cuanto a su ejecución y cumplimiento, siendo insuficiente este solo elemento para poder fundar la calificación como administrativo de un determinado acuerdo o convención"*.

En este sentido, la sentencia nos recuerda, por un lado, que el elemento orgánico no es suficiente para catalogar un contrato como administrativo, y por otra parte, expresa inequívocamente que la Administración hace contratos de Derecho privado, lo cual no es de ninguna forma algo principal e innovador dado que, en todos los ordenamientos esta consideración nunca ha sido puesta en duda.

En la actualidad, no existe duda alguna en que la prestación de utilidad pública constituye un símbolo muy importante para catalogar un contrato como administrativo. Su objeto es pues, la prestación de un servicio público bien sea por cualquiera fuera el ente público territorial o no. La sentencia Domingo González contra la Alcaldía del Municipio Autónomo Páez del Estado Apure dicta por la Sala Político administrativa de fecha 16 de mayo de 2000, es clara en su parte motiva. Dice: *"Cuando la Administración Pública, obrando como tal, celebra con otra persona, pública o privada, física o jurídica, un contrato que tiene por objeto una prestación de utilidad pública, nos encontramos frente a un contrato administrativo, y el interés general puede ser de la Nación o Estado, o de las Municipalidades".*

Constituye pues y en todo caso, un criterio preponderante de los análisis jurisprudenciales de los tribunales contenciosos administrativos. Fíjese, que una sentencia de la Corte Primera lo expresa con entera precisión: *"En tal sentido, quiere señalar esta Corte, que el principal criterio empleado por la jurisprudencia, a fin de determinar si los contratos que celebra la Administración y que tienen por objeto bienes ejidales[9], constituyen verdaderos contratos administrativos, había sido el relativo al objeto y su vinculación con un servicio público"* (sentencia de la CPCA de fecha 8 de mayo de 2000).

El presente criterio, ya el sistema venezolano lo ha acogido de manera legal con la promulgación de la actual Ley de Contrataciones Públicas en su artículo 1 y lo distribuye en atención a *"actividades que tengan por objeto la adquisición de bienes, prestación de servicios y ejecución de obras con la finalidad de preservar el patrimonio público, fortalecer la soberanía, desarrollar la capacidad productiva y asegurar la transparencia de las actuaciones de los órganos y entes sujetos a la ley de forma de coadyuvar al crecimiento sostenido y de versificado de la economía".*

III. LAS CLÁUSULAS ESPECIALES EN LOS CONTRATOS ADMINISTRATIVOS

La doctrina administrativa tradicional caracteriza a los contratos administrativos, como aquellos contratos que posen cláusulas especiales derogatorias del Derecho Común. Así, es el criterio tradicional, de asemejar un contrato administrativo a aquel que contiene

---

[9]   Se refiere a un caso de venta de ejidos o de bienes municipales, inmuebles.

estipulaciones especiales que obligan a las partes, en todo caso siempre al cocontratante de la administración. Las cláusulas de un contrato son pues, estipulaciones, acuerdos de voluntades, entre las partes de un contrato, y que tienen fuerza de ley entre ellas. Es, un principio fundamental dentro de la ciencia del Derecho, acogido por todos los ordenamientos jurídicos, en el sentido de que, los acuerdos escritos o no, dentro y en la intimidad de una vinculación contractual. Las cláusulas constituyen leyes entre las partes, y que el incumplimiento de una de ellas autoriza o habilita a la otra, a hacerla cumplir a través de los respectivos medios judiciales o administrativos.

El artículo 1159 del Código Civil dice que los contratos tienen fuerza de ley entre las partes. No pueden revocarse sino por mutuo consentimiento o por las causas autorizadas por la ley. El Código Civil Colombiano por ejemplo, es muy explícito en cuanto a la consideración de la ley entre las partes. Dice el articulado colombiano que *"todo contrato legalmente celebrado es una ley para los contratantes, y no puede ser invalidado sino por su consentimiento mutuo o por causas legales"* (Art. 1602).

Ahora bien *¿Qué significado posee el término cláusula en los contratos administrativos, y por qué su importancia en la doctrina administrativa?*

Las cláusulas exorbitantes en los contratos administrativos constituyen ciertamente, unas cláusulas, unas estipulaciones, en el sentido de que las mismas influyen en la relación contractual administrativa y en forma directa. Pero es el caso, de que dichas cláusulas, en la relación contractual administrativa se insertan en el propio contrato, o dentro del contrato de una manera muy especial que caracteriza justamente el contrato administrativo, como una institución fundamental del Derecho Administrativo y con nítidas diferencias en relación a los contratos de Derecho Privado o contratos simples de la Administración. En efecto, las cláusulas en los contratos administrativos son cláusulas-leyes, en el sentido de que, estas cláusulas orbitan alrededor de la propia relación contractual administrativa. Así, y en tanto, las cláusulas en los contratos administrativos son verdaderas normas o leyes que tienen una influencia determinante y directa en la íntima relación contractual.

Es aquella relación jurídica en definitiva, que se plantea entre la Administración Pública y el cocontratante por la otra. La especialidad del contrato administrativo viene dada justamente y en consecuencia, por la posición de sus cláusulas en el vínculo contractual. De aquí su diferencia y su característica con los demás contratos del ordenamiento jurídico.

El término cláusula posee en los contratos administrativos una posición o mejor, una terminología muy especial. Sus cláusulas definen la relación, le indican a las partes del contrato, a la Administración como a su contraparte, lo que deben hacer, y como deben guiar y distribuir sus conductas, obligaciones y cargas, adheridas y coadministradas en beneficio del interés colectivo. Las cláusulas del contrato administrativo son más que aquellas, indicadas en el Derecho civil en el sentido, de que no solo son ley entre partes, sino ley también para con los terceros y de los terceros. Las cláusulas-leyes, vinculan pues, en forma directa e inmediata, a las partes, y a los terceros, constituye, ellas, un grado de control muy directo que influyen de una manera determinante y absoluta en la voluntad jurídica tanto de la Administración como del cocontratante.

Pero, si las cláusulas del contrato administrativo tienen una influencia muy determinante en la relación contractual, no significa, por lo demás, patrimonio caracterizador en el Derecho administrativo. Nos explicamos, estas cláusulas que orbitan a los alredededores de la relación contractual, sea del exclusivo comportamiento, solo en la institución del contrato administrativo. En efecto, las cláusulas-leyes también orbitan en los contratos de Derecho Común, es decir, en aquellos regidos por el Código Civil u otros instrumentos jurídicos de Derecho Privado, incluyendo por ejemplo la materia laboral o inquilinaria. Pongamos como ejemplo la cantidad de leyes que rigen la relación laboral, en el campo del salario, o de las formas de extinción laboral que la ley del Trabajo la incluye de manera tácita en todos los vínculos laborales.

En cualquier contrato, sea de la naturaleza del que fuere, las leyes, si las entendemos como normas contractuales, orbitan alredededor de la relación, en el sentido de que todas esas normas influyen en la relación. Lo observamos comúnmente y muy característicamente, en los contratos laborales, y en aquellos dedicados a la relación arrendaticia. Todos los contratos en definitiva poseen cláusulas exorbitantes que influyen de manera diversa en sus vínculos internos. Unos más que otros.

Pero en todo caso, en los contratos administrativos la influencia es determinante. En sus dos aspectos. Uno, en lo que se refiere al elemento caracterizador, en el sentido de que ayuda a configurar el contrato como administrativo, y por otra parte, por cuanto la cláusula constituye una forma de dirigir y desarrollar el contrato en forma directa y obligante para las partes.

Una sentencia anciana ya caracterizaba el problema, de las cláusulas del contrato administrativo las denominaba *sus reglas propias* y decía la expresión *distintas al derecho común*, nos referimos a la sentencia Acción Comercial antes comentada. Con motivo de una sentencia reciente dictada por la Sala Político-Administrativa del Tribunal Supremo de Justicia, esta expresa que "el acto por el cual se rescinde una concesión de un servicio público es un acto administrativo que debe estar precedido de un procedimiento que garantice el derecho a la defensa y al debido proceso del concesionario"[10], refiriéndose a la naturaleza jurídica de los contratos administrativos, el contrato administrativo autoriza a la Administración contratante para rescindirlo unilateralmente juzgando el incumplimiento del particular, para finalizar diciendo que las llamadas "cláusulas exorbitantes son poderes que detenta la Administración pública como consecuencia del principio de autotutela administrativa"

Las cláusulas exorbitantes administrativas son pues, poderes legales concedidos por la ley, para que la Administración aplique en beneficio del interés público aun afectando el derecho de los particulares cocontratantes de la administración.

Las cláusulas del contrato, llamadas exorbitantes, a juicio de la doctrina francesa constituye un criterio distintivo y diferenciador que posibilita acercarse a la noción del contrato administrativo. Jean Rivero, lo dice en su libro manual de Derecho administrativo, "fuera de los casos de participación en la ejecución misma del servicio público, un contrato si le concierne a la ejecución del servicio, no es administrativo que si una de las partes han manifestado la voluntad de sustraerse al Derecho civil adoptando cláusulas que las derogan" (pág. 120 del citado libro). Es a nuestro juicio, una posición radical del administrativista francés, es la cláusula exorbitante, dice el autor francés con firmeza, "derogatoria del derecho común, que constituye un criterio decisivo para definir el contrato administrativo" (Pág. 121 del *Manual de Derecho Administrativo* de Jean Rivero).

Concatenado a lo anterior, podemos afirmar lo siguiente, en un contrato administrativo, existen en primer lugar, cláusulas de

---

[10] Sentencia del TSJ-SC de fecha 20 de junio de 2000 *Revista de Derecho Público* N° 82 p. 439.

Derecho común, en gran parte, porque entre otras cosas, los contratos administrativos son verdaderos contratos, lo cual rige los principios comunes a todos ellos, en general, principios consagrados a lo largo de todo el ordenamiento jurídico y en todo su sistema formal. En segundo lugar, cláusulas especiales, que las llamamos cláusulas derogatorias, si se quiere siguiendo a Rivero, distintas, y que les confieren cierta preeminencia a la Administración, y estas las utiliza, para condicionar el derecho de los contratantes y dirigir en consecuencia el contrato. En tercer lugar, leyes que orbitan a todo lo largo y exterior del contrato, que las llamamos igualmente cláusulas contractuales, para definir y dirigir los contratos, dentro de los cuales la Administración hace uso del denominado *ius variandi*.

Las cláusulas del contrato se materializan y se exteriorizan a través de los actos administrativos, o de las providencias que la Administración hace uso para conducir el contrato y dirigirlo, en atención al interés colectivo. Es decir, el acto administrativo nace, en todo caso, de la aplicación de cláusulas del contrato, sobre todo, cuando el acto proviene del mandato de una norma jurídica, o cuando el acto es objetivamente ordenado por una ley. En este caso, la cláusula se aplica, como cláusula al fin, y como la materialización de un acto formal administrativo.

El contrato administrativo aparece, bajo la presente visión, como un acuerdo de voluntades, las cuales las partes se entrecruzan bajo obligaciones especiales, de ejecuciones obligatorias y de formal cumplimiento entre las partes, donde el contrato es dirigido por varios instrumentos normativos y no normativos. El contrato administrativo es conducido bajo cláusulas, normas jurídicas y actos administrativos, todo entrecruzado para beneficiar el interés colectivo, lo cual constituye ciertamente su fin primordial.

La noción del contrato administrativo abarca igualmente pues, el concepto de cláusula exorbitante, las cláusulas exorbitantes, convergen y ayudan entonces, a identificar la noción, y atribuirle unas peculiaridades que sitúan a la institución del contrato como un ordenamiento particular y diferenciador de los demás contratos de Derecho Común.

Traemos al conocimiento en este tema, la sentencia dictada por la Sala Político-Administrativa de la antigua Corte Suprema de Justicia denominada "Acción comercial" en la cual con ponencia del Magistrado Luís Henrique Farías Mata, explicó, las razones jurídicas del porqué un contrato que tenga por objeto la prestación de un servicio público, debe en todo caso contener cláusulas especial o cláusulas exorbitantes. Es decir, cuando un contrato en el cual la Administración es parte, y estipula con un cocontratante la prestación de un servicio público, el mismo debe contener cláusulas exorbitantes. En este sentido, esta sentencia, de fecha 14 de junio de 1983, destacó varios aspectos fundamentales que son necesarios reseñar, a los fines de una mejor comprensión de la ubicación de las cláusulas en un contrato administrativo, y para poder, desde luego, lograr una definición de la institución que aquí nos ocupa en el presente trabajo.

En primer lugar, dice la sentencia que *"... legislativa, doctrinaria y jurisprudencialmente es admitida en Venezuela la posibilidad de que tanto la administración nacional, como la estadal y la municipal celebren contratos administrativos..."* Es decir, la existencia de los contratos administrativos es una realidad en el sistema de derecho positivo venezolano. En segundo lugar, que *"...características de estos la noción de servicio público, inspirada en el interés general cuya consecuencia preside la actuación administrativa, queda dicha finalidad puesta en evidencia cuando cláusulas exorbitantes del derecho común aparecen en el..."* concretamente, las cláusulas exorbitantes parecen una consecuencia natural de la prestación del servicio público. En tercer lugar que *"...han de considerarse también incorporadas al contrato aquellas cláusulas exorbitantes previstas en las normativas vigentes al tiempo de la celebración, las cuales, en esas condiciones, revelan también el carácter administrativo que el contrato tiene..."* Tiene pues el contrato administrativo tanto cláusulas internas como externas. En cuarto lugar, que *"con sus reglas propias, distintas a las del Derecho Común, el contrato administrativo autoriza a la Administración contratante para rescindirlo unilateralmente juzgando el incumplimiento del particular que con ello lo suscribiera, a quien en todo caso queda abierta la vía del contencioso para asegurarse, en un debate ante el juez competente, la preservación de la ecuación económica del contrato, si la causa de la rescisión no le fuera imputable como lo sentara este Tribunal Supremo en sentencia de fecha 12 de noviembre de 1954"*. Aquí el punto más importante de lo dicho por la sentencia comentada que *"En semejantes circunstancias no cabe a la impugnante, en el caso de autos, imputar la recuperación de pleno derecho que la Administración municipal hizo de los terrenos enajenados con arreglo a un régimen de derecho público, el denunciado vicio de inconstitucionalidad por usurpación de funciones correspondientes al poder judicial, ni tampoco el de exceso o abuso de poder que la recurrente fundamenta en el argumento base para ella de que la venta fue pactada como pura y simple, cuando, como se ha dejado expuesto estuvo sometida a condición contractual de interés general, no cumplida cabalmente por la recurrente en la extensa área de terreno que le fuera ad-*

judicada por la Municipalidad". Entendemos pues, que la sentencia preceptúa el principio de que una norma de la ordenanza municipal atribuye competencia al municipio, para rescindir un contrato de enajenación de un bien inmueble, si el comprador, por ejemplo, no cumple con lo preceptuado expresamente lo en ella indicado.

Es decir, las cláusulas exorbitantes son normas jurídicas que se imponen en y en la voluntad de los contratantes en un contrato administrativo. Existen en un contrato que tenga por objeto la prestación de un determinado servicio público. Son inherentes pues, al propio contrato administrativo. De aquí, la tesis indicada en la sentencia "Acción Comercial" en la cual hemos expresado sus conclusiones más importantes.

Ahora, las cláusulas del contrato administrativo constituyen un elemento más para su identificación, como bien lo hemos explicado supra, e incluimos la argumentación de que no existe un elemento identificador solo o aislado para la identificación de la noción del contrato administrativo. Las cláusulas, como otros elementos ayudan a su identificación, pero es necesario el análisis de otros elementos como la ejecución del contrato para indicar como objetividad y precisión la noción del contrato administrativo.

En el Derecho positivo venezolano, las cláusulas del contrato se encuentra en el pliego de condiciones y la oferta, que son el conjunto de cláusulas que indican las condiciones del contrato, y los mismos constituyen un documento fundamental para formalizar el contrato de conformidad con lo establecido en el artículo 93 de la Ley de Contrataciones Públicas.

CAPÍTULO III

LA EJECUCIÓN DEL CONTRATO ADMINISTRATIVO

La ejecución de los contratos administrativos constituye unas sus principales características. La forma o la manera de llevarse a cabo las obligaciones contraídas en la relación contractual sistematizan su noción. Así, como el objeto, por ser un servicio público que las partes del contrato, al menos una de ellas, iluminan la noción del contrato y que las cláusulas lo diferencian, la ejecución del contrato administrativo constituye un elemento que lo caracteriza y lo sitúa en relación a otros contratos con cierta autonomía y bajo una perspectiva distinta.

Indudablemente, la ejecución de un contrato administrativo constituye una característica propia de estos contratos, veamos entonces cuales son las modalidades, sus formas, y en todo caso, las potestades de la administración en su ejecución, así como los derechos que tienen los cocontratantes en esa peculiar situación.

I. LAS PRERROGATIVAS DE LA ADMINISTRACIÓN EN LA EJECUCIÓN DEL CONTRATO ADMINISTRATIVO. LOS PRINCIPIOS

Las prerrogativas de la administración constituyen unas de las características propias del Derecho Administrativo, independientemente de la propia noción del contrato. Son en general, excepciones frente al principio de igualdad de las partes, bien en una relación contractual de Derecho Público o de Derecho Privado, o en una relación jurídico-administrativa. Sitúan al ente o a las personas que la disfrutan en una situación de supremacía frente al otro sujeto de derecho. Y, esa situación de supremacía puede estar definida, en consideración a dos supuestos. Uno, en lo que se refiere a la posibilidad que tiene la persona con prerrogativas de poder, de condicionar el derecho de la otra parte, condicionar su derecho subjetivo, sin acudir a la vía judicial o inclusive a la actuación y su libre arbitrio. Y la otra, por cuanto las prerrogativas constituyen al mismo tiempo, un fundamento para actuar vinculado al interés público como medio permisivo y habilitador[11].

Llegado a este punto ¿Cuáles son las prerrogativas que tiene la Administración Pública en la ejecución de los contratos administrativos?

La Administración posee muchas prerrogativas a lo largo de todo el desarrollo de los contratos administrativos, desde su inicio y su preparación hasta su culminación definitiva. Prerrogativas que se encuentran determinadas en la propia ley o en las normas que se encuadran en el propio contrato administrativo.

---

[11] En este sentido, Rodríguez García Armando, lo expresa de forma didáctica y descriptiva, los controles por la Administración en la ejecución del contrato administrativo, en la obra *Régimen Jurídico de los Contratos administrativos*. Fundación Procuraduría General de la República. Caracas 1991. pp. 87 y 88.

La Administración conduce y ejecuta pues, el contrato, dado que su ejecución es fundamentada por el interés público. De allí la base de su intervención como de su total ejecución.

Doctrinalmente se acepta la tesis por medio de la cual, los momentos en que la Administración interviene con prerrogativas para ejecutar el contrato son, en tres momentos: a) en la facultad de modificación unilateral del contrato; b) en la facultad de dirección y control, y c) en la facultad de sanción.

Las ejecuciones son entonces, prerrogativas de la Administración, facultades para actuar, potestades, intervenciones habilitadas que garantizan un equilibrio económico jurídico y financiero, que por cierto, caracteriza de paso, la propia noción del Derecho Administrativo.

Aunado a lo anterior, esas ejecuciones legales y contractuales se encuadran en principios jurídicos, o signos rectores de actuación que personifican y habilitan la actuación de la ejecución del contrato administrativo, situándola bajo una perspectiva distinta a otras instituciones del Derecho Administrativo. Siguiendo a Fernando Garrido Falla, los principios son los siguientes: El principio del contrato *"ley entre las partes"*, y el de la aplicación subsidiaria del Derecho civil, el principio de la mutabilidad del contrato administrativo, y el principio de la administración–poder y del contratista –colaborador.[12].

- Empecemos por el primer principio

El principio por medio del cual el contrato es *ley entre las partes*, tiene aplicación en el contrato administrativo. En efecto, los contratos administrativos, se encuentran iniciados y desarrollados bajo esquemas jurídicos distintos a los del Derecho Civil, sin embargo, la excepcionalidad de estos contratos especiales, no los exime de que en ciertos aspectos de su aplicación, y sobre todo en lo que se refiere a sus interpretaciones, puedan plantearse consideraciones muy de índole civil. Los contratos administrativos, bajo esta visión, son más o menos civiles o más o menos administrativos.

Siguiendo con la presente argumentación, el principio de contrato es ley entre partes, no constituye per se un patrimonio jurídico atendido y en atención solo al Derecho Civil. Al contrario de lo que aparenta, el dogma constituye un principio general del Derecho,

---

[12] Garrido Falla Fernando, *Tratado de Derecho Administrativo*. pp. 101 ss.

aplicable a todos los ordenamientos jurídicos y en general a todas las instituciones, luego, la institución del contrato administrativo como institución fundamental del Derecho Administrativo, no puede estar excluida o ausente de esta apreciación. La mirada en general del contrato administrativo, nos indica que aquello es un contrato, esto es, "una convención entre dos o mas personas para constituir, reglar, transmitir, modificar o extinguir entre ellas un vínculo jurídico" (Artículo 1133 del Código Civil). Eso pertenece, al mundo de las relaciones pactadas, *acuerdos de voluntades*, dentro de la cual la voluntad debe ser respetada en principio y por principio. La interpretación del contrato por parte del juez, ordinario y especialmente el juez administrativo[13], debe en principio, y como norma de conducción judicial del proceso, atenerse a lo querido y pactado, a lo decidido y acordado, a lo escrito y entendido por las partes, en fin a las concordadas voluntades, independientemente de que el contrato sea de naturaleza civil o administrativa, de Derecho Público o de Derecho Privado. Del mismo modo, los requisitos para la validez de los contratos administrativos, el consentimiento, el objeto, y la causa son requisitos formales exigidos dilatadamente por el ordenamiento jurídico civil, aplicable en toda su extensión y dinamismo a los contratos administrativos.

Dice Fernando Garrido Falla, por otra parte, que "cuanto menos evolucionado aparezca el régimen jurídico administrativo de un determinado país, la aplicación del principio referido será tanto más rigurosa" (p. 101) es decir, entendemos del autor, que en los países donde no se encuentra muy desarrollado el régimen de los contratos administrativos, el ordenamiento civil se aplica con cierta intensidad, en esta especial contratación.

En Venezuela, la influencia del Código Civil es determinante, por ejemplo, el fundamento de la responsabilidad sobre todo la responsabilidad extra-contractual se deriva en gran parte por las normas del Código Civil. Lo dijo Brewer ya hace varios años, en su libro *Las instituciones fundamentales del Derecho Administrativo y la Jurisprudencia Venezolana,* (p. 420).

Sin embargo, creemos que la influencia del Código Civil Venezolano, abarca y se extiende también a la responsabilidad contractual de la Administración, lo cual ponemos como ejemplo clarifica-

---

[13] Nos referimos fundamentalmente al juez civil o mercantil y no el juez especial contencioso administrativo.

dor el enunciado del artículo 1167 del Código Civil aplicable *mutatis mutandi* a los contratos administrativos[14]. Quizás, la idea por medio del cual el Código Civil se aplica con mucha frecuencia en los contratos administrativos ha sido justamente, a decir de Brewer, por cuanto "... contamos con un Código Civil con una magnifica y moderna regulación de la responsabilidad extracontractual inspirada en el proyecto del Código Civil Franco-italiano de las obligaciones. Por ello creemos que, en la ausencia de una reglamentación legal de la responsabilidad administrativa, puede fundamentarse la responsabilidad extracontractual de la administración en los principios del Código Civil..." (p. 420 *ob. cit.*).

En todo caso, lo importante de expresar en este interesante problema, es que en nuestro país, el contrato administrativo ha tenido un desarrollo jurisprudencial amplio, que amerita reseñar jurisprudencia a lo largo del presente tema. Sin embargo, lo definitivo hasta hoy en día, es que el contrato administrativo se rige por normas dispersas, a pesar de encontrarnos con la Ley de Contrataciones Públicas de reciente promulgación, (2009) en lo que se refiere a la contratación de obras públicas, en el sentido de que el Decreto hace referencias a ciertos principios fundamentales, bajo una visión administrativista que desarrollan esas normas jurídicas especiales.

Por otro lado, no significa la intangibilidad en la relación contractual administrativa, que es común en los contratos de Derecho Civil. Opuestamente, en los contratos administrativos la aplicación de normas del Derecho Civil, y fundamentalmente del principio "lex inter partes" no tiene, dicho en términos de racionalidad, una aplicación excesiva y formal, sino flexible e intentado adaptar sus principios al interés público que al fin y al cabo, es el fin principal de la contratación administrativa.

Las modificaciones administrativas tienen límites legales y justificativos especiales acordados por las propias normas internas del contrato como por normas externas al mismo. Bien lo expresa Georges Vedel, cuando dice que:

---

[14]   Artículo 1167 del Código Civil: "En el contrato bilateral, si una de las partes no ejecuta su obligación, la otra puede a su elección reclamar judicialmente la ejecución del contrato o la resolución del mismo, con los daños y perjuicios en ambos casos si hubiere lugar a ello".

"La modificación unilateral del contrato por la Administración no puede alterar por ejemplo, en lo que se refiere a las llamadas cláusulas financieras, ni inclusive en la sustancia u objeto principal del contrato", situación que veremos en su oportunidad[15].

En lo que se refiere al principio de la mutabilidad del contrato administrativo, le es connatural en sus características y en su definición. La doctrina administrativa se apoya pues, en la tesis de la *mutabilidad* para justificar la noción del contrato administrativo. De allí, unas de sus características más importantes.

La mutabilidad es un concepto que implica alteración o cambio, la mutabilidad constituye la variabilidad de lo mudable y lo mudable dentro del contexto del diccionario implica, una noción de mudarse con facilidad, nos referimos al concepto dado por el diccionario de la Real Academia de la Lengua Española. Pues bien, el contrato administrativo es mutable, cambia, se muda, si se quiere acompañar la terminología esencialmente castiza, lo que lo caracteriza en su esencia y en su desarrollo de los demás contratos en el ordenamiento jurídico. No es inmutable como lo es por principio, en los contratos en Derecho Civil.

Ahora, importa expresar que, la mutabilidad o la inmutabilidad en los contratos en general, como característica de su desarrollo y ejecución, no implican de ninguna manera, que el concepto de cambio o no en las cláusulas del contrato, signifique una proposición inalterable o de obligatorio cumplimiento, tanto en los contratos que son administrativos como en los no administrativos.

Existen contratos de Derecho Común, que estipulan cláusulas mutables, expresamente pactadas por las partes con la finalidad de favorecer el objeto del contrato. Así como pueden existir cláusulas inmutables en ciertos contratos administrativos existen igualmente cláusulas mutables en los contratos de Derecho Común. La mutabilidad o la inmutabilidad van a variar, sobre todo en lo que se refiere a la prestación del servicio público en el contrato administrativo, y en la mutabilidad del contrato mismo, pactado entre dos personas de Derecho Privado o dos personas de Derecho Público. Verbigracia, en materia de obras públicas, bien lo expresa el Profesor Eloy Lares Martínez, y sobre todo en materia contractual cuando expresa que

---

[15] *Droit Administratif.* George Vedel Presses Universitaires de France p. 341, en el derecho de modificar las condiciones en la ejecución del contrato. Themis Droit

"…la Administración deberá respetar las limitaciones previstas en el con-trato acerca del derecho de introducir cambios en las condiciones de la obra fijadas en los planos y en el pliego de condiciones…" (citado por Brewer en su trabajo las modificaciones unilaterales en los contratos de obra pública p. 765. *Libro homenaje a la memoria de Roberto Goldschmidt*).

Es decir, existen en los contratos administrativos cláusulas in-mutables o de difícil cambio por parte de una de las partes en el con-trato administrativo. Las modificaciones o no, es decir la mutabili-dad o no, obedece, al fin de interés público, que rigen la actividad y la finalidad de la Administración Pública cuando decide contratar con los particulares. Sin contar por otra parte, con las limitaciones propiamente legales que tiene la Administración en relación a las cláusulas del contrato. La ley aparece pues en toda su extensión, como un límite preciso y objetivo, para restringir las prerrogativas de la Administración en la ejecución del contrato administrativo.

La Administración no puede cometer arbitrariedades. Como expresa Brewer "…el ejercicio del poder de modificación unilateral supone un cambio de circunstancias que lo motiven, en la aprecia-ción de dicho cambio y de dichas circunstancias la Administración, aun cuando goza de cierta libertad, no puede cometer arbitrarieda-des. Es decir la posible libertad de apreciación (agregamos nosotros el problema de la mutabilidad) de los cambios de circunstancias se encuentra asimismo limitada por todos los límites impuestos al ejer-cicio del poder discrecional, y, concretamente, por los derivados de los principios de racionabilidad, justicia, igualdad y proporcionali-dad." (p. 765, *ob. cit.*).

Es entonces, y así puede ser entendido como un límite a la dis-crecionalidad administrativa ya consagrada por el legislador vene-zolano en el artículo 12 de la Ley Orgánica de Procedimientos Ad-ministrativos[16].

Es evidente que las modificaciones en las cláusulas de un con-trato administrativo pueden ocurrir con diferentes modalidades, como en el caso de los contratos administrativos de ejecución de

---

[16]   Artículo 12 de la Ley Orgánica de Procedimientos Administrativos: *"Aún cuando una disposición legal o reglamentaria deje alguna medida o provi-dencia a juicio de la autoridad competente, dicha medida o providencia deberá mantener la debida proporcionalidad y adecuación con el supuesto de hecho y con los fines de la norma, y cumplir los trámites, requisitos y formalidades necesarios para su validez y eficacia".*

obras públicas. En la Ley de Contrataciones Públicas, existe todo un capítulo dedicado a las modificaciones de los contratos correspondiente al Título IV de dicha ley, en el cual se explanan las condiciones de variación o modificación de los contratos de obra. El artículo 106 de dicha ley, prevé la posibilidad de que las partes en el contrato pueden modificar lo que consideren necesario para darle más eficiencia y efectividad al objeto del contrato. Dicha modificación es posible hacerla el contratista siempre y cuando acompañe un informe económico, técnico y de presupuesto, a los fines de ser debidamente aprobado por el ente contratante. Tan importante es la aprobación por parte del ente, que el contratista solo podrá actuar en consecuencia, si ha recibido la notificación de la aprobación de su informe. Inclusive, en caso de que se hayan modificado condiciones sin la autorización respectiva, puede el ente contratante, ordenar la restitución de obra ya construida a expensas del propio contratante de la Administración (Artículo 107 de la Ley de Contrataciones Públicas).

Dentro de las causas de modificación de los contratos administrativos de obras o de prestación de servicios públicos, se encuentran fundamentalmente las siguientes: (1) El incremento o reducción en la cantidad de la obra, bienes o servicios originalmente contratados. Es lógico suponer, que si existe un cambio en las condiciones del contrato, cuando exista un incremento o una disminución en las cantidades que ya han sido previstas, en cualquier caso, se deja expresa constancia de tal situación y se procede hacer los cambios que se consideren necesarios. (2) Que surjan nuevas partidas o renglones a los contemplados en el contrato. Esto influye sobre todo cuando existe una modificación en el contrato marco (Reglamento de la Ley de Contrataciones Públicas artículo 2°, al renacer una nueva partida la misma conduce a una modificación del contrato. (3) Se modifique la entrega del bien, obra o servicio. En este sentido, la modificación en cuanto al tiempo, acarrea por consecuencia una modificación del contrato, obviamente dependiendo de las causas y a quien le es imputable tal cambio. (4) Variaciones en los montos previamente establecidos en el presupuesto original del contrato, y (5) Las establecidas en el reglamento de la presente ley.

Esto último es importante destacarlo por cuanto el Reglamento de la Ley de Contrataciones Pública (artículo 131 del Reglamento) prevé la posibilidad de cambios durante la ejecución del contrato, sobre todo referido a las modificaciones al denominado por el Reglamento "documento principal", al permitir que pueda celebrarse entre las partes un contrato o acuerdo que prevea la posibilidad de hacer modificaciones o para determinar una circunstancia que no haya sido prevista con anterioridad.

Entre las causales de modificaciones que deberán ser reconocidas están las variaciones del presupuesto (artículo 109 de la ley) las variaciones de los precios (artículo 110 de la ley) y las referidas a los mecanismos de ajustes del contrato (artículo 111 de la ley).

En lo referente al principio de la administración-poder y del contratista colaborador, estudiado por el profesor Garrido Falla en su libro de *Derecho administrativo*, es importante expresar lo siguiente.

La Administración Pública al delegar sus poderes en la prestación de los servicios públicos, traspasados y conferidos a un particular por medio de un contrato, debe vigilar el uso de estos poderes o potestades traspasadas. El principio de la Administración-poder constituye, entonces, un dogma, si se quiere, en la institución del contrato administrativo. En este sentido, en todo contrato administrativo se supone, y diríamos, hasta inherente al propio contrato, de que, la Administración actúa con poderes, con potestades de vigilancia y de control que los trasmite al contratante, justamente y en todo caso, a los fines de vigilar los poderes conferidos y delegados.

Nuestra tesis de que el contrato administrativo es una especie de delegación de poderes en personas particulares, cobra vigencia y realidad cuando se estudia este principio, en particular, expuesto magistralmente por el profesor Garrido Falla. La Administración Pública, actúa en el ejercicio de la función administrativa del Estado, es una situación convencional y normal, igualmente estudiada y encarada por el Derecho Administrativo de múltiples formas y variedades.

Los franceses denominan "Les servíces en regie" para calificar que la Administración es solo ella quien presta los servicios públicos, con sus propios poderes, sus propias facultades y sus autónomos financiamientos, y que por excepción los delega, -en sus poderes- en personas particulares, pero atendiendo al principio por medio del cual la administración es un poder de vigilancia y de control, y donde se demuestra ese control es justamente en la institución del contrato administrativo[17].

---

[17]   Jean Rivero, *Derecho Administrativo*. p. 481.

Y, por otra parte en lo que se refiere al concatenado principio contratista-colaborador, el problema se sitúa acerca de si el contratante de la Administración, es un simple colaborador del servicio público con la Administración o ejecuta el mismo el servicio. Esto es, el contratante se confunde con la Administración en la ejecución del contrato administrativo. Jean Rivero, en su libro de Derecho Administrativo expresa la tesis por medio del cual para definir un contrato como administrativo es necesario partir del principio por medio del cual *"...la relación del contrato con el servicio público no le imprime el carácter administrativo solo si el contrato constituye la ejecución misma del servicio público..."* y expone como ejemplo la sentencia Epoux Bertin, Gr. Ar[18].

Se parece a nuestro entender, al contrato de concesión de obra pública, donde el concesionario, prácticamente se sustituye en la Administración en la prestación del servicio público. Pues bien, realmente el principio contratista-colaborador supone, que el contratista es un colaborador en la prestación de los servicios públicos, de allí, unas de las características más importantes de esta especial contratación administrativa.

Entonces, y visto lo anterior, *¿Cuáles son las prerrogativas de la Administración en la ejecución de los contratos administrativos? Es decir, ¿De qué se vale la Administración para variar unilateralmente las condiciones del contrato si en todo caso debe respetar el principio de pacta surservanda?*

Doctrinal y jurisprudencialmente se hace referencia a cuatro facultades fundamentales, en las cuales, la Administración incide suficientemente en el contratante y en sus derechos. En lo que se refiere al *ius variandi* o posibilidad de modificar el contrato, la facultad de dirección y control; las facultades de sanción en contra del contratante de la Administración; y las facultades de rescisión del contrato. Veamos cada una de ellas.

---

[18]   Analyse du Conseil d'Etat: Par la décision Epoux Bertin, le Conseil d'État juge qu'un contrat est administratif dès lors qu'il a pour objet de confier au cocontractant l'exécution même du service public. Par la décision ministre de l'agriculture c/ consorts Grimouard, il qualifie de travaux publics des travaux accomplis grâce à des fonds privés sur des biens privés, mais qui constituent l'objet même d'un service public. Ces deux décisions ont renouvelé de manière décisive les notions de contrat administratif et de travaux publics, sur lesquelles des jurisprudences antérieures avaient jeté des incertitudes.

El *ius variandi*, es una prerrogativa real y precisa de la Administración en la ejecución del contrato administrativo. Es una potestad que posee la Administración para alterar y hasta condicionar el contrato administrativo, claro está, dicha modificación debe estar plena y suficientemente justificada en atención al interés público y cumplir con las formalidades que le indique el orden legal. Es una potestad legal y reglamentada, autorizada por la ley. Como bien expresa Rodríguez Armando *"la justificación de esta prerrogativa se aloja en el interés público que subyace en la decisión negocial de la Administración, en virtud de la cual se celebra y ejecuta el contrato"*. (*Ob. cit.*). Luego, la ley, constituye en este sentido, y paradójicamente una limitación formal a la propia potestad contractual que tiene la Administración en la ejecución del contrato administrativo.

La jurisprudencia administrativa se ha pronunciado suficientemente acerca de la posibilidad de que la Administración pueda hacer uso del derecho del *"ius variandi"*, es decir, de la posibilidad real y concreta de variar el objeto del contrato. A tales efectos, hagamos referencia a dos sentencias tradicionales, generadoras de las actuales, dictadas por la antigua Sala Político-administrativa de la Corte Suprema de Justicia, en fechas 27 de enero de 1993, llamada Hotel Isla de Coche, y la otra, de fecha 24 de mayo de 1995 llamada Constructora Agrotécnica y Pecuaria Mi Porvenir.

Así, la sentencia Hotel Isla de Coche, trata de un contrato de arrendamiento en la cual el arrendatario intenta, a través de un recurso de nulidad, seguir ocupando un inmueble que había sido arrendado por la Gobernación del Estado. En todo caso, lo importante a destacar por parte de esta sentencia e independientemente de los hechos ocurridos, se refiere al hecho de que la parte motiva expresa, la noción de modificación o *potestad* que tiene la Administración para variar las condiciones y el objeto de los contratos llamados administrativos. Aquí la sentencia nos interesa de manera primordial.

Dice textualmente la sentencia que:

"La potestad de modificación unilateral, con el debido respeto al principio de la llamada ecuación o equilibrio económico, fue también colocada dentro de las posibilidades de la Administración de ejercer su supremacía en el negocio jurídico, por cuanto a través de ella la Administración puede cambiar, de acuerdo con sus propios intereses, alguno o algunos de los elementos del contrato, no solamente en un sentido cuantitativo, sino también en ciertos casos, en sentido cualitativo."

Por su parte, en la sentencia Constructora Agrotécnica y Pecuaria Mi Porvenir, la Corte expresó lo siguiente:

"...en este sentido se observa, la existencia de prerrogativas que caracterizan un contrato administrativo. En efecto, dispone la cláusula segunda del contrato que la Municipalidad se reserva el derecho de modificar la obra, limitarla o suspenderla sin previo aviso. Este poder unilateral que se pone de manifiesto en la cláusula transcrita encuentra su fundamento jurídico en la exigencia del interés general, que son variables, por lo cual ante la eventual necesidad de introducir variaciones se prevé esta facultad de la Administración de modificar, limitar o suspender el contrato..."[19]

Las dos sentencias en parte transcritas, hacen referencia a tres aspectos importantes:

En primer lugar, que las modificaciones unilaterales que pueda hacer la Administración en la ejecución del contrato, el "ius variandi", son modificaciones que deben respetar el equilibrio económico y financiero del contrato, esto último, como un claro derecho subjetivo del contratista. En segundo lugar, que la modificación puede extenderse tanto a los elementos cuantitativos como a los elementos cualitativos, y en tercer lugar, que el poder unilateral que se pone de manifiesto por parte de la Administración, tiene su fundamento jurídico en la exigencia del interés público, como guía fundamental en las contrataciones administrativas. La Administración puede entonces modificar, condicionar, reducir, acrecentar las obligaciones del contratante, como bien lo expresa una sentencia del Consejo de Estado Francés, en el cual Rivero hace formal referencia en su libro *Derecho Administrativo* (Sentencia Gaz de Déville les Rouen del 10 de enero de 1902).

En cuanto a los poderes de control y fiscalización, son actividades administrativas destinadas a verificar el comportamiento del contratista, durante la ejecución del contrato. Es una actividad practicada en gerundio, en el momento, durante la ejecución, que se efectúa de las obras o de los servicios. Son evidentemente actuaciones de la Administración traducidas en actos administrativos sometidos al control de la legalidad, que la actual Ley de Contrataciones Públicas lo recoge muy nítidamente en su artículo 112. En efecto, dice: *"El órgano o ente contratante ejercerá el control y la fiscalización de los contratos que suscriba en ocasión de adjudicaciones resultantes de la*

---

[19] Estas sentencias fueron analizadas del libro *Jurisprudencia de Contratos Administrativos (1980-1989)* de Luís Ortiz Álvarez y Giovanna Mascetti de la Editorial Sherwood. pp. 485 ss.

aplicación de las modalidades previstas en la presente ley, asignará el o los supervisores o ingenieros inspectores, de acuerdo a la naturaleza del contrato".

Inclusive, la ley crea la figura del ingeniero residente y dentro de sus atribuciones está la de fiscalizar los trabajos que ejecute el contratista y la buena calidad de las obras concluidas o en proceso de ejecución, y su adecuación a los planos, a las especificaciones particulares, al presupuesto original y sus modificaciones, a las instrucciones del ente contratante, y a todas las características exigibles para los trabajos que ejecute el contratista (artículo 115 numeral 4).

En cuanto a las sanciones que puede imponer la Administración, la jurisprudencia hace referencia a una serie de principios que rigen esta modalidad de la potestad administrativa, llamada de sanción. La sentencia, dictada por la antigua Sala Político Administrativa de la Corte Suprema de Justicia, caso Shell de Venezuela Limited, de fecha 24 de enero de 1980, hace referencia a los principios que deben regir la actividad sancionatoria de la Administración en materia contractual como son el principio de la legalidad, la tipicidad, culpabilidad, presunción de inocencia e irretroactividad, y fundamentalmente la necesidad de seguir un procedimiento previsto en la ley. Esta potestad sancionatoria tiene pues límites precisos previstos en la ley.

Primeramente, la sanción supone, el condicionamiento de un derecho subjetivo, es o constituye una potestad administrativa interventora de derechos como lo expresamos en los capítulos iniciales del presente libro, luego significa, en todas sus formas, una actuación condicionada por el principio de la legalidad. Y, en segundo lugar, el ejercicio de la potestad sancionatoria por la Administración, conlleva a que, el contratista o cocontratante de la obra, tenga el derecho a la defensa, por demás corresponde a un principio de rango constitucional.

La sentencia Juan Vicente Gómez Romero de la CSJ-SPA, de fecha 3 de diciembre de 1991, con ponencia del Magistrado Duque Corredor, hace referencia al derecho a la defensa, en materia de sanción al contratista de la Administración, dice la sentencia: *"...ha sido jurisprudencia reiterada y uniforme de este Supremo Tribunal que la falta de motivación (refiere esta sentencia a un acto administrativo que sancionó una conducta de un contratista de la Administración), es decir, la falta de razones en que se funda el acto, afecta la validez del mismo, debido a que la motivación es esencial cuando el carácter del acto así lo exija, como es por*

*ejemplo el de los actos sancionatorios o disciplinarios, o en los que se niega
o se extinguen derechos derivados de los contratos celebrados por la Administración"* (Sentencia del *Libro de la Jurisprudencia de Contratos Administrativos.* p. 528.).

El Profesor Eloy Lares Martínez, hace referencia a las sanciones, como cláusulas que lo tienen todos los contratos sean o no administrativos, y expresa que los contratos administrativos poseen
además unas cláusulas especiales, valga decirlo, distintas a aquellas
de los contratos comunes, que la Administración hace uso, para sancionar el incumplimiento del contrato por el cocontratante de la
Administración. Y, agrega algo importante, lo cual compartimos
plenamente, y es que el fundamento de la potestad sancionatoria
obedece, entre otras, a la necesidad de la Administración de imponer sanciones derivado del principio por medio del cual, el servicio
público nunca puede ser interrumpido, sobre todo cuando la inte-
rrupción es originada por el incumplimiento del contratista.

En los contratos administrativos, dice el ilustre profesor *"resultan insuficientes porque (se refiere a las cláusulas normales de sanción) en
este género de contratos lo importante es que se ejecuten las obligaciones
contraídas por el contratista, para que no se interrumpa la marcha de los
servicios públicos y la actividad de la administración"*[20].

La Ley de Contrataciones Públicas prevé todo un mecanismo
de sanción cuando se compruebe una actuación del cocontratante
que viola o falsea las condiciones de las normas del contrato. La sanción ocurre cuando la evaluación y desempeño del contratista en el
ejercicio operativo y administrativo relacionado con el contrato, demuestra un claro ejemplo de violación a las normas del contrato, en
este caso, el ente deberá sustanciar un expediente el cual será remi-
tido al Servicio Nacional de Contrataciones con la finalidad de suspender al contratante del respectivo Registro Nacional de Contratistas. Existe una graduación de las multas o sanciones a imponer de
conformidad con las faltas ocurridas (artículo 131 *eiusdem*).

En cuanto a las facultades de rescisión de los contratos administrativos, constituye la sentencia "Acción Comercial" base fundamental y guía de nuestro pensamiento con relación a este específico
aspecto.

Expresa la extraordinaria sentencia que:

---

[20]   *Obra citada,* p. 303.

"...Con sus reglas propias distintas al Derecho común, el contrato administrativo autoriza a la Administración contratante para rescindirlo unilateralmente juzgando el incumplimiento del particular que con ella lo suscribiera, a quien en todo caso queda abierta la vía del contencioso para asegurarse en sus derechos. En un debate ante el juez competente, la preservación de la ecuación económica del contrato, si la causa de la rescisión no le fuere imputable, como lo sentara este Supremo Tribunal en la citada sentencia del 12-11-54 (Corte Federal) la rescisión de los contratos administrativos, cuando así lo demandan los intereses generales y públicos es una facultad que la Administración no puede enajenar ni renunciar...".

Entonces, la rescisión es una cláusula especial e implícita contenida en los contratos administrativos. Es natural que en un contrato administrativo, exista la potestad rescisoria, para sancionar el incumplimiento del contratista de la administración. La administración para rescindir el contrato, *juzga* el incumplimiento del contratista, es por demás, una potestad de juzgamiento y de valoración de intereses, que le es inherente a la propia administración en los contratos administrativos, y por último, la rescisión tiene su fundamento jurídico en consideraciones a los intereses públicos, por cuanto en los contratos administrativos va envuelto el interés general.

La Ley de Contrataciones Públicas, en su artículo 127 hace referencia a las causales por las cuales se rescinden los contratos de obras y de servicios públicos. Cuando ocurra el acto administrativo de rescisión la Administración deberá notificarlo al contratante para su debido conocimiento lo cual deberá paralizar la obra salvo que el ente lo autoriza en su continuación, previa los análisis de la situación (artículo 128 de la ley).

Las causales de rescisión son las siguientes:

1. Ejecute los trabajos en desacuerdo con el contrato, o los efectúe en tal forma que no le sea posible cumplir con su ejecución en el término señalado.

2. Acuerde la liquidación o disolución de la empresa, solicite se le declare en estado de atraso judicialmente o de quiebra, o cuando algunas de estas circunstancias haya sido declarada judicialmente.

3. Ceda o traspase el contrato, sin la previa autorización del ente contratante, dada por escrito.

4. Incumpla con el inicio de la ejecución de la obra de acuerdo con el plazo establecido en el contrato o en su prórroga si la hubiere.

5. Cometa errores u omisiones sustanciales durante la ejecución de los trabajos.

6. Cuando el contratista incumpla con sus obligaciones laborales durante la ejecución del contrato.

7. Haya obtenido el contrato mediante tráfico de influencias, soborno, suministro de datos falsos, concusión, comisiones o regalos, o haber empleados tales medios para obtener beneficios con ocasión del contrato, siempre que esto se compruebe mediante la averiguación administrativa o judicial que al efecto se efectúe.

8. Incurra en cualquier otra falta de incumplimiento de las obligaciones establecidas en el contrato, a juicio del órgano o ente contratante.

9. No mantenga al frente de la obra a un ingeniero residente de acuerdo a la ley.

La ejecución del contrato tiene pues, en la institución de los contratos administrativos, una gran trascendencia dentro del Derecho Administrativo, entre otras cosas, por cuanto el contrato administrativo, después de su minucioso estudio, se refleja en toda su extensión la propia noción del Derecho Administrativo y todo lo que significa en general para la ciencia del Derecho Público. Se denota y se trasluce entonces, la posición entre los dos polos del Derecho Administrativo que expusimos en los capítulos primero de esta obra, como son por un lado, el poder de la Administración o del Estado en el ejercicio de la función administrativa al poder condicionar el ejercicio de los derechos de los administrados, en base a poderes habilitantes que le confiere el ordenamiento jurídico a lo largo y en toda su extensión. Como contra parte, tenemos al administrado con su derecho subjetivo que en principio y como todo derecho debe ser respetado por los otros sujetos de derecho.

El contrato administrativo es eso, un complejo sistema de prerrogativas y derechos que se combinan, con la finalidad de satisfacer intereses colectivos, de allí su esencia y su justificación más importante. Pues bien, queremos reflejar que, así como la Administración Pública tiene de hecho y de derecho, poderes y potestades administrativas para condicionar las diversas situaciones jurídicas de los cocontratantes, estos de igual forma, tienen derechos en aquella compleja y dilatada figura tan importante como lo es el contrato administrativo. Veamos cuales son esos derechos que tienen los cocontratantes de la Administración.

1.	*Los derechos de los contratantes*

Unos de los principales derechos que tiene el contratante en la ejecución del contrato administrativo es *el mantenimiento de la ecuación económica o equilibrio financiero del contrato* y la jurisprudencia venezolana lo define muy bien, en forma precisa, en la antigua sentencia Cervecería de Oriente de fecha 11 de agosto de 1983 con ponencia de la Magistrado Josefina Calcaño de Temeltas de la Sala Político Administrativa de la Corte Suprema de Justicia. Expresa la referida sentencia, lo siguiente:

"...La presencia de la Administración en el negocio jurídico marca a éste, inevitablemente, de características distintas a la contratación ordinaria para asegurar de esta manera que aquella depositaria del interés general o colectivo pueda comprometerse. Los particulares contratantes quedan, a su vez, protegido en ese género de convenciones gracias a la intangibilidad de la ecuación económica del contrato, en virtud de la cual, una lesión a su patrimonio derivada del incumplimiento por la Administración de las cláusulas convenidas como rescisión por motivos supervivientes, hecho del príncipe, circunstancias imprevisibles, fuerza mayor, es compensada con la correspondiente indemnización al particular de los daños y perjuicios que pudieran habérsele ocasionado...".

Esta sentencia, base del concepto en este específico derecho, la ecuación económica financiera del contrato es un derecho subjetivo que alcanza al particular que contrata con la Administración, en el sentido de que, tiene un *derecho subjetivo* al mantenimiento de un equilibro entre la posibilidad de que la Administración pueda alterar el objeto o las condiciones del contrato, y el derecho que tiene, de no ser perjudicado por la alteración producida producto del actuar administrativo. Esto es, si se altera la ecuación económica y financiera nace en el contratante un derecho y una evidente compensación por la alteración ocurrida. A su vez, esta situación justifica su propio fundamento jurídico.

Bien lo expresa el profesor Badell Rafael, quien dice:

"El fundamento de este derecho reconocido al co-contratante particular, sin perjuicio de las disposiciones constitucionales o legales que en cada país pueden darle sustento, se encuentra en el hecho de que teniendo en cuenta los fines de interés público que dan lugar a la contratación administrativa, y el rol que tiene aquel al constituirse en un colaborador activo para el logro de dichos fines, resulta justo que entre los derechos y las obligaciones del co-contratante exista una equivalencia honesta, una relación razonable, de modo que el particular no sea indebidamente sacrificado en aras de una finalidad cuya atención corresponde prioritariamente a la Administración pública".[21]

---

[21]   Badell Madrid, Rafael. *En la ejecución del contrato administrativo. Teoría de la Imprevisión. Depredación. Monetaria e Inflación. Régimen jurídico de los contratos administrativos.* Fundación Procuraduría General de la República. p. 64.

Existe entonces, un trasluz del contrato administrativo como un sistema de equilibrio, muy notable, entre la sujeción a las normas jurídicas, por el respeto a la ecuación económica y financiera, y por el otro el sacrificio del particular por razones de interés público.

La ruptura del equilibro -lo cual produce daños al particular que contrata- puede ser ocasionada, tanto por factores intencionales de la Administración, como por factores externos del contratista, y más aún, por situaciones que escapan a las voluntades tanto de la Administración como del contratante. Pueden existir condicionamientos provocados por la Administración o por el Estado mismo, que es lo que se llama la Teoría del Hecho del Príncipe (a), y por trastornos o imprevistos ocurridos sin la participación de las partes del contrato, que es la denominada Teoría de la Imprevisión (b).

(a) *La Teoría del Hecho del Príncipe:*

Hecho del Príncipe es una situación que ocurre cuando el Estado, o cualquier ente público superior territorial o no, estados o municipios, e institutos autónomos, alteran o cambian las condiciones de un contrato administrativo. Pero el cambio en las condiciones del contrato administrativo son manifiestas y exteriores a la parte, tanto contratante como la contratada. Es pues, una nueva condición o nuevas condiciones, puestas sobre el contrato administrativo, producto de un acto o de una actuación administrativa o legal que afecta las condiciones del contrato. Ante esta situación, se evidencia la objetiva ruptura del equilibrio económico y financiero del contrato, en contra de los intereses y derechos del cocontratante, lo cual implica una clara y específica indemnización producto de la ruptura y el desequilibrio provocado, salvo en lo que se refiere a las rupturas provocadas por leyes o normas jurídicas.

En primer lugar, el hecho del príncipe eso corresponde a una ruptura del equilibrio económico y financiero del contrato administrativo. En tal sentido, se debe compensar con una indemnización, a favor del particular, de conformidad con lo expuesto en los criterios jurídicos de la sentencia Cervecería de Oriente.

En segundo lugar, es una ruptura provocada por una actuación o un acto de un ente público mayor, lo cual, dentro de nuestro derecho positivo puede corresponder a la República a los Estados y los Municipios.

En tercer lugar, puede ser provocado por un ente público no territorial, como los institutos autónomos u otros entes descentralizados con personalidad jurídica, que afecten a los contratos administrativos realizados por esos mismos entes con los particulares.

En cuarto lugar, no puede ser hecho del príncipe, un acto o una actuación proveniente del mismo órgano contratante, por cuanto esta situación corresponde en todo caso a la prerrogativa del "*ius variandi*".

Y, por último, el hecho del príncipe puede ser una actuación normativa, un acto legislativo producto de la exterior voluntad de la entidad pública territorial, la cual no puede ser indemnizada al particular, por ser una norma de efectos generales, solo permisible por parte del afectado (particular contratado), intentar el recurso de inconstitucionalidad ante el Tribunal Supremo de Justicia.

Contrariamente a lo expresado, Jean Rivero, incluye a los actos administrativos de efectos particulares, cuando estos afectan los derechos subjetivos de los cocontratantes y alteran la ecuación económica y financiera como una manifestación del hecho del príncipe, provenientes de la misma autoridad que contrata. En otras palabras, cuando la modificación es producto de un acto administrativo de la estructura administrativa que contrata con el particular, y lo expresa, el autor francés, como el primer supuesto del hecho del príncipe. En efecto, en su libro Derecho administrativo, ya citado en varias oportunidades, se destaca como primer supuesto, la situación por medio del cual el área afectada es la administrativa y es aquella que resulta del ejercicio por la autoridad pública producto del encuentro con su cocontratante de las prerrogativas de poder. Entonces, la autoridad pública, agrava, las condiciones de ejecución del contrato y produce como consecuencia que el cocontratante de la administración debe ser indemnizado en su totalidad, de conformidad con el daño ocurrido.

Dice Rivero, así, que la Teoría del hecho del príncipe se manifiesta cuando la persona pública contratante hace uso de su poder de modificación unilateral y agrava las obligaciones del concontratante. En este caso ocurre una indemnización a favor del afectado. Es el equivalente a lo que en la doctrina administrativa venezolana denominamos "*Ius Variandi*" El segundo supuesto, Rivero hace referencia a los actos de naturaleza pública provocadas por una persona distinta al ente contratante, el Estado mismo, u otra colectividad local, en nuestro caso, por ejemplo, un acto público de carácter estadal o municipal. En este caso no existe indemnización por parte del ente público. Y, el tercer supuesto, se refiere cuando la persona pública contratante dicta una medida de carácter normativo y general que agrava las cargas del cocontratante, y es posible su indemnización siempre y cuando la medida afecte un elemento esencial del contrato administrativo y tenga sobre él una repercusión directa[22]. Como podemos observar, los supuestos del autor francés tienen que ver con la posibilidad de su indemnización o no dentro de su propio contexto, lo que la teoría del hecho del príncipe aparece dentro del Derecho Administrativo Francés con características y elementos propios lo cual la diferencia en principio de la visión venezolana, a la cual hemos hecho referencia.

El Reglamento de la Ley de Contrataciones Públicas en su artículo 140, prevé que ante cualquier cambio de modificación del contrato producto de un acto normativo, le corresponde al contratista de la obra pública una indemnización como consecuencia de dicha modificación. Se considera entonces, modificaciones del contrato, la emisión de leyes, reglamentos o decretos que por su contenido afecten las condiciones del contrato original, por lo cual el ente contratante pagará al contratista las variaciones que se hubieren generado en la prestación del servicio o ejecución de las obras, siempre y cuando estas variaciones fueron consecuencia de dos situaciones. Primero, una relación directa con el instrumento normativo dictado al efecto, y en segundo lugar, cuando su promulgación hubiere ocurrido con posterioridad a la presentación del presupuesto de la obra y por supuesto a partir de su promulgación frente a todos.

(b) *La Teoría de la Imprevisión:*

La teoría de la imprevisión, tiene su origen en el Derecho Administrativo Francés, concretamente, a través de una sentencia del Consejo de Estado denominada "Compañía de Gas de Burdeos" (arrêt Gaz de Bordeaux, de 30 marzo 1916). La Primera Guerra Mundial, había provocado un alza desmesurada del precio del carbón, lo cual provocó por consecuencia, que los concesionarios del gas no podían mantener los precios a los cuales habían pactado previamente a través de los diversos contratos. Este caso, fue pues, llevado a la jurisdicción administrativa correspondiente, y el Consejo de Estado, decidió una serie de situaciones que han originado formalmente la teoría por medio del cual, pueden ocurrir hechos o cir-

---

[22] *Obra citada*, p. 131 ss.

cunstancias imprevistas y principalmente ajenas a las voluntades de las partes que contrataron, y dada la necesidad de continuar en la prestación de los servicios públicos como principio general, se hace necesario, una compensación para ambas partes contratantes, tanto la Administración como el cocontratante y así lograr, en toda su extensión, el restablecimiento del equilibrio económico financiero alterado por las causas que a las partes no le fueron imputables.

En realidad, la imprevisión responde, en sus orígenes a criterios civilistas, a la fuerza mayor o al caso fortuito. El Código Civil venezolano destaca en su articulado estas circunstancias (falta de la víctima, el hecho de un tercero, o por caso fortuito o fuerza mayor), como eximentes de la responsabilidad, o excepción o defensas del demandado durante el proceso judicial. El artículo 1193 del Código citado expresa, "...que toda persona es responsable del daño causado por las cosas que tiene bajo su guardia, a menos que pruebe que el daño ha sido causado por falta de la víctima, por el hecho de un tercero, o por caso fortuito o fuerza mayor.."[23].

En todo caso, el Derecho Civil juega con importantes consecuencias en sus parámetros, que influencian al Derecho administrativo en esta especial materia, en el sentido de que, la causa extraña no imputable puede ser alegada por la Administración en el proceso judicial incoado, con las características propia del contencioso administrativo y todo lo que implica su sistema y sus instituciones.

Veamos entonces cuales son las características fundamentales de la llamada teoría de la imprevisión y cuales sus consecuencias.

a. El acontecimiento ocurrido durante la ejecución del contrato administrativo debe ser un acontecimiento que jamás ha podido ser previsto por las partes contratantes durante la discusión y el desarrollo del contrato. Como dice Rivero, ha tenido que haber ocurrido un acontecimiento o un *"bouleversement dans les conditions*

---

[23]   Eloy Maduro Luyando en su curso de obligaciones. Derecho civil III. El demandado puede excepcionarse desde dos grandes puntos de vista, demostrado la causa extraña no imputable como causal general de exoneración o mediante la prueba contraria de las condiciones de responsabilidad. Se trata de las pruebas de una de las causales generales de exoneración. El demandado si demuestra algunos de los hechos constitutivos de la causa extraña no imputable, (caso fortuito, fuerza mayor, hecho de un tercero, culpa de la víctima, hecho del príncipe queda liberado de la responsabilidad, p. 656.

d´exécution du contrat" como una guerra, una crisis económica muy grave etc., que hacen imposible la ejecución del contrato administrativo[24]. Aquí, y en este punto, la jurisprudencia venezolana se ha detenido en el análisis del término "crisis económica grave", en lo cual descarta el término "inflación" como una situación que justificaría eventualmente la teoría de la imprevisión. Según la misma, la inflación, por ejemplo, no puede ser alegada como un hecho sobrevenido y como causal justificativa del incumplimiento por las partes, en un contrato administrativo. Una sentencia, a nuestro juicio base en esta especial materia, caso *Constructora Guaritico C.A.* de fecha 30 de abril de 1998, dictada por la antigua Sala Político Administrativa de la Corte Suprema de Justicia con ponencia de Humberto La Roche, que establece al respecto:

> *"...En este sentido no se puede aplicar la teoría de la imprevisión, por el simple hecho de que la Constructora Guaritico C.A. alegue un aumento en la mano de obra y materiales, ya que la inflación en Venezuela no es imprevisible. La devaluación con lo imprevista que puede resultar a veces, es una posibilidad presente en una economía en dificultades, y no puede afirmarse, que sea un hecho imprevisible. La teoría de la imprevisión, en caso de ser aceptada su aplicación, solo sería útil para resolver casos extremos de desequilibrio contractual en materia de inflación. No siendo la inflación un acontecimiento absolutamente imprevisible y en consecuencia solo se podría decir, que tiene tal condición, un salto brusco del índice inflacionario, pero una alteración de los precios que se mantenga en el promedio de los últimos 10 años, no puede ser considerado imprevisible en forma alguna, como es el caso presente, donde la subida de los precios por mano de obra y materiales, pudo haber sido perfectamente previsible por las partes al momento de la celebración del contrato de obra...".*

b. Debe tratarse, evidentemente, de una situación ocurrida durante la ejecución de un contrato administrativo, por cuanto en un contrato de derecho privado la situación de imposibilidad de cumplimiento es de otra naturaleza, en tal sentido, el ordenamiento civil acude a la figura de la fuerza mayor o el caso fortuito, como situaciones que impiden la ejecución del contrato.

c. La transitoriedad es un elemento que debe ocurrir, y determinarse como elemento imprevisto que impide la ejecución del contrato administrativo. Si la situación se hace definitiva deja de ser o parecerse a la imprevisión, lo que significa la permanencia en la inejecución del contrato luego la imposibilidad de su cumplimiento.

---

[24] *Obra cit.,* p. 133.

d. La imprevisión debe realmente ocurrir en el momento en que se ejecutan las obligaciones que fueron previamente contraídas por las partes al comienzo de la relación contractual. El hecho imprevisto debe darse pues, durante y en la ejecución del contrato administrativo, de lo contrario, no afectaría el interés público, que es su principal alcance y su finalidad esencial.

e. La ecuación económica y financiera del contrato, con la imprevisión, de darse ésta, debe afectar severamente el interés colectivo, más que el patrimonio de las partes del contrato. El alea afectado es el interés público, y todo lo que ello significa en la vida del contrato y en sus consecuencias.

No podemos olvidar que el interés público constituye el dinamismo de una relación contractual que obedece a sus dictados. Nos explicamos. Los contratos administrativos se caracterizan justamente por el elemento "interés público" que sustancia y dinamiza su ejecución. Luego, la ejecución del contrato administrativo, ciertamente constituye su esencialidad definitiva y su fin principal. La prestación del servicio público constituye una finalidad que no puede ser interrumpida, en principio, por ningún tipo de causa ni siquiera de carácter externo.

Por último, la teoría de la imprevisión, no debe ser pactada en un contrato administrativo. Sin embargo, esto no significa, por otra parte, que una cláusula de imprevisión no pueda ser prevista por las partes. En este sentido, es posible pactar una cláusula en la cual las partes condicionan sus obligaciones de hacer o de no hacer, por ejemplo, en el caso de que ocurra una situación de hecho que es imprevisible o imposible de ocurrencia durante la ejecución del contrato administrativo. De allí, que de la misma se hace referencia a que la teoría de la imprevisión es de orden público, y que en tal sentido, las partes del contrato nunca pueden renunciar a ella[25].

En la Ley de Contrataciones Públicas (artículo 122) se prevé la teoría de la imprevisión y en tal caso es posible una solicitud de prórroga en la ejecución del contrato administrativo. Siempre y cuando las razones sean plenamente justificadas, es posible el alargamiento en la ejecución del contrato por las siguientes causales: 1. Haber ordenado el órgano o ente contratante, la suspensión temporal de los trabajos por causas no imputables al contratista o modifi-

---

[25] En tal sentido, lo expresa Badell Rafael en la *obra cit.* p. 78.

cación de estos, para lo cual podría hablarse de uno de los supuestos de la aplicación de la teoría del hecho del príncipe. 2. Haber determinado diferencias entre lo establecido en los documentos del contrato y la obra a ejecutar, siempre que estas diferencias supongan variaciones significativas a su alcance. 3. *Fuerza mayor o situaciones imprevistas debidamente comprobadas* y cualquier otra que el órgano o ente contratante lo considere conveniente.

Por otra parte, ¿Qué efectos produce en el contrato administrativo el hecho imprevisto o la teoría de la imprevisión?

Primeramente, al manifestarse el hecho imprevisto, ocurre en principio, la imposibilidad real de cumplirse con las obligaciones que fueron previamente contraídas por las partes, por lo cual, acontece una situación grave, por cuanto los servicios públicos no pueden interrumpirse, quizás doctrinalmente esa sea la posición, pero como hemos visto y del texto de la Ley de Contrataciones, ante tal situación es factible un aplazamiento en la ejecución de las obras contratadas. Se materializa entonces, la situación de un período llamado extra-contractual caracterizada por una situación que desborda la voluntad de las partes contratantes. Situación que les es ajena y, a pesar, consecuentemente, de que las partes deben y están obligadas a cumplir con sus obligaciones. Como dice Rivero, las obligaciones aún subsisten entre ellas. ¿Qué se hace ante tal situación? La compensación, en caso de no prórroga en la ejecución del contrato, aparece entonces, de aquí la importancia de la institución en estudio, como la situación jurídica por medio del cual, ha de compaginarse la nueva vida y el desarrollo del contrato, para que el interés público no pueda seguir siendo afectado por la imprevisión y la situación de hecho ocurrida el aplazamiento la prórroga es una solución posible. Es una indemnización para las partes, y cuya finalidad consiste en la continuación de la prestación del servicio público. Generalmente es una indemnización en favor de la parte ejecutante del contrato, que para que pueda nacer dicho obligación, la parte afectada debe en todo caso, probar en el respectivo juicio, si hay lugar a ello.

La doctrina administrativa ha considerado la imprevisión como una situación temporal, sin embargo, puede ocurrir, que la situación de imprevisión sea hace definitiva, y en este caso, las partes del contrato pueden, o realizar un nuevo contrato estipulando nuevas cláusulas o nuevas condiciones previamente aceptadas, o acudir la Administración a figuras judiciales, con la finalidad de extinguir la relación contractual.

Creemos que en este punto, y dada la vinculación de la institución del contrato con el interés general, en caso de desacuerdo entre las partes, producto de una situación de imprevisión, la resolución del contrato administrativo puede tener lugar, siempre y cuando, la Administración actúe de conformidad con el interés público y exista al menos una formal indemnización a favor del contratante de la Administración.

III. LAS OBLIGACIONES ADICIONALES Y LOS DERECHOS DEL CONTRATISTA EN LA EJECUCIÓN DE LA OBRA

El derecho del contratante a la contraprestación económica y el correspondiente deber de la administración a cumplir con la modalidad de pago estipulada en el contrato.

La sentencia de la Corte Suprema de Justicia en Sala Político Administrativa de fecha 4 de febrero de 1985 (caso *Francisco Caballero*), hace referencia a la obligación de tiene la Administración en reconocer y conferir al contratista de la obra, el pago obligatorio de sus honorarios profesionales en el desarrollo y en la ejecución de un contrato administrativo. Es una obligación de dar, que le corresponde al ente administrativo en forma obligatoria y es en consecuencia un derecho formalmente exigible.

Sin embargo, la sentencia utiliza un criterio muy civilista para razonar y fundamentar la procedencia de un pago a favor del contratista. Dice la sentencia que *"...la afirmación de la recurrida es contraría al principio universalmente admitido, de que todo trabajo se presume renumerado, es decir, demostrada la prestación de un servicio, exigido por otro "ipso facto" nace para quien lo presta el derecho a una recompensa, y para quien lo exige y quien lo recibe, el deber de pagarla...".*

Entendemos pues, que el contrato administrativo no puede estar ausente de este principio universalmente aceptado como lo expresa la sentencia aludida.

Posteriormente, la sentencia Caso *Dimasa C.A.* de fecha 7 de junio de 1995, de la misma Sala Político Administrativa, recoge de nuevo, los principios consagrados en los contratos de obras, previstos en el Código Civil venezolano. En efecto, y a los fines de justificar el pago de una cantidad adeudada y demandada por una empresa privada de nombre Dimasa C.A. contra el Inavi, argumenta de nuevo la Corte, en consideración a lo enunciado en el artículo 1630 del Código Civil, que dice "*...el contrato de obra es aquel mediante el cual una parte se compromete a ejecutar determinado trabajo, por si o bajo su dirección, mediante un precio que la otra se obliga a satisfacerle...*" entendiendo en todo caso, la obligación del contratante (la Administración), de pagar un precio al ejecutor-contratista de una cantidad de dinero.

La principal obligación del contratista en un contrato administrativo es ejecutar la obra y cumplir en toda su extensión con lo estipulado en la relación contractual. Si el contratista del contrato no cumple con su obligación, puede la Administración forzar su cumplimiento a través de mecanismo previsto en la ley, y que haremos referencia a ello, cuando toquemos el tema referido a la responsabilidad contractual. Además, el Reglamento lo considera como una responsabilidad única y exclusiva del contratista con el cual el órgano contratante ha suscrito el debido contrato. (Artículo 45 del Reglamento de la Ley).

Pero y en todo caso, además del cumplimiento de esta obligación principal, le corresponde al cocontratante de la Administración, diversas obligaciones, entre ellas, como muy importantes, el deber de constituir garantía o fianza de fiel cumplimiento de sus obligaciones, las obligaciones de ejecución personal del contrato y su posibilidad de cesión o de traspaso.

El deber de constituir una garantía por parte de los cocontratantes de la Administración es una obligación legal y contractual, y de exigencia obligatoria en caso de incumplimiento de sus obligaciones por parte del contratista. La fianza y la responsabilidad del fiador del contratista salvo estrictas prescripciones de la ley, en especial del Código Civil, son de obligatorio cumplimiento en los contratos administrativos. El artículo 99 de la Ley de Contrataciones Públicas lo dice expresamente al señalar que es necesaria una fianza por el cien por ciento del monto otorgado como anticipo, la cual será emitida por una institución bancaria o empresa de seguro debidamente inscrita en la superintendencia correspondiente.

En el caso de una demanda por cobro de Bolívares, que intentó la Nación venezolana contra dos empresas de nombre Rimen C.A. y Horizonte C.A., por ante el Juzgado Tercero de Primera Instancia en lo Mercantil de la Circunscripción Judicial del Distrito Federal y Estado Miranda, año de 1980, con motivo del incumplimiento de un contrato administrativo, concretamente un contrato de obra con la nombrada firma Rimen C.A. para la construcción de un canal de una estación experimental del sistema de riego del río Guárico por una cantidad de dinero, que sería pagada de conformidad con las cláusulas del referido contrato administrativo. La República demandó el cumplimiento del contrato administrativo en relación a la fianza contraída y luego afianzada por la aseguradora Horizonte C.A. la sentencia dejó claro la existencia en la relación de un contrato administrativo y la necesidad de que el contratista de la obra tenía el deber de constituir una garantía suficiente para garantizar la ejecución de la obra pública a realizarse. Luego, a nuestro juicio, la constitución de una fianza y la responsabilidad del afianzador de la obligación es una condición importante y obligatoria en los contratos administrativos.

En cuanto al deber de obligación de ejecución personal del contrato administrativo la jurisprudencia se ha encargado de así ratificarlo, en varias de las sentencias, entre ellas, una sentencia indicativa en la cual se permite la cesión del contrato en ciertos casos. La sentencia Inversora Mael C.A. de la CSJ de la SPA de fecha 9 de junio de 1991, declaró con lugar una nulidad de un acto administrativo, por cuanto la empresa había cedido su contrato a un ciudadano de nombre Ramón Torres. La sentencia expresa fundamentalmente que en los contratos administrativos son posibles las cesiones o traspasos de derechos siempre y cuando las mismas se hagan de conformidad con las leyes y reglamentos respectivos. En el caso en particular, se había cedido los derechos sobre una mina, y ante esta situación de traspaso de derecho, había que notificarlo al Ministerio de Minas para su legitimidad y conformidad correspondiente.

Transcribimos parte de la sentencia de la antigua Sala Político Administrativa con ponencia de la Magistrado Cecilia Sosa Gómez, para ilustrar mejor nuestra apreciación en los siguientes términos:

"...Ciertamente, conforme al artículo 14 de la ley de Minas, todo particular puede disponer del derecho que se deriva de la concesión minera conforme a los principios generales del derecho y a las disposiciones generales de la ley, entre estas última se encuentra el requisito que se analiza, la estipulada en el artículo 15 de la ley de minas y que tiene por finalidad que se haga del conocimiento del Ministerio de Energía y Minas todas las negociaciones que sean efectuadas por los particulares sobre las concesiones mineras previamente otorgadas, con miras a evitar que escapen al control que la ley se establece y de esta forma permitir a dicho organismo oponerse conforme a la ley a los traspasos o cesiones que considere ilegales o en todo caso contrarios al interés público...".

Continúa la motiva de la sentencia expresando que:

> *"...por tanto a juicio de esta Sala será válido cualquier mecanismo, que no sea contrario a la ley,, implementado con miras a lograr la finalidad concreta del artículo 15 de la ley de Minas, esto es, poner en conocimiento de la Administración, Ministerio de Energía y Minas, la celebración de todo traspaso sobre concesiones mineras, y claro está, se compruebe tal hecho con la remisión de la copia autentica del documento que lo concierne..."*.

Podemos resumir, que en los contratos administrativos los cocontratantes de la Administración pueden realizar determinadas atribuciones, como el hecho de delegar sus poderes conferidos por la Administración, siempre y cuando, dichas facultades estén previamente determinadas en un texto de carácter legal, luego, el principio de la legalidad se aplica con severa importancia a los concontratantes de la Administración.

Es importante resaltar, que en la institución del contrato administrativo, se detecta en toda su extensión el concepto real del Derecho Administrativo, como una ciencia que forma parte indisoluble del Derecho Público esencial en la configuración del Estado moderno. Las prerrogativas de la Administración por un lado, y los derechos de los administrados por la otra, constituyen un reflejo real y objetivo de la constante y dinámica relación entre poder y libertad, que constituye, ciertamente una dinámica que se ostenta y se manifiesta en todas las relaciones jurídicas. El contrato administrativo debe pues cumplirse en toda su ejecución y en todo su desarrollo, entre otras cosas, por cuanto su satisfacción procura la satisfacción del interés general, pero, en consecuencia, y así como debe cumplirse del mismo modo, su cumplimiento debe hacerse de conformidad con la ley, y según lo estipulado en el contrato, no dañando en ningún caso la esfera jurídica ni del cocontratante ni la de los demás terceros ajenos a las voluntades contractuales.

Surge y se manifiesta en toda su extensión, una responsabilidad de carácter contractual, es decir, una institución esencial *de responsabilidad*, que forma parte indisoluble e íntima de la propia institución del contrato administrativo y que tiene por finalidad directa, encontrar las fórmulas jurídicas que indican los mecanismos administrativos y procesales adecuados para contrarrestar la ilegalidad o la ilegitimidad de la Administración cuando pretende hacer daño al cocón tratante de la Administración o al particular tercero ajeno a esa específica relación jurídica.

Veamos en consecuencia, cuales son los aspectos generales de la responsabilidad administrativa en materia contractual, destacando entre ellos, al régimen contencioso de los contratos; los principios que deben regir el desarrollo y la ejecución de los contratos, entre otros.

CAPÍTULO IV

LA RESPONSABILIDAD CONTRACTUAL DE LA ADMINISTRACIÓN

La responsabilidad contractual del Estado, en Venezuela, se rige fundamentalmente por las normas del Código Civil, es decir, podemos afirmar, que la responsabilidad contractual de la Administración Pública es civilista, tiene su base y su configuración dentro de los esquemas del Derecho Común. No significa por supuesto, que en ciertos tipos de contratos, como aquellos de ejecución de obras públicas, a los cuales haremos una reseña en particular, se apliquen normas jurídicas especiales, en la formación, en el desarrollo, en general en sus cláusulas, en fin sujeto de aplicación de normas especiales, pero que en todo caso, decimos, la aplicación en cuanto a su régimen jurídico, la base la constituye esencialmente el Código Civil y todo lo que significa su escogencia y estructura en el ordenamiento jurídico.

Cualquier sentencia que tengamos a la mano, podemos ver con objetividad y precisión, la interferencia del Código Civil y su normativa, en la solución del conflicto ocurrido entre las partes, sobre todo en la materia de fondo a dilucidar, que pactaron en ese contrato administrativo. Como ejemplo, en el juicio, caso *José Roberto Vegas Albornoz vs. Diques y Astilleros Nacionales (Dianca)*, de fecha 14 de diciembre de 1995, versa sobre la discusión del cumplimiento o no de un contrato en la cual el ciudadano José Roberto Vegas había cumplido o no con unas cláusulas del contrato administrativo celebrado. Pues bien, la CSJ de la SPA, no dejó de aplicar, para la solución sustancial e íntima del conflicto, los artículos 1.264, 1270, y 1271 del Código Civil, en lo que se refiere a las obligaciones que tiene el deudor en relación a su acreedor, así como la aplicación de los artículos 1.167, 1.269 y 1.272, en lo que se distingue el incumplimiento de la relación contractual administrativa, igualmente en lo que se refiere a la aplicación de los artículos 1.273, 1.274, y 1.275 en relación a los daños y perjuicios, lo cual demuestra una aplicación excesiva e importante de las normas del Código Civil en la solución de sus conflictos e interpretaciones.

No existe, por parte de la responsabilidad contractual de la Administración Pública un régimen jurídico autónomo y distinto de carácter "administrativo", como existe en otros ordenamientos occidentales, que poseen sus leyes propias al margen de las normas del Derecho común.

Entonces, los principios del Código Civil, en cuanto a los llamados efectos de los contratos, el principio de que los contratos tienen fuerza de ley entre las partes, (artículo 1159), los contratos deben ejecutarse de buena fe y obligan no solamente a cumplir lo expresado en ellos, sino a todas las consecuencias que se derivan de los mismos contratos, según la equidad, el uso o la ley, artículo 1160 (Sentencia de la SPA de la CSJ de fecha 30 de noviembre de 1994). Tiene su aplicación en la contratación administrativa y en la solución en lo que se refiere a la responsabilidad contractual.

Por otra parte, y aquí parece preciso indicar, que la responsabilidad contractual de la Administración Pública se fundamenta en la noción de *restablecimiento de la situación jurídica infringida al cocontratante o ejecutor de la obra*, luego de la misma forma, salvo norma jurídica especial, su fundamento es típicamente civilista, explicando que el Derecho Común en la presente institución objeto de estudio, es innegable. En este sentido, los principios que gobiernan la responsabilidad contractual de la Administración son los mismos que sitúan a la responsabilidad extra-contractual, sus contornos son los mismos y su encuadramiento parecidos.

La doctrina clásica, hace referencia formal a las fundamentaciones jurídicas de la responsabilidad tanto contractual como extracontractual, a las dos visiones convencionales ocurridas a lo largo de su extenso estudio doctrinal. En efecto, y como bien dice Rodrigo A. Escobar Gil, en su obra "Responsabilidad Contractual de la Administración Pública"[26] la institución se edifica tomando en cuenta el punto de vista del acreedor, cuyos intereses y derechos de crédito han sido lesionados por la administración pública como consecuencia de la infracción del contrato administrativo. El fenómeno del incumplimiento de la obligación al igual que el resarcimiento extracontractual, es susceptible de ser tratado desde un doble aspecto: el del deber jurídico que incumbe al deudor o el de la situación jurídica del acreedor".

---

26 Escobar Gil Rodrigo A. *Responsabilidad Contractual de la Administración Pública*, Temis, Bogotá, Colombia 1989. pp. 60 y ss.

Son las dos posiciones al cual la doctrina incurre y ocurre, para fundamentar jurídicamente, tanto la responsabilidad contractual como extracontractual de la Administración Pública.

El restablecimiento de la situación jurídica por incumplimiento del contrato administrativo por parte de la Administración, se configura entonces y en base al restablecimiento del equilibrio económico y financiero del contrato alterado, lo que implica una visión objetiva, si se quiere, de la situación jurídica del contratista de la Administración.

De la misma forma, el restablecimiento de la situación jurídica subjetiva afectada, consiste en una compensación lo cual implica *castigar* una conducta, aquella, que infringió el ordenamiento jurídico, aquella, que violentó la legalidad, en fin aquella, que desconoció el contenido de las cláusulas del contrato y sus estipulaciones fundamentales. A nuestro juicio, el fundamento de la responsabilidad contractual de la Administración Pública se construye en consideración a los dos principios que hemos hecho referencia.

Como expresamos supra, el principio de la buena fe, constituye una condición importante que fundamenta la responsabilidad del Estado. Así, la buena fe es un principio jurídico que ocupa todas las plazas del ordenamiento jurídico, en su totalidad. En la relación contractual administrativa aun más, por cuanto el contrato administrativo, como contrato al fin, constituye un acuerdo de voluntades, en la cual las partes se vinculan, tanto jurídicamente, como ética y moralmente. El principio de la buena fe es un principio de carácter estrictamente ético, pero recogido en el ordenamiento jurídico como *norma* para ser aplicado dentro de sus leyes formales. En este sentido, el contrato administrativo no puede estar ausente de esta norma jurídica como fundamento esencial y primario de la responsabilidad contractual. Ya, Rodrigo Escobar Gil estudia con profundidad el tema alertando las distintas aplicaciones que la ley hace del principio de la buena fe en los contratos administrativos, y analiza como ejemplo, lo expuesto por Montes al hacer, este último autor referencia distinguiendo tres sentidos en que se puede utilizar la expresión buena fe. Primero, se emplea la expresión buena fe, *"como ignorancia de la lesión que se causa a un interés ajeno"* en segundo lugar, *"como relación en que se haya tutelada una apariencia jurídica"* y en tercer lugar, *"cuando se refiere a la buena fe como regla de conducta que las partes deben observar en las relaciones jurídicas"*.

Después citando a Betti quien clasifica el principio de la buena fe en atención a cuatro interpretaciones, una, la buena fe aparece como actitud de la conciencia que es objeto de una interpretación psicológica; actitud consiente en la ignorancia de perjudicar a un interés ajeno tutelado por el Derecho" la buena fe "aparece como creencia en la apariencia de una relación cualificante que legitima a la contraparte, es decir, aquel con el que se está en relación, para disponer del derecho de que se trate con el negocio en cuestión. Según Betti, la buena fe es considerada como lealtad en las gestiones para la conclusión de un contrato y también como una conducta correcta una vez concluido y por último, consiste en una actitud de fidelidad al vinculo, por el cual una de las partes de la relación obligatoria esta pronta a satisfacer las expectativas de prestaciones de la contraparte" (p. 87 *ob. cit.*).

Cuando se hace referencia *jurídica* al principio de la buena fe, abarca y se extiende pues, a una premisa de cumplimiento del principio, que las partes deben necesariamente estar imperativamente vinculados. La buena fe, pasa hacer entonces, una cláusula del contrato, lo cual implica que el que la incumpla, en el sentido expresado se encuentra sujeto a una sanción por parte del juez del contrato administrativo, por cuanto hablamos de contratos donde la Administración Pública es parte y cuyo objeto es la prestación de un servicio público.

En las sentencias Desarrollos Naguanagua C.A. y Azteca Nueva Esparta C.A. ambas de la antigua Sala Político Administrativo de la Corte Suprema de Justicia de fechas 4 de marzo de 1993 y 30 de noviembre de 1994, se admiten y se confirma el principio de la buena fe, como fundamento obligacional en los respectivos contratos administrativos.

La Sala Político Administrativa, acogiendo la tesis del demandante expresa en forma inequívoca, en la sentencia Naguanagua C.A. que:

> "...la demandante en su libelo, el artículo 1160 del código Civil expresa que los contratos deben ejecutarse de buena fe y obligan a lo en ello expresado y a las consecuencias derivadas de los mismos, de la ley y de la equidad" y la otra sentencia, es mas clara al respecto y dice que "la razón por la cual se rescinde el contrato es porque el servicio público de aseo urbano y domiciliario no era prestado eficientemente. El administrado contratado debía probar que la deficiencia en el servicio se produjo efectivamente por la falta de pago de la Administración, porque si bien al resolver el contrato es una facultad discrecional de la Administración, la discrecionalidad tiene sus límites y uno de ellos es la buena fe que debe inspirar a todos los contratos incluyendo

los administrativos. Los contratos se deben ejecutar de buena fe (art. 1160 del Código civil) y la Administración estaría actuando de malo fe y en forma arbitraria si asfixia económicamente a una empresa concesionaria por falta de pago y, a su vez, le exige la prestación del servicio en términos óptimos so pena de rescindir el contrato...".

Primeramente, existe un pronunciamiento jurisdiccional en aceptar la buena fe como un fundamento de la responsabilidad en los respectivos contratos administrativos. En segundo lugar, es norma jurídica en los llamados contratos administrativos y en tercer lugar, constituye la buena fe una norma jurídica, una cláusula del contrato administrativo más, que puede ser alegada en el correspondiente juicio contencioso administrativo, cuando la Administración como parte contratante incumple con ella.

Pensamos que hoy en día el principio de la buena fe, no solo debe configurarse bajo las normas "éticas" previstas en el Código civil, sino en consideraciones sociales y hasta políticas. El principio de la buena fe debe contener como obligación de la Administración en su actividad contractual el hecho de que ella está obligada a cumplir con los principios que informa todo el sistema jurídico de la contratación administrativa. Principio como el de honestidad, igualdad, competencia (artículo 2 de la Ley de Contrataciones Públicas) y promoción de la actividad privada en los contratos son elementos a tomar en consideración como principios que deben acompañar los contratos de la Administración Pública.

I.   EL RÉGIMEN CONTENCIOSO DE LOS CONTRATOS ADMINISTRATIVOS

El régimen contencioso de los contratos administrativos tiene su germen natural en la jurisdicción contencioso administrativo. Siempre lo ha sido así desde la derogada Ley Orgánica de la Corte Suprema de Justicia de 1976, pasando por las reformadas leyes de 2004 y 2010, y ahora hasta la nueva Ley Orgánica de la Jurisdicción Contencioso Administrativa.

En efecto, la discusión acerca del cumplimiento o no de una cláusula del contrato administrativo por parte de la Administración, constituye una labor a dilucidar del juez administrativo, y todo lo que en su parte procesal y judicial significa dentro del Derecho positivo venezolano.

Así pues, procesalmente, la nueva Ley Orgánica de la Jurisdicción Contencioso Administrativa, lo dice en forma por demás expresa. Son tres instancias de la Jurisdicción Administrativa a quienes les compete su conocimiento. La Sala Político Administrativa, los Juzgados Nacionales de la Jurisdicción Contencioso Administrativa y los Juzgados Superiores Estadales de la jurisdicción contencioso administrativa. La distribución de la competencia para conocer es fundamentalmente por la cuantía en cada uno de los tribunales. Para la Sala Político Administrativa la demanda conoce si excede de setenta mil unidades tributarias (70.000 UT), para los Juzgados Nacionales si excede de treinta mil unidades tributarias (30.000 UT), y para los Juzgados Superiores si su cuantía no excede de treinta mil unidades tributarias (30.000 UT). La Ley en sus artículos 23, 24 y 25 en sus ordinales 1, dicen lo mismo, salvo en lo que se refiere a la cuantía: *"...las demandan que se ejerzan contra la República, los estados, los municipios, o algún instituto autónomo, ente público, empresa o cualquier otra forma de asociación, en la cual la República, los estados, los municipios u otros de los entes mencionados tengan participación decisiva si su cuantía excede de..."* lo que explica que la frase que sigue al artículo cambia de acuerdo con el tribunal competente.

Los artículos incluyen demandas contra entes públicos, independientemente de que sea producto de una actividad de la Administración extracontractual como contractual. Ya no existe como en las leyes anteriores competencias diferentes si la demanda era por actividad material o contractual.

La derogada Ley Orgánica de la Corte Suprema de Justicia indicaba en su artículo 42 ordinal 14, que: *"...que es de la competencia de la Corte como más Alto Tribunal de la República, conocer de cuestiones de cualquier naturaleza que se susciten con motivo de la interpretación, cumplimiento, caducidad, nulidad, validez o resolución de los contratos administrativos, en los cuales sea parte la República, los Estados o las Municipalidades..."* y la sentencia de base que configuraba dicha competencia la constituyó la decisión de la antigua Corte caso *Cervecería de Oriente C.A.* en la cual en su parte motiva final expresaba en forma definitiva que:

"...en un contrato administrativo, de acuerdo a las características definitorias de los mismos consignados en este fallo, en cuya virtud a tenor de lo dispuesto en el ordinal 14 de la Ley Orgánica de la Corte Suprema de Justicia, tienen competencia esta Sala para conocer de las cuestiones de cualquier naturaleza que se susciten con motivo de la celebración del referido contrato..." (Sentencia de fecha11 de agosto de 1983 de la SPA de la CSJ)

Se refería por supuesto a un contrato de naturaleza administrativa, y conjuntamente al punto de la competencia de la Sala Político Administrativa para conocer por un lado de contratos administrativos y por el otro la antigua Sala Político Administrativa como su competencia natural contencioso administrativa.

De la misma forma, la derogada Ley Orgánica de la Corte Suprema de Justicia hacía referencia a acciones o demandas contra los entes públicos, y diversificaba la competencia en atención al monto de la demanda o de la acción intentada. Cuando se trataba de contratos administrativos, la ley distribuía en la Sala Político Administrativa, cuando la acción por resolución de contrato administrativo era mayor a la suma de cinco millones de bolívares, si su competencia no está atribuida por supuesto a otra autoridad, decía: "*...conocer de las acciones que se propongan contra la República, o algún instituto autónomo o empresa en la cual el Estado tenga participación decisiva, si su cuantía excedía de cinco millones de bolívares, y su conocimiento no está atribuido a otra autoridad...*" (artículo 42 numeral 15 LOCSJ). A la Corte Primera de lo Contencioso Administrativo, si su cuantía era menor de cinco millones pero mayor de un millón (artículo 185 numeral 6 LOCSJ) y los tribunales superiores contenciosos administrativos si su cuantía no excedía de un millón de bolívares (artículo 182 numeral 2 LOCSJ).

En otro tanto, la jurisdicción contencioso administrativa sigue siendo competente para conocer de contratos administrativos siempre y cuando el ente contratante sea un ente de naturaleza pública, territorial o no, República Estado o Municipio y entes descentralizados como los institutos autónomos y las Empresas del Estado o inclusive asociaciones civiles. Es de destacar, que el contencioso administrativo recobra su competencia cuando el ente es una Empresa del Estado, entre otras cosas, por cuanto la participación de la República es importante en la relación contractual, lo que explica que el Legislador antes y ahora, le haya conferido competencia a la jurisdicción contencioso administrativa aún siendo las empresas del Estado personificaciones propias del Derecho Privado, inclusive de Derecho Mercantil.

En todo caso, lo importante a resaltar en el contencioso administrativo venezolano, es de que en Venezuela, existen verdaderos contratos administrativos, que la jurisdicción competente para conocer de sus interpretaciones y resoluciones y cumplimientos es la jurisdicción contencioso administrativa, distribuida fundamentalmente entre tres tribunales, la Sala Político Administrativa, los Juzgados

Nacionales Contenciosos Administrativos y los Juzgados Superiores Estadales, estos últimos creados en forma provisional en la derogada Ley Orgánica de la Corte Suprema de Justicia (artículo 181) y ahora ya instalados en forma definitiva, en la nueva Ley Orgánica de la Jurisdicción Contencioso Administrativa.

En el año 2004, se reformó la Ley Orgánica de la Corte Suprema de Justicia y pasó a denominarse Ley Orgánica del Tribunal Supremo de Justicia, con tan solo 24 artículos, lo cual trajo una serie de incongruencias y descripción de acciones y recursos de manera extendida que hizo imposible y confusa su interpretación por los propios tribuales contenciosos administrativos, pero en todo caso, el criterio acerca de los contratos administrativos y sus interpretaciones seguían con el provisto de la antigua Ley Orgánica de la Corte Suprema de Justicia para lo cual la Sala Político Administrativa y la Corte Primera de los Contencioso seguían como tribunales competentes. (Art. 5 numeral 25 y 19 de la Ley reformada).

Luego, con la nueva reforma de la ley anterior, ya en el 2010 (*Gaceta Oficial Extraordinaria* N° 5.991 de fecha 29 de julio de 2010) adquiere un nuevo contorno legal, con artículos mejor distribuidos, en lo que se refiere a las competencias contenciosas administrativas en materia contractual, de la Sala Político Administrativa y en su artículo 26 describe la competencia de esta Sala y dice expresamente que:

> *"Las demandas que se ejerzan contra la República, los estados, los municipios u otros de los entes mencionados tengan participación decisiva si su cuantía excede de setenta mil unidades tributarias (70.000 UT) cuando su conocimiento no esté atribuido a otra autoridad en razón de su especialidad".*

El procedimiento contencioso contractual tiene una connotación muy propia del derecho adjetivo y procesal venezolano, el hecho de que las acciones de demandas contra los entes públicos por contratos administrativos la interferencia del procedimiento civil es notorio y marcado a pesar de que la nueva Ley de lo Contencioso Administrativa en esta oportunidad regula en su articulado formas procesales sobre todo en la promoción y evacuación de las pruebas de manera autónoma (Ver artículos 33 al 55 incluidos de la LOJCA). En lo que se refiere a las demandas, y concretamente al trámite procesal nos indica que como norma supletoria se aplican el Código de Procedimiento Civil y la Ley Orgánica del Tribunal Supremo de Justicia (artículo 31 de la LOJCA). Es decir, los procedimientos contenciosos administrativos podrán ser procedimientos previstos en las leyes y códigos nacionales, salvo los especiales previstos en la ley especial que corresponde a la concreta jurisdicción contencioso administrativa, en lo que se refiere a los controversias derivadas de los contratos administrativo en demandas contra la República u otros entes políticos territoriales.

En cuanto al instrumento procesal adecuado para intentar el cumplimiento de un contrato o su resolución, sustantivamente, la norma escogida debe ser lo establecido en el artículo 1167 del Código Civil, por ser un contrato bilateral oneroso, y por haberse pactado un acuerdo entre la Administración y un particular. Solicitar la resolución o el cumplimiento con los daños y perjuicios a que haya lugar, es la base de una demanda contra un ente público derivada de un contrato administrativo, y corresponde a la denominada acción de plena jurisdicción, en la cual el juez administrativo tiene plenos poderes para restablecer la situación jurídica infringida derivada del incumplimiento de la Administración en la relación contractual administrativa.

El juez administrativo para la resolución de los conflictos donde se encuentra la discusión de un contrato de la Administración posee todos los poderes a su alcance para el total restablecimiento de la situación subjetiva infringida por la actividad administrativa. Dice la Ley de la Jurisdicción Administrativa que *"...el juez está investido de las más amplias potestades. A tales efectos podrá dictar, aun de oficio, las medidas preventivas que resulten adecuadas a la situación fática concreta, imponiendo ordenes de hacer, o no hacer a los particulares, así como a los órganos y entes de la Administración Pública, según el caso concreto, en protección y continuidad sobre la prestación de los servicios públicos y en su correcta actividad administrativa..."* (artículo 4 de la LOJCA).

Dada la naturaleza del contrato administrativo, en la cual, se desarrolla el mismo, en consideración a unas cláusulas del contrato y a leyes que orbitan alrededor de él, ya denominadas cláusulas exorbitantes, es preciso y hasta lógico pensar, que, la Administración Pública al intervenir en la relación contractual, como anteriormente lo hemos explicado, suponga en la intervención administrativa, a través de actos administrativos, a los fines de condicionar los derechos o los intereses de los contratistas siempre y cuando la intervención sea en beneficio del interés colectivo, subyacente en la propia definición del contrato.

Estos actos administrativos deben intervenir ciertamente, pero subordinados a la legalidad y al orden jurídico sistema determinante de la conducta de la Administración Pública, con notoria severidad en esta institución de los contratos administrativos.

Si, un acto administrativo interventor en la relación contractual administrativa afecta un derecho del cocontratante, sin justificación legal o legítima de su parte, nace un contencioso administrativo, indicado a ser revisado por el juez administrativo pero bajo los esquemas del recurso de nulidad, esto es un reclamo judicial, pero solicitando la nulidad del acto administrativo que afectó la esfera del contratado de la administración.

Sistema de recurso de nulidad que se sitúa dentro y en el vértice de la derogada Ley Orgánica de la Corte Suprema de Justicia y en la nueva Ley Orgánica de la Jurisdicción Contenciosos Administrativa.

Parafraseando lo anterior, es preciso expresar entre otros aspectos, que el contratista, por ejemplo, en un contrato de obra, la Administración lo afecta con un acto administrativo puede solicitar la nulidad del acto administrativo dictado por la Administración que contrató sus servicios, bajo por supuesto, los eventuales reclamos administrativos que deberá realizar en forma previa.

Para nosotros, el reclamo por acción de nulidad no lo ubicamos dentro de la responsabilidad contractual de la administración, como tema preciso y objetivo del sistema, indicamos pues, que el contencioso de la responsabilidad derivada del contrato, se origina a través de la violación de las cláusulas del contrato y no por la simple y objetiva nulidad intentada contra un acto administrativo nacido de la relación contractual.

1. *El problema contencioso de los actos separables*

Aquí, a estas alturas, topamos con el tema de los llamados actos separables del contrato, significación importante del contencioso administrativo francés, y que De Laubadere lo ha tratado con excelente claridad.

Dice este insigne profesor que

"...la jurisprudencia admite en efecto la teoría de los actos separables según la cual las decisiones administrativas unilaterales que puedan ser aisladas de la conclusión misma del contrato en el conjunto del procedimiento contractual son susceptibles de ser atacadas directamente...".[27]

La teoría del acto separable tiene su aparición en el Derecho administrativo venezolano, con las sentencias caso *Karl Wulff Austin*, y las sentencias Expresos Ayacucho S.A. y Marschall y Asociados C.A., de fechas 26 de junio de 1990, 11 de abril de 1991, y 26 de abril de 1995, todas de la Sala Político Administrativa de la Corte Suprema de Justicia. Sus ponentes fueron Luís Enrique Farías Mata, Román Duque Corredor y Josefina Calcaño de Temeltas respectivamente.

En este sentido, la sentencia Karl Wulff Austin, explica la posibilidad de impugnación de los actos administrativos de efectos particulares que pueden ser impugnados ante la jurisdicción contenciosa administrativa, y que de una u otra forma tiene relación con los contratos administrativos. Esta sentencia, hace referencia fundamentalmente al hecho de que los actos revocatorios de los entes administrativos, son susceptible de impugnación, el caso da lugar a una solicitud de anulación ante la Sala Político, por cuanto el concejo municipal revocó un acto concesorio y autorizatorio para realizar una obra pública. Y es evidente, que si la nulidad de un acto administrativo prospera ante la jurisdicción administrativa produce como consecuencia una evidente invalidez del contrato administrativo suscrito.

Dice con ello la sentencia comentada que:

"...el hecho de que la revocatoria del acto autorizatorio acarree la invalidez del contrato administrativo no significa que el segundo de los actos mencionados no sea un acto separable ni que se encuentre liberado del régimen de

---

[27] A este respecto la sentencia Karl Wulff Austin de fecha 26 de junio de 1990 lo expresa su aparición en Venezuela haciendo referencia a varias sentencias de la Corte Suprema de Justicia. Y, si bien la teoría ha sido elaborada por el Derecho administrativo clásico extranjero, cabe igualmente poner de manifiesto cómo los principios relativos a la contratación administrativa reconocidos por la jurisprudencia administrativa (sentencia Acción Comercial) admiten plenamente dentro de su contexto la teoría de los actos separables y muy recientemente son todavía los fallos de esta Sala que implícitamente patentizan la incorporación de aquella al acervo jurisprudencial venezolano (decisiones de 11 agosto de 1988, en los casos *Mito Juan, Urbapasa, Cementerio Monumental Carabobo* y de 8 de marzo de 1990 caso La Laguna).

revisión de los demás actos administrativos, tal como ha quedado establecido también en la jurisprudencia extranjera..." (Consejo de Estado Francés, decisión de 12 de julio de 1918, caso *Le-Febvre*).

Esta sentencia hace alusión, con bastante nitidez, a la existencia de los actos separables del contrato administrativo y su segura impugnación por ante la jurisdicción contencioso administrativa, que en general la Sala político administrativa es la competente para conocer de la impugnación.

La sentencia *Expresos Ayacuchos S.A.* parte del principio de que existen en los contratos administrativos dos situaciones muy precisas, pertenecientes a un mismo sistema jurídico, incluidas dentro de la relación contractual administrativa. Por una parte la relación contractual, lo cual implica una relación jurídica que debe cumplirse por acuerdos de voluntad de las partes, y otra es la conducción del contrato por el mecanismo procedimental de actos administrativos.

Es decir, existen actos administrativos separados del contrato distinto a las cláusulas del contrato, y su mecanismo de impugnación es distinto en uno y en otro caso. Expresa la sentencia que:

> "...la doctrina reconoce la posibilidad de impugnar directamente las decisiones administrativas unilaterales si el acto respectivo resulta ser separable de la conclusión del contrato o del conjunto del procedimiento contractual. Podría citarse como acto separable, en la concesión de servicio público, las decisiones que fijan la organización y el funcionamiento del servicio, la decisión relativa a la habilitación de la autoridad competente para concluir el contrato, los actos preparatorios para la formación del contrato, las medidas de aprobación de este, las decisiones relativas a la selección del contratante. Estos actos son impugnables con base a los posibles vicios del acto administrativo y no por violación de reglas contractuales y ello porque a pesar de su separación del contrato son, en algunos casos, condiciones de su validez o vigencia, es decir guardan una unidad irrescindible...".

En este sentido, el parágrafo de la sentencia hace alusión a la violación de reglas contractuales, luego a nuestro criterio fomentan un sistema de impugnación judicial diferente cuando se trata de actos administrativos. El caso *Expresos Ayacucho S.A.* explica que una frase del contrato administrativo suscrito dice que "*...queda entendido que la presente autorización podrá ser modificada o revocada cuando esta Dirección lo juzgue conveniente...*". Esto es, en el contrato administrativo existe una cláusula en la cual el ejecutor del contrato admite y acepta su voluntad de habilitar a la Administración para que la autorización pueda ser modificada o revocada, luego, según la sentencia una cláusula del contrato, su impugnación no era entonces, el recurso de nulidad sino una demanda por incumplimiento del contrato a través del recurso de plena jurisdicción y no por la vía de la nulidad objetiva. En este caso, lo importante a dilucidar es cuando estamos en presencia de un acto administrativo separable o no de un contrato administrativo. Un acto separable es pues un acto administrativo, que de una u otra forma se relaciona con la naturaleza del contrato administrativo, tiene que ver con el contrato, como dice la sentencia guardan esos actos administrativo con el contrato, *una unidad irrescindible.*

En lo que se refiere a la sentencia N° 293 dictada por la SPA el 26 de abril de 1995, caso: *Marshall y Asociados, C.A*, esta empresa interpone un recurso contencioso administrativo de anulación acumulado con una pretensión de daños y perjuicios, todo con una solicitud de amparo cautelar contra una resolución dictada por una autoridad portuaria de la Gobernación del Estado Zulia, mediante la cual un funcionario revoca una concesión que ostentaban la demandante sobre la administración y funcionamiento de una determinadas áreas del puerto de Maracaibo. Se trató pues de admitir o no el recurso de acuerdo a la ley para la época, (artículo 124 de la L.O.C.S.J.).

Decía la sentencia que el actor *"pretende la nulidad no de un acto administrativo ordinario, sino la de un acto derivado de un contrato administrativo de concesión, el cual más que un verdadero acto administrativo unilateral susceptible de impugnación mediante el recurso contencioso administrativo, se presenta en el caso como una actuación contractual, indivisible e inseparable, por tanto, del contrato de concesión entre el estado Zulia y las accionantes"*. La Sala declaró inadmisible en su oportunidad el recurso de nulidad, por cuanto el eventual daño ocasionado a la empresa demandante, era producto de un incumplimiento contractual y no derivado de un formal acto administrativo, luego el medio de impugnación era una demanda contractual y no una formal impugnación de nulidad.

La jurisprudencia[28] admitía pues, la existencia de actos administrativos separables del contrato, pero de íntima relación con el

---

[28] La tendencia jurisprudencial de la Sala Político Administrativa del Tribunal Supremo de Justicia ha sido negar insistentemente la idoneidad del recurso contencioso administrativo de nulidad en materia de contratos administrativos, bien sea por tratarse de la dirección, interpretación, incumplimiento sanción o extinción, ya que éstos no pueden considerarse como actos separables de un contrato administrativo, sino un acto contractual (*Vid.* Sentencia de la Sala Político Administrativa de la Corte Suprema

contrato mismo. Igualmente estos actos administrativos podían ser impugnados por vía de nulidad contencioso administrativo, de conformidad con lo preceptuado en el artículos 121 y siguientes de la Ley Orgánica de la Corte Suprema de Justicia antes, y ahora en base al artículo 23 numerales 5 y 6 de la actual Ley Orgánica de la Jurisdicción Contencioso Administrativa, y del mismo modo, la jurisprudencia ha considerado dos sistemas diferentes de reclamo frente a los actos separables, los cuales son normalmente, aquellos que dicta la Administración para hacer nacer el contrato, o los actos preparatorios, o los adjudicatarios para lo cual tiene todo un sistema jurídico previsto en el Decreto con Rango, Valor y Fuerza de Ley Orgánica de la Administración Pública (artículos 32 a 35 Titulo II, Capítulo III), y los actos derivados de la contratación administrativa, cumplimiento o incumplimiento de cláusulas del contrato y cuyo sistema de impugnación es diferente a la de los actos administrativos. La jurisprudencia ha sido conteste en afirmar lo expuesto anteriormente.

2.   *La participación del tercero en la nulidad del acto administrativo del contrato*

Anterior a la promulgación de la derogada Ley Orgánica de la Corte Suprema de Justicia de 1976, existía la posibilidad de que los terceros ajenos o extraños a la relación contractual administrativa pudieran intentar acciones o recursos contra el contrato administrativo, cuando consideraran que sus derechos o intereses podían ser eventualmente lesionados producto del cumplimiento o no del contrato administrativo suscrito.

El artículo 111 de la derogada ley, disponía que

"...se tramitarán y sustanciarán conforme a las disposiciones de esta sección, las demandas de nulidad, por ilegalidad o inconstitucionalidad, de contratos o convenciones celebrados por la Administración Pública, intentadas por personas extrañas a la relación contractual, pero que tengan un interés legítimo personal, y directo en la anulación del mismo, o por el Fiscal General de la República en los casos en que dichos actos afecten un interés general...".

---

de Justicia de fecha 11 de abril de 19991, caso: *Expresos Ayacucho*; sentencia N° 293 dictada por la referida Sala el 26 de abril de 1995, caso: *Marshall y Asociados, C.A.*, así como decisión de dicha Sala de fecha 22 de julio de 1998, criterio acogido por la Sala Constitucional del Tribunal Supremo de Justicia en sentencia N° 568 de fecha 20 de junio de 2000, caso: *Aerolink Internacional S.A.*, entre otras).

Entonces, para que los terceros ajenos o extraños a la relación contractual, puedan ejercer la acción contra el contrato era necesario el cumplimiento de los siguientes requisitos. En primer lugar, que fuera una persona extraña a la relación contractual, esto es, que no hubiera participado en el contrato, en su elaboración ni en su ejecución ni en su desarrollo. En segundo lugar, que para su intervención a través de una acción judicial era necesario la demostración de un interés calificado, es decir personal legítimo y directo, el mismo interés calificado exigible para intentar la nulidad del recurso de nulidad contencioso administrativo contra el acto derivado del contrato. En tercer lugar, podía ser intentado igualmente por el Fiscal General de la República en los casos en que dicho acto afecte un interés general. La intervención del Fiscal se justificaba por el hecho de que de acuerdo con la Constitución, es el representante del interés colectivo y velador del cumplimiento de la legalidad de los actos de los poderes públicos. Y como último presupuesto, el procedimiento establecido para su tramitación judicial corresponde a los artículos 103 al 110 inclusive, relativo a las demandas en que sea parte la República. Y, no el relativo a la nulidad prevista en los artículos 121 y siguientes. Implicaba por su parte, que el Código de Procedimiento Civil era el instrumento de sustanciación fundamental de conformidad con el artículo 103 de la derogada Ley Orgánica de la Corte Suprema de Justicia. El recurso correspondía a una acción de nulidad por ilegalidad o inconstitucional de la relación contractual.

La sentencia de base, "Delicateses el Callao C.A" de fecha 5 de octubre de 1994, de la Corte Primera de lo Contencioso Administrativo fue meridiana en los requisitos expuestos: "Precisada la naturaleza de los actos impugnados, era necesario determinar si el recurso contencioso de anulación ejercicio en su contra, era admisible o no, y al respecto se tiene, que de acuerdo al artículo 111 de la ley Orgánica de la Corte Suprema de Justicia, las demandas de ilegalidad por ilegalidad o inconstitucionalidad de contratos o convenciones celebrados por la administración pública, intentadas por personas extrañas a la relación contractual, pero que tengan un interés, personal legítimo y directo en la anulación de los mismos deben tramitarse y sustanciarse conforme a las disposiciones de la sección primera del Capitulo II del Título V de la Ley Orgánica de la Corte Suprema de Justicia es decir por el procedimientos de demandas en que sea parte la República..".

La verdad, es que aparte de estas consideraciones objetivas y legales analizadas, de acuerdo a la noción del contrato administrativo dada, los terceros siempre son parte en la relación contractual administrativa, paradójicamente, el objeto de un contrato administrativo es la satisfacción de los intereses colectivos, de los terceros, luego a nuestro juicio, el término utilizado por el legislador en su oportunidad de "*extraño*", nos parecía equivocado dada la naturaleza de la relación contractual administrativa y la participación de los terceros en la relación contractual.

Hoy en día, no existe esta forma de procedimiento judicial, ni en las leyes de 2004, ni en la del 2010, ni aún así en la novísima Ley Orgánica de la Jurisdicción Contencioso Administrativa.

Ahora, es evidente que frente al acto administrativo dictado en virtud de un contrato de la Administración, un particular tercero o ajeno a la relación contractual puede ser legitimado activo para intentar la nulidad del acto administrativo que lo afecta en sus derechos e intereses de conformidad con lo establecido en los artículos 23, 24 y 25 numerales 5, 5 y 3 respectivamente de la Ley Orgánica de la Jurisdicción Contencioso Administrativa.

II.   LOS ELEMENTOS CONSTITUTIVOS DE LA RESPONSABILIDAD CONTRACTUAL ADMINISTRATIVA

¿Cuáles son los elementos precisos y constitutivos que constituyen la responsabilidad de carácter patrimonial en los contratos administrativo?

Para que se den los presupuestos jurídicos de la responsabilidad contractual es necesaria la configuración de los siguientes elementos. En primer lugar, el incumplimiento culposo de una obligación derivada del contrato mismo. En segundo lugar, el daño, y los perjuicios que dicho incumplimiento produce en la esfera jurídica del afectado y en tercer lugar, la relación de causalidad entre el actuar administrativo y el derecho del particular afectado, lo que implica en todo caso, la generación de una responsabilidad que produce una indemnización a favor del afectado o cocontratante de la administración.

El incumplimiento culposo de la obligación administrativa genera por consecuencia una acción por parte del sujeto afectado por dicho incumplimiento. La Administración incumple, con cualquiera de las obligaciones estipuladas en el contrato administrativo, el ejecutante del contrato debe hacer uso de lo estipulado en la norma del Código Civil 1167, para lograr su reparación, lo cual lo autoriza, para acudir ante la jurisdicción contencioso administrativa para lograr el cumplimiento o la resolución de la obligación contractual con los daños y perjuicios a que hubiere lugar.

En el campo de la actividad administrativa, se exige lo mismo que en la tradicional materia civil "no basta que se trate de un incumplimiento puro y simple, para que proceda la responsabilidad civil, es indispensable que ese incumplimiento sea imputable al deudor de la obligación, o sea es necesario que sea culposo, entendiéndose por esto la inejecución debida a dolo o intención del deudor y la debida culpa propiamente dicha" (Eloy Maduro Luyando. *Curso de Obligaciones*, p. 553). Por ejemplo, de acuerdo al derogado Decreto sobre Condiciones Generales de Contratación para la Ejecución de Obras del Estado, el ente público debía suministrar al contratista copia de todos los planos y especificaciones particulares de la obra contratada que fueren necesario para la buena ejecución de la misma, asimismo el ente público, debía tramitar la obtención de todos los permisos y las adquisiciones de derechos que fueren necesarios para la ejecución de la obra, en fin el ente público debía pagar el precio de la obra, y hasta los aumentos efectivamente pagados en salarios, prestaciones sociales, y demás derechos de los trabajadores, normas de obligatorio cumplimiento por parte de la Administración que de no hacerlo nacía un derecho en lograr una reparación o indemnización del daño que hubiera sido causado.

El daño, es por otra parte, un elemento o presupuesto fundamental que hace nacer la responsabilidad contractual del Estado, por lo que a la Administración se refiere, el daño se traduce, como una lesión a un derecho subjetivo, daño en el contratista de la Administración, lo cual deberá ser probado por el afectado durante el transcurso del proceso tanto administrativo como judicial.

De conformidad con la jurisprudencia administrativa (sentencia caso *Inbelo S.A.* de fecha 15 de julio de 1992 de la SPA de la CSJ) define muy bien el daño y dice: "*...daño consiste en la privación ilegítima de la ganancia esperada en el contrato; su causa, el incumplimiento contractual imputable a la municipalidad; su monto se estima en la cantidad de xxx, equivalente en el entender de la actora a la ganancia mínima que hubiere obtenido de haberse ejecutado la obra.*" Utilizamos frases de la sentencia, para demostrar que el daño es un elemento fundamental cuyo tratamiento en el Derecho Administrativo es análogo al concebido en el orden del Derecho civil y que tiene por consecuencia, una proyección fundamental para determinar la responsabilidad contractual de la Administración.

Como en Derecho Civil, el daño en la responsabilidad contractual para que pueda ser indemnizable debe ser cierto, especial, no eventual, individualizado y antijurídico. Cierto, en el sentido de que debe ser actual, y no futuro, salvo que se pruebe su inminencia. Especial, en el sentido de que debe ser muy característico de la víctima, esto es, del ejecutante de la obra, anormal, en este sentido, que debe constituir un daño provocado por la Administración Pública que excede los límites permitidos en la prestación del servicio, debe en todo caso, y de aquí su antijuridicidad, afectar una situación jurídica subjetiva particular protegida por el ordenamiento jurídico, condiciones exigidas en la responsabilidad contractual para lograr la indemnización del daño causado[29].

Ahora, nos preguntamos, tal como se expone en el trabajo "Jurisprudencia de los contratos administrativos", ya hecha referencia en varias oportunidades, de Luís Ortiz Álvarez y Giovanna Mascetti, ¿existe la posibilidad de reclamar daños morales fundados en responsabilidad patrimonial en los contratos administrativos?

La respuesta la confiere la Sentencia de base en esta materia caso, *Hotel Isla de Coche* de fecha 27 de enero de 1993, que dice en su parte motiva última lo siguiente:

> "…*Estima esta Sala que la institución del reconocimiento del daño moral es uno de los grandes logros del derecho moderno que quedó plasmado en la norma del artículo 1196 del Código Civil venezolano relativo al hecho ilícito, pero extensible a todo daño acarreado a la víctima en una relación jurídica. En el caso de autos, se aprecia, que el daño moral, cuya indemnización se reclama (no olvidemos que estamos en presencia de un contrato administrativo) sería procedente tan solo en el caso de que se hubiese demostrado que la resolución del contrato al vencimiento del término, se hubiese lesionado el nombre comercial, ampliamente consolidado, de la arrendataria, a través de un esfuerzo sostenido en el tiempo. Tal circunstancia se daría si el contrato se hubiese prolongado por un extenso período, lo cual no se dio en el caso presente, se trató de un término relativamente breve que impidió la conformación de un giro comercial, y de una prolongada actuación en el ramo de la hotelería. Por todo lo anterior, no aparece que tal daño, fuera real, y así se declara, desechándose como improcedente el pago que por ese concepto solicitan los reconvinientes…*".

Se reconoce que el daño moral puede ser reclamado en los respectivos contratos administrativos, y en segundo lugar, tal daño debe, de una forma u otra, demostrarse, lo que significa un trata-

---

[29] Ver lo expresado por Jean Rivero en su libro *Derecho Administrativo*, p. 280 ss.

miento judicial análogo a los casos de contratos de Derecho privado. En todo caso, es pues necesario que el incumplimiento culposo de la administración cause daños y perjuicios a la otra parte, por cuanto si el incumplimiento culposo no causa daños no se produce así la obligación de reparar. En los contratos administrativos, al igual que en el Derecho civil, los daños y los perjuicios, deben ser demostrados por el acreedor que demanda la obligación.

En cuanto a la relación de causalidad, al igual que en el Derecho Civil, se hace necesario que exista una relación causa efecto entre el incumplimiento culposo de la obligación y el perjuicio causado al acreedor, que de conformidad con el artículo 1275 del Código Civil Venezolano. Reza: *"aunque la falta de cumplimiento de la obligación resulte del dolo del deudor, los daños y perjuicios relativos a la pérdida sufrida por el acreedor y la utilidad de que se le haya privado, no deben extenderse sino a los que son consecuencia inmediata y directa de la falta de cumplimiento de la obligación"*. En sentido configurado la relación o vínculo causal debe estar probado por el reclamante en el proceso sea judicial o administrativo, salvo que medie una situación objetiva que con el solo daño es posible la reparación o indemnización por parte de la Administración.

III. LA EXTINCIÓN O TERMINACIÓN EN LOS CONTRATOS ADMINISTRATIVOS

1. *Cumplimiento del contrato*

Los contratos administrativos tienen formas especiales de terminación de la obligación contractual administrativa y formas análogas o parecidas a las terminaciones en Derecho civil. La forma especial de terminación de un contrato administrativo obedece al hecho de que la Administración tiene la prerrogativa de dar por terminado el contrato cuando razones de interés público así lo exijan, ya suficientemente analizado anteriormente.

Seguimos en este aspecto, tan importante, la doctrina francesa en especial de Charles Debbasch[30] que al respecto señala como for-

---

[30] Charles Debbasch profesor de derecho administrativo y las instituciones políticas en la Universidad de Aix-Marseille III durante casi cinco años. También fue profesor en el Colegio de Europa en Bucarest, y en escuelas extranjeras. Es autor de libros de derecho administrativo y derecho

ma de terminación de los contratos administrativos en atención a terminación normal y terminación anormal que el distinguido profesor llama causas que hacen extinguir la obligación jurídica administrativa.

En efecto, las causas normales de extinción de los contratos administrativos ocurren cuando el objeto del contrato se cumple a cabalidad, en otras palabras cuando se realiza el objeto del contrato. En un contrato de obras, el contrato finaliza, normalmente cuando la obra se realiza y se materializa. Sin embargo por ser un contrato administrativo, en los contratos típicos como los de obras regidas por el derogado "Decreto sobre las Condiciones Generales de Contratación para la Ejecución de Obras" y ahora por la Ley de Contrataciones Públicas, existe todo un procedimiento administrativo para la terminación normal del contrato administrativo (artículos 120 al 129 inclusive de la ley), y lo establecido en su Reglamento (artículos 180 y siguientes).

El contratista, en estos contratos, debe notificar al inspector de la obra, con una anticipación hasta de diez días cuando estime que serán terminados los trabajos con la finalidad de dejar expresa constancia de la terminación de la obra. Es decir, existe una constancia, por ejemplo, en materia de terminación de la obra, lo cual se traduce, en una formalidad a cumplir con su correspondiente acto administrativo, lo cual será un título o un derecho en favor del ejecutante de la obra. Puede haber prórrogas para la terminación de la obra, siempre y cuando se cumplan una serie de requisitos legales (artículo 122), etc. Es decir, existe en los contratos administrativos, aceptaciones provisionales de las obras públicas que fueron ejecutadas a través de un contrato con el ente público, lo cual le confiere a este tipo de contratación, ciertas características especiales no comunes en la contratación civil o régimen ordinario, en lo que se refiere a su terminación normal.

2.   *Rescisión y resolución*

Por otra parte, es posible, que la terminación de un contrato administrativo se configure de forma anormal, puede extinguirse o finalizar antes de la materialización del objeto del contrato, en este caso, lo llamamos resolución de las obligaciones del contrato, aparte

---

constitucional. En Francia ha creado una especialidad en la ley de medios. Es uno de los fundadores de la Universidad de Aix-Marseille III.

por supuesto de la terminación por resolución del contrato en vía judicial. El ente público podrá desistir en cualquier momento de la construcción de la obra, aún cuando esta hubiere comenzado, y aunque no haya falta del contratista, siempre y cuando el ente público indemnice los daños ocasionados al contratista de la obra. Lo cual significa el pago por parte de la Administración de los materiales y equipos utilizados, lo cual se determinará de acuerdo a los precios del mercado para el momento de su adquisición, y bajo los controles tradicionales de la contraloría interna etc. Por ejemplo, el artículo 190 del Reglamento de la Ley de Contrataciones Públicas, señala dos supuesto para resolver el contrato administrativo, primero, el ente puede desistir en cualquier momento de seguir con la obra pública y aun cuando las mismas hubieren sido comenzadas por el contratista de la obra, solo se exige una notificación formal y por supuesto realizar unos pagos por parte del ente administrativo en favor del contratista que se encuentran debidamente especificados en el artículo 191 del reglamento. Cuando ocurre la rescisión por falta del contratista, éste deberá pagar al ente público los daños ocasionados, de acuerdo a cantidades señaladas o en el propio contrato o en la Ley de Contrataciones Públicas (artículo 193 del Reglamento de la Ley de Contrataciones Públicas).

3. *Acuerdo de las partes*

Puede ocurrir, igualmente, una terminación o finalización del contrato administrativo por acuerdo entre las partes contratantes. Al igual que en el Derecho civil, es posible esta forma de terminación, o en términos de Debbasch, constituye una terminación convencional. Generalmente, cuando la República como ente contratante convencionaliza con la otra parte una terminación definitiva, deben tener la autorización de los órganos de control del Estado, entre otras cosas, por cuanto se encuentran comprometidos, en el objeto de ese contrato, los intereses patrimoniales del ente público contratante, en este caso de la República. De igual forma, en leyes especiales u ordenanzas, cuando se trata de municipios o institutos autónomos, estos últimos regidos por sus leyes de creación. El Reglamento de la Ley de Contrataciones Públicas lo señala de manera expresa *"...El órgano o ente contratante y el contratista podrán resolver el contrato de común acuerdo cuando las circunstancias lo hagan aconsejable. En este caso, no procederán las indemnizaciones a que se refiere el artículo anterior"*.

4.   *Desaparición del objeto del contrato*

Puede igualmente terminar un contrato administrativo, cuando se da la desaparición del objeto del contrato administrativo, entre otros casos, por un hecho exterior a la voluntad de las partes, como la fuerza mayor, lo que denominamos anteriormente la imprevisión, ya estudiada suficientemente en capítulos anteriores.

5.   *Por imposición de una cláusula del contrato*

Puede igualmente ocurrir una terminación del contrato administrativo, de pleno derecho, y es cuando una cláusula del contrato lo prevé expresamente. Por ejemplo, si se acuerda una cláusula donde se acepta la terminación del contrato cuando el contratista se constituye en quiebra etc.

La rescisión del contrato puede ocurrir por resolución administrativa como expresa magistralmente Debbasch en los siguientes términos:

> *"... Este poder de resolución unilateral el cual dispone la Administración constituye una de las originalidades del régimen particular a los cuales se encuentra sometido el contrato administrativo. La rescisión administrativa puede darse sobre disposiciones mismas del contrato administrativo o sobre textos legislativos. Sin embargo ella puede también acordarse fuera de textos o de estipulaciones del contrato, cuando es por sancionar una falta cometida por el ejecutante del contrato o inclusive fuera de un error de su parte"*[31].

6.   *Extinción por resolución judicial*

En caso de que exista un incumplimiento por parte del contratista de las cláusulas del contrato el reglamento de la Ley de Contrataciones Públicas prevé el procedimiento adecuado para determinar la responsabilidad del contratista. Las causas están determinadas en la ley, y una vez notificadas, el contratista debe paralizar la obra y no iniciará ninguna otra obra salvo que exista una autorización de la continuación. Una vez, realizado este procedimiento, el contratista pagará a la Administración por concepto de indemnización una cantidad que se calculará en la misma forma y cuantía señalada en el artículo 191 del Reglamento (pagos por terminación anticipada). En caso de que el contratista se negare a pagar las cantidades indicadas

---

[31]   Del libro *Instituciones y derecho administrativo* de Charles Debbasch. Traducción de la frase del francés al español por parte del autor del presente libro. p. 189. Themis Droit Presses Universitaires de France.

por el ente contratante, éste deberá acudir a la vía judicial ante la jurisdicción contenciosa administrativa de conformidad con lo establecido en los artículos 23, 24 y 25 numerales 2 de la Ley Orgánica de la Jurisdicción Contencioso Administrativa.

CONCLUSIONES

I.   El contrato administrativo es una de las instituciones más importantes del Derecho Administrativo. Junto con el principio de la legalidad, el acto administrativo, la responsabilidad del Estado y los procedimientos administrativos el contrato administrativo constituye una manifestación esencial de la Administración en la prestación de los servicios públicos.

II.   El contrato administrativo es un tipo de contrato donde el Derecho Administrativo le confiere connotaciones distintas y peculiares a los contratos de Derecho Común, de allí su fisonomía propia y sus características particulares.

III.   Salvo que la ley lo determine de manera expresa, existen índices reveladores de sus características particulares, tales como el objeto, las partes y las denominadas cláusulas exorbitantes del contrato.

IV.   Existe un acuerdo jurisprudencial en expresar que los contratos administrativos tiene como objeto la prestación de un servicio público, aunque dicha prestación pueda ser regentada por personas de derecho privado.

V.   Las clausulas del contrato que la doctrina y la jurisprudencia denomina como cláusulas exorbitantes, no son más que normas o leyes que orbitan alrededor de la relación contractual, por ello, dichas cláusulas son normas jurídicas que se imponen en la voluntad de las partes contratantes.

VI.   Las prerrogativas de la Administración en los contratos administrativos se manifiestan con entera propiedad en la ejecución del contrato administrativo, cuya actuación varia de manera radical en la ejecución de los contratos de derecho común.

VII.   El equilibro económico financiero del contrato es de conformidad con la doctrina y la jurisprudencia el derecho subjetivo más importante del contratista en la ejecución de la obra pública, de allí su extensa regulación en la Ley de contrataciones Públicas.

VIII.   La Ley de Contrataciones Públicas es el instrumento normativo más importante que rige la relación contractual administrativa en Venezuela, los demás instrumentos normativos como el Código Civil y el Código de Procedimiento Civil, aparecen como normas supletorias ante la interpretación que hagan tanto los órganos de la administración como los órganos judiciales.

IX.   El principio de *buena fe* y el *pacto sunt servanta* son principios que deben ser valorados por el juez administrativo cuando le corresponda interpretar la resolución de la controversia, entre otros elementos, por cuanto el contrato administrativo es una especie de delegación de poderes conferidos por la administración al particular.

X.   La terminación de los contratos administrativos tienen tanto las formas tradicionales de extinción apegadas al Código Civil, así como sus reglas especiales típicas del Derecho Administrativo.

CUARTA PARTE

RESPONSABILIDAD DEL ESTADO

La responsabilidad del Estado es una de las instituciones más importantes del Derecho Administrativo. Es la responsabilidad del Estado, una institución fundamental, por cuanto su idea marca una variante esencial en la concepción del Estado de Derecho moderno, y todo lo que su noción y sus características implican para el conocimiento de la ciencia del Derecho en general.

Ciertamente, creer e imaginarse que el Estado moderno pueda causar un daño o un perjuicio a un ciudadano o a una colectividad sin que éste sea reparado o indemnizado, implica reconocer, la existencia de un Estado totalitario o autocrático, muy lejano de las tendencias democráticas que hoy en día gobiernan los textos internos como externos en una sociedad avanzada. La existencia de un Estado donde la responsabilidad de los gobernantes no tenga lugar, seria imaginarse un Estado sometido a la voluntad de un dictador o monarca, que no solo estaría desfasado con relación al tiempo y a la historia, sino al mundo donde los derechos humanos son de preferente cuido en todos los ordenamientos jurídicos en los diversos países del mundo.

La organización social y todo lo que ello significa en nuestro mundo, no puede ser entendida, a los solos fines de regular situaciones individuales o colectivas, sino más aún, entender que el Estado debe y le corresponde -por un sentido de justicia- reparar, indemnizar y restablecer los daños que produce en su actuar, y fundamentalmente, cuando se dispone prestar servicios a la comunidad.

Es decir, así como se le confiere poder a determinada persona para que influya en los demás y pueda inclusive limitarle en su ejercicio y en sus derechos, también es lógico y pertinente hacerlo responsable del poder que el ordenamiento jurídico le atribuye.

Lo interesante a destacar es que, del mismo modo como se entiende que el Estado moderno tiene la obligación y el deber de prestar servicios, y que el ciudadano tiene el derecho de recibirlo, en una relación correlativa en la prestación, es lógico pensar que exista una sanción jurídica cuando el Estado, en su caso, no cumplan con las obligaciones que el ordenamiento jurídico le imponga tanto al Estado como al particular: a uno como prestador de la obligación, y al otro, como recibidor y acreedor del servicio.

Entendemos que la relación obligacional mutuamente alimentada y concatenada de manera recíproca, implica ante todo, el reconocimiento por ambas partes, no solo de cláusulas contractuales aceptadas, sino el reconocimiento expreso de un sistema jurídico de sanción producto de una actuación por parte del Estado y, que la intención es indemnizar al particular, -al ciudadano- cuando observe y constate que en su patrimonio o en su haber personal, se materializa un daño o un perjuicio ocasionado por una actividad esencialmente estatal.

Esta idea, que a todas luces parece natural, no ha sido fácilmente reconocida en general por los ordenamientos jurídicos que han regido los destinos de los países del continente. Esto es, admitir la responsabilidad del Estado en sus actuaciones ha sido producto de años y de historia reflejo de elementos ideológicos y sociales que de una u otra forma han condicionado el Derecho Positivo, de allí su dificultad de imposición en los ordenamientos, y su delicada incorporación en los diferentes países tanto en Europa como en América Latina.

Es, desde luego, producto de las labores jurisprudenciales y doctrinales a quienes les ha correspondido semejante tarea de aceptar y lograr convencer al "Poder", de la necesidad que tiene de que sus actos o sus actuaciones sean de su exclusiva responsabilidad, y que entonces todas ellas respondan por los hechos y actuaciones que asumen frente a los ciudadanos y a la colectividad. Es el principio por medio del cual el poder de la Administración Pública se presenta como una instancia grande y muy significativa, destinada a solventar los problemas de los administrados y que cuando ella actúe en el sentido de favorecer los intereses colectivos, pueda del mismo modo asumir su responsabilidad cuando los daña en sus derechos e intereses.

Pues bien, la responsabilidad a la cual hacemos referencia, es aquella denominada "Responsabilidad del Estado" constituida como un responsabilidad que es imputada al Estado como persona, esto es, al Estado actuando como un determinado y particular sujeto de derecho en el cual se comporta con los otros sujetos –ciudadanos– en vínculos predeterminados y de diferentes maneras, en los ordenamientos destinados a dar y conferir las consecuencias propias de las interrelaciones habidas. Es desde luego, una responsabilidad especial que ocupa una plaza importante en el ordenamiento jurídico, por cuanto confluyen en ella, una serie de particularidades que le son propias al Estado, y que la individualizan ante otros sujetos y frente a otras instituciones.

Se trata pues, de la responsabilidad de una persona, que para su actuar debe hacerlo bajo dos premisas fundamentales: por un lado, actuar con y en base a la ley, y por otra, puede y se encuentra habilitada por la propia ley, para actuar con prerrogativas destinadas a la mejor prestación del servicio público. Confluye en esta dualidad un elemento adicional y es que, del mismo modo que el Estado debe prestar servicios en favor de la comunidad, y hacerlo de conformidad con la ley, correlativamente debe indemnizar o reparar al ciudadano cuando en la prestación del servicio pueda producir un daño en lo derechos del propio ciudadano a quien le sirve, por cuanto la Administración es esencialmente una actividad servicial.

Esta dualidad es propia del Derecho Administrativo, si analizamos con objetividad las instituciones fundamentales de esta ciencia del Derecho, constatamos que la misma intenta reconocer una dinámica siempre presente; cual es, el equilibrio entre las garantías en favor del administrado y las potestades que el propio ordenamiento confiere a la administración para que pueda cumplir con sus fines y cometidos.

Es bueno aclarar que el sentido de la responsabilidad del Estado, es la responsabilidad en toda su extensión, acotamos entonces, que el ordenamiento jurídico moderno hacer referencia a una responsabilidad de todas las funciones del Estado tanto en el ejercicio de la función legislativa como la judicial y ejecutiva.

Entendamos con entera propiedad, que este particular reconocimiento de ser indemnizado por el Estado como indicamos, no ha sido fácil. Al contrario, este reconocimiento ha sido la obra de todo un sistema jurisprudencial largo y detallado que en países como Francia especialmente ha jugado un rol esencial y fundamental.

La admisión de la responsabilidad del Estado obedece del mismo modo, al principio de la igualdad de todos los ciudadano ante las cargas públicas, en el sentido de que, la acción administrativa se ejerce, en atención a los intereses colectivos, si el daño que le produce una acción a un particular no es reparado se sacrificaría el interés general, así la reparación del daño restablece en toda su forma el principio mencionado.

No existe duda pues de que, el sistema de la "Responsabilidad del Estado" así entre comillas, se encuentra prácticamente y plenamente aceptado en todos los ordenamientos jurídicos actuales.

En lo que se refiere al nuestro, la Constitución de la República Bolivariana de Venezuela, lo dice expresamente en su artículo 140 al señalar que *"El Estado responderá patrimonialmente por los daños que sufran los particulares en cualquiera de sus bienes y derechos, siempre que la lesión sea imputable al funcionamiento de la Administración Pública"*, para lo cual nos indica que la Responsabilidad del Estado en Venezuela tiene una evidente base constitucional pudiendo ser invocada en cualquier reclamo administrativo o judicial instado contra el Estado por un particular.

Y, desde luego una base legal cuando el artículo 13 del Decreto con Rango, Valor y Fuerza de Ley Orgánica de la Administración Pública lo enuncia textualmente de la siguiente forma:

"La Administración Pública será responsable ante las personas por la gestión de sus respectivos órganos, de conformidad con la Constitución de la República Bolivariana de Venezuela y la ley, sin perjuicio de la responsabilidad de cualquier índole que corresponda a las funcionarias o funcionarios por su actuación. La Administración Pública responderá patrimonialmente por los daños que sufran las personas en cualquiera de sus bienes y derechos, siempre que la lesión sea imputable a su funcionamiento".

Ahora bien, es importante aclarar que cuando se habla de responsabilidad del Estado, la expresión es referida a la posibilidad de que su personificación jurídica este representada por la República como forma de juridicidad en la cual ésta pueda ser demandada en la jurisdicción que corresponda. Sin embargo, acotamos la idea de "República", en materia de responsabilidad, por cuanto la norma constitucional hace referencia a la frase *"siempre que la lesión sea imputable al funcionamiento de la Administración Pública"*, para argumentar que dedicamos esta parte del programa a mostrar que la responsabilidad del Estado es cuando éste actúa en el ejercicio de la función administrativa y no de otras, a pesar de que también exista una responsabilidad del Estado legislador y una responsabilidad del Estado por la actuación de los funcionarios judiciales.

En nuestro país, el tema de la responsabilidad del Estado ha tenido mucha influencia del Derecho Europeo, especialmente de Francia y España, no obstante que y a pesar de esa influencia actualmente es factible pensar en la existencia de un sistema de normas jurídicas autónomas y con ciertas características particulares que permite afirmar que el sistema de la responsabilidad del Estado en el Derecho positivo venezolano aparece dentro del contexto del ordenamiento jurídico como un sistema autónomo y particular que lo diferencia de otros Derechos, tanto latinoamericano como europeos.

Además, importa precisar que para la jurisprudencia, salvo excepciones recientes, la tendencia es lograr que el Estado como ente responsable indemnice al particular cuando éste se vea afectado, y pueda seguramente demostrar, el perjudicado, el perjuicio o daño durante el proceso judicial o incluso durante el proceso administrativo. La responsabilidad del Estado es hoy en día, y prácticamente en todos los ordenamientos jurídicos la regla y la irresponsabilidad la excepción.

Veamos entonces, cuales son los orígenes de la Responsabilidad del Estado haciendo referencia a su nacimiento en Francia y España (I); los supuestos de la responsabilidad del Estado y sus características (II); la reparación del administrado por la actividad de la administración Pública (III) y el contenido de la sentencia por responsabilidad de la Administración (IV).

CAPÍTULO I

ORÍGENES DE LA RESPONSABILIDAD DEL ESTADO

Ciertamente, para aclarar el origen de la responsabilidad del Estado a diferencia de otras instituciones del Derecho Administrativo, se sitúa su nacimiento de manera muy posterior a las otras analizadas en las partes anteriores.

Como bien lo expresan Tomas Ramón Fernández y Eduardo García de Enterría, el reconocimiento de la responsabilidad del Estado ha sido significativamente un proceso en el cual se han visto involucrados, tanto el pensamiento de la doctrina como la jurisprudencia de los tribunales.

Dicen los autores citados que:

"En la esfera del Derecho público la afirmación de una responsabilidad patrimonial del soberano por los daños resultantes de la actuación de sus agentes pugnaba frontalmente con una tradición multisecular, que a través de una combinación de la potestas imperial romana y de la concepción teocéntrica del poder del monarca, característica del mundo medieval, encontró su expresión clásica en el principio formulado por los juristas ingleses, pero común a todo Occidente, según el cual, The king can do not wrong (el rey no puede hacer ilícito), y continúan los autores expresando que "a

fuerza del principio no disminuyó, sino todo lo contrario, con el adveni-
miento del Estado Moderno, en cuyos presupuestos teóricos, incluso, en-
contró nuevos alientos" (Bodin: "or la soberanite frase en france) (p.
323).

En todas formas, es tradicional que el Estado entendido como
"poder" para ejecutar y gobernar, se resista a ser juzgado por los
tribunales, así ha sido históricamente, y por esta razón, la admisión
de la responsabilidad del poder constituido, ha configurado una
gran resistencia y contradicción tanto en el campo de la ideología
como en la práctica social. Es en época relativamente reciente, a finales de 1800, cuando se admite, en Francia la responsabilidad el Estado como persona por el gran advenimiento de la jurisprudencia
administrativa materializada en el L´arret Blanco paradigma de la
creación de un sistema autónomo y especial de la responsabilidad
de la Administración Pública.

La idea de la responsabilidad del Estado, a través del ejercicio
de la función administrativa, enmarca pues un nuevo rol que será
considerado y desarrollado en otras instituciones fundamentales
tanto en América Latina como en Europa. La ruptura con el principio de la irresponsabilidad del Estado se vierte en dos vías básicas,
atendiendo principalmente al régimen jurídico donde ocurre el
cambio del sistema y su tratamiento jurídico. Esto es, el rompimiento de la idea de la irresponsabilidad del Estado ha sido producto de
las decisiones de los tribunales contenciosos administrativos, especialmente en Francia, por un lado, pero también ha sido como consecuencia de la emanación de leyes u otros instrumentos jurídicos
que han determinado un sistema jurídico donde el Estado, traducido
en Administración Pública pueden ser condenado a indemnizar los
daños que en el ejercicio de sus funciones administrativas diversas
le causan a los particulares o ciudadanos.

En otras palabras, por un lado las decisiones de los tribunales
interpretando los momentos históricos y sociales han determinado
que existe una responsabilidad del Estado en el ejercicio de sus funciones administrativas y ha existido una ruptura del principio a nivel legislativo, lo que implica que el dictado de leyes y de normas
jurídicas, ha contribuido a solidificar el principio de la responsabilidad (1) y la ruptura del principio a nivel jurisprudencial (2).

I.   RUPTURA A NIVEL LEGISLATIVO

Ciertamente es la ley, el Derecho Positivo a quien le ha correspondido actuar en este sentido. Pues bien, los casos típicos de transformación de la irresponsabilidad del Estado a su total responsabilidad lo obtenemos de los países anglosajones, dado que estos sistemas -denominados comúnmente como los sistemas de la Common Law[1]- reseñan una responsabilidad sólo imputable a los funcionarios del servicio como responsables de las actuaciones del servicio público, para lo cual es un sistema derivado únicamente de la aplicación estricta de las normas del Derecho civil. El sistema Anglosajón, principalmente instalado en los Estados Unidos e Inglaterra, sirve para enumerar la tesis por medio del cual el Estado se comporta vis a vis con los ciudadanos en un plano de igualdad, para lo cual carece ciertamente de prerrogativas formales, que le confieren una situación de superioridad, muy diferente al sistema francés, éste muy extendido en diversos países de América Latina.

Ahora, este sistema jurídico, ha sido debidamente flexibilizado a través del tiempo, producto de circunstancias políticas y sociales que lo han llevado a introducir normas jurídicas en sus ordenamientos alcanzando incluso el ejemplo de Inglaterra donde se sometió a la Corona la misma responsabilidad como si fuera una persona privada con plena edad y capacidad. Esta situación ocurrió con la promulgación de la Ley Crown Proceeding Act de 1947, en la cual so-

---

[1]   Common Law (también conocida como la jurisprudencia o precedentes), es la ley desarrollada por los jueces a través de las decisiones de los tribunales y los tribunales similares en lugar de a través de los estatutos legislativos o de la acción del poder ejecutivo. Un "sistema de derecho común" es un sistema legal que le da peso a la ley precedente muy común, en el principio de que es injusto para el tratamiento de hechos similares de manera diferente en diferentes ocasiones. El cuerpo de precedentes que se llama "la ley común" y se une a las decisiones futuras. En los casos en que las partes discrepan sobre cuál es la ley, un tribunal de derecho común idealizado del pasado se ve como precedente las decisiones de los tribunales pertinentes. Si una controversia similar ha sido resuelto en el pasado, el tribunal está obligado a seguir el razonamiento utilizado en la decisión anterior (este principio se conoce como *stare decisis*). Sin embargo, si el tribunal considera que el conflicto actual es fundamentalmente distinto de todos los casos anteriores (llamado un "asunto de primera impresión"), los jueces tienen la autoridad y el deber de hacer la ley mediante la creación de precedentes. A partir de entonces, la nueva decisión se convierte en precedente, y vinculantes para los tribunales en el futuro.

mete la Corona Inglesa a la responsabilidad por el ejercicio de sus funciones. Igual ocurrió en los Estados Unidos de Norte América, con la aprobación de la Federal Tort Claims Act de 1946, el cual reconoció la responsabilidad del Estado, como bien expresan Eduardo García de Enterria y Tomas Ramón Fernández configurándose ésta como una responsabilidad por hecho de otro (vicarious liability), que entra en juego exclusivamente en aquellos casos en que es localizable una actuación culposa en el o los funcionarios autores del daño o perjuicio, culpa apreciada según las reglas comunes[2].

Esta consideración demuestra que la tendencia en todos los ordenamientos jurídicos sean del país que fueren es al reconocimiento de la responsabilidad del Estado.

En un principio, el Estado era pues irresponsable de sus actos, por cuanto recaía la responsabilidad del Estado en los servidores de ese Estado, a quienes les era imputable la conducta antijurídica del Estado. Es decir, existía el Estado, pero solo a los efectos del mando sobre los ciudadanos, sin tomar en consideración que podía actuar sin las personas más que solo ellas fueran formalmente imputadas de las fallas cometidas por el Estado, esto fue el motivo, entre muchos de que la revolución francesa ya en 1789, destacase en su pro-

---

2   En cuanto al sistema de la Irresponsabilidad del Estado, dicen los autores García de Enterría y Tomas Ramón Fernández lo siguiente; " *el sistema funcionó aceptablemente en tanto se mantuvo vigente el esquema de una administración abstencionista, pero empezó a provocar serias dificultades a partir de la guerra del catorce, en la medida que la intensidad de las intervenciones y la cuantía de los daños resultantes mostraron la insuficiencia de la garantía inherente a los patrimonios particulares de los autores materiales de los daños, que, en muchos casos, dado el origen de estos, ni siguiera era posible localizar (daños anónimos).- En tales supuestos se optó por acudir a una formula precaria, consistente en quien la administración designara libremente la persona del funcionario que había de asumir en el proceso el papel de demandado, respaldándose económicamente para hacer frente a la eventual condena (sistema del acusado nombrado).- Esta práctica, no obstante, fue rechazada por la Cámara de los Lores en 1946, (caso Adam versus Naylor).- Con ello la situación se hizo ya definitivamente insostenible avocando a una reforma legislativa, que, sobre la base de un viejo proyecto de 1927, en el que ya había insistido en 1932 el Comité On minister Powers se plasmó en la Crown Proceedings Act de 1947, que sometió a la Corona a la misma responsabilidad que si fuera una persona privada con plena edad y capacidad, tanto por razón de los daños cometidos por los funcionarios (excluidos los resultantes de la acción de la policía hasta la reforma de 1964), como por el incumplimiento de las obligaciones que toda persona tiene para con sus servidores y agentes por ser su empresario o de las anejas a la propiedad, ocupación y posesión de las cosas".* (p. 325)

clamación fundamental la responsabilidad el Estado cuando actuare en beneficio de los ciudadanos. La Revolución francesa como su nombre lo indica, contribuyó de manera determinante en la admisión de la responsabilidad al enumerar los conceptos de seguridad y libertad como derechos naturales que se adquieren en la condición de ciudadanos en los pueblos de Europa a comienzos del siglo XVIII. El anciano régimen político y social, guiado y dirigido fundamentalmente por la existencia de un Estado totalitario y en el cual dado que no existían ciudadanos sino súbditos era imposible siquiera imaginarse que el Estado absoluto del rey pudiera ser responsable de sus actos y actuaciones.

Si el Estado no podía equivocarse ¿Cómo lo podía hacer el Rey? Esta situación del antiguo régimen, cambió sobre manera, no solo por razones estrictamente jurídicas, sino por razones sociales y hasta políticas, entre muchas, de finales de 1700 hasta ya avanzado el siglo 19, después de la primera y segunda guerras mundiales, para lo cual el Estado se ha visto obligado a intervenir en la vida económica de los ciudadanos, que ha sido hasta cierto punto imposible por consecuencia que responda con sus bienes el funcionario o servidor del propio Estado.

Ya no es posible que el funcionario sea el responsable solo de sus actos y actuaciones, no, esa responsabilidad es compartida con el Estado, porque de él nacen las políticas ideadas que exigen comprometer toda la estructura orgánica y funcional suficientemente armada y concatenada para la satisfacción de los intereses colectivos. El funcionario sigue siendo responsable, civil, administrativa y penalmente de sus actos, pero esta responsabilidad es diferente y aparte de la responsabilidad que le incumbe al Estado como persona en la prestación y en la materialización de sus cometidos.

En Venezuela, la base de creación de la responsabilidad de la Administración Pública se la debemos en un principio al Código Civil, dado que este Código se aplica igualmente en los particulares, y a todas y en todas las situaciones jurídicas que se plantean cuando la Administración comete actos y actuaciones antijurídicas o ilegítimas. Es tan preponderante la influencia del Código Civil venezolano en nuestra vida jurídica, que en todos los códigos procesales donde se debate y se desarrolla la cuestión contencioso administrativo, se reenvía la situación litigiosa al procedimiento civil ordinario, para lo cual el proceso ordinario "civil" se convierte en norma supletoria y alterna de los procedimientos contenciosos administrativos. La influencia no puede ser pues más notoria. Además por supuesto, las intervenciones doctrinales y jurisprudenciales, que nos han dado excelentes argumentos para creer en la completa configuración del sistema con sus características propias.

En este sentido, la discusión se sitúa en el plano de si la responsabilidad del Estado en Venezuela es o no una responsabilidad determinada en normas jurídicas de Derecho Civil o es una responsabilidad autónoma que tiene sus bases en normas de Derecho Administrativo. Ya el profesor Brewer-Carías nos explicó que la responsabilidad del Estado en nuestro país era determinada por normas civilistas, por cuanto el código civil tenía una regulación muy extensa de la responsabilidad y que en consecuencia abarcaba la responsabilidad del Estado. Es decir, unos autores consideran que la responsabilidad debe acogerse a normas del Código Civil y otros a normas del Derecho Administrativo.

Actualmente, la doctrina y sobre todo la jurisprudencia se inclinan por aceptar que la responsabilidad del Estado debe tener un acoplamiento de derecho especial administrativo y no civil, por cuanto el Estado tiene reglas muy especiales sobre todo en lo que se refiere a la función administrativa, *principio de la legalidad, prerrogativas de poder público, actos de autoridad, presunción de legalidad de los actos administrativos, etc.*, que le confieren un tratamiento especial, lo que determina que la culpa, el daño, la imputabilidad y hasta los perjuicios ocasionados por la Administración a los administrados deban poseer un tratamiento distinto que las relaciones entre los particulares. Los jueces administrativos entonces deben ser diferentes a los otros jueces a la hora de juzgar a la Administración Pública.

Existen criterios para expresar el por qué de la influencia latente del civilismo en el tratamiento de la responsabilidad del Estado en Venezuela. Encontramos circunstancias históricas y sociales, como lo explica con entera propiedad Bracho Dos Santos Joaquín, joven administrativista, en su trabajo titulado *"La Influencia del Derecho Civil en la responsabilidad objetiva del Derecho Administrativo Venezolano* (*Revista de Derecho Administrativo* N° 14, Editorial Sherwood. 2002). Señala este autor:

> *"...Pensamos realmente en que la influencia del Código civil en el Derecho Administrativo, se debe fundamentalmente a la dificultad histórica de alejarnos de la influencia determinante del Derecho Español, que tuvo tanta influencia en nuestro país, no solamente desde el punto de vista cultural sino histórico. Las bases constitucionales y todas las leyes venezolanas, después de 1811, se marca como síntoma fundamental la influencia del Derecho Español. Venezuela se independizó políticamente de España, creando una*

estructura de estado con independencia política, pero paradójicamente esa independencia política nunca ha sido acompañada de una independencia jurídica, Nuestros moldes históricos, nuestras ideas sobre el concepto del estado, las leyes que nuestros legisladores han querido implantar, nunca han dejado de reconocer la influencia de la madre patria, como directora in extenso de las normas jurídicas, en el mundo de las ideas y más en sus pensamientos jurídicos…".

Igualmente es de destacar el hecho de que con el nacimiento de la República en nuestro país, al configurarse los criterios jurídicos de 1810 y 1811 y de la existencia de una nueva unidad político-jurídico, la idea era crear un derecho propio, pero no podía romper con el pasado porque ya habían existido por muchos años unas relaciones de derecho que estaban presentes y todavía lo siguen. Son instituciones que rigen nuestra actividad socio política que se entrecruzan con nuestra idiosincrasia y forma de ser. Esta idea por demás es compartida por el profesor Garrido Rovira Juan en su libro *"El Congreso Constituyente de Venezuela con motivo de bicentenario del 5 de julio de 1811"*, cuando dice de manera expresa que:

"De la nueva unidad político-jurídica brota, desde un comienzo, un derecho propio pero que no hace tabla rasa con el pasado puesto que las relaciones jurídicas entre las personas, como las comunidades y las corporaciones y entre estas y el Estado, así como la organización y el funcionamiento de éste, se encuentra regidas por un derecho pre-existente a la transformación política ocurrida entre 1810 y 1812" (p. 192).

Compartimos pues en su totalidad tal planteamiento, las instituciones no se decretan para su desarrollo ni para su formación con la sola voluntad de un acto formal del poder público sea legislativo o judicial, ¿Cómo podríamos entonces imaginar que se cree una institución propia si quien la detiene es un poder de dominio con más de 500 años de historia y dominación? ¿Cómo podemos imaginarnos que un país estuvo en otro física y mentalmente por un lapso mayor de 400 años pueda de la noche a la mañana crear en un cambio de mentalidad tan repentinamente? La respuesta es la historia ya en camino, aun así nuestros constituyentistas de 1999, redactaron, en consideración a las constituciones europea por no decir la constitución de España de 1977, en el cual el tratamiento de los Derechos Humanos y su consagración en el texto constitucional es prácticamente un calcado de dicha constitución.

En lo que atañe a la jurisprudencia patria, en todas sus decisiones refiere la responsabilidad del Estado en normas del Código Civil, sobre todo cuando determina las decisiones en materia de pruebas y sus evacuaciones y eso, por cuanto la Ley Orgánica del

Tribunal Supremo de Justicia reenvía tanto en las leyes de 1977, 2004 y 2010, constantemente a normas del Código de Procedimiento Civil para el tratamiento en la etapa probatoria de los daños que se ocasionan.

En la actualidad esta situación con objetividad ha sido alterada con la nueva promulgación de la Ley Orgánica de la Jurisdicción Contencioso Administrativa de 2010, en todo caso, aun esta ley insiste cuando dice que en las medidas cautelares las oposiciones a las mismas se regirán por lo dispuesto en el Código de Procedimiento Civil (artículo 106 de la LOCA).

Ahora, en lo que se refiere a lo sustantivo del proceso, las normas son normas provenientes de leyes administrativas. En general, la jurisprudencia venezolana, principalmente sentencias de la Corte Primera de lo Contencioso Administrativo y de la Sala Político Administrativa determinan una responsabilidad del Estado autónoma y especial. Sentencias como: *Promociones Terra Cardón; Ali Quiñones Medina; Cheremos y otros contra Elecentro, etc.,* explican y confieren validez a la existencia de una responsabilidad autónoma y especial en el Derecho Administrativo venezolano.

El Profesor Iribarren Monteverde Enrique lo explica muy bien en su libro *"Estudios de Derecho Administrativo"* cuando expresa con entera nitidez, las variantes y la trayectoria en lo que se refiere a la responsabilidad extracontractual del Estado y vincularla con la responsabilidad civil extracontractual, a pesar de que dicho autor niega la identidad plena entre la responsabilidad extracontractual con la responsabilidad civil.

Sin embargo, nosotros compartimos la tesis de la no identidad absoluta entre ambas responsabilidades, esto es, la existencia de un Código Civil muy completo y con normas casuísticas de los elementos del daño y la culpa, significan mucho para el juez contencioso administrativo, que le corresponde decidir con objetividad sobre un problema de responsabilidad en el cual la Administración es parte demandada[3].

En todo caso, sin equívoco alguno, nuestra base de creación en lo que se refiere al tránsito o pasaje de la irresponsabilidad a la responsabilidad directa e incendiara del Estado en el ejercicio de sus

---

[3]   Iribarren Monteverde Enrique. *Estudios de Derecho Administrativo,* Ediciones Liber, pp. 402 ss.

funciones, es legal y constitucional, pero con marcada influencia de elementos extraídos de la jurisprudencia como mas adelante constataremos.

Después de 1811, con las Constituciones posteriores a aquella de 1830, se ha hecho referencia formal a los daños que puede causar el Estado en el ejercicio de sus funciones administrativas. Esta situación ha sido constante en todas las constituciones venezolanas hasta la actual.

La Constitución de 1961, en su artículo 47, consagraba la posibilidad de que los ciudadanos venezolanos o extranjeros pudieran solicitar reparación o indemnización por actos o actuaciones de la República, los Estados o los municipios, decía dicho artículo que:

"les indemnicen por daños, perjuicios o apropiaciones que no hayan sido causados por autoridades legitimas en el ejercicio de sus funciones públicas".

Esto es, en la Constitución del 61 se consagró sin la menor duda, la responsabilidad el Estado venezolano en el ejercicio de todas sus funciones públicas, legislativas, ejecutivas y judiciales, para lo cual, la jurisprudencia patria, mediante años se encargó de darle forma y contenido a dicha norma constitucional. Significa desde luego que, la responsabilidad del Estado en nuestro país tiene un fundamento histórico-normativo, a través de muchas constituciones con base constitucional y su consagración la influencia constitucional ha sido por demás fundamental.

Y, ya actualmente el artículo 30 de la Constitución de la República Bolivariana de Venezuela decreta prácticamente como dogma esencial la responsabilidad objetiva cuando dice de manera muy expresa:

"El Estado tendrá la obligación de indemnizar integralmente las víctima de violaciones a los derechos humanos que le sean imputables, y a sus derecho habientes, incluidos el pago de daños y perjuicios. El Estado adoptará las medidas legislativas y de otra naturaleza, para hacer efectivas las indemnizaciones establecidas en este artículo. El estado protegerá a las víctimas de delitos comunes y procurará que los culpables reparen el daño causado".

Esto es, en primer lugar, impone al Estado la obligación de indemnizar de manera integral a los ciudadanos cuando sufran daños en sus derechos humanos y en segundo lugar, la norma constitucional obliga a los poderes del Estado como el Legislativo a crear y desarrollar las normas, leyes y reglamentos, para que las reparaciones y las indemnizaciones se hagan efectivas y se traduzcan en satisfacción real de los ciudadanos o administrados.

Por otra parte, esa caracterización normativa de la responsabilidad del Estado en Venezuela, tiene un origen singularmente constitucional y legal cuando los tribunales venezolanos, sobre todo los contenciosos administrativos, interpretan y aplican abiertamente las normas del Código Civil "a su manera", y en muchos casos haciendo una traducción simple y pura del artículo 1.185 del Código Civil, en consideración a una responsabilidad por hecho ilícito proveniente de la Administración Pública, cuando pretenden aplicar la responsabilidad subjetiva, y una traducción simple cuando para fundamentar la responsabilidad objetiva y directa de la Administración aplican entonces el artículo 1.195 del Código Civil. Esta situación realmente no ha cambiado, si observamos objetivamente el problema a pesar de la jurisprudencia reciente. Veamos porque.

En efecto, la Constitución de la República Bolivariana de Venezuela en su artículo 140 dice que:

"El Estado responderá patrimonialmente por los daños que sufran los o las particulares en cualquiera de sus bienes y derechos siempre que la lesión sea imputable al funcionamiento de la Administración Pública"

Por su parte, el artículo 13 del Decreto con Rango, Valor y Fuerza de la Ley Orgánica de la Administración Pública dice que:

"...la Administración Pública será responsable ante las personas por la gestión de sus respectivos órganos, de conformidad con la Constitución de la República Bolivariana de Venezuela y la ley, sin perjuicio de la responsabilidad de cualquier índole que corresponda a los funcionarios o funcionarias por su actuación. La Administración Pública responderá pàttrimoinalmente por los daños que sufran las personas en cualquiera de sus bienes y derechos, siempre la lesión sea imputable a sus funcionarios".

No existe duda, de que en nuestro sistema jurídico la responsabilidad del Estado es una responsabilidad que tiene tanto una base constitucional como legal y es evidentemente objetiva y directa de conformidad con la lectura de los propios textos citados.

Su base constitucional es innegable, y se deduce de varias normas de su extenso articulado. Reza igualmente el artículo 2 de la misma que:

"Venezuela se constituye en un Estado democrático y social de Derecho y de Justicia, que propugna como valores superiores de su ordenamiento jurídico y de su actuación, la vida, la libertad,, la justicia, la igualdad, la solidaridad, la democracia, la responsabilidad social y en general la preeminencia de los derechos humanos, la ética y el pluralismo político".

Asimismo, y del mismo modo y ya definiendo a la forma de Gobierno como esencialmente responsable de sus actos y actuaciones (artículo 6 CRBV):

"el gobierno de la República Bolivariana de Venezuela y de las entidades políticas que la componen es y será siempre democrático, participativo, electivo, descentralizado, alternativo, responsable, pluralista y de mandatos revocables".

El artículo 140 dice de manera expresa que la Administración pública es responsable de sus actos y actuaciones independientemente de que dichas actuaciones sean producto de una actividad legítima o no. *El Estado responderá,* dice la norma, *patrimonialmente por los daños que cause sufran los o las particulares en cualquiera de sus bienes y derechos, siempre y cuando la lesión sea imputable al funcionamiento de la Administración Pública.*

Más, el artículo inmediatamente después expresa la responsabilidad de la administración pública en su ejercicio administrativo dice Art. 141:

"La administración Pública está al servicio de los ciudadanos y ciudadanas y se fundamenta en los principios de honestidad participación, celeridad, eficacia, eficiencia, transparentara, rendición de cuentas y responsabilidad en el ejercicio de la función pública, con sometimiento pleno a la ley y al derecho".

Desde luego, que las normas constitucionales sobre el sentido de responsabilidad del Estado en nuestro país existe como indicamos, desde la constituciones anteriores a las de 1961 y 1999 en los cuales siempre ha habido una tendencia a determinarla como norma jurídica de precepto fundamental, y han existido normas de orden legal que la han desarrollado para lo cual explica que el origen de la responsabilidad del Estado en Venezuela es claramente normativo y no necesariamente jurisprudencial, lo cual se asemeja al sistema anglosajón que hicimos referencia anteriormente.

El desarrollo de la responsabilidad, lo entendemos pues, como la forma que tiene el propio Estado y el particular afectado para materializar la indemnización que desea ante los reclamos administrativos y principalmente ante los jueces contenciosos administrativos, y para ello como ejemplo destacamos el artículo 259 de la Constitución y todo el desarrollo normativo de la actual ley Orgánica del Tribunal Supremo de Justicia como determinaremos con posterioridad.

En puridad de concepto, no se puede determinar exactamente hacer una referencia a la expresión "ruptura del principio de la irresponsabilidad del Estado en Venezuela", por cuanto entre otras cosas, en Venezuela el Estado, desde 1811, data de la primera constitución, siempre se ha consagrado la responsabilidad del Estado como principio rector, ahora, si se puede determinar que el origen de la noción de responsabilidad, no solo es una garantía formal, sino que en buena medida la responsabilidad de la Administración Pública determinada de forma constitucional y legal ha sido moldeada por criterios jurisprudenciales.

II.   RUPTURA A NIVEL JURISPRUDENCIAL

Francia, cuna del Derecho Administrativo en el mundo, constituye ejemplo de formación de un Derecho Público de carácter administrativo, fundamental, autónomo, y formalmente caracterizado por la existencia de una Administración Pública inmensa, que su paradigma fundamental supone la sumisión de su actuación a la ley y al Derecho. De allí, que la influencia de la Revolución francesa ha sido de una proyección universal, en la cual la revolución logró que los estados posteriores al gran acontecimiento histórico, adaptasen el principio de la sumisión del poder a la ley como dogma esencial, como principio fundamental, paradigma que el Estado moderno use sus poderes que el ordenamiento jurídico le confiere a través de la voluntad popular, pero limitado a lo indicado en las leyes.

Ahora, esta sumisión –principio general del Derecho Administrativo- ha sido obra de la jurisprudencia francesa, de eso no existe duda. Por esta razón, Jean Rivero hace referencia a la expresión *"el carácter jurisprudencial del Derecho Administrativo"* para caracterizar, no solo el origen de un Derecho eminentemente interpretativo, sino una obra fundamental del juez como autor y coautor único de este tan característico y especial Derecho Público, y todo lo que su formulación existe en el contexto del Derecho en gran parte de Europa como en todo el mundo.

Si tomamos en consideración el tema de la Responsabilidad del Estado, sobre todo, la indicada en el ejercicio de la función administrativa, observamos que en su evolución histórica, ésta específica responsabilidad ha sido caracterizada por diferentes sistemas jurídicos-políticos.

Así y en un principio, respondía el funcionario o funcionaria que cometía el hecho ilícito, después vino la etapa de la solidaridad del funcionario con el Estado, y por último, se independizó la responsabilidad del Estado con la de los funcionarios que tuvo en puridad de concepto el L´arret Blanco como primicia fundamental e inicio del nuevo sistema jurídico, cuando dibujó en su máxima expresión la idea de que la responsabilidad que pueda corresponder al Estado por los daños causados a los particulares, por el hecho de la personas que emplee en el servicio público "*...no puede regirse por los principios establecidos en el Código Civil para las relaciones de particular a particular*" y que esa responsabilidad "*no es ni general ni absoluta y que ella tiene sus reglas especiales que varían según las necesidades del servicio y la necesidad de conciliar los derechos del Estado con los derechos privados...*"[4].

Todo esto supone como dice Iribarren que:

"*...se fuera fraguando, en el seno de la jurisdicción administrativa francesa, un régimen jurídico especial, primero de responsabilidad por falta de servicio y luego de responsabilidad objetiva, que reposa sobre la idea básica de descartar, en este tipo particular de responsabilidad patrimonial, el sistema de la responsabilidad aquiliana, según la cual "In lege Aquilia ex levísima culpa venit...*"[5].

Lo que sí es ciertamente verdadero, es que la responsabilidad del Estado ha respondido a un proceso lento pero definitivo, intercalado por etapas, si se quiere la expresión, comenzado la responsabilidad como una primera fase donde el Estado era irresponsable de sus actos, esto es, se consideraba solo al funcionario público como el responsable de cualquiera fuera el daño causado a la víctima, lo cual excluida cualquier posibilidad de responsabilidad de la persona pública.

Una segunda etapa en la cual se consideraba al Estado responsable, pero aplicando normas del Derecho Civil y o normas especiales lo cual originó numerosas interpretaciones doctrinarias que confundieron el sentido de la responsabilidad como institución fundamental.

Una tercera etapa, en el cual se intentaba la introducción de elementos de Derecho Público a la luz de la sentencia Blanco, de

---

[4]   Extracto fundamental de la histórica sentencia.

[5]   Iribarren Monteverde Enrique. *El régimen actual venezolano de la Responsabilidad Administrativa extracontractual*, Ediciones Liber, p. 15

gran significación universal. Luego vienen las consideraciones doctrinarias acerca de la concepción de la falta del servicio o del riesgo creado como fundamento de la responsabilidad, y por último, el sentido de considerar la responsabilidad objetiva como sistema esencial de la responsabilidad, lo cual parte del principio de que el Estado es responsable con solo demostrar por parte de la víctima, el daño y la relación de causalidad entre los hechos y el perjuicio causado. Esta última es la consagrada en Venezuela tanto en la Constitución como en la ley.

La referencia que hacemos de la sentencia Blanco es para indicar de manera inequívoca la injerencia abierta de la jurisprudencia francesa en la creación y puesta en práctica de un sistema de juridicidad en lo que se refiera al tema de la Responsabilidad del Estado. No existe duda de que su creación, interpretación y configuración como institución es claramente jurisprudencial. Esto en lo que se refiere a la creación por vía jurisprudencial en un país como Francia.

La sentencia Blanco constituye entonces, un aporte fundamental a la existencia de la institución como tal, sin hablar por ejemplo, de los casos de otras sentencias igualmente importantes como es el caso de las sentencias Terrier y Feutry, de fechas 6 de febrero de 1903 y 29 de febrero de 1908 respectivamente, que hicieron extensiva la responsabilidad del Estado a los departamentos y comunas francesas.

La creación jurisprudencial del sistema francés, no solo se ha extendido a la institución de la responsabilidad del Estado, sino aun más, a instituciones que conforman parte esencial del Derecho Administrativo como: *los contratos administrativos; el contencioso administrativo; el acto administrativo; su actividad; sus recursos* y muy principalmente la configuración del Principio de la Legalidad como eje fundamental de la ciencia que explica la total sumisión del Estado a las leyes.

Aclaremos entonces, que en nuestro país, no se puede entender que haya existido una ruptura de la irresponsabilidad del Estado, por cuanto siempre y en todo caso, las constituciones venezolanas consagraron la responsabilidad como real sistema jurídico, e inclusive, con la intención de proteger al ciudadano y lograr que sea reparado e indemnizado cuando el Estado lo dañase en el ejercicio de sus derechos e intereses.

No obstante ello, las sentencias de los tribunales contenciosos administrativos, su aporte ha sido esencial para determinar los criterios que ejemplifican un sistema de responsabilidad que crece y que ya podemos definirlo como especial y con cierta autonomía. La jurisprudencia venezolana ha contribuido de manera importante ante tal sistema de juridicidad.

Cuando hacemos referencia al valor y a la contribución de la jurisprudencia venezolana en relación al tema de estudio, expresamos que se ha basado fundamentalmente en las normas previstas en las constituciones anteriores, como en la actual Constitución de la República Bolivariana de Venezuela, en especial de su artículo 140[6] y obviamente en las leyes dedicadas al tema.

De ellas, es necesario recalcar y reseñar la sentencia dictada por la Sala Constitucional del Tribunal Supremo de Justicia de fecha 19 de noviembre de 2002 (Caso *Gladys de Carmona*), en el cual se anuló el fallo original dictado por la Sala Político Administrativa de fecha 15 de mayo del año 2001, y al anular, señaló la Sala Constitucional entre uno de sus párrafos lo siguiente. Dice:

> *"...se anula la sentencia de la Sala Político Administrativa por ser contraria a los principios constitucionales consagrados en la Constitución de la República Bolivariana de Venezuela que prevén el establecimiento de un régimen integral y objetivo de la responsabilidad del Estado que se rige en garantía de los particulares frente a las actuaciones dañosas de la Administración...".*

La Sala Constitucional adapta a nuestro criterio, que en lo que se refiere a la Responsabilidad Extracontractual de la Administración, la misma se dirige a la instauración de un sistema autónomo y propio de dicha responsabilidad de carácter objetivo, lo cual se descarta, en consideración a la norma constitucional la injerencia de las normas del Código Civil venezolano y además dice por "contradecir principios constitucionales". Esto es, la existencia de la Responsabilidad del Estado venezolano responde a un principio de carácter constitucional.

Pero, una sentencia considerada como instigadora de la responsabilidad civil extracontractual de manera autónoma y especial, lo constituye el voto salvado del Ex-magistrado Luis Henrique Fa-

---

6   Es importante destacar que si bien en las constituciones anteriores a la vigente existían artículos que cierta medida justificaban la existencia de una Estado responsable, ninguna hacia una referencia de manera tan expresiva y concreta a la responsabilidad del Estado, como la actual Constitución.

rías Mata, eximio profesor universitario y formador de estudiantes especialistas en la materia, magistrado de la Sala Político Administrativa en sentencia de fecha 24 de febrero de 1993. En efecto, dicho magistrado salva su voto en relación a una sentencia que había declarado con lugar una demanda por daños materiales y morales a favor de una señora de nombre Silvia Rosa Riera, para lo cual su hijo murió a consecuencia de una caída dentro de un ascensor y en el cual demandó al INAVI (Instituto Autónomo del Estado) por la reparación de los daños, primero ante la Corte Primera de lo Contencioso Administrativa y luego ante la Sala Político Administrativa de la Corte Suprema de Justicia. Fue revisada la sentencia ya en segunda instancia y el magistrado salvó su voto y alegó entre varios criterios expuestos, el hecho de que:

> "...la responsabilidad patrimonial que pueda corresponder a las personas morales de Derecho Público por el ejercicio de la actividad administrativa, no es ni general ni absoluta, como se ha dicho a menudo considerada -no con todo fundamento- madre del Derecho Administrativo; no se rige, en efecto, directo ni literalmente por las reglas del Código Civil, concedidas para regular las relaciones entre simples particulares; y comporta reglas autónomas y propias, que debe determinar, como ya lo ha hecho, el juez venezolano del contencioso administrativo, tomando en cuenta la naturaleza del servicio público involucrado, y la necesaria conciliación de los intereses particulares con el interés general en la prestación del servicio...".

Esto es, la jurisprudencia venezolana -con este particular voto salvado- gravita un criterio sobre cómo y de qué manera debe entenderse la responsabilidad de la Administración, lo cual significa mucho si esta apreciación la concebimos como una real e interesante aporte de la jurisprudencia. A nuestro juicio, es una entrada por parte de la sentencia venezolana en el mundo jurídico de considerar el tema de la responsabilidad como propio y ser concebido con reglas distintivas.

Sentencias venezolanas las hay de manera frecuente que moldean la responsabilidad del Estado sobre todo en lo que se refiere al problema, harto en la materia, en cuanto a la determinación de la persona imputable, si es el funcionario como autor principal del daño ocasionado o si es la Administración la causante de la lesión. Como ejemplo importante, destacamos la sentencia dictada por la Sala Político Administrativa y la posterior sentencia de la Sala Constitucional del Tribunal Supremo de Justicia en el caso muy conocido de la viuda de Carmona.

En estas sentencias (de las dos Salas) se esgrimen argumentos muy interesantes en cuanto a la noción de responsabilidad objetiva (Sala Constitucional) y la responsabilidad subjetiva (Sala Político Administrativa).

El caso fue un homicidio intencional perpetrado contra un jurista de reconocido prestigio en materia penal, llamado Ramón Carmona, en el cual la viuda Gladys Carmona intenta una reparación e indemnización como causahabiente de la víctima ante la máxima jurisdicción contenciosa administrativa. La Sala Político Administrativa determinó sin lugar la reparación alegando que la República es irresponsable del daño por cuanto el homicidio fue realizado por los actores materiales (se refirió a los policías como autores materiales del homicidio) que para la época eran funcionarios policiales al servicio de la Policía Técnica Judicial.

Esta sentencia excluye la responsabilidad del Estado por razones de orden patrimonial a favor del Estado, y alegando un concepto restringido de la responsabilidad del Estado cuando le corresponde indemnizar a los ciudadanos y cuando en ellos se da una lesión en sus derechos e intereses.

Dice de manera muy determinativa la sentencia comentada que:

"…No queda entonces comprometida la responsabilidad administrativa por los actos delictuosos por dolo o por culpa grave cometidos por sus agentes, debido a la magnitud y la evidente intención y móvil dañoso que involucran o persiguen, lo cual establecen una clara disociación con la génesis de la función pública. De los eventos dañosos que se producen por estas acciones ladinas, debe responder personalmente y exclusivamente con su patrimonio el individuo que lo causó…".

Es decir, diferencia la sentencia de la Sala Político administrativa, la falta personal de la falta del servicio, tan clásica la distinción en el derecho administrativo francés. Este fue el argumento fundamental para expresar en el dispositivo de la sentencia que la viuda de Carmona debía dirigir su reclamo frente a los funcionarios que perpetraron el homicidio, es decir, fue excluida la responsabilidad del Estado y conferida a ellos personalmente.

En fecha posterior, la Sala Constitucional revoca la decisión de la Sala Político Administrativa y asume de manera ejemplar el criterio por medio del cual la recurrente si debía ser reparada e indemnizada por la República, por cuanto la Sala Político no determinó lo establecido en el artículo 30 de la Constitución de la República ni el artículo 140 de la misma, de suyo que son artículos que proveen la responsabilidad objetiva de la Administración del Estado, que en todo caso, la Sala Constitucional determinó que la República si fue, en el caso de la viuda de Carmona, responsable del homicidio cometido por esos funcionarios policiales, por cuanto de las actas del expedientes se deduce de sus frases más importantes que:

> "...*La consagración con rango constitucional de un régimen amplio, integral y objetivo de responsabilidad patrimonial del Estado constituye, en opinión de esta Sala Accidental Constitucional, una manifestación indudable de que dicho régimen se erige como uno de los principios y garantías inherentes a todo estado de Derecho y de Justicia, en el que la administración, a pesar de sus prerrogativas, puede ser condenada a resarcir por vía indemnizatoria los daños causados a los administrados por cualquiera de sus actividades...*".

Continúa la sentencia expresando que:

> "...*La presente acotación se hace por cuanto la jurisprudencia ha determinado en Venezuela una responsabilidad objetiva, definitiva lo cual implica la existencia de un sistema autónomo y particular de la responsabilidad del Estado en nuestro país...*".

Por demás, la jurisprudencia venezolana se ha extendido a otras particularidades de la responsabilidad cuando trata el problema de los requisitos para que se configure los supuestos de la responsabilidad como los son las sentencias de fecha 2 de mayo de 2000 Caso: *Cesar Ramón Cheremos y otros vs. Elecentro*; sentencia de fecha 26 de septiembre de 2002: Caso: *Complejo Industrial del Vidrio vs. Elecentro* y sentencia de fecha 25 de julio de 2002 Caso: *Carlos Alberto León y otros contra Cadela S.A.*

Podemos concluir que en Venezuela no se puede expresar con entera propiedad que haya existido una irresponsabilidad del Estado en puridad de concepto, en lo que se refiere a las reparaciones e indemnizaciones por los daños causados en el ejercicio de las funciones políticas y administrativas. Es decir, por razones históricas y políticas el Estado en Venezuela siempre ha sido responsable de sus actos, ya nuestra constitución fundamentalmente la primera, la de 1811, fue el resultado, o basada en principios de la era del constitucionalismo proveniente de la revolución francesa, lo cual preceptuaba la separación de poderes y el control que un poder debía tener sobre el otro. El tema de la responsabilidad del Estado ya en 1811 era tema en boga en Europa.

Todas las constituciones venezolanas desde 1811 hasta la última de 1999, consagran una responsabilidad del Estado. Sin embargo, con el transcurrir del tiempo, la jurisprudencia ha jugado un rol importante por cuanto ha determinado la responsabilidad concreta de la Administración Pública atendiendo a los criterios obtenidos de las normas jurídicas, como lo son las constituciones y las leyes de la República, lo cual explica con claridad que si es que existe una ruptura de la irresponsabilidad del Estado en Venezuela el proceso de consolidación de la responsabilidad ha sido mixto, y no solo determinado en la jurisprudencia o en la ley. Nos referimos de seguidas a detectar los elementos que determinan la responsabilidad del Estado, en atención ya a la configuración desde el principio de que la Responsabilidad del Estado en Venezuela es con toda evidencia constitucional (artículo 140 de la Constitución) y una consecuente responsabilidad eminentemente objetiva.

CAPÍTULO II

LOS SUPUESTOS DE LA RESPONSABILIDAD DEL ESTADO Y SUS CARACTERÍSTICAS

I. SUPUESTOS DE LA RESPONSABILIDAD

Ciertamente, la Administración Pública cumple un rol importante en la sociedad que vincula fundamentalmente el Estado con el ciudadano. La vinculación se establece bajo un conjunto de condiciones y parámetros formales que se encuentran determinados por estructuras complejas en el cual la Administración asume un papel de ductor y director del interés general.

La Administración Pública aparece dentro del contexto de la sociedad, con el ánimo de relevarse frente al ciudadano como esencialmente un ente servidor, que conmina al propio ciudadano a su obediencia. Esta consideración ha sido consagrada tanto por vía legislativa, como por vía jurisprudencial.

Pero, detrás de la obediencia debida se encuentra la ley que se extiende como la norma justificadora del actuar de la Administración Pública, y por esta razón, cualquiera fuera la conducta de la Administración Pública que actúe en cumplimiento de la ley, justifica hasta cierto punto, un cambio en la esfera jurídica del administrado y un sacrificio particular en beneficio del interés colectivo. En otras palabras, cualquiera sea o fuere la modificación que se construya en el seno del patrimonio o de la vida del administrado, si la misma ocurre -aunque sea en su perjuicio- en base al mandato de la ley, esa manifestación administrativa es legal o legítima y por consecuencia, ese administrado debe cumplir con ella en todo lo pretendido por la voluntad de la Administración.

Entendamos en todo caso, que la presente aseveración responde a un planteamiento de carácter ideológico, que traduce todo un pensamiento original que tiene sus fundamentos históricos y sociales en la gran Revolución ocurrida en Francia después de 1770 en adelante, por motivo de la caída del sistema político –l' ancien regine imperante antes de los días de 1789 con la redacción de la Declaración de los Derechos del Hombre y del Ciudadano. De allí, parte la idea fundamental de que la Administración Pública aparece dentro de su propio contexto, como una persona poderosa que cumple a cabalidad los preceptos indicados en las leyes. El principio de la legalidad es desde luego, un elemento fundamental que ha de guiar la actuación del Estado en su tránsito por la historia.

Ahora bien, ese Estado que actúa y se comporta como un prestador de servicios públicos -Administración- puede afectar los derechos de los ciudadanos y causarles un daño en su patrimonio, no solo evaluable económicamente, sino inclusive de perjuicio moral o de otra naturaleza, para lo cual el mismo debe ser reparado o indemnizado por la propia Administración causante del perjuicio. Es decir, la Administración en su actuar, además de crear un vinculo jurídico interpersonal, puede constituir una relación obligacional de reparación por culpa que al constatarse nace un derecho a ser reparado, producto de esa conducta. Hasta aquí, las ideas aportadas no constituyen *per se* nada distinto al sistema previsto en las obligaciones que se configuran en las relaciones de particular a particular. Es el mundo de la Obligaciones tan característico del Código Civil, que en sustancia ha acaparado y proyectado otros sistemas jurídicos como el administrativo por ejemplo.

Ahora, cuando se hace formal referencia a la responsabilidad de la Administración Pública y sus consecuencias, no podemos dejar de lado, que dada las características de la Administración como sujeto prestador de servicios, resulta prácticamente imposible compararla o asemejarla con una persona jurídica de Derecho Privado, porque entre las múltiples razones, ella actúa con prerrogativas reales de poder, justamente, para afectar "legítimamente" derechos de las personas, pero en beneficio de la colectividad.

Al actuar con poder de intromisión en los derechos e interés de los demás, es decir, afectar o condicionar sus esferas jurídicas, genera una posición especial en un marco distinto que debe entonces ser tratado bajo una óptica o visto con una lectura aparte de la tradicional ocurrida en las formas del Derecho Civil.

Argumentado en otras palabras, los supuestos de esta responsabilidad son diferentes a los supuestos de la responsabilidad en Derecho Civil, por cuanto las relaciones que se plantean en esta específica responsabilidad, incluyen elementos excepcionales como la imputabilidad por ejemplo, o el daño ocasionado, la indemnización o la reparación que debe la Administración, inclusive la forma de la reparación o su contencioso. Entonces, veamos los supuestos de la imputabilidad (A), la lesión o el daño (B) y la (C) la relación de causalidad

1. *La imputabilidad*

Al determinarse una relación obligacional se configuran dos sujetos de derecho, el que tiene el derecho o el interés de ser resarcido y el que debe resarcir el daño causado. Aquí, debe la Administración Pública, reparar obligatoriamente y el administrado el derecho a ser indemnizado. Cuando hablamos de imputabilidad, lo hacemos en relación a la persona imputable del daño como lo es la Administración Pública.

Señala el profesor español, González Pérez, Jesús[7] que:

"...incurrirá en responsabilidad patrimonial la concreta Administración pública a la que pueda imputarse la acción u omisión determinantes de la lesión patrimonial originada al que no tiene obligación de soportarla...". Agrega el autor que: "...la acción u omisión determinantes de la lesión patrimonial son siempre acciones u omisiones de personas físicas...".

Para que sea responsable una Administración pública, que será siempre una persona jurídica, es necesario que la persona física esté integrada en la organización administrativa. El autor distingue no solo los dos sujetos de la relación, sino que determina la víctima, esto es, aquel que no tiene el deber jurídico de soportar la lesión ocurrida. Apreciación que compartimos por cuanto es la tesis indicada en nuestra Constitución en sus artículos 140 y 141.

Dice éste último artículo que:

---

[7] González Pérez, Jesús, *Responsabilidad Patrimonial de las Administraciones Públicas*, Civitas, Madrid 1996, p. 122.

"...la Administración Pública está al servicio de los ciudadanos y ciudadanas, y se fundamenta en los principios de honestidad, participación, celeridad, eficacia, eficiencia, transparencia, rendición de cuentas y responsabilidad en el ejercicio de la función pública, con sometimiento pleno a la ley y al Derecho...".

Y cuando se señala que el Estado responderá patrimonialmente por los daños que sufran los particulares en cualquiera de sus bienes y derechos, aparece a todas luces la Administración Pública como la persona imputable de tal acontecimiento. Esta tesis de la persona imputable como fundamento principal, en Venezuela se lo indicamos a la República y no concretamente a la Administración por cuanto en nuestro país, la Administración Pública no es persona, carece de personalidad jurídica, solo la ostenta el Estado bajo estrictos criterios constitucionales.

Evidencia también de manera formal, que no solo la República es imputable de sus actos y actuaciones, sino de los Estados y Municipios, y todos los demás entes de la administración descentralizada, los cuales aparecen dentro de la estructura general del Estado en Venezuela como entes de carácter territorial los primeros, a los cuales se le adosan una pluralidad de competencias o atribuciones y con competencias tributarias, normativas, expropiatorias etc., que los diferencian de los entes no territoriales ya con competencias especiales como lo son los institutos autónomos, institutos públicos, empresas del Estado, fundaciones etc.

Hagamos de igual modo referencia a otras personas públicas o de Derecho Público como lo son las corporaciones públicas academias nacionales, los colegios profesionales, y muy especialmente aquellas personas de Derecho Privado, pero que ejercen en determinadas situaciones, funciones administrativas otorgadas muy concretamente por textos legislativos. Pues bien, todas ellas son persona imputable capaz de producir daños en cualquiera de los derechos e intereses de los particulares. En todo caso es evidente, que en lo que se refiere a estas últimas personas, son ellas responsables tan solo y en cuanto realicen sus funciones en el ejercicio de las funciones administrativas como explicamos de manera detallada en el parte II del presente libro, al cual remitimos en esta oportunidad.

Por otra parte, es necesario advertir que en cuanto a la imputabilidad de la Administración Pública, debe diferenciarse si el imputable es el funcionario que cometió el daño o la Administración la autora del mismo.

Situación que tuvo lugar cuando analizamos en líneas anteriores la sentencias del caso Gladys de Carmona y la disparidad de criterios que hubo entre la sentencia de la Sala Constitucional con la de la Sala Político Administrativa.

Es cierto, que con la sola ayuda de lo enunciado en el artículo 140 ya es suficiente para declarar la responsabilidad del Estado, pero se determina por otra parte que, para que pueda declararse o imputarse a la República o al Estado o un Municipio, o instituto autónomo u otro ente de la Administración Descentralizada, la conducta de una persona física o funcionario, es necesario que concurran principalmente una serie de condiciones, entre ellos, que el propio funcionario se encuentre integrado en la estructura de la organización administrativa, y que la conducta desplegada por ese funcionario, sea en el ejercicio de la función administrativa muy exclusivamente. En este caso, es indudable que la Administración Pública es la imputable del daño causado y no el funcionario personalmente.

Puede existir concurrencia en cuanto a la producción de los daños, luego, la imputabilidad puede ser determinada en diferentes personas públicas y privadas, como por ejemplo, un particular con la administración ambos imputables. Pongamos como ejemplo en los contratos administrativos, un daño imputable al concesionario y la Administración en contra de un tercero. En estos casos específicos consideramos que la Administración concedente -del contrato- solo sería responsable si el concesionario actúa bajo una orden específica de ella, sino el responsable imputable es siempre el concesionario del servicio público.

En cuanto al titular o sujeto a ser indemnizado tenemos principalmente a la víctima como el sujeto activo reclamador del daño. El 140 Constitucional dice que "...*El Estado responderá patrimonialmente por los daños que sufran los o las particulares en cualquiera de sus bienes y derechos...*" y no solo los particulares también cualquiera que hubiere sufrido un daño, sea persona natural o jurídica, pública o privada, territorial o no, esto es, el titular es la víctima y que nace en su persona el derecho a ser indemnizado. En sus bienes y derechos o intereses no solo se extiende a los derechos o intereses particulares también en sus intereses éticos, morales, de personalidad, de identidad etc.

La víctima sujeto activo de la acción de reclamación debe ser reparado por actos de muerte principalmente, por daños patrimoniales cuantificable en dinero, en daños a su reputación honra, intimidad, imagen etc.[8] Lo que explica que en lo que se refiere a esta específica reparación no existe diferencia entre la responsabilidad civil extra-contractual con la responsabilidad administrativa del Estado.

2.	*El daño o la lesión*

El daño, de conformidad con criterios jurisprudenciales debe extenderse a bienes, derechos e intereses de los afectados, pero esos bienes o intereses deben estar protegidos jurídicamente por el Estado, debe pues, existir un reconocimiento jurídico de los mismos para que exista una orden de reparación o de indemnización. Esta aseveración tiene un alcance muy expresivo, cuando se dice con entera propiedad que nadie puede ser reparado cuando se pretende una indemnización sin la legitimación material y jurídica para justificarla. En efecto, debe tratarse de una afectación cierta del patrimonio o de los bienes o derechos del reclamante que se tenga una base de sustentación legal y formal.

La sentencia de fecha 26 de setiembre de 2002, caso *Complejo Industrial del Vidrio C.A. contra Elecentro (SPA)* expresa en su motiva que:

> *"...el hecho perjudicial debe ser directamente imputable a la Administración y debe constituir una afección cierta al patrimonio de bienes y derechos del administrado. No es resarcible el daño cuyo objeto indemnizatorio comporte una actividad de naturaleza ilícita por parte de los afectados, pues resultaría un contrasentido que el Estado estuviese obligando a resarcir a un administrado que se ha comprometido contractualmente con cualquiera de los entes públicos prestatarios de servicios y no ha cumplido con las obligaciones derivadas de esa relación contractual, pues, tal resarcimiento supondría una actividad contraria a la noción misma del deber resarcitorio que la Constitución consagra...".*

La sentencia reafirma nuestro sentido y lo indicamos en consideración a dos lecturas. Primeramente, si soy afectado en mi derecho de propiedad debo alegar el daño, y objetivamente el derecho de propiedad que ostento, para ello el documento de propiedad debidamente registrado o notariado por ejemplo. Si soy afectado por un acto administrativo que afecta una estabilidad funcionarial, debo alegar mi condición de funcionario público, con el respectivo título que lo acredita para lo cual estaríamos en consideración a responsabilidades provenientes de relaciones extra contractuales.

---

[8]	González Pérez Jesús. *Responsabilidad Patrimonial de las Administraciones Públicas*, Segunda Edición. Civitas, pp. 176 y ss.

342

En segundo lugar, tratándose de relaciones contractuales, por ejemplo, suena evidente que un contratista del Estado no puede solicitar resarcimiento o reparación de un daño ocasionando por la Administración si no ha cumplido con una clausula de contrato suscrito, caso que explica la sentencia que hemos copiado en una de sus frases.

En todo caso, los daños ocasionados por incumplimientos contractuales, inclusive los daños morales, son objeto de reparación según una mayoritaria jurisprudencia de los tribunales contencioso administrativos[9].

El daño, de conformidad con el diccionario de Cabanellas es toda suerte de mal material o moral, en detrimento, perjuicio o menoscabo que por acción de otro se recibe en la persona o en los bienes[10]. Esto es, es el detrimento producto de una actuar de la Administración Pública que le causa a un administrado.

La sentencia de fecha 26 de septiembre de 2002, caso *Jordán Díaz Acosta contra Cadafe*, lo define muy expresivamente como "...toda disminución o menoscabo sufrido por una persona como consecuencia del acaecimiento de un hecho determinado, en su esfe-

---

[9]   Existe una sentencia disidente del ex magistrado Luis Enrique Farias Mata cuando era magistrado de la Sala Político Administrativa de la antigua Corte Suprema de Justicia, digna de mencionar por su parte, por cuanto entre otras razones, en su voto salvado alega que en materia contractual el daño moral no es posible de reparación, solo si se demuestra la ilicitud de una conducta haciendo abstracción del propio contrato, por parte de quien incumple las normas del contrato. Dice el voto disidente *"...El artículo 1196, que prevé la indemnización del daño moral, fue tomado en el año de 1942, del proyecto franco- italiano del Código de las Obligaciones del año de 1927; en esta época el daño moral solo se concedía en el campo extracontractual; dicho artículo se encuentra por tanto entre las disposiciones sobre responsabilidad extracontractual, no existiendo una disposición equivalente entre las normas sobre responsabilidad extracontractual, ni entre las normas sobre los efectos de las obligaciones en general; y buena parte de la doctrina patria considera que en materia contractual no hay lugar a la indemnización por daño moral. Por esta razón nuestra Sala de Casación Civil ha sostenido de manera reiterada , que en presencia de un contrato , solo procede la reparación del daño moral cuando se determina que, haciendo abstracción de dicho contrato, se produjo un hecho ilícito, por haberse configurado el supuesto de hecho de los artículos 1.185 y siguientes del Código civil..."*. (Sentencia de fecha 27-01-93. Caso *Hotel Isla de Coche* de la CSJ-SPA).

[10]   *Diccionario de Cabanellas*, Tomo I, p. 577

ra patrimonial o moral, y tiene por característica fundamental la de que sea cierto, vale decir, que efectivamente haya ocurrido, que exista…"[11].

Ahora, el daño cuando se hace referencia a la Administración del Estado comporta un criterio de característico harto especial. Siempre y cuando el daño se vincule a una situación particular que lo define y lo individualiza frente a otros daños. Por ello, el daño es especial y específico a la víctima.

El daño puede tener orígenes distintos. Cuando la Administración actúa bajo la fórmula del acto administrativo, es decir, bajo la fórmula del acto individual y unilateral, debe afectar específicamente a un derecho del administrado o a un interés. Debe ser afectado entonces, un derecho subjetivo que se determina reconocido en la ley y que dicho derecho ha sido violado por el acto administrativo por cuanto ha desconocido el texto de la ley al dictar la decisión. Supone entonces, que el acto al desconocer o interpretar de forma inadecuada lo indicado en la ley, viola el derecho consagrado en favor del administrado. Si se quiere parece ser una violación indirecta. Primero, el acto viola la ley, y si el derecho se encuentra consagrado en el texto, éste por consecuencia recibe el daño. Entonces, la víctima del daño -que es el administrado-, a su vez nace para sí, el derecho al reclamo, otro derecho, para obtener la reparación o indemnización que le concede la norma jurídica. Parece un mecanismo que en detalle configura la forma de manifestación del daño dentro de las intimidades del Derecho administrativo. Por ello, la doctrina y la jurisprudencia hacen referencia al daño especial. Especial a la víctima muy concretamente. Es especial porque si fuese un daño común a los demás, no debería ser entonces decretada la responsabilidad de la Administración en su favor.

Y, el daño, debe ser una situación "anormal" en la concreta prestación del servicio, en el sentido de que, en toda prestación de servicio existen daños que se producen por consecuencia de la propia dinámica del servicio público que comporta malestares a los administrados que se producen en situaciones normales.

---

[11] Estas sentencias fueron obtenidas del excelente trabajo sobre la responsabilidad extracontractual del Estado del Profesor Carmelo De Grazia Suarez.

En efecto, los daños pueden ser provocados por conductas de hacer, de dar o de no hacer, estas últimas caracterizan a la Administración cuando por ejemplo, se abstiene de actuar en un determinado sentido. Es el caso, de una persona que no obtiene respuesta a su perdimiento o solicitud, o la Administración no actual en su hacer material solicitado por el administrado. En estos casos, los daños provenientes de la Administración Pública pueden ser productos, tanto de actos unilaterales como de conductas omisivas. En no pocas oportunidades, los daños ocasionados contra los ciudadanos son consecuencias inmediatas de acciones en las cuales la administración ha debido de actuar y no actuó. Pues bien, cuando se dice que en el tema de la responsabilidad que el daño debe ser "anormal", se hace con la intención de indicar que en la prestación del servicio la Administración ha producido una situación en contra de un particular o administrado que escapa o se encuentra al margen de la prestación normal del servicio[12]. La doctrina utiliza la frase de que el administrado no tiene el deber jurídico de soportar esa conducta. En la prestación del servicio el daño se materializó en condiciones anormales.

Existen otros daños, también provocados por la Administración Pública, pero no tramitados de manera un tanto formal como cuando nos referimos a la manifestación unilateral, sino al daño provocado por actuaciones o vías de hecho.

En este sentido, la Administración actúa materialmente, bajo un actuar físico, no formal, que afecta directamente el derecho o el interés del administrado. Se evidencia una conducta administrativa que técnicamente configura una ilegitimidad de ejercicio por parte de la Administración que comprobada la relación de causalidad y el daño, debe ordenarse una reparación o una indemnización en beneficio de la víctima o de aquella que sufrió el daño. Razón por la cual, el daño debe ser evaluado económicamente de manera precisa y objetiva, especial, que lo caracterice muy particularmente en relación a la víctima. Ante esta circunstancia, la doctrina, es reiterativa al expresar que hay que entender el daño como cierto, ya producido, no simplemente posible o contingente (Jean Rivero), lo que no excluye que, en algún caso, deba indemnizarse también el daño que

---

[12] Para una explicación y análisis interesante de las conductas omisivas de la Administración Pública véase el libro de *Tutela Judicial frente a la Inactividad administrativa en el Derecho Español y Venezolano* de Daniela Urosa Maggi. Fundación Estudios de Derecho Administrativo. Caracas. 2003.

habrá de ocurrir en el porvenir, pero cuya producción sea indudable y necesaria por la anticipada certeza de su acaecimiento en el tiempo[13].

Esta explicación vale obviamente, para determinar la responsabilidad en cuanto a los daños no solo materiales, que afectan específicamente los patrimonios de los administrados, sino igualmente los daños morales y hasta éticos. Jean Rivero en su manual de Derecho Administrativo, expresa con atención a la jurisprudencia francesa al principio, hubo una resistencia por parte de los jueces administrativos, en aceptar la reparación por daños morales, por cuanto su evaluación económica era difícil de hacer, pero que sin embargo, poco a poco la jurisprudencia fue aceptando la responsabilidad por daños cuando se afecta la moral de la víctima.

Fueron los casos de las sentencias muy conocidas dentro del mundo del Derecho Administrativo francés de Frantz et Dlle Charny del Consejo de Estado de fecha 20 de noviembre de 1931. Sudre del 3 de abril de 1936 y Dame Duran del 15 de junio de 1949. Ya, la sentencia Letisserand de fecha 24 de noviembre de 1961 del Consejo de Estado abrió, en lo que se refiere al Derecho Administrativo francés, la puerta de la reparación en daños morales, cuando expresa. "*..la reparation du pretium doloris est donc possible désormais devan la jurisdiction administrative comme devant la jurisdiction judiciare...*".

En lo que se refiere a nuestro país, el daño moral, cuando es provocado por la Administración Pública es reparable de conformidad con lo establecido en nuestro Código Civil. La obligación de reparación se extiende a todo daño material o moral causado por el acto ilícito, aunque el daño moral pueda tener ciertas características por ser la Administración quien es la causante no deja de ser expresivo que la responsabilidad de la Administración Pública se derive de la norma del Código Civil en su artículo 1.196[14].

---

[13]   De la obra de González Pérez ya citada. p. 272.

[14]   Artículo 1.196 del Código Civil: "*...La obligación de reparación se extiende a todo daño material o moral causado por el acto ilícito. El juez puede, especialmente, acordar una indemnización a la víctima en caso de lesión corporal, de atentado a su honor, a su reputación, o a la de su familia, a su libertad personal, como cambien en el caso de violación a su domicilio o de un servicio concerniente a la parte lesionada. El juez puede igualmente conceder una indemnización a los parientes, afines o cónyuge, como reparación del dolor sufrido en caso de muerte de la víctima...*".

Entonces, para que se configure la responsabilidad administrativa es requisito sine qua non la existencia de una lesión o daño en cualquiera de los bienes de los administrados que sea como dice González Pérez Jesús *"...efectiva, evaluable económicamente e individualizado con relación a una persona o grupo de personas..."*, es así, un requisito para que nazca a su vez el derecho a la indemnización o reparación. El daño debe ser efectivo, es decir, enteramente cierto y producido lo que no excluye y como bien lo expresa el referido autor, el daño que habrá de ocurrir en el porvenir, pero cuya producción sea indudable y necesaria por la anticipada certeza de su acaecimiento en el tiempo. (*Ob. cit.* p. 272), lo que por consecuencia ocurre es que la víctima debe necesariamente probar los daños.

En cuanto a este específico tema, el daño debe ser evaluado económicamente e individualizado, lo cual merece un esfuerzo por parte de la víctima en mantener su concreta individualización en el sentido de que, no se puede alegar que el daño afecta a un número indeterminado e indeterminable de personas, la generalidad del daño excluye la responsabilidad de la Administración.

La presente explicación es a los fines de determinar cómo se caracterizan los daños en la relación administración-administrado, ya que podemos configurar a los perjuicios como daños específicos, muy vinculados a su esfera jurídica, de allí la razón muy importante de conocer las condiciones de legitimación para intentar lograr una indemnización o el restablecimiento de una determinada situación jurídica infringida.

3.   *La relación de causalidad*

La Administración Pública debe indemnizar a la víctima, si a ella se le imputa y se demuestra en el proceso que es la persona indicada y quien causó el daño o la lesión. Ahora bien, dicho presupuesto es muy interesante e importante para determinar el supuesto de la responsabilidad por cuanto la configura desde sus inicios, pero no es suficiente. Así, la víctima debe probar que entre la conducta de la Administración y la lesión sufrida existe una relación de causa y efecto. Si la Administración prueba que la fuerza mayor fue la causante del daño, ella queda exonerada de reparar así como si prueba que fue la víctima que con su actuación produjo el daño o por el hecho de un tercero.

En muchos casos se plantea el problema del concurso de causas en un mismo hecho, y todo va a depender del grado de participación de la víctima o de los terceros en la causa, como hecho generador del daño los jueces evalúan, de acuerdo a las pruebas aportadas y determina o no la responsabilidad de la administración.

Por esta razón, la relación de causalidad es una condición o supuesto importante, no solo para determinar la responsabilidad de la Administración Pública, sino de cualquiera sea la víctima que pretenda una indemnización en su favor. Esto es, la relación causa efecto, aparece dentro del contexto del ordenamiento jurídico, como una condición esencial para que el Juez o la Administración (sede administrativa) determinen en definitiva y ordene una consecuente reparación. La relación causa efecto supone una actividad vinculatoria esencial sobre todo a los fines procesales.

Un caso, que a nuestro juicio explica la necesidad de la demostración de la relación causa y efecto, lo determina la sentencia dictada por la Sala Político Administrativa de la Corte Suprema de Justicia caso *Augusto Nunes Reverendo contra la empresa Cadafe* de fecha 9 de abril del año 2002.

Dice la sentencia que:

"...los daños que ha reclamado el actor en su libelo de demanda se fundamenta por una parte, en una actividad ilícita por parte de Cadafe, al afirmar que la colocación del cableado o tendido eléctrico de alta tensión, es precisamente el hecho desencadenante de la presente reclamación resarcitoria. Efectivamente, en el libelo de demanda se afirma tajantemente que el mencionado cableado eléctrico fue posicionado por Cadafe a una altura no permitida por el Código Nacional de Seguridad e Instalación de Suministro de Energía y de Comunicación, norma Covenin 734. De hecho se indicó en la demanda que la referida línea eléctrica de alta tensión tenía una altura de cuatro metros con noventa y cinco centímetros (4.95 mts) mientras que de acuerdo a la mencionada norma Covenin, la altura mínima de de este tipo de tendidos eléctricos debe ser de seis metros con treinta y tres centímetros (6,33 mts). Por tal circunstancia, es decir, por la reducida distancia, el actor afirma haber sido atraído por el campo energizante que provocan los tendidos eléctricos. Resulta suficiente para que sea declarada la responsabilidad sin falta de la administración, demostrar en tales casos la existencia de la cosa que produjo el daño; que ella está bajo la guarda de la persona a quien se atribuye la responsabilidad y la relación de causalidad. De allí que resulte innecesario determinar que Cadafe hubiera incumplido con la citada norma Covenin o con las normas internas de la propia empresa demandada, esto es, la existencia de la actividad ilícita...".

Pues bien, la sentencia lo determina: la relación de causalidad aparece como un supuesto importante para configurar la responsabilidad administrativa. Que se haya producido el daño a los administrados en la esfera de cualquiera de sus derechos o interés, que el daño producido sea imputable a la administración con motivo del ejercicio de la función administrativa y por consecuencia la relación causa efecto entre el actuar administrativo y el interés o el bien de la víctima. Así se configura la responsabilidad de la administración pública.

La transcrita sentencia de la SPA determina por un lado, la responsabilidad de la Administración sin que necesariamente ocurra el supuesto de la falta, lo que explica la regla del principio de la existencia de la responsabilidad sin falta y por otro lado, la relación de causalidad que existió entre la empresa CADAFE y el ciudadano Agusto Nunes Reverendo.

La sentencia es muy clara, cuando señala de manera expresa que:

"…no es necesario demostrar la ilicitud de la conducta desplegada por Cadafe ya que atendiendo al caso concreto resulta suficiente que sea declarada la responsabilidad sin falta, demostrar en tales casos la existencia de la cosa que produjo el daño, que ella está bajo la guarda de la persona a quien se atribuye la responsabilidad y la relación de causalidad…".

En todo caso, la sentencia de una u otra forma aplica normas del Código Civil cuando hace referencia a la guarda de la cosa aplicable por el artículo 1.195 de dicho código.

La relación de causalidad puede ser determinada en atención a estrictas circunstancias de hecho que obliga al demandante a configurar un juego de pruebas dentro de los procesos judiciales harto difícil de realizar, sin embargo, la relación de causalidad es configurable en tanto y en cuanto se analicen los estrictos instrumentos jurídicos adecuados, por ejemplo que determinan las atribuciones de un determinado órgano del Estado.

Nos referimos concretamente al caso del empleado de la Corte Suprema de Justicia que perdió la mano producto de un atentado sufrido en la sede del mismo alto Tribunal de la República. La víctima demandó la indemnización a cargo de la Disip, órgano de protección. Este actuó de manera omisiva, dice la sentencia, al no cuidar y vigilar el sobre que contenía una bomba que explotó al abrirse, pues bien, la Sala determinó la responsabilidad de la Disip, República, por omisión de no vigilancia y ordenó la consecuente reparación en beneficio de la víctima (Caso *Hugo Betancourt Zerpa contra la República*[15]).

____

[15] Exp. 15.336, publicada el 09 de octubre del año dos mil uno, bajo el N° 02130.

Una vez analizados los supuestos de la responsabilidad del Estado observamos que el ordenamiento jurídico acoge la tesis de que es posible condenar a la Administración para que indemnice al particular, surge y se conforma desde luego, un derecho a la reparación encontrado dentro del estilo del más puro adjetivismo o procedimiento formal de reclamo que nace y se desarrolla dentro de los estrictos parámetros de la ley.

Esa responsabilidad que pasó por diferentes etapas para su configuración como explicamos anteriormente, y que hoy en día se reacomoda bajo criterios jurisprudenciales y doctrinales, ya emerge en una etapa claramente definida como sistema de satisfacción reparativa, ya se encuentra instalada dentro de los esquemas del derecho positivo en nuestro país.

En otras palabras, esa responsabilidad del Estado que en su primera etapa se consideró que el Estado era irresponsable donde solo se admitía la responsabilidad del funcionario; que se admitió la responsabilidad del Estado pero que se complicó a la hora de determinar esa responsabilidad recurrible al Código Civil Francés, considerada como una responsabilidad indirecta basada en la noción de culpa; que luego transitó sobre las bases del Derecho Público bajo la formulación de la responsabilidad directa, por falta de servicio y por riesgo creado; y llegar ya definitivamente a un reconocimiento de una responsabilidad del Estado independientemente de la culpa y ya consagrada constitucionalmente (artículo 140 de la CRBV) en el sentido de que se da la responsabilidad cuando solo se derive del funcionamiento de la Administración, no tratándose de una responsabilidad por hecho ilícito, sino que responde a una responsabilidad claramente objetiva, al margen de la culpa de la Administración.

Concluimos en que existe una forma de reparación, una manera de lograr y de encarar esa reparación que se hace originalmente en dos grandes etapas; una configurada en la sede de la propia Administración Pública determinada por un sistema jurídico que nos concede la forma y el asentamiento definitivo de la reparación y desde luego, una etapa contenciosa ya en la sede judicial, basado en un mundo de prerrogativas, sistemas, procedimientos, formas de sentencias, caducidades, sistemas de pruebas, informes que le conceden a esta materia una particularidad muy propia y que la sitúa dentro de un contexto muy especial diferenciado de otros sistemas.

Analicemos por consecuencia en este próximo capítulo, la forma de la reparación o de la indemnización en beneficio del particular afectado, bien por actos unilaterales de la Administración Pública o por actuaciones o vías de hecho.

CAPÍTULO III

LA REPARACIÓN DEL ADMINISTRADO POR LA ACTIVIDAD DE LA ADMINISTRACIÓN PÚBLICA

Cuando hacemos referencia a la forma de la reparación, no solo indicamos los elementos que se sustituyen con ella (en especie o en dinero) sino fundamentalmente los procedimientos para hacerla efectiva en favor de la víctima-administrado, que ha sufrido un perjuicio o daño tanto por actos administrativos como por actuaciones materiales o vías de hecho.

Veamos en primera lugar el procedimiento en la sede de la propia administración (1), el procedimiento en la sede de los tribunales de la República (2), y luego, el contendido de la sentencia por responsabilidad de la Administración (3).

- Reclamación en la vía administrativa

La Administración Pública se manifiesta de manera diversa. Atendiendo a los criterios enunciados a lo largo del título primero de este libro, el ejercicio de la función administrativa se traduce en la configuración de dos grandes líneas claramente diferenciadas, que a todo lo largo de la historia del Derecho Administrativo han delimitado y configurado un sistema de protección indicando que cualquiera de los dos se hace necesario acudir al propio Estado para solicitar una respuesta de los mismos. Nos referimos concretamente a los inolvidables recursos de nulidad y de la plena jurisdicción, tan estudiados y tan creados por la jurisprudencia de los tribunales contenciosos administrativos de Europa muy especialmente de las sentencias del Consejo de Estado en Francia.

En Venezuela, esto existe indudablemente, y su existencia como una particularidad, se encuentra expresamente configurada en la Constitución de la República Bolivariana de Venezuela en su artículo 259.

Existe igualmente desde la Constitución de 1961, y en las anteriores, pero es evidente que en estas últimas constituciones es cuando se las determina de una manera concreta y descriptiva, dado el hecho de que solo bajo una redacción distinta al final del articulario, casi podemos expresar que el artículo 259 de la Constitución actual el artículo citado es copia del artículo 206 de la Constitución del 61.

Reza así el artículo actual:

"…La jurisdicción contencioso administrativa corresponde al Tribunal Supremo de Justicia y a los demás tribunales que determine la ley. Los órganos de la Jurisdicción contencioso administrativa son competentes para anular los actos administrativos generales o individuales contrarios a derecho, incluso por desviación de poder; condenar al pago de sumas de dinero y a la reparación de daños y perjuicios originados en responsabilidad de la Administración; conocer de reclamos por la prestación de los servicios públicos; y disponer lo necesario para el restablecimiento de las situaciones jurídicas subjetivas lesionadas por la actividad administrativa…".

Esto es, la pretensión de reparación o el intento de lograr una indemnización del administrado, cuando sienta que la Administración Pública le ha violado sus derechos y le ha causado un daño, tiene una consagración constitucional en el derecho positivo venezolano, más la norma señala incluso, los recursos que tiene en sus manos para lograr la efectividad de la reparación.

Ahora bien, esta reparación que se instruye ante los jueces, debe corresponder claro está, a condiciones y requisitos tanto de orden formal como de orden material. Introducción del recurso, legitimación para intentarlos, formas de las demandas, admisiones o no, excepciones, pruebas, informes, etc., que configuran todo un sistema jurídico interesante y original encuadrado dentro de las leyes y cuyo procesamiento y puesta en práctica ha sido delimitado por la jurisprudencia y por las interpretaciones que de ello se ha hecho.

Ahora, como tenemos dos recursos tipos, el de nulidad y el de plena jurisdicción, independientemente de sus matices existenciales, y dependiendo del tipo de actividad que desarrolla la Administración, en Venezuela se prevé la existencia de un procedimiento administrativo previo configurado antes de acudir a la presencia del Juez y que se encuentra detallado en una ley muy importante como lo es la Ley Orgánica de Procedimientos Administrativos y en otras leyes especiales[16]. Cuando hacemos referencias a otras leyes especia-

---

[16] La Ley Orgánica de Procedimientos Administrativos es una ley que determina los principios fundamentales que deben regir las actividades de los órganos de la Administración Pública. Fue promulgada por el ciudadano Presidente de la República (Luis Herrera Campins) Publicado en la

les dedicamos la atención al hecho de que el procedimiento de reclamo puede ser llevado a cabo bajo normas distintas a la ley citada, lo cual determina que el sistema procedimental de la Ley Orgánica de Procedimientos Administrativos, es un sistema jurídico supletorio de las leyes especiales, de conformidad con lo establecido en el artículo 14 del Código Civil Venezolano[17].

Así pues, la citada ley orgánica es supletoria de otras leyes especiales que rigen los procedimientos administrativos, particularidad que caracteriza el procedimiento administrativo venezolano, distinto al francés por ejemplo, donde no es necesario el agotamiento de vías administrativas previas antes de solicitar la nulidad del acto administrativo ante la formal jurisdicción contencioso administrativa. Sin embargo, indicamos lo dicho por cuanto ya han existido tendencias jurisprudenciales, sobre todo de la Corte Primera de lo Contencioso Administrativo y de la Sala Político Administrativa, en las cuales se señala que no es necesario agotar los procedimientos previos antes de acudir al recurso de nulidad.

Ahora bien, mientras sea necesario -como lo establece la Ley Orgánica del Tribunal Supremo de Justicia- y mientras sea una condición de admisibilidad del recurso debemos ubicarla y darle su importancia que le corresponde en la presente materia, en el sentido que la ley actual del Tribunal Supremo de Justicia eliminó el requisito previo de agotamientos de recursos administrativos en lo que se refiere a actos administrativos, más no el agotamiento cuando se propongan demandas contra la República, lo que antes en la Ley Orgánica de la Corte Suprema de Justicia, si constituida un presupuesto fundamental que de no cumplirse acarrearía la inadmisibilidad del recurso propuesto.

Y, hoy en día con la promulgación de la nueva Ley Orgánica de la Jurisdicción Contencioso Administrativa la condición para admitir la demanda de contenido patrimonial se exige el cumplimiento del requisito previo a la demanda contra la República, los

____

Gaceta Oficial N° 2.818 Extraordinaria de 1° de julio de 1981 y se compone de 108 artículos. A nuestro juicio y a los fines que nos interesa en esta parte expresamos la existencia del Título IV, en sus Capítulo I y II que se refiere a la Revisión de los Actos en Vía Administrativa los recursos de reconsideración, jerárquico y de revisión.

[17] Sentencia de la Sala Político Administrativa del Tribunal Supremo de Justicia de fecha 26 de abril del 2005. Caso *Freddy Arguelles vs. Ministerio de la Defensa.*

Estados, los órganos o entes del Poder Público, a los cuales la Ley les atribuya tal prerrogativa. (Artículo 35 numeral 3 de la LOJCA) y cuyo procedimiento se encuentra detallado en los artículos 54 y siguientes de la Ley Orgánica de la Procuraduría General de la República).

Por esta razón, existe agotamiento de vía administrativa previo a lo contencioso cuando se intentan demandas o reclamaciones contra la República u otras personas territoriales o institutos autónomos o empresa del Estado, (recursos de plena jurisdicción), más no cuando se intentan recursos contra actos administrativos.

Así las cosas, cuando nos referimos al no necesario agotamiento de la vía administrativa contra actos administrativos, es por cuanto tomamos en consideración los recursos de reconsideración, jerárquico y revisión cuando nos referimos a demandas contra la República, sí es necesario el procedimiento administrativo previo.

I. LOS RECURSOS ADMINISTRATIVOS

Una vez el administrado es afectado en sus derechos e intereses por un acto administrativo, puede reclamar el restablecimiento de su derecho ante la propia Administración Pública, es lo que la Ley Orgánica de Procedimientos Administrativos denomina Recurso de Reconsideración previsto en el artículo 94 de dicha ley.

Sin embargo, el agotamiento previo después de la promulgación de la Ley Orgánica de la Administración Pública es optativo por parte del particular afectado y es eliminado como requisito previo en la nueva Ley Orgánica de la Jurisdicción Contencioso Administrativa. Ya lo indica formalmente el artículo 7 numeral 10 del Decreto con Rango, Valor y Fuerza de la Ley Orgánica de la Administración Pública cuando dice que: *"Las personas en sus relaciones con la Administración Pública tendrán los siguientes derechos: "Ejercer, a su elección y sin que fuere obligatorio el agotamiento de la vía administrativa, los recursos administrativos o judiciales que fueren procedentes para la defensa de los derechos e intereses frente a las actuaciones u omisiones de la Administración Pública, de conformidad con la ley, salvo el requisito previo a las acciones contra la República"*

En caso de elección de agotar la vía previa, el recurso de reconsideración puede intentarlo una vez notificado del acto que lo afecta para lo cual la Administración tiene un lapso de 15 días hábiles para dar una respuesta a cerca de la pretensión solicitada, declarando o no con lugar el recurso.

En caso de declaración de no haber lugar, es decir de la confirmatoria del acto que lo afecta en sus derechos e intereses, puede el administrado intentar el recurso jerárquico ante la máxima jerarquía de la entidad administrativa, a los fines de que confirme o no el acto administrativo que lesionó sus derechos. Y, al igual que el de reconsideración se debe dar una respuesta en 15 días hábiles. A partir de la notificación de este último acto administrativo queda abierta en su favor la vía contencioso administrativa.

Ambos recursos, el de reconsideración como el jerárquico son recursos establecidos en la ley, y que tienen por finalidad determinar una decisión administrativa que pueda evitar una carga más para el administrado de acudir ante el Juez Contencioso Administrativo, y por otro lado, es considerado doctrinalmente como un privilegio de la Administración el poder decidir antes una situación administrativa previamente expuesta por el administrado.

En lo que se refiere al recurso de revisión se intenta contra los actos administrativos firmes y ya ante el ministro y solo pueden alegarse los siguientes argumentos:

1. Cuando hubieren aparecido pruebas esenciales para la resolución del asunto, no disponibles para la época de la tramitación del expediente.

2. Cuando en la resolución hubieren influido en forma decisiva, documentos o testimonios declarados falsos por sentencia judicial definitivamente firmes, y

3. Cuando la resolución hubiere sido adoptada por cohecho, violencia, soborno u otra manifestación fraudulenta y ello hubiere quedado establecido en sentencia judicial, definitivamente firme[18]. Este último recurso será decidido dentro de los treinta días siguientes a la fecha de su presentación

Cuando el administrado decida intentar el recurso la interposición del mismo no suspense los efectos del acto, lo cual implica que deberá intentar a su vez la suspensión de sus efectos de conformidad con lo establecido en el artículo 87 de dicha ley.

Los procedimientos administrativos previos que hemos detallado, son instrumentos necesarios pero no obligatorios, antes de acudir formalmente ante la jurisdicción contencioso administrativa, muy determinados cuando hacemos referencias a la impugnación contra actos unilaterales provenientes de la Administración, esto es,

---

[18] Artículo 97 de la Ley Orgánica de Procedimientos Administrativos.

contra actos administrativos. Pero no es lo mismo, cuando nos referimos a demandas contra los entes públicos, como por ejemplo, pretensiones de indemnización o reparación contra la República, los Estados o los Municipios donde si es obligatorio el agotamiento de la vía administrativa. En este caso debemos delimitar su objeto, el procedimiento, y ante cual autoridad se intenta el previo recurso administrativo.

Ciertamente, el administrado, una vez ha considerado que sus derechos subjetivos han sido lesionados por el actuar de la Administración debe intentar una reclamación ante los órganos de la Administración Pública a los fines de lograr que la República[19] lo repare o lo indemnice por su derecho violado, lo que se traduce en la reparación de un daño ocasionado.

Cuando nos referimos a un actuar de la Administración hacemos referencia a la actuación administrativa proveniente tanto de una responsabilidad contractual como extracontractual. Responsabilidad contractual derivada de una vinculación de la Administración con el administrado nacida de un acuerdo de voluntades, de un contrato, de un consenso dado por escrito, normalmente denominado contrato administrativo suficientemente abordado en la parte III de este libro.

Por ser un contrato, el incumplimiento es derivado de la transgresión de una cláusula del contrato por parte de la Administración, lo que alude a la necesidad de la resolución o de la ejecución de las cláusulas del contrato con los daños y perjuicios a que hubiere lugar (artículo 1.167 del Código Civil).

La jurisprudencia venezolana es prolija en materia de cumplimientos y resoluciones de contratos administrativos. En efecto, en lo que se refiere a la reparación del daño ocasionado por incumplimiento de una de las partes del contrato, es decir, cuando el deudor de la obligación contractual incumple, no solo incumple y priva al acreedor de la prestación en sí misma, sino que simultáneamente le produce las perdidas consiguientes al sacrificio de las ventajas que podría esperar de la obligación de la prestación. Así la jurisprudencia dice que: *"...la resolución del contrato es el remedio legal contra el incumpliendo en un contrato bilateral por virtud del cual lo que el acreedor busca es ponerle fin al contrato y recuperar en lo posible la posición en que*

---

[19]   Nos referimos igualmente a los Estados, Municipios u otros entes públicos territoriales o no.

él se hallaba. Para obtener este resultado, si el deudor no ha cumplido con su obligación y rehúsa su propio cumplimiento, basado en este incumplimiento o en su cumplimiento tardío o defectuoso que ha frutado el fin del contrato, al acreedor, cuya obligación está pendiente, no le quedará más alternativa que intentar la acción de resolución del contrato...". (Sentencia de CSJ en SPA de fecha 15 de julio de 1992. Caso *Inbelo S.A.*).

Cuando nos referimos a responsabilidad extra contractual, indicamos la transgresión de una ley por parte de la Administración, de una conducta ilegítima en su actuación y deriva una reclamación principalmente por hecho ilícito. Es una actuación que la Administración viola en su condición de ser respetuosa del principio de la legitimidad a quien le corresponde como principio formal a todos los órganos que de ella dependen.

La responsabilidad extra contractual de la Administración nace indiferentemente de actos de autoridad como de actividades materiales o de vías de hecho de la Administración. Esto es, podemos intentar la nulidad de un acto administrativo alegando, no solo las ilegalidades cometidas por la autoridad, sino que el acto administrativo produjera daños en la esfera jurídica del administrado, daños que deben ser restablecidos por el juez o por la propia administración. Aquí estamos en presencia de un clásico recurso de plena jurisdicción.

Así, el procedimiento previo de demandas contra la República se encuentra determinado en la Ley Orgánica de la Procuraduría General de la República, hoy establecida como Decreto con Fuerza de Ley Orgánica de la Procuraduría General de la República[20].

El procedimiento previo de demandas contra la República se establece en Título IV, Capítulo I de dicha ley, principalmente como indicamos antes, en los artículos 54 al 60 inclusive. Allí se detalla el procedimiento previo, que se encuadra a nuestro parecer en dos instancias, una dentro de la propia administración y la otra en la sede de la Procuraduría. La Procuraduría actúa en consecuencia como representante del Poder Ejecutivo y defiende sus actos y ac-

---

[20] La Ley Orgánica de la Procuraduría General de la República fue dictada y promulgada por el Presidente de la República el día 13 de noviembre de 2001, sin embargo fue modificada en varios de sus artículo con la Ley habilitante de julio de 2008, sobre varios artículos referidos principalmente a la fuerza vinculatoria de los dictámenes emanados de la institución.

tuaciones ante el juez contencioso administrativo o ante cualquier otro juez de la República (artículo 247 de la CRBV y artículo 61 de la LOPGR).

Entonces, una vez el administrado considera lesionado sus derechos o intereses debe manifestarlo por escrito razonado ante el órgano el cual corresponda el asunto, y debe exponer sus pretensiones en el caso (artículo 54) y una vez tramitado el asunto dentro de los veinte 20 días hábiles debe conformar un expediente administrativo donde se hará constar la obligación administrativa, esto es, el contrato o la vinculación extra-contractual ocurrida, la certificación de la deuda, el acta de la conciliación suscrita entre el solicitante y el representante del órgano otro documento de importancia, y por supuesto, la opinión jurídica del Ministerio, normalmente lo constituye el dictamen del consultor jurídico del órgano de la Administración encausado.

Una vez que la Administración Pública ha sustanciado el expediente administrativo debe remitirlo en el lapso previsto en la ley, a la Procuraduría General de la República, ya foliado, en original o en copia certificada a objeto de que la Procuraduría en un plazo no mayor de treinta 30 días formule y remita al órgano de la Administración su opinión o dictamen respecto a la procedencia o no de la reclamación formulada por el administrado o reclamante.

Siempre con las leyes anteriores, el dictamen de la Procuraduría nunca había sido vinculante, sin embargo, después de la promulgación de la ley del 2002, aparece el dictamen de la Procuraduría como vinculante y esto por cuanto en la exposición de motivos de dicha ley se expresó que:

> *"además de introducir una lógica distinción y distribución de la normativa que rige la actuación de la Procuraduría, cuando la República es o no parte en juicio, lo cual constituye una garantía de precisión y seguridad jurídica, el nuevo instrumento normativo introduce la novedad, de hacer imperativo el criterio emitido por la Procuraduría General de la República, cuando ella es consultada en relación con la procedencia o improcedencia del derecho demandado a la República por los particulares".*

Y continúa en que:

> *"...además de constituir una importante innovación, se trata de un mandato legal destinado a darle relevancia y eficacia al criterio de esta institución y, de esta manera, evitar la práctica que se ha venido generando la tradición de hacer de esta consulta un acto formal, sin mayores consecuencias positivas, ni parara el particular ni para el Estado...".*

Sin embargo, y a pesar de este criterio de relevancia de la institución hubo una reforma con las leyes habilitantes de julio del 2008 en el cual la vinculación del dictamen de la Procuraduría solo es vinculante si se considera que la pretensión del administrado, en su reclamo contra la Administración es improcedente.

Realmente, en sentido práctico no nos parece adecuado que el dictamen de la Procuraduría sea vinculante para la Administración, entre otras cosas por cuanto, la Procuraduría es un órgano estrictamente asesor del Estado, de allí su importancia y por otro lado, la naturaleza jurídica real del dictamen no es de ninguna forma un acto de autoridad de carácter administrativo, nos preguntamos ¿Si ahora es vinculante esta opinión podemos intentar contra el mismo un recurso de nulidad contencioso administrativo por ser contrario a nuestros intereses y lesionador de nuestros derechos subjetivos?

En todo caso, el procedimiento previsto en el capítulo de la ley comentada finaliza en este acto consultivo, ahora vinculante, que en caso de opinar contra el reclamante, ya puede éste último considerar agotada la vía administrativa y acudir desde luego a la vía judicial, ante los tribunales de la jurisdicción contencioso administrativa.

La Ley hace una excepción de agotamiento de vía previa de demanda, y es cuando la reclamación sea igual o inferior a 500 (UT) unidades tributarias, solo si la reclamación es aceptada por el órgano de la Administración, lo que indica que siempre será necesario el agotamiento previo, independientemente del monto de la reclamación, cuando la Administración se niegue a cancelar o no reconozca la reclamación[21].

La Administración debe entonces igualmente opinar en consideración al dictamen de la Procuraduría y notificar al interesado su decisión dentro de un lapso de 5 días hábiles, para que a su vez el reclamante de respuesta sobre si acepta o no la opinión del órgano administrativo. En el supuesto que el administrado no aceptare la decisión del Ministerio ya puede acudir a la vía contencioso administrativa que corresponda[22].

---

[21] Artículo 56 de la Ley Orgánica de la Procuraduría General de la República en su parte final.

[22] Artículo 58 de la Ley Orgánica de la Procuraduría General de la República.

El reclamante podrá acudir a la vía judicial directamente, si la Administración no cumple con la entrega de su decisión en los lapsos establecidos en la ley[23].

Por ser un recurso de plena jurisdicción, en el cual el juez debe pronunciarse sobre la reclamación de derechos y su indemnización correspondiente, los jueces deben declarar inadmisible las acciones que se intenten contra la República cuando no se haya cumplido con el trámite administrativo previo de demandas previsto en la ley comentada[24].

II.   LA RECLAMACIÓN EN VÍA JUDICIAL

En lo que se refiere a la reclamación de los daños ocasionados por la Administración Pública debemos distinguir dos procedimientos, para los cuales en ambos casos ya consideramos agotas las vías administrativas. El procedimiento contra actos administrativos (A) y el procedimiento contra actividades materiales y contractuales de la Administración Pública (B).

La ley fundamental que rige la materia es la Ley Orgánica de la Jurisdicción Contencioso Administrativa, del Tribunal Supremo de Justicia y otras leyes especiales o supletorias como por ejemplo el Código de Procedimiento Civil y la misma ley Orgánica de la Procuraduría General de la República.

Hagamos una advertencia fundamental y es que en Venezuela no existe en puridad de concepto un recurso de nulidad objetivamente puro como en el Derecho administrativo francés. En nuestro país existen fundamentalmente o reclamaciones de nulidad con pretensiones de condena o pretensiones de condena con nulidad de actos administrativos. Esta circunstancia se deduce de los articulados tanto de la nueva Ley Orgánica de la Jurisdicción Contencioso administrativa como de la Ley Orgánica del Tribunal Supremo de Justicia. Ahora bien, eso no implica que no exista el recurso de nulidad contra actos administrativos de efectos particulares y el recurso de nulidad contra actos administrativos de efectos generales.

---

[23] Artículo 59 de la Ley Orgánica de la Procuraduría General de la República.

[24] Artículo 60 de la Ley Orgánica de la Procuraduría General de la República.

A diferencia de la Ley Orgánica de la Corte Suprema de Justicia de 1977, la Ley Orgánica del Tribunal Supremo tanto la de 2004 como la de 2010, reformadas, uniformizan prácticamente los dos tipos de recurso en un solo articulado, en lo que se refiere a la del 2004, para lo cual dificultaba enormemente su comprensión y de allí las dificultades para su análisis y posterior conclusión.

Ahora y ya con la nueva ley de la Jurisdicción Contencioso Administrativa existe igualmente un solo procedimiento suficientemente ordenado, tanto para las demandas de nulidad contra actos administrativos como para las demandas de contenido patrimonial, que denominados estas últimas, demandas de plena jurisdicción. Este procediendo tiene sus bases normativos en el Titulo IV, Capítulos I, II y III, referido este último al procedimiento en segunda instancia, y luego tiene un procedimiento especial en los casos de procedimientos breves, determinados en tres casos muy específicos que son. 1. Reclamos por omisión, demora, o deficiente prestación de servicios públicos. 2. Vías de hecho y 3, abstención, segunda sección del Capítulo II del Título IV.

1.   *Procedimientos contra actos administrativos*

Un acto administrativo de efectos generales, como sería un reglamento, al administrado solo le restaría acudir a la nulidad del acto administrativo reglamentario pura y simplemente, al contrario de un acto administrativo de efectos particulares, lo cual si podría acudir el administrado en nulidad y en condena o reparación por las consecuencias dañosas del acto. Cuando hagamos referencia al acto administrativo y su nulidad ante la jurisdicción administrativa, lo hacemos en referencia a la nulidad con plena jurisdicción, lo cual constituye in-extenso la reparación de los daños por el acto propiamente dicho y pretendida del mismo modo el restablecimiento de la situación jurídica infringida.

Pues bien, la Ley Orgánica de la Jurisdicción Contencioso administrativa prevé la posibilidad de acudir en nulidad contra actos administrativos generales y particulares con competencia de los tribunales de la Sala Político Administrativa (artículos 23 numeral 5, 24 numeral 5 y 25 numeral 3 respectivamente de los Juzgados Nacionales y de los Juzgados Superiores Estadales de la Jurisdicción Contenciosa Administrativa).

En lo que se refiere al procedimiento contra los actos administrativos, la ley no hace distinción entre actos administrativos de efectos particulares y actos generales, esto es, el procedimiento judicial es el mismo para ambos recursos e incluye las acciones por daños y perjuicios y en general la solicitud de restablecimiento de las situaciones jurídicas infringidas.

Independientemente del tipo de acción indicada por el administrado, para impugnar un acto administrativo de efectos particulares, o de efectos generales, o una acción por daños y perjuicios, lo podrán hacer cualquier persona natural o jurídica, pública o privada, las irregulares o de hecho, las asociaciones, consorcios, comités, consejos comunales, y locales, agrupaciones, colectivos y cualquier otra entidad (artículo 27 de la LOCA) lo cual y se señala de manera expresa que las personas indicadas solo deben ostentar un interés jurídico actual (artículo 29 de la LOCA).

Con la promulgación de la Constitución de 1999, la interpretación tribunalicia ha determinado una apertura no tan restringible del particular interés para que un administrado deba ostentar en caso de iniciar una demanda formal. La Sala Político Administrativa del Tribunal Supremo de Justicia y la Corte Primera de lo Contencioso Administrativa ya se han pronunciado siguiendo el criterio de una sentencia muy importante en la materia, como lo fue la sentencia dictada en el caso *Banco Fivenez contra Junta de Emergencia Financiera* de fecha 13 de abril del año 2000.

Esta sentencia alegó en su oportunidad principalmente el hecho de que la nueva Constitución ampliaba la legitimación tomando en consideración el criterio de la Tutela Judicial Efectiva, prevista en el artículo 26 de la Constitución de 1999. Señaló la sentencia citada que:

> *"…En efecto, el interés para recurrir que exige la nueva Constitución, obviamente sigue siendo legitimo ya que el ordenamiento jurídico no puede proteger intereses ilegítimos. La legitimidad del interés es consustancial al interés como criterio de legitimación para la admisión del recurso contencioso administrativo, pues el ordenamiento jurídico no puede otorgar protección a particulares en razón de intereses contrarios a la Constitución o a las leyes. Sin embargo en lo que respecta a la condición de "directo" debe afirmarse que a partir de la entrada en vigencia de la nueva Constitución de 1999, no se puede exigir tal condición a los recurrentes…".*

Tutela Judicial Efectiva que implica el fácil acceso para instaurar demandas contra el Estado, sin embargo y a pesar de esta sentencia todavía la Ley Orgánica del Tribunal Supremo de Justicia exigía el interés calificado como condición de admisibilidad de los recursos de conformidad con lo establecido en el artículo 21 párrafo 9 de la Ley.

Ahora y por otra parte, no es lo mismo, la legitimación para intentar la nulidad de un acto administrativo de efectos particulares, a la exigida para intentar una demanda contra un acto de efectos generales. Las condiciones y la legitimidad son diferentes sobre todo en lo que se refiere al lapso para intentar la demanda o el recurso.

En efecto, dependiendo de la daño ocasionado, si es producto de un acto formal, el lapso de caducidad es de 180 días continuos como principio establecido en la Ley Orgánica de la Jurisdicción Contencioso Administrativa, salvo que exista un lapso mayor o menor indicado por una ley especial (artículo 32 de la LOJCA). Y, en lo que se refiere a demandas por daños y perjuicios contra la República o cualquier otro ente del Estado, se aplicarán las normas previstas en el Código Civil derivado de si son demandas por acciones personales o por acciones reales (artículo 1977 del C.C.)[25].

Ahora bien, existen en la Ley Orgánica de la Jurisdicción Contencioso Administrativa reglas generales que valen para cualquier recurso que se intente que indiquemos a continuación:

- El demandante en cuyo domicilio no exista un tribunal de lo contencioso administrativo competente para conocer de la demanda, podrá presentarla ante un tribunal de municipio, el cual deberá remitir bajo un expediente foliado y sellado, al tribunal señalado por la parte actora, a los fines de la caducidad de la acción, la cual será determinada por la fecha de la presentación inicial de la demanda. (artículo 34 de la LOJCA).

- Independientemente de que la demanda o el recurso sea por daños contra actos administrativos o demandas por daños, las normas del Código de Procedimiento Civil son supletorias de la Ley Orgánica de la Jurisdicción Contenciosos Administrativa y de la ley Orgánica del Tribunal Supremo de Justicia. El Código adjetivo se aplica con frecuencia en todo lo relativo a los medios de pruebas y sus evacuaciones. Esto se explica por el hecho de que la Ley Orgánica no posee tal detalle de practicidad para lo cual resulta sano que el Código de Procedimiento Civil de la ley indicada para suplir las fallas de la ley orgánica.

____

25 <u>Artículo</u> 1977 del Código Civil Venezolano: "Todas las acciones reales se prescriben por veinte años y las personales por diez, sin que pueda oponerse a la prescripción la falta de título o de buena fe, y salvo disposición contraria a la ley".

- Una vez recibido el expediente contentivo de la demanda o del recurso, el Juez Contencioso Administrativo, determinará la admisión o la inadmisión de la demanda, analizando las condiciones que exige el artículo 35 de la Ley. Si el tribunal es colegiado, como es el caso de la SPA, o el de los juzgados nacionales, el presidente de la sala respectiva o del juez contencioso administrativo que corresponda, dispone su remisión al juzgado de sustanciación del tribunal, a los fines de que analice principalmente su admisión o no, para lo cual se cumple una importante etapa del proceso judicial. Esta situación tan particular, no ocurre cuando se intenta una demanda ante los tribunales de la jurisdicción ordinaria por cuanto en los juicios civiles o mercantil, salvo excepciones muy contadas, las controversias se plantean de particular a particular, lo que indica que en las relaciones entre particulares el interés público no se establece de una manera muy vinculante, situación distinta cuando de una u otra manera se demanda al Estado o a cualquier otra entidad pública. Razón por la cual las condiciones de admisibilidad o no de la demanda son taxativas, por ello su determinación de manera concreta en la ley y su análisis muy particular por el juez de la jurisdicción contencioso administrativa.

En caso de que se decrete la inadmisibilidad del recurso o de la demanda, el administrado o la víctima de los daños puede ejercer una apelación ante el juez de alzada.

Las condiciones de inadmisibilidad son las siguientes:

a. Se debe declara inadmisible una demanda si la ley de manera expresa lo dice, es el caso por ejemplo de demandas de bajas unidades tributarias o de recurso o demandas que deben intentarse ante jurisdicciones extranjeras o contra decisiones de tribunales que ya han agotados todos los recursos o apelaciones.

b. Si existe la caducidad del recurso o la prescripción de la acción contra el ente territorial o no, como ejemplo el caso de una demanda pasados ya los diez años o de los veinte prescritos en el Código Civil en su artículo 1977.

c. Cuando se intentan demandas cuyos pedimentos se contradicen o se excluyen recíprocamente, como por ejemplo, demandar la resolución de un contrato administrativo y al mismo tiempo su cumplimiento.

d. Cuando no se cumpla con el procedimiento previo de demandas contra la República previsto en la ley Orgánica de la Procuraduría General de la República. Referimos concretamente el caso de recursos de plena jurisdicción por actuaciones contractuales o extra contractuales y no contra los actos administrativos.

e. Cuando no se acompañen al recurso o la demanda los documentos indispensables para analizar su admisión, como por ejemplo es el acto administrativo en original o en copia certificada o, si es la resolución de un contrato administrativo el documento contractual o su copia certificada.

f. Cuando el escrito se encuentren conceptos inofensivos o irrespetuosos contra la justicia o contra los magistrados o jueces, o el caso de una demanda incomprensible gramaticalmente o narrada de manera confusa, etc.

g. Cuando no consta la representación o la legitimidad que se atribuye el demandante, esto es el poder debidamente notariado.

h. Cuando ya existe cosa juzgada. Con la nueva Ley Orgánica de la Jurisdicción Contencioso administrativa dentro de las condiciones de admisibilidad se eliminó la condición de falta de representación del demandante de la demanda. (Art. 35 de la LOJCA).

Una vez admitida la demanda ya formalmente, se procederán a las citaciones personales conforme a las previsiones del Código de Procedimiento Civil a excepción de la del Procurador General de la República que se hará de conformidad con la Ley que rige este órgano de la República. A partir de que consta en autos la citación practicada comienza a computarse el lapso de comparecencia en el caso de demandas de contenido patrimonial, como es el caso de demandas por responsabilidad extracontractual. (Artículo 37 de la LOJCA).

Los medios de pruebas utilizados son fundamentalmente la experticia, las inspecciones judiciales, documentos que formen parte de los archivos de la Administración, institutos públicos y privados, testigos etc. Se promueven las pruebas y se evacuan de conformidad con las normas previstas en la Ley Orgánica de la Jurisdicción Contencioso administrativa y en el Código de Procedimiento Civil. Una vez, se practican todas las pruebas, las que quedaron admitidas o fueron rechazadas, el juez deberá continuar con el procedimiento y dictar la sentencia definitiva. En cuanto al sistema probatorio, indicamos la especialidad que presenta esta etapa procesal tan importante sobre todo, después de la promulgación de la tan citada ley de la jurisdicción contencioso administrativo. Por ser un procedimiento especial sus normas en cuanto a las pruebas también es especial. (A estos efectos ver trabajo conjunto de Estudios de Derecho Procesal en libro *Homenaje a Adán Febres Cordero*, UCAB, 2013, p. 371. "Las pruebas y sus principios" en la nueva LOJCA, Gustavo Briceño Vivas.

El Capitulo II, del Título IV, de la Ley Orgánica de la Jurisdicción Contencioso Administrativa (artículos 56 a 64 inclusive) hace referencia a las demandas de contenido patrimonial, para lo cual pensamos que corresponde cuando se demanda o bien un acto administrativo o una acción de daños y perjuicios contra la República o algún otro ente público, esta última como muestra evidente de demandas por responsabilidad extracontractual como contractual.

Este procedimiento prevé la existencia de dos audiencias especiales, una llamada audiencia preliminar y otra audiencia conclusiva. La primera será una audiencia oral, en el cual las partes deberán exponer sus alegatos y sobre todo el demandado deberá expresar con claridad si contraviene los hechos alegados por su contraparte. En esta misma audiencia las partes deben proponer las pruebas que consideren convenientes. El juez puede de oficio o a petición de parte convocar para la participación en la audiencia preliminar a las personas, entes, consejos comunales, colectivos o cualquier otra manifestación popular de planificación, control y ejecución de políticas, etc. Cuyo ámbito de actuación se encuentre vinculado al objeto de la controversia, no requiriendo asistencia de abogado o representación alguna, todo para que opinen sobre el asunto debatido. (Art. 58 de la LOJCA). Si el demandante no comparece a la audiencia preliminar se considera desistida la demanda y si el demandado no comparece a la audiencia preliminar la causa seguirá su curso (artículo 60 de la LOJCA).

Luego viene el lapso de contestación formal de la demanda lo cual deberá hacerse de manera escrita, presentado en el lapso de 5 días sus escritos de pruebas, las cuales serán o no admitidas de conformidad con la Ley. Finalizada toda la etapa probatoria del procedimiento se fijará el día de la audiencia conclusiva, aquí las partes expondrán oralmente las conclusiones respectivas, las cuales podrán consignar por escrito. A los 30 días contados del día de la audiencia, el juez deberá dictar su sentencia, pudiendo prorrogar por 30 días más la fecha de la decisión (artículos 61 a 64 inclusive de la LOJCA).

Tema importante en contencioso administrativo es lo referido a las medidas cautelares que puede tomar el juez previa a la sentencia definitiva con la finalidad de resguardar los derechos del demandante durante el proceso judicial. Y, decimos dentro del proceso judicial, porque en materia de litigios contra la Administración es factible la existencia de medidas cautelares durante el procedimiento en la fase administrativa. Las medidas cautelares ocurren tanto en los procesos civiles como en los procesos administrativos. En estos últimos, las medidas provisionales cautelares son importantes, por cuanto protegen a los ciudadanos de las conductas arbitrarias en que puede ocurrir la Administración cuando hace uso abusivo de los poderes que le confiere la ley.

Pues bien, siendo la suspensión de los efectos de los actos administrativos, es factible pensar y así lo ha acordado la jurisprudencia de que con una buena argumentación jurídica en cuanto a los peligros de que se cumpla la resolución administrativa en agravar los daños en desmedro de los derechos de la víctima, pueda el juez con su criterio suspender de una u otra forma los efectos de la decisión administrativa y proteger a la víctima de daños o perjuicios mayores. Consecuencia de ello, es que la Ley Orgánica de Procedimientos Administrativos prevé en su artículo 87 la posibilidad de suspender los efectos de los actos administrativos en caso de que su ejecución produzca un daño o un perjuicio irreparable, que la propia sentencia aun declarando con lugar la nulidad del acto administrativo pueda reparar.

En estos casos, de comprobarse la situación de irreparabilidad del daño y la presunción de que el daño se produzca con cierta certeza, la autoridad administrativa puede suspender los efectos de la ejecución. Esta misma situación sucede durante el proceso judicial contra el acto administrativo que ha causado un daño al administrado, o de una actuación material,

En la Ley Orgánica del la Jurisdicción Contencioso se prevé la posibilidad de medidas cautelares durante el proceso judicial enunciado de una manera genérica para lo cual la jurisprudencia de los tribunales administrativos deberán interpretar de conformidad con la cautelar solicitada por la parte interesada y su procedimiento, que de conformidad con la propia ley debe ser breve [26].

2. *El procedimiento contra actos materiales, contractuales o extra contractuales de la Administración*

Cuando hacemos referencia a la responsabilidad de la Administración Pública y la consecuente reparación que ocupa nuestro tema ahora, indicamos que, no solo las bases constitucionales solidifican y presencian un sistema de reparación en el contencioso administrativo venezolano perfectamente establecido en diferentes normas jurídicas (artículo 259 de la C.N.) sino en un procedimiento llevado a cabo ante la presencia de tribunales especiales contenciosos administrativos.

---

[26] <u>Artículo</u> 69: "Admitida la demanda el tribunal podrá de oficio o a instancia de parte, realizar las actuaciones que estime procedentes para constatar la situación denunciada y dictar medidas cautelares. La oposición a la medida cautelar será resuelta a la mayor brevedad".

La responsabilidad de la Administración Pública se diluye pues, en atención a la actuación material de su hacer, de dar o de no hacer actividades diversas que al dañar y determinar perjuicios o daños nace en el administrado o la víctima el derecho a un restablecimiento de su situación jurídica afectada. Situación que se traduce en actuaciones materiales o vías de hecho u omisiones y no a través de actos administrativos. Esto es, la vivencia administrativa no constituye per se, un mal producido por un acto de voluntad, de juicio y de conocimiento traducido por un acto unilateral de voluntad formal, sino por una actuación derivada del incumplimiento por ejemplo, de las normas de un contrato administrativo o proveniente de una actividad fáctica que produce una consecuencia dañosa en contra del patrimonio del administrado. A la primera la denominamos responsabilidad por actividad contractual (a) y a la segunda responsabilidad extracontractual de la Administración (b)

A.   *Procedimiento judicial por responsabilidad contractual*

El procedimiento judicial por responsabilidad contractual esta previsto en la ley Orgánica de la Jurisdicción Contencioso Administrativa y cuyas normas fueron expuestas en las líneas anteriores. Existen principios generales que se encuentran fundamentalmente el hecho de que previamente antes de acudir al tribunal a los fines de demandar a la República, es obligatorio agotar el procedimiento previo de demandas contra la República previsto en la Ley Orgánica de la Procuraduría General de la República procedimiento explicado en las páginas anteriores.

Dentro de los legitimados activos se encuentran no solo la víctima afectada, sino el Fiscal General de la República o el Defensor del Pueblo, si se trata de la nulidad de un acto por ilegalidad. La admisión de la demanda, las pruebas, y el acto de informes se sus audiencias, se tramitan procesalmente conforme a lo previsto en la ley Orgánica de la Jurisdicción Contencioso Administrativa.

En todo caso, es conveniente señalar que en lo que se refiere a la responsabilidad contractual la argumentación de fondo por incumplimiento del contrato tiene sus bases en el Código Civil en su artículo 1.167. La sentencia de fecha 14 de diciembre de 1993, caso *Vegas Albornoz SPA de la CSJ*, lo explana muy concretamente. Dice parte de ella que los artículos 1.264, 1.270, 1.271 y 1.167 son aplicables al esquema normativo contenido en el nombrado código a la responsabilidad contractual de la Administración Pública.

La competencia de los tribunal contenciosos administrativos en lo que se refiere a demandas por violación de contratos para exigir su cumplimiento o su resolución, se distribuye en la Sala Político Administrativa, en los Juzgados Nacionales de lo Contencioso Administrativa, y en los Tribunales Estadales ya explicado supra de conformidad con las cuantías o montos de las demandas.

En todo caso, es importante reseñar que en cuanto al procedimiento detallado de las demandas por responsabilidad contractual el sistema venezolano se basa como norma fundamental la norma importante del Código Civil del artículo 1.167 situación que fue explicada en el presente libro cuando hacemos referencia especial de los contratos administrativos.

B. *Procedimiento judicial por responsabilidad extra contractual*

En consonancia con lo explicado, en el sistema contencioso administrativo venezolano, cuando hacemos referencia a las demandas por responsabilidad extracontractual, nos limitamos al esquema tradicional por medio del cual la demanda por reparación de daños y perjuicios es por daños ocasionados bien por actos administrativos o por hechos daños o actuaciones materiales provenientes de la Administración Pública.

Es decir, si demandamos a la Administración Pública por cuanto un acto administrativo formal ha producido un daño o un perjuicio, esta demanda es una acción por responsabilidad extracontractual, y si demandamos a la Administración Pública por cuanto un hecho determinado o alguna actividad material ha causado un daño o un perjuicio la demanda es igualmente por responsabilidad extraconctractual. Lo que diferencia la responsabilidad extracontractual con la responsabilidad contractual es que esta última supone el rompimiento por parte de la Administración de una cláusula del contrato y nada más.

Ahora bien, el primer supuesto implica igualmente que, si un acto administrativo produce un daño, su demanda implica la nulidad primeramente del acto formal y adicionalmente solicitar el restablecimiento de la situación jurídica infringida más la reparación de los daños ocasionados, en cambio en el segundo supuesto, la demanda constituye una acción judicial destinada a acusar una conducta material o un hecho acaecido que produjo un daño al particular. En ambos casos, el procedimiento es el mismo, lo que cambia son las pretensiones que se solicitud en el libelo de la demanda. Es decir, en este último supuesto, las pretensiones son de condenas, de orden extracontractual, la condena al pago de sumas de dinero o bien de daños y perjuicios o de restablecimiento de la situación subjetiva lesionada y cuyo origen no se encuentra producto de un acto administrativo formal.

La demanda por daños y perjuicios se acciona frente a los tribunales contenciosos administrativos que indica la Ley Orgánica de la Jurisdicción Contencioso administrativa y la Ley Orgánica del Tribunal Supremo de Justicia y cuya diferencia en cuanto a los tribunales influye la cuantía fundamentalmente.

En cuanto a los procedimientos contenciosos de demandas contra la república por daños y perjuicios, esto es, al no haber una demanda contra un acto formal de la Administración, lo constituye un proceso judicial entre partes, esto es, una parte llamada persona natural o jurídica demandada una pretensión contra otra parte llamada República, Estado, Municipio o Instituto Autónomo o Empresa del Estado[27], es decir, se establece una verdadera *litis* procesal entre un ente público y una persona natural o jurídica.

Entonces, tratándose de un contencioso de demandas por reparación y por daños y perjuicios se determina en la Ley Orgánica de la Jurisdicción Contencioso Administrativa en sus artículos 56 a 64 inclusive.

Sus principios fundamentales son los siguientes:

- Deberá agotarse el procedimiento previo de demandas contra la República de conformidad con la Ley Orgánica de la Procuraduría General de la República y de manera supletoria se aplicará el procedimiento ordinario C.P.C.;

- Son legitimados activos la persona natural o jurídica, el Fiscal General de la República, el Defensor del Pueblo. El demandante deberá acompañar a su libelo toda la documentación que considere conveniente a los fines de su admisión o no por parte del juzgado de sustanciación.

- Una vez, el expediente se introduce ante el juzgado, a los tres días debe éste, procedimentar la admisión o no de la demanda y al igual que el procedimiento de nulidad si se admite la demanda, se le da entrada para que vengan los demás lapsos del juicio, previstos en la Ley Orgánica de la Jurisdicción Contencioso Administrativa.

---

[27] Decimos empresa del Estado por cuanto a estos entes en Venezuela se les demandas ante la jurisdicción administrativa aun siendo su organización y su funcionamiento personas de derecho privado.

CAPÍTULO IV

EL CONTENDIDO DE LA SENTENCIA POR RESPONSABILIDAD DE LA ADMINISTRACIÓN

Por último, debemos hacer referencia al contenido de la sentencia y sus efectos fundamentales en el proceso para lograr el restablecimiento o la reparación de los daños ocasionados por responsabilidad de la Administración. En tal caso, es importante reseñar que los jueces contenciosos administrativos, la legislación les acuerda plenos poderes para lograr que la víctima que sufre el daño o el perjuicio pueda encontrar satisfacción plena de sus derechos o intereses violados.

Tanto las normas de la antigua Ley Orgánica del Tribunal Supremo de Justicia como la actual Ley Orgánica del Tribunal Supremo de Justicia como la Ley Orgánica de la Jurisdicción Contencioso Administrativa, preceptúan que el juez en su sentencia definitiva, de acuerdo con las respectivas solicitudes podrán condenar al pago de sumas de dinero y a la reparación de daños y perjuicios originados en responsabilidad de la Administración, así como disponer lo necesario para el restablecimiento de las situaciones jurídicas subjetivas lesionadas por la actividad administrativa.

Esto es, existe una consideración extensiva por parte del legislador para conferirles potestades a estos jueces en el sentido de satisfacer, en beneficio de los administrados, reparación cualquiera fuera el daño ocasionado por la Administración[28], y entre otras cosas es una conformación con la Constitución de la República Bolivariana de Venezuela que lo establece en su artículo 259. Entonces, y en virtud de ello, cuando se intenta una demanda contra la Administración Pública derivada de una actuación que ha producido un daño al administrado se puede en la solicitud, no solo solicitar la nulidad del acto administrativo dañoso, sino del mismo modo, la obtención de una reparación y restablecimiento de los perjuicios o los daños producidos. Esta situación ha sido consagrada tanto en la Constitución de 1961 como en la Constitución actual de 1999.

---

[28]   Artículo 131 de la Ley Orgánica de la Corte Suprema de Justicia; artículo 21 párrafo 18 de la Ley Orgánica del Tribunal Supremo de Justicia y artículo 74 de la Ley Orgánica de la Jurisdicción Contencioso Administrativa.

En la Ley Orgánica de la Jurisdicción Contencioso Administrativa se establece en su Capítulo IV un recurso denominado *"recurso especial de juridicidad"* destinado a una revisión de las sentencias definitivas dictadas en segunda instancia por el juez contencioso administrativos que transgredan el ordenamiento jurídico. A nuestro juicio es una especie de casación en materia contenciosa administrativa, situación que nunca ha sido presentada en el tradicional sistema contencioso administrativo en nuestro país. Sin embargo, nos parece interesante porque de resultar efectivo, este variable e interesante control judicial, las sentencias deberán adaptar sus decisiones a los principios generales que prevén la materia contencioso administrativa y que de cumplirse en sus postulados esenciales magnifican un buen sistema de control de poderes en cualquier país del mundo.

El recurso de juridicidad se limita a cuestiones de derecho o de normas transgredidas, así en su sentencia, la Sala Política Administrativa podrá declarar la nulidad de la sentencia recurrida, ordenando la reposición del procedimiento o resolver el merito de la causa para restablecer el orden jurídico infringido. Existe un lapso de interposición con una oposición formal de acuerdo con la ley[29]. Interesa destacar el problema derivado de la ejecución de la sentencia contencioso administrativo y a tales efectos destacamos lo siguiente:

Tanto la Ley Orgánica de la Corte Suprema de Justicia como la actual Ley Orgánica del Tribunal Supremo de Justicia nada dicen sobre la ejecución de la sentencias dictadas por jueces contencioso administrativos.

Cuesta entonces imaginarse de que manera un juez contencioso administrativo puede hacer en la realidad el dispositivo de "restablecimiento de la situación jurídica infringida" en favor de los derechos e intereses de un ciudadano que ha sido víctima de un actuar administrativo producto de la responsabilidad de la Administración.

Aquí se plantea el problema en todo su esplendor de la separación de poderes como argumento principal, el hecho de que la Administración Pública no puede ser interferida en el ejercicio de ella en función administrativa, cualquier intervención de los jueces en ese sentido, viola el principio expuesto, y que tanta resonancia ha tenido en el mundo del Derecho Administrativo.

---

[29] Artículos 95 al 102 de la Ley del Orgánica de la Jurisdicción Contencioso Administrativa.

De otro lado, se manifiesta de igual forma el principio, en oportunidades expuesto de la Tutela Judicial Efectiva, consagrado expresamente en nuestra Constitución, por medio del cual los ciudadanos tenemos el derecho de acceder a los órgano de la Administración de Justicia y ha obtener respuesta y satisfacción del derecho violado por el Estado. Es un problema que existe desde los propios inicios del Derecho Administrativo como ciencia y que los jueces administrativos han interpretado de diversas formas y maneras, en atención principalmente del hecho de que los bienes de Estado nunca pueden ser embargados, expresión que indicamos para solo nombrar un principio legal de casi proyección universal.

Esta situación ha provocado que la mayoría de los textos jurídicos que regulan conductas sobre contencioso administrativo se limiten al dictado de normas muy generales, y que en la mayoría de los casos, la ejecución de las sentencias contra el Estado, la norma sea reenviar los casos a los procedimientos ocurridos en la sede la jurisdicción ordinaria, en el sentido de que, el Código de Procedimiento Civil aparece como el texto suplidor de las deficiencias u omisiones que las leyes de la jurisdicción administrativa en general no han sabido responder.

En principio, la ejecución de la sentencia, le corresponde al tribunal de la causa. Y, precisamente por tratarse de sentencias que condenan al poder público a un hacer o a un no hacer o a un dar (la República) el Juez Ejecutor debe seguir las normas que indica la Ley Orgánica de la Procuraduría General de la República. Los jueces deben ordenar la ejecución de la sentencia a los entes públicos condenados, dentro de los cuales se pueden incluir, según el proyecto de la jurisdicción contenciosa administrativa, a los institutos autónomos o empresas en los cuales la república tiene una participación importante, pero en todo caso el Juez concede un plazo para que estos entes públicos ejecuten por sus propios medios el dispositivo de la sentencia.

Sin embargo la nueva Ley de la Jurisdicción Contencioso Administrativa en lo referido a las ejecuciones de estas sentencias administrativas aplaudimos de que se incorpore un capítulo final para ella, y de que una u otra forma sea regulada una materia tan importante, y que ha dado tantas frustraciones a los administrados luego aun de que una sentencia le sea favorable cuando la misma es contra la Administración del Estado.

En todo caso, la ejecución de la sentencia o de cualquier otro acto que tenga fuerza de tal, le corresponde al tribunal que haya conocido de la causa en primera instancia y cuando la República o algún estado sean condenados en juicio, se seguirán las normas establecidas en la Ley Orgánica de la Procuraduría General de la República y en los casos de municipios, las normas de la ley especial que rija el Poder Público Municipal.

La Ley Orgánica de la Jurisdicción Contenciosa Administrativa dice en cuanto al modo de la ejecución de la sentencia lo siguiente:

1. Cuando la condena hubiese recaído sobre cantidad liquida de dinero, el tribunal ordenará a la máxima autoridad administrativa de la parte condenada que incluya el monto a pagar en el presupuesto del año próximo y el siguiente a menos que exista provisión de fondos en el presupuesto vigente. El monto anual de dicha partida no excederá del cinco (5%) de los ingresos ordinarios del ejecutado. Cuando la orden del tribunal no fuese cumplida o la partida prevista no fuese ejecutada el tribunal, a petición de parte, ejecutará la sentencia conforme al procedimiento previsto en el Código de Procedimiento Civil para la ejecución de la sentencias de condena sobre cantidades liquidas de dinero.

2. Cuando en la sentencia se hubiese ordenado la entrega de bienes, el tribunal la llevará a efecto. Si tales bienes estuviesen afectados al uso público o actividad de utilidad pública, el tribunal acordará que el precio sea fijado mediante peritos, en la forma establecida en la Ley de Expropiación por Causa de Utilidad Pública o Social. Fijado el precio, se procederá como si se tratase del pago de cantidades de dinero.

3. Cuando en la sentencia se hubiese condenado al cumplimiento de una obligación de hacer, el tribunal fijará un lapso de treinta días consecutivos para que la parte condenada cumpla. Si no fuese cumplida, el tribunal procederá a ejecutar la sentencia. A estos fines se trasladará a la oficina correspondiente y requerirá su cumplimiento. Si a pesar de este requerimiento la obligación no fuese cumplida, el tribunal hará que la obligación se cumpla. Cuando por la naturaleza de la obligación, no fuere posible la ejecución en la misma forma como fue contraída, el tribunal podrá estimar su valor conforme a lo previsto en este artículo y proceder a su ejecución como si se tratase de cantidad de dinero.

4. Cuando en la sentencia se hubiese condenado a una obligación de no hacer, el tribunal ordenará el cumplimiento de dicha obligación[30].

---

[30]   Artículos 107 a 110 de la Ley Orgánica de la Jurisdicción Contenciosa Administrativa.

CONCLUSIONES

I.   El tratamiento de la responsabilidad del Estado ha sido un proceso lento que ha debido de enfrentarse a pensamientos y sistemas políticos en las cuales la tradición era que el Estado era irresponsable de sus actos. Dicha irresponsabilidad del Estado tuvo un origen basado en la idea del antiguo régimen en Europa por medio del cual el Estado no podía hacer mal.

II.   En todos los sistemas donde existe un ordenamiento jurídico moderno se acepta la responsabilidad del Estado, basado fundamentalmente en la existencia de una responsabilidad objetiva, considerando que el Estado responde con la prueba del daño e independientemente de la culpa de la Administración.

III.   La responsabilidad del Estado en Venezuela se encuentra formalmente consagrada en la Constitución de la República Bolivariana de Venezuela, desde el punto de vista sustantivo en el artículo 140 y desde el punto de vista adjetivo en el artículo 259.

IV.   La responsabilidad del Estado en Venezuela, cuando hacemos referencia al Estado en el ejercicio de la función administrativa, tiene sus reglas propias diferentes a las reglas previstas en el Código civil, sin embargo, el tratamiento de la jurisprudencia, (estimados dentro del proceso judicial) cuando analiza los presupuestos de la responsabilidad toma en consideración los principios básicos del Derecho Civil.

V.   El nacimiento de la responsabilidad del Estado en Venezuela tiene un origen de derecho positivo, cuando acotamos el hecho de que muchas constituciones venezolanas la han descrito dentro de su articulado, sin embargo, la jurisprudencia ha jugado un rol importante en la configuración de esa responsabilidad.

VI.   Existe responsabilidad del Estado en ejercicio de la función administrativa, tanto por actos administrativos como por actuaciones materiales o conductas omisivas, vías de hecho de la Administración.

VII.   La reparación en favor de la víctima es integral, esto es, abarca todo el daño sufrido por la víctima cuando el acto o la actuación proviene de los órganos de la Administración, sea un daño patrimonial, moral o de cualquiera otra naturaleza.

VIII.   Para lograr la reparación del daño o la lesión, la víctima puede intentar la indemnización tanto por vía administrativa como judicial, para lo cual para acudir a la vía judicial, debe agotar primeramente la administrativa, es decir, agotando el procedimiento de reclamos contra la República de conformidad con la ley Orgánica de la Procuraduría General de la República.

IX.   El procedimiento para reclamar de los daños ocasionados por la Administración el mismo se encuentra previsto en la ley Orgánica del Tribunal Supremo de Justicia, en la Ley Orgánica de la Jurisdicción Contencioso Administrativa y como norma supletoria el Código de Procedimiento Civil

X.   El contenido de la sentencia así como la ejecución otras particularidades de la materia contencioso administrativa se auxilia de las normas de La Ley Orgánica de la Jurisdicción Contencioso Administrativa, en la Ley Orgánica de la Procuraduría General de la República y en las leyes del Poder Público Municipal.

BIBLIOGRAFÍA

AUBY, J-M y DRAGO, R. *Traité de Contentieux Administratif*. Librarie Génperale de Droit et de Jurisprudence, Paris 1975.

BADELL MADRID, R. *Régimen jurídico del contrato administrativo*. Editorial Torino, Caracas 2001.

BRACHO DOS SANTOS, J. "La Influencia del Derecho Civil en la responsabilidad objetiva del Derecho Administrativo Venezolano". *Revista de Derecho Administrativo N° 14*. Editorial Sherwood. Caracas 2002.

BREWER-CARÍAS, A. *Las Instituciones Fundamentales del Derecho Administrativo y la jurisprudencia Venezolana*. Tesis de Doctorado. U.C.V. Fundación Procuraduría General de la República. Caracas 1991.

__________ *Leyes Orgánicas del Poder Ciudadano*. 1ra. ed. Editorial Jurídica Venezolana. Caracas 2006.

BRICEÑO, G. "La vinculación del vicio de la desviación de poder con los efectos del acto administrativo. Ensayos de Derecho Administrativo". Libro *Homenaje a Nectario Andrade Labarca*, Vol. I, Tribunal Supremo de Justicia, Editorial Torino. Caracas 2004.

__________ "Principios constitucionales que rigen la Administración en la nueva Ley Orgánica de la Administración Pública. Temas de Derecho Administrativo". *Libro Homenaje a Gonzalo Pérez Luciani*, t. I, Tribunal Supremo de Justicia, Editorial Torino. Caracas 2002.

__________ *Un Ombudsman para la Democracia*. Konrad Adenauer-CIEDLA. Caracas 1995.

__________ "Las pruebas y sus principios en el contencioso-administrativo de acuerdo a la nueva Ley Orgánica de la Jurisdicción Contencioso-Administrativo", *Libro Homenaje a Adán Febres Cordero*, UCAB, 2013, p. 371.

BRICEÑO LEÓN, H. *La Acción de Inconstitucionalidad en Venezuela*. Editorial Jurídica Venezolana. Caracas 1989.

CABANELLAS DE TORRES, G. *Diccionario Jurídico Elemental*. Edit. Heliasta, Buenos Aires 1998.

CASSAGNE, J. *Derecho Administrativo*. 7ma. ed. Abeledo Perrot, Buenos Aires 1990.

COMBELLAS, R. *Derecho Constitucional. Una introducción al estudio de la Constitución de la República Bolivariana de Venezuela*. Editorial Mc Graw–Hill, Caracas 2001.

DEBBASCH, C. *Contentieux Administratif*. (Troisième edition) Dalloz, Paris 1981.

Declaración Americana de los Derechos y Deberes del Hombre (1948). Resolución XXX de la Novena Conferencia Internacional Americana, mayo 2 de 1948.

DE LA CUÉTARA, M. *Las potestades administrativas*. Tecnos, Madrid 1986.

DROMI, R. *Derecho Administrativo*. Ediciones Ciudad de Buenos Aires, Buenos Aires 1997.

ESCOBAR GIL RODRIGO, A. *Responsabilidad Contractual de la Administración Pública*. Temis, Bogotá 1989.

FERMÍN DE IZAGUIRRE, I. *Temario de Derecho Administrativo*. Editorial Tacarigua, Caracas 1997.

GARCÍA ENTERRÍA, E. y FERNÁNDEZ, Tomas-Ramón. *Curso de Derecho Administrativo 2*. 2da Edición, Civitas, Madrid 1981.

GARCÍA ENTERRÍA, E. *La lengua de los derechos. La formación del Derecho Público*. Alianza Editorial, Madrid 1981.

GARRIDO FALLA. F. *Tratado de Derecho Administrativo*. Vol 1. 9na Edición. Ediciones CEC, Madrid 1980.

GONZÁLEZ PÉREZ, J. *Responsabilidad Patrimonial de las Administraciones Públicas*. Civitas, Madrid 1996.

IRIBARREN MONTEVERDE, E. *Estudios de Derecho Administrativo*. Ediciones Liber, Caracas 2004.

MADURO LUYANDO, E. *Curso de Obligaciones Derecho Civil III*, Sexta Edición. Editorial Sucre, Caracas 1986.

LARES MARTÍNEZ, E. *Manual de Derecho Administrativo*. Facultad de Ciencias Jurídicas y Políticas, 12va edición. Universidad Central de Venezuela, Caracas 2001.

LONG, M y otros. *Les Grands arrêts de la jurisprudence administrative*. 7e édition, Sirey, Paris 1978.

ORTÍZ ÁLVAREZ, Luis A. y MASCETTI, Giovanna. *Jurisprudencia de contratos administrativos, 1980-1999*. Editorial Sherwood, Caracas 1999.

PAREJO, A. *El Concepto del Derecho Administrativo*. Editorial Jurídica Venezolana, Caracas 1987.

PEÑA SOLIS, J. *Manual de Derecho Administrativo. Colección de Estudios Jurídicos*. Tomos I, II y III. Ediciones Tribunal Supremo de Justicia, Caracas 2001.

RIVERO, J. *Droit Administratif*. Dalloz, Paris 1983.

RONDÓN DE SANSÓ, H. *Análisis de la Constitución Venezolana de 1999: Parte Orgánica y Sistemas*. Editorial Exlibris, Caracas 2000.

VEDEL, G. y DELVOVÉ, P. *Droit administratif*. 7 édition. Thémis P.U.F. Paris 1980.

ÍNDICE

PRÓLOGO

**UN SENCILLO PÓRTICO PARA UNA OBRA
QUE MERECE PALABRAS GRANDES**
Román J. Duque Corredor 9

INTRODUCCIÓN... 17

**PRIMERA PARTE
LA ACTIVIDAD ADMINISTRATIVA UNILATERAL**

CAPÍTULO I
LA ACTIVIDAD ADMINISTRATIVA Y LA OBLIGACIÓN
JURÍDICO ADMINISTRATIVA 32

I.   LA ADMINISTRACIÓN PÚBLICA, EL PRINCIPIO DE LA
LEGALIDAD, EL DERECHO ADMINISTRATIVO Y EL
EJERCICIO DE LA FUNCIÓN ADMINISTRATIVA 32
II.   LA ADMINISTRACIÓN PÚBLICA Y SUS ELEMENTOS
ESENCIALES 39

    1.   *Noción de Administración Pública.*..................................... 39
    2.   *La función administrativa* 49

CAPÍTULO II
LAS OBLIGACIONES ADMINISTRATIVAS 63

I.   LAS OBLIGACIONES JURÍDICO-ADMINISTRATIVAS 63
II.   CARACTERÍSTICAS DE LA OBLIGACIÓN JURÍDICO-
ADMINISTRATIVA.. 67

    1.   *El elemento subjetivo* 67
    2.   *El elemento objetivo* 68
    3.   *El elemento jurídico -El vínculo de la obligación-* 71

CAPÍTULO III
LAS INCIDENCIAS ADMINISTRATIVAS 79

I.   NOCIÓN 79

    1.   *Incidencias favorables. El título ejecutivo* 80
    2.   *Las incidencias desfavorables. Sus características* 82

        A.   *En lo que respecta al sacrificio de situaciones de mero interés* 83
        B.   *Las limitaciones administrativas de derechos* 85
        C.   *Las potestades ablatorias* 91
        D.   *Incidencias referidas a las prestaciones forzosas* 95
        E.   *Incidencias y órdenes* 97

CAPÍTULO IV
LAS POTESTADES ADMINISTRATIVAS Y
LA EJECUCIÓN FORZOSA 101

I.   LAS POTESTADES ADMINISTRATIVAS. NOCIÓN 101
II.   LAS EJECUCIONES FORZOSAS DE LAS OBLIGACIONES ADMINISTRATIVAS 103

    1.   *La ejecución forzosa* 108
    2.   *Las coacciones directas* 113
    3.   *Las vías de hecho* 119

CAPÍTULO V
LA LEY DE LA ADMINISTRACIÓN PÚBLICA Y LA
PARTICIPACIÓN CIUDADANA EN LOS
ASUNTOS PÚBLICOS 125

I.   LEY ORGÁNICA DE LA ADMINISTRACIÓN PÚBLICA 125
II.   LA PARTICIPACIÓN DE LA COMUNIDAD EN LOS ASUNTOS PÚBLICOS 135

CONCLUSIONES 142

SEGUNDA PARTE
LAS ESTRUCTURAS ADMINISTRATIVAS

CAPÍTULO I
LA ORGANIZACIÓN GENERAL DEL ESTADO 148

I.   SU CONFIGURACIÓN 148
II.   LA ORGANIZACIÓN ADMINISTRATIVA DEL ESTADO. LA ADMINISTRACIÓN CENTRAL 158

1.   *La Desconcentración Administrativa* 171

    A.   *La Administración Descentralizada* 176

        a.   *La Administración descentralizada. Características y régimen jurídico* 178

    B.   *El régimen jurídico de la descentralización y sus signos distintivos* 183

CAPÍTULO II
ENTES DESCENTRALIZADOS 184

I.   LOS INSTITUTOS AUTÓNOMOS (IA) 184

    1.   *Noción* 184
    2.   *Características* 185
    3.   *Los Institutos Autónomos y el Decreto con Rango, Valor y Fuerza de la Ley Orgánica de la Administración Pública* 199
    4.   *Los demás requisitos que exija el propio Decreto con Rango, Valor y Fuerza de la Ley Orgánica* 201

II.   LAS EMPRESAS DEL ESTADO DE ACUERDO AL DECRETO CON RANGO, VALOR Y FUERZA DE LA LEY ORGÁNICA DE LA ADMINISTRACIÓN PÚBLICA 203

III.   LAS FUNDACIONES DEL ESTADO Y OTRAS PERSONAS PÚBLICAS 211

IV.   PERSONAS PRIVADAS QUE PRESTAN SERVICIOS PÚBLICOS 218

    1.   *Personas públicas con autonomía funcional sin personalidad jurídica* 224

CONCLUSIONES 231

TERCERA PARTE
LOS CONTRATOS DE LA ADMINISTRACIÓN

CAPÍTULO I
LA NOCIÓN DEL CONTRATO ADMINISTRATIVO 239

CAPÍTULO II
ELEMENTOS DISTINTIVOS DE LOS
CONTRATOS ADMINISTRATIVOS 243

I.   LAS PERSONAS PÚBLICAS EN LOS CONTRATOS ADMINISTRATIVOS 244

II.   EL OBJETO DEL CONTRATO ES LA PRESTACIÓN DE UN SERVICIO PÚBLICO 247

III.   LAS CLÁUSULAS ESPECIALES EN LOS CONTRATOS
       ADMINISTRATIVOS 255

CAPÍTULO III
LA EJECUCIÓN DEL CONTRATO ADMINISTRATIVO 261

I.   LAS PRERROGATIVAS DE LA ADMINISTRACIÓN EN LA
       EJECUCIÓN DEL CONTRATO ADMINISTRATIVO. LOS
       PRINCIPIOS 262

       1.   *Los derechos de los contratantes* 276

III.   LAS OBLIGACIONES ADICIONALES Y LOS DERECHOS
       DEL CONTRATISTA EN LA EJECUCIÓN DE LA OBRA 285

CAPÍTULO IV
LA RESPONSABILIDAD CONTRACTUAL
DE LA ADMINISTRACIÓN 289

I.   EL RÉGIMEN CONTENCIOSO DE LOS CONTRATOS
       ADMINISTRATIVOS 293

       1.   *El problema contencioso de los actos separables* 298
       2.   *La participación del tercero en la nulidad del acto adminis-*
            trativo del contrato 302

II.   LOS ELEMENTOS CONSTITUTIVOS DE LA RESPONSA-
       BILIDAD CONTRACTUAL ADMINISTRATIVA 304

III.   LA EXTINCIÓN O TERMINACIÓN EN LOS CONTRATOS
       ADMINISTRATIVOS 307

       1.   *Cumplimiento del contrato* 307
       2.   *Rescisión y resolución* 308
       3.   *Acuerdo de las partes* 309
       4.   *Desaparición del objeto del contrato* 310
       5.   *Por imposición de una cláusula del contrato* 310
       6.   *Extinción por resolución judicial* 310

CONCLUSIONES 311

CUARTA PARTE
RESPONSABILIDAD DEL ESTADO

CAPÍTULO I
ORÍGENES DE LA RESPONSABILIDAD DEL ESTADO 319

I.   RUPTURA A NIVEL LEGISLATIVO 321
II.   RUPTURA A NIVEL JURISPRUDENCIAL 330

CAPÍTULO II
LOS SUPUESTOS DE LA RESPONSABILIDAD DEL ESTADO
Y SUS CARACTERÍSTICAS 337

I.   SUPUESTOS DE LA RESPONSABILIDAD................................... 337

      1.   *La imputabilidad*... 339
      2.   *El daño o la lesión*.. 342
      3.   *La relación de causalidad*................................... 347

CAPÍTULO III
LA REPARACIÓN DEL ADMINISTRADO POR LA
ACTIVIDAD DE LA ADMINISTRACIÓN PÚBLICA 351

I.   LOS RECURSOS ADMINISTRATIVOS................................... 354
II.   LA RECLAMACIÓN EN VÍA JUDICIAL 360

      1.   *Procedimientos contra actos administrativos*............................ 361
      2.   *El procedimiento contra actos materiales, contractuales o extra contractuales de la Administración*................................. 367

            A.   *Procedimiento judicial por responsabilidad contractual*... 368
            B.   *Procedimiento judicial por responsabilidad extra contractual*.. 369

CONCLUSIONES.. 375

BIBLIOGRAFÍA 377

www.ingramcontent.com/pod-product-compliance
Lightning Source LLC
Chambersburg PA
CBHW021931120726